Daniel L. Araoz
Selbsthypnose

Daniel L. Araoz

Selbsthypnose

Kreative Imagination in Beruf und Alltag

Aus dem Amerikanischen
übersetzt von Udo Rudolph

ECON Verlag
Düsseldorf · Wien · New York · Moskau

Die Deutsche Bibliothek – CIP-Einheitsaufnahme

Araoz, Daniel L.: Selbsthypnose: kreative Imagination in Beruf und Alltag/Daniel L. Araoz. Aus dem Amerikan. übers. von Udo Rudolph. – Düsseldorf; Wien; New York; Moskau: ECON Verl., 1992 (ECON Psychologie) ISBN 3-430-11058-0

Copyright © 1992 by ECON Verlag GmbH, Düsseldorf, Wien, New York und Moskau. Aus dem Amerikanischen übersetzt von Udo Rudolph Alle Rechte der Verbreitung, auch durch Film, Funk und Fernsehen, fotomechanische Wiedergabe, Tonträger jeder Art, auszugsweisen Nachdruck oder Einspeicherung und Rückgewinnung in Datenverarbeitungsanlagen aller Art, sind vorbehalten. Umschlaggestaltung: Theodor Bayer-Eynck Lektorat: Marion Grunert Gesetzt aus der Sabon, Berthold Satz: Dörlemann-Satz, Lemförde Druck und Bindebearbeiten: Franz Spiegel Buch GmbH, Ulm Printed in Germany ISBN 3-430-11058-0

Inhaltsverzeichnis

Einleitung 9

Kapitel 1	Das Problem	21
Kapitel 2	Die Lösung	49
Kapitel 3	Zeitlinien	73
Kapitel 4	Selbstachtung	91
Kapitel 5	Kommunikation	115
Kapitel 6	Teamgestaltung	149
Kapitel 7	Produktivität	181
Kapitel 8	Kreativität	207
Kapitel 9	Energie und Gesundheit	239
Kapitel 10	Das Konzept der Führung	271

Schlußfolgerungen: Kreative Imagination für
Ihr Leben 301
Zusammenfassung der praktischen Übungen
(Kurzformen) 317
Anhang A: Selbstwachstum 351
Anhang B: Eine historische Anmerkung 355
Empfohlene Literatur 359
Personen- und Sachregister 361

Widmung

Du hast an mich geglaubt, als ich das nicht tat;
Du hast mich zum Lachen gebracht, als ich traurig war;
Du hast mir Hoffnung gegeben, als ich verzweifelte;
Du hast mir geholfen, das Leben wieder zu genießen;
Du liebst mich!
Dieses Buch ist für Dich, Marie, in Dankbarkeit und mit Freude,

Malverne, New York
Juni 1991

Einleitung

Der wissenschaftliche Nachweis steht noch aus, doch es besteht der starke Verdacht, daß die meisten Menschen, zumindest in der westlichen Welt, nicht die volle Kapazität ihres Gehirns ausschöpfen. Tatsächlich ist anzunehmen, daß wir nur einen kleinen Teil der Möglichkeiten unseres Gehirns nutzen. Ein solcher Verdacht stützt sich – unter anderem – auf die ganz außergewöhnlichen Leistungen, wie sie von Menschen nichtwestlicher Kulturen erbracht werden. So ist von Anhängern des Zen und des Hinduismus bekannt, daß diese sich selbst heilen können, starke Schmerzen nicht wahrnehmen, willentlich den eigenen Herzschlag verlangsamen können und sogar in der Lage sind, das eigene Bedürfnis nach Schlaf und selbst die Sauerstoffaufnahme zu reduzieren.

Eine geistige Fähigkeit, die von anderen Kulturen ebenfalls weiter entwickelt wurde als von der unseren, ist das Gedächtnis: Personen, die weder lesen noch schreiben können, sind in der Lage, ganze Bücher wörtlich zu erinnern und diese Erinnerung über die gesamte Lebensspanne zu bewahren.

Bemerkenswert ist hierbei, daß diese Menschen genau das gleiche Gehirn aufweisen wie wir selbst. Das vorliegende Buch vertritt die These, daß wir diese Leistungen gleichfalls erbringen können und daß diese Fähigkeiten erlernbar sind. Die hier vorgestellte Methode wird unser Leben in sechs Bereichen des Management verbessern, die in den Kapiteln 4 bis 9 behandelt werden: Selbstwert, Kommunikation, Teamgestaltung, Produktivität, Kreativität sowie Energie und Gesundheit.

Die westliche Kultur hat den Dingen *außerhalb* von uns große Aufmerksamkeit geschenkt. Dies führte zur Entwicklung einer hervorragenden Technologie, die uns noch vor wenigen Jahren wie Science-Fiction vorgekommen wäre. Dieses große Interesse an den

»Dingen außerhalb von uns« mag erklären, warum wir, als kulturelle Gruppe, solche Funktionen des Gehirns nicht entwickelt haben, die sich auf unser *inneres* Leben beziehen.

Die Menschen des westlichen Kulturkreises haben der *Imagination* weniger Aufmerksamkeit geschenkt. Dies ist eine der geistigen Funktionen, die andere Kulturen für ebenso wichtig erachten wie wir die *Intelligenz*. Wie sollten diese beiden Begriffe definiert werden? Der Begriff Intelligenz, wie er in diesem Kontext gebraucht wird, bezeichnet die Gehirnfunktion, die mit Logik zu tun hat, mit objektiver Wahrnehmung und dem Verständnis und der Bewertung der uns umgebenden Welt. Imagination, auf der anderen Seite, ist diejenige Funktion des Gehirns, die mit der Würdigung von Schönheit, mit subjektiven Gefühlen wie Liebe, Stärke und Güte zu tun hat; sie ist bezogen auf Kreativität, Glauben, Musik und Kunst im allgemeinen.

Intelligenz ist nach außen gerichtet und objektiv. Imagination ist nach innen gerichtet und subjektiv. Beiden gemeinsam aber ist, daß es sich um Funktionen unseres Gehirns handelt. Mit Hilfe einer bestimmten Methode und durch eigene Anstrengung können wir beide Funktionen des menschlichen Gehirns vergrößern und stärken. Dies ist die wichtigste Botschaft des vorliegenden Buchs – *daß wir lernen können, die imaginativen Funktionen unseres Gehirns zu entwickeln,* um Verbesserungen in folgenden Bereichen zu erzielen: im Selbstwert, in der zwischenmenschlichen Kommunikation, bei der Teamgestaltung und der Zusammenarbeit mit anderen, in Produktivität, Kreativität, Schaffenskraft und psychischer Kraft.

Dieses Buch soll Sie darin unterweisen, den Gebrauch des Gehirns so zu erweitern, daß Ihre eigene Imagination aktiver wird. So wie das Lernen einer neuen Sprache unserem Wissen etwas hinzufügt, ohne die Sprachen zu beeinträchtigen, die wir bereits beherrschen, soll dieses Buch Sie anleiten, Ihre geistigen Fähigkeiten zu erweitern. Dies ist unabhängig von Alter, Erfahrung, Lebenshintergrund oder Rasse. Sie können Ihren schon bestehenden, vielfältigen geistigen Fähigkeiten etwas *hinzufügen.*

Die Techniken, die in diesem Buch vorgestellt werden, wurden in der Praxis entwickelt. Von 1984 bis 1990 haben wir untersucht, welche Unterschiede zwischen Imagination und Intelligenz in den Bereichen bestehen, die in den Kapiteln 4 bis 9 behandelt werden. In jeweils fünftägigen Arbeitskreisen mit 260 Managern und Führungskräften der Wirtschaft wurden entweder rein intellektuelle und rationale Ansätze und Techniken oder aber vorwiegend solche Techniken erprobt, die kreative Imagination einbeziehen. In den sechs Bereichen des Managements, die in diesem Buch behandelt werden, zeigten die Techniken mit imaginativer Komponente durchweg die besseren Ergebnisse.

Im Rahmen dieser Studien sind wir auf ein sehr wichtiges Problem gestoßen, das uns in den hier behandelten Management-Bereichen begegnet. Das Interessante hierbei ist die Feststellung, daß dieses Problem überall gleichermaßen sichtbar ist, bei Personen in der Planung und Forschung, in der Produktion, dem Marketing, der Buchhaltung, dem Verkauf oder der allgemeinen Verwaltung.

Die Personen, die an unseren fünftägigen Seminaren teilnahmen, waren überwiegend gut für ihren Job ausgebildet, viele hatten bereits lange Erfahrung in ihrem speziellen Tätigkeitsfeld aufzuweisen. Diejenigen, die die Gelegenheit hatten, ihre kreative Imagination zu gebrauchen, wiesen größere Erfolge auf als diejenigen, die an Aufgaben arbeiteten, die lediglich den Gebrauch von Intelligenz und Logik erforderten. Hier besteht ein Zusammenhang mit den Ergebnissen der Forschungsarbeiten von Dr. Kushel (publiziert von der American Management Association, New York 1990): Nur 4 Prozent der erfolgreichen Führungskräfte sind in allen Lebensbereichen mit sich selbst zufrieden. Viele erfolgreiche Personen vernachlässigen ihr Privat- und Familienleben, und zwar sehr zu ihrem eigenen Bedauern und Nachteil.

Die Frage, die wir uns in unseren Studien stellten, lautete: »Was ist der Unterschied zwischen denen, die im Berufsleben auf Kosten des Privatlebens erfolgreich sind, und solchen Personen, die in der Lage sind, beides in Einklang zu bringen und beides zu genießen?« Die Forschungsarbeiten von Dr. Kushel gaben uns eine Antwort auf diese Frage. *Der Unterschied zwischen diesen Personen besteht in ihrer geistigen Einstellung.* Und obwohl Kushel sich nicht speziell auf diesen Punkt bezieht, sind diejenigen in beiden Lebensbereichen erfolgreich, die von der kreativen Imagination Gebrauch machen. Diejenigen, die ihr Arbeitsleben erfolgreich, aber auf Kosten des Privatlebens bewältigen, bleiben mehr auf der Ebene der Intelligenz (wie sie oben definiert wurde) und machen keinen kreativen Gebrauch von ihrer Imagination.

Demzufolge besteht der Hauptunterschied zwischen Topmanagern und allen anderen Personen in der geistigen Einstellung oder in der Art, wie sie ihr Gehirn benutzen. Es gibt jedoch, wie die 260 Personen aus unseren Studien gezeigt haben, ein hoffnungsstimmendes Element: Die Art der geistigen Einstellung ist veränderbar. Man kann lernen, das eigene Leben anders wahrzunehmen, und dieses demzufolge sowohl am Arbeitsplatz als auch im privaten Bereich verändern. Unsere Studien zeigen, daß es möglich ist, eine effektivere Balance zu finden zwischen der Arbeit und den persönlichen Beziehungen, zwischen der beruflichen Verantwortung und dem Vergnügen. Und diese Balance führt dazu, daß keines der beiden Elemente beeinträchtigt wird: Eben weil man ein gutes und befriedigendes Privatleben führt, kann man sich voll auf seine Arbeit konzentrieren und erfolgreich sein. Und umgekehrt: Weil man seine beruflichen Kapazitäten voll ausnutzt, kann man sich von ganzem Herzen vergnügen und Freundschaft und Familie genießen.

Diese Erkenntnisse gelten natürlich nicht nur für Manager, die nun einmal die Zielgruppe unserer Seminare sind, sondern sind selbstverständlich auf jeden arbeitenden Menschen und somit auf uns alle übertragbar. Und auch die Hausfrau, die sich neben Kindern, Haushalt und Garten ein eigenes Privatleben, seien es Sport, VHS-Kurse oder ein soziales Betätigungsfeld, schafft, wird – mit der richtigen geistigen Einstellung – daraus wieder neue Energien schöpfen, ihre Familie zu »managen«.

An dieser Stelle möchten wir Ihnen die Auswahl der sechs Bereiche, von denen dieses Buch handelt, begründen. Warum gerade Selbstachtung, Kommunikation, Teamgestaltung, Produktivität, Kreativität sowie Energie und Gesundheit? Zunächst eine generelle Antwort: Um ein *produktiver* Manager zu sein, also Produktivität aufrechtzuerhalten und zu vergrößern, müssen Sie für eine gute

Kommunikation und den Aufbau Ihres Arbeitsteams sorgen. Um dies zu erreichen, sollten Sie keinesfalls die Kreativität ignorieren, die eine höhere Produktivität bei geringerem Zeitaufwand und geringerer Anstrengung ermöglicht. Um ein *glücklicher* Manager zu sein, sollten Sie sich selbst mögen und respektieren und auf sich selbst achten. All diese Funktionen lassen sich unter dem Begriff Selbstwert zusammenfassen. Ein wichtiger Teil des Selbstwertes ist das Bemühen um die eigene Gesundheit und die kluge Einteilung der eigenen Kräfte, so daß Sie in den Genuß einer Balance zwischen Arbeit und Vergnügen, zwischen beruflichen und privaten Aktivitäten kommen. Aus diesem Grunde ist dieses Buch an dem »ganzen Manager«, am Menschen, interessiert. Das heißt, es geht in diesem Buch nicht nur einfach um Leistung und beruflichen Erfolg, sondern auch um persönliche Befriedigung und Glück.

Außerdem sollten wir uns daran erinnern, daß diese sechs Bereiche des Managements von praktisch jedem Autor auf diesem Gebiet genannt werden und eine zentrale Bedeutung für ein gutes Management haben. Um es möglichst kurz und in negativer Abgrenzung zum Ausdruck zu bringen: Ein Manager, dem es an Selbstwert mangelt, wird auch seinen Mitarbeitern keinen größeren Selbstwert vermitteln können. Ein Manager, der nicht ein Meister auf dem Gebiet der zwischenmenschlichen Kommunikation ist, wird Zeit und Energie verschwenden, während er zugleich die Personen frustriert, die für ihn arbeiten – von seinen Vorgesetzten und Kollegen ganz zu schweigen. Wenn ein Manager kein gutes Team aufbaut und arbeitsfähig hält, wird das Arbeitsunterfangen nicht gut gelingen. Der Manager, der sein Team nicht fortwährend motiviert und dazu bringt, stolz zu sein auf das Erreichte, wird mit moralischen Problemen konfrontiert werden und sein Team niemals zu produktiver Arbeit führen. Der Manager, der auf Produktivität keinen Wert legt und nicht bedenkt, was jeder einzelne im Team zu der Gesamtleistung des Teams beisteuern kann, frustriert seine Leute und fördert Unzufriedenheit und geringe Arbeitsmoral. Wenn schließlich der Manager nicht auf die Einteilung seiner eigenen Kräfte oder der Schaffenskraft seines Teams achtet, wird er sich vermutlich in einem ungesunden Ausmaß in Aktivitäten verzetteln und demzufolge weder für sich noch für sein Team, noch für sein Unternehmen als Ganzes produktiv sein.

Wie Sie sehen, sind die Gründe für die Auswahl dieser sechs Bereiche des Managements keineswegs willkürlich. Es war unumgänglich für uns, uns mit diesen Bereichen zu beschäftigen, denn unser Interesse bestand und besteht darin, dem Manager zu helfen, ein besserer Manager zu werden. Und das heißt von unserem Standpunkt aus, Mittel zu managen, um bestimmte Dinge von anderen getan zu bekommen. Diese Definition spiegelt sowohl die enorme Verantwortung des Managers als auch die dienende Rolle des Managements. Betrachten wir zunächst den letztgenannten Aspekt. Der Manager ist nichts ohne sein Team. Er braucht das Team, um das zu sein, was er ist. Er kann sein Team austauschen, aber er braucht unweigerlich andere Personen, um seine Ziele als Manager zu erreichen. Und weil das so ist, hat er eine ungeheure Verantwortung. Er muß der Führer seines Teams sein, gleichzeitig auch dessen Vorbild, Inspiration, führender Kopf sowie ein ständiger Quell klarer Zielsetzungen und hoher Schaffenskraft. Der Ausdruck »Dinge von anderen getan zu bekommen« ist anwendbar auf alle Arten von Management, ob in Wirtschaft oder Industrie, im militärischen Bereich oder der Kirche, der Forschung oder im Dienstleistungsbereich. Und wegen ihrer universellen Anwendbarkeit ist dies die Arbeitsdefinition dieses Buches. Wir werden die praktische Anwendbarkeit des Managementbegriffs gemäß dieser Definition Schritt für Schritt und im einzelnen diskutieren. Wir werden ebenfalls praktische Mittel und in der Praxis anwendbare Übungen aufzeigen, die geeignet sind, Ihre Managementfunktionen zu verbessern.

Auch auf die Gefahr, mich zu wiederholen: Es sollte betont werden, daß der Manager – um Dinge von anderen getan zu bekommen – *herausragende Kompetenzen* auf den Gebieten Selbstachtung, Kommunikation, Teamgestaltung, Produktivität, Kreativität, Schaffenskraft und Gesundheit aufweisen sollte. Wie Sie gesehen haben, ist dies eine umfassende Einteilung. Alles, was ein Manager Ihrer Meinung nach leisten oder worauf er achten sollte, fällt in einen der Bereiche dieses Buches. Nehmen wir zum Beispiel die »Sorge um das Team«. Dies fällt in den Bereich der Kommunikation und auch in den Bereich Teamgestaltung, wie in den jeweiligen Kapiteln detailliert aufgezeigt werden wird. Ein anderes Beispiel mag das »Akzeptieren von Ideen« sein. Dies ist Teil einer guten Kommunikation und fällt auch unter die Bereiche Kreativität und Teamgestaltung. Wie steht es mit den »geistigen Werten der Menschen«? Dies fällt hauptsächlich in den Bereich der Kreativität, auch wenn es ebenfalls mit dem Bereich der zwischenmenschlichen Kommunikation zu tun hat. Wir könnten so fortfahren und weitere Punkte nennen, die für den Manager von Belang sind, doch jeder dieser Punkte würde in einen oder mehrere derjenigen Bereiche fallen, die dieses Buch behandelt.

Dies ist kein theoretisches oder abstraktes Buch. Vielmehr ist dies ein eminent praktisches Buch, das als Handbuch dienen kann, eine neue, effektivere Art zu erlernen, ein Manager zu sein. Aber dieser Weg ist kein Trick. Er beginnt mit dem inneren Selbst des Managers. Seine Wahrnehmung der eigenen Person, seiner Mitarbeiter und seiner Arbeit müssen korrigiert werden. Sein innerer Dialog muß verbessert werden. Sein Denken muß der eigenen Person und der eigenen Arbeit nützlicher sein. Dieses Buch lehrt Sie, *wie* dies getan werden kann, und führt Sie durch praktische mentale Übungen, die Ihnen aufzeigen, wie dies zu erreichen ist. Sie erhalten auch Vorschläge für praktische Dinge, die Sie mit anderen am Arbeitsplatz oder in der Familie tun können und die Ihnen das Leben leichter machen.

Jedes Kapitel wird in ganz klarer Weise das jeweilige generelle Konzept und dessen vielfältige praktische Anwendungen erläutern. Es werden auch illustrierende Beispiele vorgelegt. Schließlich werden Übungen angegeben, um die Anwendung dieser Konzepte zu erlernen, und zwar sowohl im Berufs- als auch im Privatleben.

Das Prinzip, das diesem Buch zugrunde liegt, wurde bereits zu Beginn dieser Einführung erwähnt; es lautet: *Die Imagination ist für das effektive Funktionieren eines Managers ebenso wichtig wie die Intelligenz.* Um dies genau zu verstehen, müssen wir uns daran erinnern, daß das, was wir den »Geist« nennen, ganz überwiegend auf die bewußten Aktivitäten unseres Gehirns zielt. Das Gehirn aber weist eine Vielzahl weiterer Aktivitäten auf, die uns nicht bewußt sind und die als »unbewußter Geist« bezeichnet werden können. Dazu gehören Aktivitäten physiologischer Art, beispielsweise die Produktion weißer Blutkörperchen, sowie Aktivitäten, die sich eher auf die Interaktion zwischen Umwelt und Physiologie beziehen, wie die Regulation der Körpertemperatur; andere Aktivitäten sind gänzlich kognitiver Natur, wie Gedächtnis und Erinnern, oder eher emotionaler Natur, wie beispielsweise unsere Gefühle oder die Art, wie wir in emotionaler Hinsicht auf Situationen, Personen oder sogar unsere eigenen Gedanken reagieren. Schließlich sind hier auch jene sehr komplexen assoziativen Funktionen unseres Gehirns eingeschlossen, die sich beispielsweise in Träumen manifestieren.

Wie paßt nun die »Imagination« in all dies hinein? Vorstellungskraft oder Imagination ist die Fähigkeit des Gehirns, *experimentell zu denken, als ob* unsere Gedanken Realität wären. Imagination setzt sich demzufolge aus bewußten *und* unbewußten Gedanken zusammen. Da aber die Imagination (»imagination«), wie das Wort schon impliziert, eher Vorstellungen, Bilder (»images«, A.d.Ü.) als abstrakte Gedanken produziert, ist sie für sich betrachtet neutral: Die Imagination kann positive und konstruktive Vorstellungen hervorbringen oder aber negative und unproduktive. Dies ist beispielsweise dann der Fall, wenn Menschen sich unnötigerweise über eine Situation sorgen, die außerhalb ihrer Kontrolle ist. Indem sie sich Sorgen machen, beginnen sie auf ihre eigenen Vorstellungen so zu reagieren, *als ob* diese schrecklichen Dinge bereits stattgefunden hätten oder in der Realität stattfinden würden.

Die Imagination ist eine neutrale Kapazität unseres Gehirns, und wir wollen ihre positive Seite betonen. Wir stellen hier eine Methode vor, die geeignet ist, unsere geistigen Ressourcen der Imagination so zu fördern, daß neue Möglichkeiten, ja sogar neue Realitäten »erschaffen« werden, indem die Imagination zum eigenen Nutzen verwendet wird.

Was bedeutet es, daß Sie für sich »neue Realitäten *erschaffen*« können? Es heißt, daß Sie die Kraft der Gedanken anzuwenden lernen, der die menschliche Weisheit schon lange große Bedeutung beimißt. Dichter und Philosophen lehrten uns, daß die Art, wie ein

Mensch denkt, dessen Sicht von der Realität bestimmt. Der spanische Dichter Ramon de Campoamor schrieb: »In dieser trügerischen Welt ist nichts wahr oder falsch. Alles ist gefärbt durch die Farbe des Glases, durch das es betrachtet wird.« Goethe lehrte uns »stirb und werde«, ein geistiger Prozeß, durch den das Alte in uns stirbt und wir etwas Neues werden, um nicht zu werden, was Goethe einen »trüben Gast auf der dunklen Erde« nennt. Schon vor Goethe erinnerte uns John Milton daran, daß »der Geist aus einem Paradies die Hölle und aus der Hölle ein Paradies machen kann«. Descartes folgerte, daß das Denken bestimmt, was wir sind. Shakespeare behauptete: »Es gibt nichts Gutes oder Schlechtes, sondern das Denken läßt es uns als solches erscheinen.« Sogar die Weisheit der Bibel ermahnt uns, daß »ein Mensch so ist, wie er denkt«. Hierin klingt das Eingangsgebot des *Dammapada* an, dem meistgeliebten aller buddhistischen Texte: »Alles, was wir sind, ist das Ergebnis unseres Denkens.« Es ließen sich viele weitere Zitate auflisten, doch diese mögen genügen, um zu zeigen, wie sich der Ausdruck »eine neue Realität durch unser Denken zu erschaffen« in den Kontext der menschlichen Weisheit verschiedener Zeitalter fügt. Diese Weisheit sagt uns augenscheinlich, daß die Realität neutral ist. Was diese Realität positiv oder negativ, gut oder schlecht, erscheinen läßt, ist unsere Wahrnehmung und Interpretation – mit anderen Worten: unser Denken. Und einmal mehr sollte betont werden, *daß das Denken sowohl Intelligenz als auch Imagination einschließt.* Oft ist es die Imagination, die die Realität färbt. Ethnische Vorurteile sind ein gutes Beispiel hierfür. Was uns glauben läßt, eine Gruppe von Menschen sei besser als die andere, stützt sich selten auf Fakten und Daten. Normalerweise erlauben wir irgendwelchen Phantasien über die verschiedenen Gruppen, unser Handeln ihnen gegenüber und die Überlegenheit der einen oder anderen Gruppe zu bestimmen. Nicht objektive Beweise (die Domäne der Intelligenz), sondern die Phantasie (die Domäne der Imagination) ist aktiv und bestimmt unsere Eingebungen. Und diese Eingebungen des Gehirns produzieren in uns Gefühle oder emotionale Reaktionen. Und diese wiederum lassen uns auf die eine oder andere Weise handeln. Demzufolge ist die Formel zum Verständnis der Beziehung zwischen Denken und Handeln recht einfach: *Denken – Fühlen – Handeln.* Was eine Person denkt, bestimmt ihre emotionale Reaktion. Und Handlungen sind oft durch Gefühle oder emotionale Reaktionen veranlaßt und geleitet.

Wenn Sie Ihre Gedanken beherrschen, werden Sie viel größere Kontrolle über Ihre Gefühle haben, und somit werden Ihre Handlungen besser geeignet sein, die Ziele zu erreichen, die Sie sich gesetzt haben – ein Thema, das wir in dem Kapitel über Produktivität ausführlicher erörtern werden.

Auch ohne daß es eines wissenschaftlichen Beweises bedürfte (der sich auch führen läßt), hat uns unsere persönliche Erfahrung gezeigt, daß die Art, wie wir denken, die Ergebnisse unseres Handelns entscheidend beeinflußt. Wenn Sie beispielsweise einen schwierigen Bericht vorstellen oder eine Rede über ein Ihnen vertrautes Metier halten sollen, ohne jedoch genügend Zeit zur Vorbereitung zu haben, dann wird der Gedanke an einen möglichen Mißerfolg zu einer schlechten Präsentation führen. Wenn Sie andererseits die Gedanken an einen möglichen Erfolg fördern und sich daran erinnern, daß Sie von dem Thema mehr verstehen als Ihre Zuhörer, daß Sie diesen Zuhörern durch die Vermittlung Ihres Wissens wirklich behilflich sein können und dergleichen mehr, dann werden diese Gedanken mit hoher Wahrscheinlichkeit eine engagierte und positive Präsentation mit sich bringen.

Diejenigen unter Ihnen, die bereits das Phänomen sich selbst erfüllender Prophezeiungen kennengelernt haben, wissen, daß eine nicht in Frage gestellte Überzeugung oder Meinung die Ergebnisse von Situationen und persönlichen Ereignissen beeinflußt. Gegenwärtig untersuchen viele Wissenschaftler auch den Einfluß des Denkens auf Krankheit und Gesundheit. Die anfänglichen Befunde zeigen, daß 1. auch hier die sich selbst erfüllende Prophezeiung eine Rolle spielt: Wenn Sie erwarten, in einem bestimmten Lebensalter krank zu werden oder eine bestimmte Krankheit zu bekommen, dann sind die Chancen viel höher, daß dies eintritt, als wenn Sie solche Erwartungen nicht hegen. 2. Die Art, wie Sie im Falle einer Erkrankung über Ihre gesundheitlichen Kräfte und Ihre Krankheit denken, beeinflußt in vielen Fällen den Verlauf der Krankheit.

3. Das Immunsystem wird aktiver und effektiver, wenn Sie es für stark, robust und dynamisch halten, und zwar nicht nur im Krankheitsfall, sondern vor allem, wenn Sie gesund sind. Die Untersuchungen auf diesem Gebiet halten wissenschaftlicher Überprüfung stand, und die in diesem Bereich gesammelten Evidenzen sind nicht zu übersehen (siehe zum Beispiel das Buch von Norman Cousins, *Der Arzt in uns selbst*).

Wenn hier von der Beziehung zwischen Denken und Gesundheit die Rede ist, dann um zu betonen, welche Möglichkeiten die kreative Imagination als Form einer Selbsthypnose Ihnen für Ihren Beruf und Ihr Leben allgemein bietet. Ihre Gedanken bestimmen Ihren Erfolg oder Mißerfolg. Aber Sie können Ihre Gedanken unter Ihrer Kontrolle halten. Sie können die Gedanken wählen, die zu Ihrem Erfolg führen. Diese Gedanken sind *Power-Gedanken* (A.d.Ü.: Kein Begriff in der deutschen Sprache bezeichnet das Gemeinte annähernd so treffend wie der amerikanische Begriff »power«-Gedanken, der auf die Bedeutungsfelder Stärke, Kraft, Macht und Erfolg rekurriert – wir werden deshalb im folgenden von Power-Gedanken sprechen). Die in diesem Buch vorgestellten Power-Gedanken werden auch für Sie gültig sein. Wenn Sie jedoch die Wichtigkeit dieser Gedanken einmal erfaßt haben, werden Sie ihre eigene Liste von Power-Gedanken entwickeln. Und was noch wichtiger ist, Sie werden lernen, diese für Ihren persönlichen und beruflichen Erfolg zu nutzen.

Wir haben bereits die mentalen Übungen erwähnt, die wir Ihnen vorschlagen werden. Diese Übungen sind selbsthypnotischer Natur, leicht durchzuführen und extrem nützlich, um Ihre Power-Gedanken wirksam werden zu lassen. Es sind grundlegende Übungen, damit Sie Ihre Geistesarbeit machen, wie dies manchmal genannt wird. Diese werden zunächst einmal in Kapitel 2 erklärt und gelehrt werden. Im Anschluß an diese grundlegenden Übungen werden wir Ihnen jedoch noch eine Reihe von weiteren Übungen an die Hand geben, die den speziellen Bereichen – wie zum Beispiel Selbstwert – zuzuordnen sind und dort erläutert werden.

Wir haben ebenfalls schon erwähnt, daß dieses Buch als ein Handbuch angesehen werden kann. Dies ist ein informatives Buch, aber ebenso auch ein *handlungsleitendes* Buch. Was Sie lesen, soll in die Praxis umgesetzt werden. Aus diesem Grunde empfehlen wir Ihnen, sich Notizen zu machen, um festzuhalten, was Sie gelernt haben und welche Fortschritte Sie mit Ihrer Geistesarbeit machen – und zwar so lange, bis Sie diese beherrschen. Zu Beginn dieser Einleitung haben wir auf das Erlernen einer neuen Sprache verwiesen. Um diese neue Art zu lernen, Ihren Geist effektiver zu Ihrem eigenen Nutzen zu gebrauchen, sollten Sie sich regelmäßig Zeit dafür nehmen, so wie Sie es beim Lernen einer neuen Sprache auch tun würden.

Zum guten Schluß: Dieses Buch ist für Sie als Individuum geschrieben, aber es kann auch in kleinen Gruppen genutzt werden, die am Erlernen der genannten Techniken interessiert sind. Das Buch ist auch geeignet, um das Material in einem Seminar oder Kursus vorzustellen.

Je mehr Sie daran interessiert sind, die Ideen und Praktiken zu beherrschen, die dieses Buch präsentiert, desto leichter und schneller wird Ihnen dies gelingen. Von Ihrem Interesse ist es abhängig, wieviel Zeit Sie diesem Buch widmen, mit welcher Sorgfalt Sie sich Notizen machen und wie häufig Sie die vorgeschlagenen mentalen Übungen durchführen.

Wir sind sicher, daß Sie Ihr Leben glücklicher und reicher gestalten können, wenn sie dieses Buch durchgearbeitet haben.

---

* Im gesamten Buch bezieht sich »wir« auf die Arbeiten von Dr. Araoz und seinem Mitarbeiter, Dr. William S. Sutton. Beide arbeiteten in ihren Untersuchungen zum Führungskräfte-Training seit 1984 zusammen.

Kapitel 1
Das Problem

Bei unserer Arbeit als Management-Consultants befinden wir uns häufig im Kreis von Führungskräften, die mit wichtigen Entscheidungen in der Planung, der Produktion oder dem Marketing betraut sind. Wir bekommen einen Eindruck von den eingesetzten Energien und von Anweisungen, die möglicherweise große Geldmengen erfordern und das Leben vieler Angestellter berühren können. Während sich all diese Turbulenzen ereignen, Änderungen hervorrufen und so die Vitalität des jeweiligen Unternehmens anzeigen, beobachten wir die Topmanager um uns herum und fragen uns: »Was sagt dieser oder jener eigentlich zu sich selbst?«

In Abhängigkeit von seinem inneren Selbstgespräch werden seine Handlungen die eine oder andere Form annehmen. Nehmen wir einmal an, es handelt sich um eine bittere, zynische und sarkastische Person. Während er sich um die laufenden Geschäfte kümmert, beklagt er sich vermutlich über die Dummheit seiner Mitarbeiter und Kollegen; er wird den Vorschlägen und Ideen, die diese äußern, keine Aufmerksamkeit schenken. Er wird auch sagen, daß das ganze Unternehmen kompletter Unsinn ist und daß er Erfolg um jeden Preis haben und so viel Geld wie möglich machen will (»to make a killing«, wie die passende Redewendung im Englischen heißt), weil dies das einzige ist, was für ihn zählt. Die Leute in seinem Umkreis spüren diesen negativen Einfluß und fühlen sich angespannt und überwacht, sind vorsichtig und keinesfalls spontan. Sie tun lediglich, was sie tun müssen. Vor langer Zeit schon haben sie aufgehört, eigene Meinungen zu äußern und konstruktive Vorschläge zu machen. Sie vertrauen diesem Vorgesetzten nicht und werden sich schadlos halten, Privilegien mißbrauchen, unachtsam mit ihnen anvertrauten Materialien umgehen und ihn hinter seinem Rücken kritisieren. Das ganze Team hat eine schlechte Moral.

Nehmen wir andererseits einmal das Gegenteil an. In diesem Fall sagt der Vorgesetzte sich:»Ich mag meine Leute. Ich lerne immer wieder etwas Neues von ihnen. Ich weiß, daß *sie* die Arbeit machen. Ohne sie könnte ich nichts tun. In meinem Arbeitsleben sind diese Leute meine Familie.« Sein Team wird sich entspannt fühlen. Sie kommen gerne zur Arbeit. Sie respektieren ihren Vorgesetzten und nehmen ihn ernst. Sie sind loyal. Wenn sie nach Hause gehen, am Ende eines Tages, fühlen sie sich ausgefüllt und schätzen sich glücklich, für dieses Unternehmen zu arbeiten.

Untersuchungen haben gezeigt, daß Menschen während der Wachzeiten normalerweise in innere Selbstgespräche verwickelt sind. Wegen dieses inneren Dialogs entwickeln, ändern oder behalten wir unsere geistigen Einstellungen. Es wäre einfach ein großer Fehler, diesen inneren Dialog im Management zu ignorieren. Da die meisten von uns solch einen inneren Dialog führen, *ohne sich dessen bewußt zu sein,* halten wir oft an falschen Überzeugungen fest, machen uns unvollständige Bilder von bestimmten Dingen, Menschen oder Situationen; oder wir fahren fort, uns selbst das Leben schwerzumachen – und zwar durch die Dinge, die wir innerlich zu uns selbst und über uns selbst sagen. Das führt zu einem Prozeß *negativer Selbsthypnose.* Wir handeln wie die Karikatur einer hypnotisierten Person, ohne uns zu fragen, was wir tun und warum wir überzeugt sind, dies sei auch der richtige Weg, es zu tun. Nehmen wir die eben genannte Aussage über die Dinge, die wir zu uns selbst sagen. Wie oft haben Sie eine kompetente und intelligente Person erlebt, die sich selbst beschimpft, obwohl sie lediglich einen kleinen – allzu menschlichen – Fehler machte? Er mag versehentlich etwas fallen gelassen haben, und Sie hören ihn sagen:»Was bin ich nur für ein Idiot.« Sie haben erlebt, daß Menschen sich selbst als faul, unaufmerksam, dumm und dergleichen mehr bezeichnen. Und wenn Sie das erleben, können Sie sicher sein, daß diese Menschen dies auch für sich, im Privaten, tun.

Die Gefahr bei diesen scheinbar unschuldigen Äußerungen besteht darin, daß unser innenliegendes Stammhirn (der primitive Teil unseres Gehirns, der sich auch bei Lebewesen findet, die auf der evolutionären Leiter weitaus tiefer stehen als der Mensch) nicht so vernunftbegabt ist wie unser Großhirn. Wenn wir uns die Mühe machen würden, solch einer negativen Äußerung Aufmerksamkeit zu schenken und es mit dem höher entwickelten Teil des Gehirns zu analysieren, würden wir diese Äußerung vermutlich als schlechte Angewohnheit entlarven, als etwas, was man sagt, aber nicht wirklich meint. Aber da wir diese Äußerungen nicht logisch untersuchen, werden sie Bestandteil unseres primitiveren Gehirns und können durchaus für uns gefährlich werden. Das innere, primitive Gehirn reagiert auf die Nachrichten von unserem höheren Gehirn. Seine Funktion besteht darin, zu reagieren, und nicht darin, zu analysieren oder zu hinterfragen. Wenn Sie sich selbst negative Dinge zuschreiben, verarbeitet Ihr Gehirn negative Botschaften, die Ihre gesamten Funktionen beeinflussen werden.

Der folgende Vergleich ist nicht neu, illustriert aber sehr gut, was hier gemeint ist: In der Vergangenheit hingen die großen transatlantischen Überfahrten – noch ohne Radar und ähnlich hochentwickeltes Gerät – vornehmlich von der Fähigkeit des Kapitäns ab, den Weg durch Nacht und Nebel zu finden. Er hatte Anweisungen an die Maschinisten im Maschinenraum zu geben, und diese folgten, da sie über Standort und Route nicht informiert waren, den Anweisungen blind. Aufgrund der Arbeit der Maschinisten wurde ein riesiges Schiff mit dieser oder jener Geschwindigkeit in die eine oder andere Richtung bewegt. Diese einfache Analogie ist nützlich, um die potentielle Gefahr des negativen Selbstgesprächs zu verstehen, aus der, wenn Sie nichts dagegen tun, eine negative Selbsthypnose wird. Unser Inneres empfängt alle Signale, die wir uns selbst geben. Wenn die meisten dieser Botschaften negativ sind, wird das Stammhirn chemische Substanzen aktivieren, die mit diesen negativen Botschaften korrespondieren. Wie bereits in der Einleitung gesagt wurde: Wir können nicht die grundlegenden Regeln hinsichtlich des Einflusses des Denkens auf das Fühlen mißachten. Und das innere, primitive Gehirn ist verantwortlich für das, was wir in der Einleitung als »unbewußten Geist« bezeichnet haben. Der Einfachheit halber werden wir im folgenden annehmen, daß das primitive Gehirn und unser unbewußter Geist dasselbe sind.

Praktische Übung (1–1)
Negative Selbstgespräche unterbinden

Wenn Sie sich das nächste Mal dabei ertappen, wie Sie etwas Negatives zu sich sagen, halten Sie inne und prüfen, ob die negative Äußerung gerechtfertigt ist und was getan werden kann, die Situation zu korrigieren. Wenn Ihre negative Äußerung *nicht* gerechtfertigt ist, bemühen Sie sich, konstruktive und positive Äußerungen über die Situation zu finden. Diese konstruktiven Äußerungen sollten die Situation in Ihren Augen ebenfalls wahrheitsgemäß wiedergeben, nur aus einer anderen Blickrichtung. Sagen Sie diese Äußerung am besten mehrmals zu sich selbst, und achten Sie auf Ihre Gefühle angesichts des Wechsels von der negativen zu der positiven Formulierung.

Wie Sie jetzt erkennen, glauben wir, daß eines der Hauptprobleme aller Menschen – also auch von Managern – sich um die Dinge dreht, die sie zu sich selbst sagen. Negativismus wird nicht selten sogar als Tugend angesehen. Es klingt höflich, wenn Sie sich Asche aufs Haupt streuen und etwas Negatives über sich selbst oder zu sich selbst sagen. Wenn sie Ihre Freunde so schlecht behandelten wie sich selbst, dann würden Ihnen nicht viele Freunde bleiben.

Woher kommt dieser Negativismus? Es scheint, als beginne er sehr früh in unserem Leben. Unsere Eltern hatten uns zu erziehen und lehrten uns, den Normen der Gesellschaft entsprechend zu handeln. Um dies zu tun, mußten sie uns korrigieren: wie wir essen sollten, wie wir auf unsere körperlichen Bedürfnisse achten sollten, wie man zu Älteren spricht, was in verschiedenen Situationen zu tun oder zu sagen sei und dergleichen mehr. Dank der Sozialisation durch unsere Eltern wurden wir Mitglieder der Gesellschaft. Allerdings sind viele Eltern sehr schnell bei der Hand mit Korrekturen von Fehlern, aber weniger schnell mit Lob für richtiges Verhalten. Ein einfaches Beispiel: Der kleine Hans, drei Jahre alt, trinkt Milch, ohne etwas zu verschütten. Niemand sagt etwas. Verschüttet er jedoch Milch während des Trinkens, mag ein Elternteil schimpfen. »Immer hast du es so eilig! Nimm das Glas mit beiden Händen! Siehst du nicht, daß ich gerade den Tisch abgewischt habe...« Wir alle waren in unserer Vergangenheit wie Hans. Nach all diesen »Korrekturen« ist es nicht überraschend, daß wir unseren Fehlern mehr Aufmerksamkeit schenken als unseren kleinen Erfolgen.

Was auch immer die Ursache dieses vorherrschenden Negativismus sein mag – Sie können etwas dagegen tun, bevor eine negative Selbsthypnose daraus wird. Die folgende Übung, so einfach sie ist, kann hinsichtlich der Art, wie Sie Ihr Verhalten sehen und bewerten, eine neue Balance etablieren. Bevor wir jedoch damit beginnen, lassen Sie uns zwei Menschen betrachten, denen es gelungen ist, ihre negativen Selbstgespräche zu beenden.

Eine der Führungskräfte, mit denen wir arbeiteten, war Ernst (diese Namensgebung ist fiktiv, wie bei allen Beispielen in diesem Buch, um die Anonymität der Person zu gewährleisten). Ernst, ein gesunder, 43 Jahre alter Verkaufsdirektor, klagte darüber, daß er ständig erschöpft sei. Wir fragten ihn, was er sich selber sage, wenn er erschöpft sei. Er erkannte, daß er sich ständig sagte »Ich bin erschöpft« oder »Ich weiß nicht, warum ich so erschöpft bin«. Wir fragten ihn nach einer anderen Äußerung, die auch wahr, aber weniger negativ wäre. Er glaubte ebenso wahrheitsgemäß sagen zu können: »Ich habe noch viele Energiereserven und kann diese mobilisieren.« Er versuchte in den folgenden Tagen, sich seine Erschöpfung einzugestehen, diese jedoch nicht zu betonen, sondern sich selbst seine Reserven bewußtzumachen. Zu seiner großen Überraschung erkannte er, daß er weniger erschöpft war und daß seine Erschöpfungsgefühle nicht lange anhielten. Er hatte die Auswirkungen seiner negativen Selbsthypnose und Methoden zu ihrer Bekämpfung entdeckt. Indem er seine negativen Selbstgespräche beendete (die Mißerfolgsgedanken beinhalteten), erreichte er neue Kontrolle über seine Empfindung physischer Erschöpfung.

Etwas Ähnliches passierte mit Kathrin, der Generalbevollmächtigten einer großen Organisation, welche für den Speisenservice einer Fluglinie zuständig war. Immer wenn es unvorhergesehene Änderungen im Flugplan und – damit einhergehend – großen Zeitdruck gab, sagte sie sich selbst »Ich werde das nie schaffen« oder »Das gibt ein Riesenunglück«. Als sie diese Bemerkungen zugunsten anderer ablegte, zum Beispiel »Ich habe schon schlimmere

Situationen gemeistert« oder »Ich weiß, daß ich sehr gut in diesen Dingen bin«, fühlte sie sich weitaus spannungsfreier und erlebte keine ihrer früheren Symptome (zum Beispiel Schweißausbrüche) mehr.

Praktische Übung (1–2)
Selbstlob

Achten Sie innerhalb der nächsten Woche oder für einen ähnlichen Zeitraum auf jede kleine Aktivität, die Sie erfolgreich durchführen, um sich für diese Aktivität zu loben. Mit »kleinen Aktivitäten« ist alles gemeint, was Sie gut machen, von der Wahl Ihrer Kleidung angefangen bis hin zu einem vorsichtigen Fahrstil, freundlichem Verhalten gegenüber anderen und einer guten Arbeitseinteilung. (Selbst wenn Ihnen dies jetzt albern vorkommen mag – versuchen Sie, den Humor zu entdecken, der in dieser Übung liegt. Sie werden erstaunt sein, wie viele Dinge Sie gut machen und wieviel Lob Ihnen dafür zusteht.)

In unseren Seminaren kommt es vor, daß Manager und Führungskräfte sich über diese Übung lustig machen. Unsere Antwort lautet: Versuchen Sie es trotzdem eine Weile lang, und beurteilen Sie erst dann die Nützlichkeit und den Wert der Übung. Unsere eigenen Vorzüge für selbstverständlich zu halten ist die andere Seite einer negativen Selbsthypnose. Sich hingegen zu bemühen, die eigenen Erfolge auch anzuerkennen, so klein und unwichtig sie auch sein mögen, öffnet uns die Augen für Dinge, die wir sonst als selbstverständlich hinnehmen. Ganz ähnlich ergeht es uns mit unserem Körper: Wir schenken selten den Aktivitäten Aufmerksamkeit, die uns unser funktionierender Körper auszuüben erlaubt, bemerken aber sehr schnell und mit großer Verärgerung, wenn es irgendwelche körperlichen Schwierigkeiten gibt.

Wir haben gesagt, daß dieses Buch Sie lehrt, Ihre Verstandeskräfte effektiver als bisher zu gebrauchen. Die erwähnten praktischen Aktivitäten sind recht einfach und grundlegend, aber ein integraler Bestandteil des gesamten Programms, und ermöglichen

Ihnen, die Herrschaft über Ihre Gedanken zu gewinnen, was Sie sowohl in Ihrer Arbeit als auch in Ihrem Privatleben bereichern wird.

Wenn *Denken* so wichtig ist für ein erfolgreiches Management, dann ist es unerläßlich, daß Sie die in diesem Buch verwendeten Konzepte verstehen. Der Begriff der negativen Selbsthypnose ist mehrfach genannt worden, obwohl das Wort »Hypnose« häufig mißverstanden wird. Seit den frühen 70ern hat die Hypnose eine Entwicklung durchgemacht, so daß heute zwischen *traditioneller* und *neuer Hypnose* unterschieden werden muß. Traditionelle Hypnose kennen Sie aus Romanen und Filmen: Wir denken an den Hypnotiseur mit eindringlichem Blick, der einen pendelnden Gegenstand benutzt und seine Probanden anweist zu tun, was er von ihnen verlangt. Unglücklicherweise glauben viele Menschen, dies sei die einzige existierende Form der Hypnose. Traditionelle Hypnose erscheint uns als bühnenreif, weil sie eindrucksvoll, spektakulär und dramatisch ist. Doch neben dieser Form der Hypnose ist eine weitere Hypnoseform entstanden, die sich von der traditionellen stark unterscheidet. In der neuen Hypnose werden Personen aufgefordert, auf diejenigen mentalen Vorstellungen, Erinnerungen und internen Assoziationen zu achten, die spontan ins Zentrum der Aufmerksamkeit rücken, wenn man sich auf einen bestimmten Gedanken konzentriert. Wenn Sie beispielsweise an einen Ort denken, an dem Sie im Alter von zehn Jahren lebten, dann werden Ihnen viele dieser geistigen Vorstellungen zu Bewußtsein kommen. Je mehr Sie sich auf diesen Ort Ihrer Kindheit konzentrieren und je weniger Sie sich ablenken lassen, desto mehr Erinnerungen, Assoziationen und Vorstellungen werden Ihnen kommen. Diese wiederum werden viele Gefühle in Ihnen wachrufen, darunter auch solche, die Sie lange Zeit nicht empfunden haben. Wenn Sie sich auf diese Weise zu »erinnern« versuchen – so, als ob Sie in Raum und Zeit zurückversetzt wären –, werden Sie vielen warmen und zärtlichen Gefühlen begegnen, aber auch negativen Gefühlen, die Sie tief in sich vergraben haben, weil sie so unangenehm sind. Das hängt davon ab, wie Sie Ihre Kindheit zu jenem Zeitpunkt erlebt haben.

Die neue Hypnose aktiviert demzufolge die Imagination. Erinnern Sie sich an die Einleitung? Die Imagination, wenn sie spontan stattfindet (wie in dem Beispiel mit dem Ort Ihrer Kindheit), ist ein sehr natürlicher und unaufdringlicher mentaler Prozeß. Die traditionelle Hypnose nimmt an, daß nicht alle Menschen »hypnotisierbar« sind, sondern nur solche, denen eine sogenannte »Hypnotisierbarkeit« zugeschrieben wird. Da die neue Hypnose natürlich und nicht erzwungen ist, glauben wir, daß jede Person, die zum Tagträumen imstande ist, auch mit Hypnose arbeiten kann. Der Vollständigkeit halber sei gesagt, daß man der neuen Hypnose zufolge nicht davon sprechen sollte, daß Personen hypnotisiert werden: *Sie selbst* können die Hypnose zu Ihrem eigenen Nutzen anwenden, indem Sie Ihre Imagination aktivieren und das ernst nehmen, was Sie von Ihrem unbewußten Geist erfahren. Eine andere Person kann Sie anleiten, aber niemand kann Sie »hypnotisieren«. Das machen Sie selbst.

Praktische Übung (1–3)
Ihr glücklichster Tag

Denken Sie an einen der glücklichsten Tage in Ihrem Leben, und wählen Sie diesen einen Tag aus, um sich im Gedächtnis auf ihn zu konzentrieren. Suchen Sie sich einen ruhigen Platz, wo Sie vor Unterbrechungen oder äußeren Ablenkungen sicher sind. Sie werden ungefähr 15 Minuten mit dieser Aktivität verbringen. Schließen Sie die Augen, atmen Sie etwas Ihre Anspannung aus, und fühlen Sie die zunehmende Entspannung. Nehmen Sie sich ein wenig Zeit, um die Veränderungen wahrzunehmen, die Ihre Atmung verursacht. Erst dann gehen Sie in der Zeit zurück und finden sich an jenem Tag wieder, den Sie sich zuvor als den schönsten Ihres Lebens ausgesucht haben. Seien Sie – in Ihrer geistigen Vorstellung – einfach dort. Sehen Sie jedes Detail des Ortes. Hören Sie jedes Geräusch, jede Musik oder das jeweilige Gespräch. Erleben Sie die Annehmlichkeit der Umgebung, die Temperatur oder andere Charakteristika Ihrer Empfindungen. Machen Sie sich die Düfte der Umgebung bewußt. Vor allen Dingen, halten Sie engen Kontakt mit Ihren Gefühlen. Verweilen Sie bei Ihren Gefühlen. Dies ist einer der glücklichsten Tage Ihres Lebens. Sie lächeln, lachen, singen, begrüßen Freunde. In Ihrem Geiste sind Sie dort. Bleiben Sie eine Weile in dieser inneren Erfahrung eines solch glücklichen Tages; genießen Sie jedes Detail. Im Anschluß an diese »Reise in die Vergangenheit« reflektieren Sie einen Augenblick die vielfältigen Erinnerungen an diesen Tag.

Die hier beschriebene Übung zeigt eine weitere wichtige Eigenschaft der neuen Hypnose auf: Es ist eine *experimentelle* Art des Denkens, so als wären Sie dort, wo Ihre geistigen Vorstellungen Sie hingeführt haben. Was Sie gerade getan haben, wird heutzutage, so einfach es auch ist, als Hypnose angesehen. Je mehr Sie sich auf diesen Tag Ihres Lebens konzentrieren und je mehr Aufmerksamkeit Sie allen Details Ihrer Sinneswahrnehmungen schenken, desto weiter entfernen Sie sich von der Sie gegenwärtig umgebenden Realität. Wenn Sie diese Übung einige Male wiederholen, werden Sie bemerken, daß Ihre geistige Aktivität »realer« wird als Ihre jeweilige momentane Umgebung. Das ist Hypnose.

Was auch immer Sie getan haben, es war das absichtsvolle Wiedererleben eines sehr angenehmen Ereignisses in Ihrem Leben. Mit Hilfe der Hypnose können Sie auch sehr unangenehme, traurige Erfahrungen wiedererleben, und zwar sowohl im Hinblick auf vergangene als auch auf zukünftige Ereignisse. Natürlich werden Sie fragen, wie man etwas, das in der Zukunft liegt, wiedererleben kann, und Sie haben natürlich recht. Der richtige Begriff wäre »vorerleben«. Wie auch immer Sie es nennen, die Konzentration auf negative, unangenehme Ereignisse wird negative Gefühle hervorrufen, die wiederum Ihr Handeln beeinflussen. Negative Selbsthypnose ist deshalb ein unbewußter Gebrauch von Hypnose, der – wie wir gesehen haben – gegen die eigene Person gerichtet ist. Übung (1-1) beschäftigte sich mit den negativen Aspekten von Selbstgesprächen, weil Worte geistige Vorstellungen auslösen. Vergessen Sie dies nie. Denken ist die Kombination von Intelligenz und Imagination, so daß Sie durch negative Worte in Ihrem inneren Dialog auch negative Vorstellungen verstärken können. Und wenn Sie nicht achtgeben, werden diese negativen Vorstellungen außerordentlich starke Auswirkungen auf Ihre Gefühle und Ihr Handeln haben – so wie die gute und positive Vorstellung von einem sehr schönen Tag gleichfalls Auswirkungen auf Sie hat.

Selbst abstrakte Worte lösen in vielen Menschen Vorstellungen aus. Was fällt Ihnen bei dem Wort »Philosophie« ein? Wie steht es mit »Poesie« oder »Schönheit«? Wir hoffen, Sie verstehen die grundlegende Idee. Worte sind nicht nur mit Bedeutung befrachtet, sondern auch mit subjektiven Gefühlen und subjektiver Wichtigkeit. Und weil dies so ist, sollten die Wörter, die zu negativer Selbsthypnose Anlaß geben und damit zu Ihrem Nachteil sein können, Ihnen nicht gleichgültig sein.

Anne arbeitete als Chefredakteurin einer großen Tageszeitung unter einem willkürlichen und voreingenommenen Herausgeber, der sich für wesentlich kompetenter hielt als seine Mitarbeiter und insbesondere Anne. Um mit dieser schwierigen Person umgehen zu können, erwies sich eine Portion Humor als sehr nützlich für Anne. Bei jedem Kontakt mit ihrem Chef dachte sie an etwas Lächerliches und Respektloses (seine mit ihm schimpfende Frau, die Farbe seiner Unterhose, sein Schnarchen des Nachts und dergleichen mehr). Gestärkt durch diese sehr lebendigen Vorstellungen, war sie in der Lage, mit seinem beleidigenden Gebaren fertig zu werden. Anstatt den unangemessenen Meinungen ihres Chefs Aufmerksamkeit zu schenken, die sie früher sehr beschäftigten, begann Anne ihren geplanten mentalen Vorstellungen mehr Aufmerksamkeit zu schenken.

Anne hatte sich ein klares mentales Bild geschaffen, das in ihrer Vorstellung sehr lebendig war. Dies führte zu einem Gefühl der Amüsiertheit, einer Atmosphäre von Unfug, was ihre Einstellung gegenüber diesem unangenehmen Zeitgenossen änderte und es ihr erlaubte, für ihn zu arbeiten, ohne darunter zu leiden. Dies ist eine vollkommen natürliche Art und Weise, die eigene Vorstellungskraft zu nutzen. Die Vorstellungen, die sie nutzte, erwuchsen ihr ganz spontan, und der Effekt dieser geistigen Prozesse war ihrem Wohlbefinden außerordentlich förderlich. Sie hätte ihre negativen Reaktionen auch beibehalten können, doch sie befreite sich davon mit Hilfe der Hypnose, ohne diesen Begriff überhaupt in dieser Bedeutung zu kennen.

Da Wörter mentale Vorstellungen hervorrufen und weil wir die meiste Zeit auch zu uns selbst sprechen, sollten wir die Chance nutzen, uns unsere negativen Äußerungen oder »Mißerfolgsgedanken« bewußtzumachen, wenn diese unsere innere Welt betreten. Ein praktischer Ansatz besteht darin, auf die Zeiten zu achten, in denen wir besonders angespannt oder gefordert sind. Was sagen wir in solchen Augenblicken zu uns selbst? Wir ertappen uns oft dabei, wie wir sagen: »Ich schaffe es einfach nicht, das ist zu viel, einfach zum Verrücktwerden«, und dergleichen mehr – Äußerungen, die unseren Streß nur vergrößern. Im nächsten Kapitel werden wir sehr detailliert erörtern, wie wir uns selbst darin üben können, solche negativen Äußerungen als Signale für konstruktivere Behauptungen zu benutzen, die wir uns zu eigen machen können. Ein erster Schritt jedoch besteht zunächst darin, sich dieser Mißerfolgsgedanken bewußt zu werden. Diese resultieren zumeist aus *falschen Glaubenssätzen*, die wir, vielleicht bereits in der Kindheit, zu akzeptieren gelernt haben und die wir nun – als Erwachsene – nicht weiter hinterfragen. Betrachten wir einige Beispiele.

Manche Leute glauben, daß sie »von jedem Menschen, dem sie begegnen, auch gemocht werden sollten«. Aufgrund dieses falschen Glaubenssatzes geben sie sich selbst die Schuld, wenn Interaktionen wenig erfolgreich sind oder andere Personen nicht so positiv auf sie reagieren. Sie klagen sich dann selbst an, glauben versagt zu haben oder suchen nach eigenen Fehlern. Die Wurzel des Problems liegt bei ihrem falschen Glaubenssatz, der ihnen wenig Spielraum für Fehler gibt und sie alle Interaktionen ganz undifferenziert nach einem Alles-oder-Nichts-Schema bewerten läßt.

Dies war auch bei Hermann der Fall, einem Obersten a. D., der Sicherheitsbeauftragter bei einer Bank geworden war, die viele Geldautomaten in Bahnhöfen aufgestellt hatte. Seine Aufgabe bestand darin, sicherzustellen, daß diese Maschinen täglich kontrolliert und an jedem zweiten Tag nachgefüllt wurden. Sieben Gebietsleiter arbeiteten in seinem Auftrag, wobei er wöchentlich eine Besprechung abhielt. Hermann hatte ein starkes Bedürfnis, gemocht zu werden, und verbrachte viel Zeit damit, über unwesentliche Dinge zu sprechen: Sport, Familienereignisse, irgendwelche Neuigkeiten.

Seine Mitarbeiter ärgerten sich über diese Zeitverschwendung, da die Besprechungen immer nach Arbeitsschluß stattfanden. Da sie ihn wegen seiner militärischen Laufbahn respektierten, ja fast fürchteten, protestierten sie zwar nicht, ihre Unzufriedenheit schlug sich jedoch in ihrer Arbeit nieder: Einige Automaten wurden nicht im vorgesehenen Turnus geprüft, andere waren längere Zeit »Außer Betrieb« und dergleichen mehr. Obwohl Hermann so bemüht war, sich in diesen langatmigen Treffen als netter Vorgesetzter zu erweisen, anstatt eine sachdienliche Besprechung durchzuführen, erreichte er das Gegenteil von dem, was er eigentlich beabsichtigte. Seine Gebietsleiter fürchteten ihn nicht nur, sondern konnten ihn darüber hinaus nicht ausstehen.

Dies ist ein noch recht mildes Beispiel für das »Ödipussyndrom« (das wir am Ende des Kapitels besprechen werden), doch wir sehen, wie negativ die Auswirkungen falscher Glaubenssätze am Arbeitsplatz sein können. Nachdem Hermann die Lage erkannt hatte, befragte er seine Mitarbeiter, wie es besser laufen könnte. Die ganze Situation verbesserte sich merklich, nachdem er erkannt hatte, daß sein falscher Glaubenssatz, seinen Mitarbeitern gefallen zu müssen, eben tatsächlich falsch war.

Ein anderer, weitverbreiteter falscher Glaubenssatz besteht in der Annahme, daß »äußere Ereignisse die eigene Stimmung, insbesondere das eigene Wohlbefinden, beeinflussen«. Aus diesem falschen Glaubenssatz resultiert der Mißerfolgsgedanke, daß »ich nicht glücklich sein kann, . . . weil mein Kind Schwierigkeiten mit der Schule hat oder . . . weil die Wirtschaft nicht läuft oder . . . weil der Konkurrent das neue Produkt herausgebracht hat, das wir zu diesem Preis nicht bieten können«, und so fort. Wenn Sie nicht einsehen, daß dies bloß Entschuldigungen sind, dann erlauben Sie Ihren Gedanken und Glaubenssätzen, daß diese Sie buchstäblich »krank machen«.

Praktische Übung (1–4)
Gewahrwerden von Mißerfolgsgedanken

Wir könnten viele weitere dieser falschen Glaubenssätze und der resultierenden Mißerfolgsgedanken auflisten. Aber es ist zweckmäßiger, daß Sie das Lesen jetzt unterbrechen und einige dieser negativen Gedanken in Ihr Notizbuch schreiben. Indem Sie Ihre Mißerfolgsgedanken niederschreiben, sollte Ihnen bewußt werden, wie gefährlich diese sind. Der erste Schritt zur Änderung besteht immer darin, zu erfahren, was geändert werden muß.

Nachdem Sie drei oder vier falsche Glaubenssätze und die resultierenden Mißerfolgsgedanken notiert haben, betrachten Sie noch einmal die beiden bereits erwähnten Beispiele: Falscher Glaubenssatz: »Ich sollte von jedem, dem ich begegne, auch gemocht werden.« Mißerfolgsgedanke: »Wenn die Leute mich nicht mögen, dann muß ich etwas falsch gemacht haben.« Falsche Glaubenssätze und Mißerfolgsgedanken sind Ihnen in aller Regel auch bewußt: »Ja, ich weiß, daß ich dies zu mir selbst sage.« Da Wörter aber mentale Vorstellungen auslösen, müssen Sie verstehen lernen, was die falschen Glaubenssätze und Mißerfolgsgedanken in Ihrem Unbewußten auslösen. Es kommt häufig vor, daß Personen frühere Situationen mit mißlungenen Interaktionen noch einmal in Augenschein nehmen, so als ob sie sich im Geiste einen Kinofilm ansähen, mit dem Resultat, diese wenig erfolgreichen Situationen lediglich dem eigenen »Mißerfolgskonto« hinzuzufügen. Die Gefahr dieser geistigen Vorstellungen liegt darin, daß sie Ihren Selbstwert untergraben – wie in Kapitel 4 erläutert wird –, ohne daß Sie sich dessen bewußt sind oder sich der Tatsache zumindest nicht *gänzlich* bewußt sind, was Sie sich antun, wenn Sie diese vernichtenden mentalen Aktivitäten nicht unterbinden.

Betrachten wir noch einmal das zweite Beispiel, um sicherzugehen, daß Sie die wichtigen mentalen Prozesse verstehen, die all Ihre Anstrengungen, erfolgreich zu sein, untergraben können. Der falsche Glaubenssatz lautet: »Äußere Ereignisse machen mich unglücklich«, oder: »Ich bin unglücklich wegen eines äußeren Ereignisses.« Der Mißerfolgsgedanke lautet: »Solange das Ereignis X andauert, kann ich nicht glücklich sein.« Zu welchen unbewußten Vorstellungen führt Sie dies? Wahrscheinlich zu einem Rückblick auf vergangene Ereignisse, von denen Sie glauben, sie seien die Ursache Ihres Unglücklichseins gewesen. Diese Liste mag sehr lang sein, und je länger sie ist, desto unglücklicher werden Sie sein. Wie schon im vorigen Beispiel gesehen, birgt eine mangelnde Prüfung oder Hinterfragung dieses mentalen Prozesses zwei Gefahren: Zum einen bestärken Sie Ihren falschen Glaubenssatz, indem Sie einen hübschen Teufelskreis produzieren: Ihr Glaubenssatz löst Erinnerungen aus, die diesen Glaubenssatz bestätigen. Zum anderen wird dieser mentale Prozeß zur Entschuldigung für eigenes Versagen und für das Unglücklichsein, er dient der Vermeidung und Leugnung der eigenen Verantwortlichkeit für die Situation.

Betrachten Sie jetzt noch einmal Ihre eigene Liste falscher Glaubenssätze und Mißerfolgsgedanken, und schenken Sie den mentalen Aktivitäten Aufmerksamkeit, die diese in Ihnen hervorrufen. Beachten Sie die mentalen Bilder, die entstehen, die Erinnerungen an vergangene Ereignisse, die Assoziationen, die Ihr Geist zwischen verschiedenen Ereignissen herstellt. Und achten Sie insbesondere auf die Gefühle, die während dieser Gedankenkette in Ihnen aufkommen.

Dies ist einer der besten Beweise für eines der grundlegenden Prinzipien menschlichen Verhaltens, von dem wir bereits gesprochen haben: Unsere Gefühle resultieren aus unseren Gedanken. Wenn Sie Ihre Gedanken kontrollieren – und dieses Buch erläutert Ihnen praktische und effektive Methoden, wie dies zu bewerkstelligen ist –, dann erreichen Sie Kontrolle über Ihr gesamtes Leben, Ihre Gefühle und Handlungen. Glaubenssätze haben großen Einfluß auf Ihre Lebensweise und auf Ihren Umgang mit anderen. Von Henry Ford stammt der Satz: »Ob Sie glauben, Sie werden etwas schaffen, oder ob Sie glauben, Sie werden es nicht schaffen – Sie haben auf alle Fälle recht.« Ihre Glaubenssätze veranlassen Sie, in der einen oder anderen Weise zu handeln. Aufgrund der erstaunlichen Macht Ihrer Glaubenssätze müssen Sie sich derjenigen Glaubenssätze bewußt werden, die möglicherweise einen Mißerfolg begünstigen. Lesen Sie sich die folgende

Liste durch, und versuchen Sie an Personen zu denken, die nach diesen Glaubenssätzen handeln:

»Mein Leben ist unmöglich, wenn ich unfair behandelt werde.«
»Es gibt nichts zu lachen angesichts meiner Probleme.«
»Ich habe Probleme, weil ich schwach und inkompetent bin.«
»Wenn die Dinge nicht so laufen, wie ich will, dann deshalb, weil Gott mich für vergangene Sünden strafen will.«
»Mein Schicksal steht unter keinem guten Stern; und deshalb habe ich einfach keinen Erfolg.«

Betrachten Sie eine der genannten Äußerungen, und nehmen Sie sich die Zeit, über die möglicherweise resultierenden Mißerfolgsgedanken, mentalen Vorstellungen und Handlungen nachzudenken. Wenn Sie sich beispielsweise auf die letzte Äußerung konzentrieren, den »Unter keinem guten Stern«-Glaubenssatz, dann liefert dieser eine gute Erklärung für ausbleibenden beruflichen Erfolg, schlechte soziale Beziehungen, Ärger mit den Nachbarn, Verwandten oder Freunden und so weiter. Er sorgt auch für praktische Mißerfolgsgedanken, wenn andere Sie ausnutzen, wenn Sie einen kleinen Autounfall haben oder wenn der Urlaub ins Wasser fällt. Das ist genau das, was Psychologen unter »mittelbarem Nutzen« von unzweckmäßigen Einstellungen oder Verhaltensweisen verstehen.

Dieser eine falsche Glaubenssatz hilft, eine Vielzahl von Ereignissen und Umständen in Ihrem Leben zu erklären. Er ist somit auch als Entschuldigung brauchbar und kann dazu dienen, anderen Personen die Schuld für Dinge zu geben, die Sie selbst stärker hätten beeinflussen können. Je gebräuchlicher dieser falsche Glaubenssatz für Sie wird, desto stärker wird auch der genannte Teufelskreis, und desto mehr Bestätigung erhalten Sie für die Richtigkeit Ihres Glaubenssatzes. In diesem Fall steht die sich selbst erfüllende Prophezeiung in voller Blüte: Weil Sie es glauben, passiert es, und weil es passiert, haben Sie guten Grund, an Ihrem Glaubenssatz festzuhalten.

Eine effektive Methode, diesen falschen Glaubenssätzen entgegenzuarbeiten, besteht darin, ganz vorsätzlich *so zu tun, als glaubten*

Sie das Gegenteil. Nehmen wir das Beispiel mit dem »Schicksal unter einem schlechten Stern«. Um in gänzlich anderer Weise handeln zu können, beginnen Sie zu sagen, Sie seien unter einem *guten* Stern geboren. Um wiederum glauben zu können, Sie seien tatsächlich unter einem besonders guten Stern geboren, müssen Sie sich bemühen, sich an all die *guten* Dinge zu erinnern, die Ihnen im Laufe Ihres Lebens zugestoßen sind. Achten Sie hierbei auf die Details: Dinge, die man normalerweise als selbstverständlich ansieht und von denen wir zuvor gesprochen haben. Beispielsweise haben Sie keine angeborenen körperlichen oder geistigen Gebrechen, Ihre Eltern haben Sie nicht als Baby zur Adoption freigegeben, Sie können alle Ihre Sinne gebrauchen und haben sich viele praktische und intellektuelle Fähigkeiten erworben. Immer wenn Sie Ihrer Liste ein weiteres Merkmal hinzufügen, wiederholen Sie für sich selbst: »Dank sei meinem guten Stern.«

Nachdem Sie dies eine Weile versucht haben, sollten Sie in sich das Gefühl erzeugen können, unter dem ständigen Einfluß eines gütigen Schicksals zu stehen. Sie werden bemerken, daß es einfacher wird, viele negative Dinge in Ihrem Leben zu entschuldigen oder darüber hinwegzusehen. Wenn Sie einen Rückschlag erlitten haben, aber dennoch an Ihren guten Stern glauben, dann wird es Ihnen leichtfallen zu glauben, daß es noch schlimmer hätte kommen können oder daß Sie sich von diesem Schlag schnell erholen werden. Dasselbe gilt, wenn Ihre Gesundheit angegriffen ist: »Glück gehabt, daß es nicht noch schlimmer gekommen ist.«

Nachdem Sie diese Übung bearbeitet und das Konzept verstanden haben, können wir mit der Liste der falschen Glaubenssätze und Mißerfolgsgedanken aus Übung (1–4) weiterarbeiten.

Praktische Übung (1–5)
Falschen Glaubenssätzen entgegenwirken

Nehmen Sie sich zunächst jeweils einen der in Übung (1–4) notierten falschen Glaubenssätze vor, und versuchen Sie, eine genau gegenteilige Äußerung aufzuschreiben. Haben Sie beispielsweise geschrieben: »Ich könnte nie ein Musikinstrument spielen«, dann schreiben sie nun: »Ich kann lernen, ein Musikinstrument zu spielen.« Dann erlauben Sie sich selbst, das Gefühl zu haben, *als wäre diese Äußerung wahr.* Wiederholen Sie die Äußerung für sich selbst, und denken Sie in Ruhe darüber nach, bis Sie sich bei dem Gedanken, ein Instrument Ihrer Wahl zu erlernen, wohl fühlen. Fördern und bereichern Sie diese positive Äußerung mit Hilfe von Gedanken wie: »Ich habe die Fähigkeit, ein Instrument zu erlernen. Ich habe schon ganz andere Sachen gelernt. Ich kann mich mental darauf konzentrieren und mit großem Vergnügen das Musizieren erlernen.« Um hierin erfolgreich sein zu können, müssen Sie sich Zeit nehmen und in sich mit großer Sorgfalt den Eindruck erwecken, das Musizieren auf dem Instrument Ihrer Wahl wirklich mit Freude zu erlernen. Beachten Sie: Es ist noch nicht die Rede vom wirklichen Beherrschen des Instruments, sondern vom Erlernen des Musizierens. Benutzen Sie Ihre Imagination, um »sich selbst zu sehen«, wie Sie (vor Ihrem geistigen Auge) das Spielen erlernen. Denken Sie so, *als ob* Sie es bereits täten. Und genau diesen Gedanken nennen wir »Power-Gedanken«.

Diese Methode, ein sogenanntes Gedankenexperiment, ist weitaus effektiver als eine rein intellektuelle Argumentation mit sich selbst über die Möglichkeiten des Erlernens eines Musikinstruments. Sie führen dieses Gedankenexperiment mit Hilfe Ihrer Imagination und Ihrer Gefühle durch. In dieser Weise geben Sie Ihrem Unbewußten Nachricht, daß Sie es tun können. Demzufolge wird Ihr inneres Selbst in die Lage versetzt, Ihren Wunsch zu verwirklichen.

Bringen Sie sich Ihre falschen Glaubenssätze zu Bewußtsein, sobald Sie sie entdeckt haben. Ändern Sie diesen falschen Glaubenssatz in einen neuen, akzeptableren Satz, den Sie dann Ihrem Unterbewußtsein »übergeben« können. Auf diese Weise ändern Sie sich selbst, um so handeln zu können, wie Sie es wünschen. Diese Methode macht von Ihrer kreativen Imagination Gebrauch und gibt Ihnen die Macht, neue Dinge zu erreichen, die Sie in anderer Weise nicht hätten erreichen können. Sie haben auf diese Weise Ihre eigenen Power-Gedanken kreiert.

Alexandra, 36, war Leiterin der Personalabteilung einer internationalen Versicherungsgesellschaft. Ihre damalige Aufgabe bestand darin, ein interkulturelles Programm ins Leben zu rufen, um die Zusammenarbeit von Europäern (überwiegend Franzosen und Deutsche) und Amerikanern (überwiegend aus dem Mittleren Westen der USA) zu verbessern. Sie hatte viel Zeit in die Planung und Niederschrift des Programms investiert. Doch kurz vor der Umsetzung machte sie einen zögerlichen Eindruck, fühlte sich leicht depressiv und gab sich eher ablenkenden Aktivitäten hin. Ihre Vorgesetzten hatten sie bereits daran erinnert, daß die zeitlichen Reserven aufgebraucht waren und ein sofortiger Beginn angezeigt war. Dennoch fühlte sie sich nach wie vor »unfähig, es zu tun«, wie sie es ausdrückte. Wir halfen ihr zu erkennen, daß sie innerlich an einem überflüssigen und ineffektiven geistigen Zustand festhielt, der darin bestand, daß sie sich immerfort selbst sagte: »Du bist sehr talentiert im Organisieren, Planen und Ausarbeiten, aber als Frau bist du niemals eine Führungspersönlichkeit! Bleib bei dem, was du bist, hinter den Kulissen, und wage dich niemals in eine Führungsposition.« Alexandra erkannte, daß sie diesen Glaubenssatz immer als etwas nicht weiter Hinterfragbares anerkannt hatte. Ihr Vater hatte ihr diesen Glaubenssatz nahegelegt, indem er ihre Brüder zur Übernahme von Führungspositionen in Politik und Gesellschaft ermutigt und überdies dazu gedrängt hatte, ihrer Schwester zu helfen, die als Frau auf ihren Schutz angewiesen sei. Erst nachdem Alexandra eingesehen hatte, daß sie diese geistige Einstellung nie abgelegt hatte, war sie auch fähig, sich zu ändern. Indem sie ihre persönlichen Power-Gedanken gebrauchte, die sie selbst gewählt hatte, war sie in der Lage, das von ihr entwickelte Programm auch erfolgreich durchzuführen.

Fassen wir das Bisherige noch einmal zusammen: Unserer Annahme zufolge entstehen den Menschen dann große Probleme, wenn sie ihren eigenen, inneren Dialogen keine Aufmerksamkeit schenken. Der Inhalt solcher Selbstdialoge wirkt sich auf die eigenen Stimmungen und Gefühle aus, und diese wiederum beeinflussen unser Handeln in ganz entscheidender Weise. Die Inhalte unserer Selbstgespräche sind häufig negativer Natur: Wir beleidigen uns selbst, sind überkritisch, betonen unsere eigenen Fehler und strafen uns dafür. Diese negativen Äußerungen sind in Wahrheit »Mißerfolgsgedanken«, die aus unseren falschen Glaubenssätzen resultieren.

Wenn Sie solche auf falschen Glaubenssätzen basierenden Mißerfolgsgedanken nicht erkennen, dann beeinflussen diese Ihr Leben, sowohl privat als auch beruflich. Diesen Prozeß nennen wir »negative Selbsthypnose«, weil Sie in einer Weise beeinflußt werden, als seien Sie hypnotisiert. Es liegt in der Natur der Sache, daß diese ungeprüfte Verarbeitung solcher Gedanken in eine Form der Hypnose mündet. Ein Problem ist nur dann gefährlich, wenn es nicht als Problem erkannt wird. Der erste Schritt auf dem Weg zu einer vielfältigen Verbesserung, auch in bezug auf Ihre Art des Managements, besteht deshalb darin, sich das Problem bewußtzumachen. Die fünf Übungen, die Sie in diesem Kapitel kennengelernt haben, sollen Ihnen helfen, diesen Negativismus umzukehren, der Ihre Energien verbraucht und Ihr Wachstum als Mensch und Manager behindert. Die beste Methode, einen solchen Negativismus zu verhindern, besteht in der Anregung Ihrer Imagination durch experimentelles Denken. Indem Sie experimentell denken, zwingen Sie sich, Ihre bislang vielleicht unbemerkten und negativen Gedankengänge durch ein genau entgegengesetztes Denken zu ersetzen. Auch wenn dieser Negativismus sehr früh in Ihrem Leben eingesetzt haben mag und Ihnen schließlich zur Gewohnheit geworden ist, können Sie durch die praktischen Übungen (1–2), (1–3) und (1–5) damit beginnen, diesen Mißerfolgsgedanken und einer negativen Selbsthypnose entgegenzuwirken.

Sobald Sie das Problem der negativen Selbsthypnose erkannt und mit den ersten Schritten begonnen haben, die diesen Prozeß umkehren, befreien Sie Ihre mentale Energie, die nötig ist, um von Ihrer kreativen Imagination zu profitieren. Wir werden dies noch im folgenden Kapitel erörtern.

Um das bisher Gelernte zu festigen, gehen wir jetzt noch einmal zu Übung (1–5) zurück. Wählen Sie einen der Power-Gedanken aus, die Sie in dieser Übung erstellt haben. Schreiben Sie diesen Gedanken auf einen kleinen Zettel, und legen Sie ihn an eine Stelle, an der Sie ihn nicht übersehen können (auf dem Nachttisch, am Badezimmerspiegel, im Auto oder im Büro), so daß der Zettel Sie mit Sicherheit an diesen Power-Gedanken erinnern wird. Bleiben Sie nicht länger als zwei bis drei Tage bei einem Power-Gedanken, und fertigen Sie nach Ablauf dieser Zeit einen neuen Zettel an, auf dem Sie einen anderen Power-Gedanken notieren, um diesen zu bearbeiten. Kehren Sie dann nach einigen Tagen zu Ihrem ersten Power-Gedanken zurück, und wechseln Sie so lange Ihre Erinnerungszettel, daß der zugrundeliegende falsche Glaubenssatz wirklich der Vergangenheit angehört und Sie diesen neuen Power-Gedanken an dessen Stelle wirklich innerlich akzeptiert haben. Wichtig ist hierbei, daß Sie die Mißerfolgsgedanken aus Übung (1–4) auf diese Weise nach und nach durch »neue«, entgegengesetzte Power-Gedanken aus Übung (1–5) ersetzen. Dieses absichtliche Sich-Erinnern durch eine kleine, nichtübersehbare Notiz ist ein praktischer Weg, sich auch in Ihrem tiefsten Inneren die Gedanken anzueignen, die Ihren falschen Glaubenssätzen entgegenwirken.

Es ist sehr wichtig, sich klarzumachen, daß eine Änderung unserer Glaubenssätze immer eine Ersetzung erfordert und daß der Widerspruch allein keine Änderung ermöglicht. Mit anderen Worten, um einen falschen Glaubenssatz zu ändern, muß ein neuer Glaubenssatz gefunden werden, der in gewisser Weise »mächtiger« ist als der alte Glaubenssatz. Denken Sie an Gelegenheiten, bei denen Sie sich gewünscht haben, Sie könnten aufhören, an dieses oder jenes zu denken. Wenn einer Person immer wieder ein bestimmter Gedanke kommt und sie diesen Gedanken loswerden möchte, dann ist der bloße Wunsch, nicht länger daran zu denken, mit Sicherheit die falsche Methode. Je mehr man sich »darauf« fokussiert, selbst mit dem Wunsch nach einer Zurückweisung dieses Gedankens, desto größeres Gehör findet dieser innere Gedanke. Der einzige Weg, nicht länger an etwas zu denken, besteht darin, an etwas anderes zu denken.

Unterbrechen Sie jetzt für einen Augenblick die Lektüre, um einfach auszuprobieren, wie schwer es fällt, nicht länger an das zu denken, was Sie gerade denken. Stellen Sie sich vor Ihrem geistigen Auge Ihr Wohnzimmer vor. Erlauben Sie diesem Bild, so scharf und detailliert wie möglich zu werden. Während Sie dieses Bild noch vor Augen haben, sagen Sie nun zu sich selbst (und zwar ernsthaft!), daß Sie unbedingt aufhören wollen, an Ihr Wohnzimmer zu denken. Achten Sie darauf, was passiert. Sie werden nur aufhören, über Ihr Wohnzimmer nachzudenken, wenn ein anderer Gedanke in Ihr Bewußtsein tritt.

Weil unser Denken auf diese Art und Weise funktioniert (man nennt dies auch die »Gesetze des Denkens«), haben wir Sie in den Übungen (1–2), (1–3) und (1–5) gebeten, an wahre und zugleich positive Aspekte der eigenen Person zu denken. Wenn negative oder mißerfolgsbezogene Gedanken, von denen Sie »besetzt« sind, verheerende Folgen für Ihre Gefühle und Handlungen haben können, dann reicht es nicht, einfach nicht länger an diese Gedanken zu denken. Das ist der Grund, warum wir Sie gebeten haben, Ihre eigenen Erfolgs- oder Power-Gedanken zu entwickeln und sich ganz bewußt auf neue Glaubenssätze zu konzentrieren, die Sie sich selbst wählen.

Mißerfolgsgedanken, die aus unseren falschen Glaubenssätzen resultieren, sind in vielen unserer Lebensbereiche relevant. Nehmen wir zum Beispiel die Gesundheit. Denken Sie eine Weile über die falschen Glaubenssätze nach, die Sie zu diesem Thema hegen. Ein weit verbreiteter falscher Glaubenssatz hat mit dem Alter zu tun: Wenn ein junger Mensch etwas vergißt, mag er dies einfach hinnehmen. Macht ein älterer Mensch denselben Fehler, dann nimmt der ältere Mensch dies zum Anlaß, sich zu sagen: »Na bitte, ich werde alt. Deshalb vergesse ich einfach so viele Dinge.« Was steckt hinter diesen Mißerfolgsgedanken? Der falsche Glaubenssatz lautet, daß Älterwerden mit einer geringeren Effektivität und einer Verringerung der eigenen Fähigkeit einhergeht. Man fragt sich, was wohl geschehen würde, wenn die Menschen ihren Geburtstag nicht kennen würden. Wahrscheinlich würden sie das Leben genießen, ohne ihr Alter zum Anlaß zu nehmen, ihre Fähigkeiten geringer einzuschätzen. Es ist nicht lange her, daß viele Leute der Ansicht waren, das Genießen von Sexualität sei eine Frage des Alters. Dies ist ein gutes

Beispiel für einen falschen Glaubenssatz, der kulturell determiniert ist. Auch auf die Gefahr, die Wirklichkeit etwas zu vereinfachen: Man kann davon ausgehen, daß der Glaube an ein geringeres sexuelles Interesse bei älteren Menschen in den lateinischen Ländern weniger vorherrschend ist als zum Beispiel in den Vereinigten Staaten.

Sobald eine Idee einmal akzeptiert und zu einem kulturellen oder persönlichen Glaubensgrundsatz wird, hat diese Auswirkungen auf das Denken und das Verhalten. Wir haben die sich selbst erfüllende Prophezeiung in der Einleitung schon erwähnt. Einer der renommiertesten Gelehrten auf diesem Gebiet ist der Psychologe Paul Watzlawick, der eine sich selbst erfüllende Prophezeiung als Annahme oder Vorhersage definiert, die »einfach aufgrund der Voraussage selbst das erwartete oder vorhergesagte Ereignis eintreten läßt und somit seine eigene ›Richtigkeit‹ selbst bestätigt«. Watzlawick kommt zu dem Schluß, daß wir in der Folge einer solchen Geisteshaltung »gute Belege für unsere Sicht von der Realität erhalten«. Er betont, daß nur solche Prophezeiungen sich selbst erfüllen, an die man auch tatsächlich *glaubt*. Weil man an die Prophezeiung glaubt, wird die Zukunft tatsächlich beeinflußt. Unsere Prophezeiung – oder unser Glaube – »wird als eine Tatsache angesehen, die im Grunde bereits stattgefunden hat«, um es in den Worten von Watzlawick zu sagen. Die berühmteste Geschichte einer sich selbst erfüllenden Prophezeiung, die wir in der westlichen Literaturgeschichte kennen, ist natürlich die Geschichte von Ödipus. Die Äußerung des Orakels wurde geglaubt oder übernommen (und wurde so erst zu einer Prophezeiung), und indem man alles tat, die Erfüllung des Orakels zu vermeiden, tat man in Wirklichkeit doch nur das seinige, um die Prophezeiung wahr werden zu lassen. Und tatsächlich: Es klappte! Ödipus tötete seinen eigenen Vater, ohne dessen Identität zu kennen, und heiratete, natürlich immer noch in Unwissenheit, seine Mutter.

Sie mögen vielleicht denken, daß unsere Erwartungen einen solchen Einfluß nur dann ausüben, wenn wir in gewisser Weise »unwissenschaftlich« vorgehen. Wenn dem so ist, bedenken Sie die folgende Äußerung von Albert Einstein, die einem Gespräch mit

Werner Heisenberg entnommen ist. Einstein sagte: »Unsere Theorie bestimmt unsere Wahrnehmung.« Heisenberg fügte hinzu: »Wir nehmen nicht die Natur als solche wahr, sondern die Wahrnehmung der Natur hängt von unseren Untersuchungsmethoden ab und von der Art, wie wir nach ihr fragen.« Nehmen wir als weiteres Beispiel ein Experiment, das gleichfalls von Watzlawick zur Illustration sich selbst erfüllender Prophezeiungen herangezogen wird: In diesem Fall wurden einige normal begabte Schüler zu Beginn des neuen Schuljahres neuen Lehrern zugewiesen. Den Lehrern wurde mitgeteilt, diese Schüler seien überdurchschnittlich intelligent, und man erwarte von ihnen im Laufe des Schuljahres herausragende Leistungen. Am Ende des Schuljahres wurde die Leistungsfähigkeit der Schüler gemessen, und sie wiesen tatsächlich überdurchschnittliche Lernfortschritte auf. Weil die Lehrer glaubten, daß ihre Schüler intelligenter seien und besser arbeiten würden, taten diese es auch wirklich.

Es gibt weitere Bereiche, in denen wir sich selbst erfüllende Prophezeiungen beobachten können. Es gibt beispielsweise Belege, daß sich medizinische Diagnosen zumindest gelegentlich selbst bewahrheiten. Dr. Norman Cousins, der einzige Arzt in der Geschichte der USA, dem der Arzttitel ehrenhalber verliehen wurde, untersuchte den Einfluß psychologischer Faktoren auf das Immunsystem. Er berichtet, daß bei einem hohen Prozentsatz von Personen, bei denen Krebs diagnostiziert wird, eine ganz unmittelbare Verschlechterung des allgemeinen Zustandes nach Bekanntgabe der Diagnose eintritt.

Unser Glaubenssystem hat vielfältige Einflüsse auf unser Leben. Mit solchen falschen Glaubenssätzen sind häufig auch »Schubladen« verbunden, die wir für die eigene Person, aber auch für andere Personen bereithalten. Ein Manager, der glaubt, einer seiner Mitarbeiter sei faul (wegen seiner Erscheinung, seinem persönlichen Hintergrund oder aus welchen Gründen auch immer), wird diese Person entsprechend behandeln. Die entscheidende Frage ist, ob das Verhalten des Managers, auch wenn dessen Ursache gar nicht richtig erkannt wird, nicht gerade die erwartete Faulheit des Mitarbeiters fördern wird. Das erstaunliche Experiment mit den Schulkindern, von dem wir gerade gehört haben, ist ein erschreckender Hinweis auf die Macht solcher Schubladen. Es ist überraschend, zu hören, wie viele Manager ihre Mitarbeiter etikettieren: Einer ist »der Langsame«, ein anderer »redet zuviel«, ein dritter »kann nicht mit Kunden umgehen«. Wir wissen aufgrund vieler Untersuchungen, daß den so etikettierten Personen weitere korrespondierende Eigenschaften zugeordnet werden; ein Phänomen, das als »Halo-Effekt« bezeichnet wird. Demzufolge wird eine faule Person (so das Etikett) auch mit höherer Wahrscheinlichkeit als unachtsam, langsam, unzuverlässig und dergleichen mehr eingeschätzt. Das hat zur Folge, daß dieser Person weniger Vertrauen entgegengebracht wird, daß sie wohl kaum befördert wird, in ihren Ansichten weniger ernst genommen wird und vielen weiteren negativen Reaktionen unterliegt.

Solche Einordnungen oder Etikettierungen können weitreichende Folgen für den eigenen Selbstwert haben (wir kommen auf diesen Punkt in Kapitel 4 zurück). Ein lächerliches Beispiel ist der Mann, der sich für Casanova oder Don Juan hält. Aufgrund dieser Zuschreibung ist er verpflichtet, sich für jede Frau zu interessieren, der er begegnet. Wenn andere sich darüber beklagen, steht er dem hilflos gegenüber, weil diese Selbstzuschreibung für ihn zum Zwang geworden ist und er das entsprechende Verhalten nicht ablegen kann. Eine Verhaltensänderung ist nur möglich, wenn diese Selbstzuschreibung geändert wird, die auf einen falschen Glaubenssatz zurückgeht.

Falsche Glaubenssätze und das resultierende Verhalten beinhalten sich selbst erfüllende Prophezeiungen und Zuschreibungen. Weil dies ein so universelles Verhalten ist, das von den wenigsten Menschen jemals in Frage gestellt wird, halten wir es für ein Problem, das sich auch im Bereich des Managements permanent stellt. Eine Person, die so viel mit anderen Menschen zu tun hat und deren Leben und berufliche Zukunft so entscheidend beeinflußt wie ein Manager, kann diesen Individuen und dem gesamten Unternehmen großen Schaden zufügen – wenn er sich nämlich der negativen Wirkungen dieser falschen Glaubenssätze nicht bewußt ist und diese nicht zu ändern versucht.

Psychoanalytiker sprechen hier von dem Ödipus-Komplex – wie viele andere Konzepte aus der psychoanalytischen Schule ist auch dieses sehr fragwürdig. Lassen Sie uns deshalb im folgenden den Begriff *Ödipus-Syndrom* verwenden, um das hier Gesagte mit einem Begriff zu belegen: Falsche Glaubenssätze führen zu Mißerfolgsgedanken. Dem Gedanken folgt das Verhalten. Hierin liegt zugleich die Rettung: Falsche Glaubenssätze sind nur deshalb so schädlich, weil sie geglaubt werden. Die Realität, die wir kraft unserer Meinungen »erfinden« (um noch einmal einen Ausdruck von Watzlawick zu gebrauchen), ist ungefährlich, wenn wir unseren blinden Glauben zurückweisen und beginnen, unsere Glaubenssätze in Frage zu stellen. Wie Watzlawick selber so treffend sagt: »Eine Prophezeiung, die wir als Prophezeiung erkannt haben, kann sich nicht länger selbst erfüllen.« Dies impliziert, daß wir unserem eigenen Glauben untreu werden und unsere Meinungen in Frage stellen sollten, bis wir sicher sind, daß diese uns wirklich hilfreich sind. Andernfalls leben wir weiter in unserer »selbsterfundenen Realität«: Es ist kein weiter Weg von einem Psychotiker, der sich für Marilyn Monroe oder Don Juan hält, zum Manager, der alle Antworten zu wissen glaubt. Der Unterschied ist ein gradueller, denn in beiden Fällen handelt es sich um eine erfundene Realität und um ein Verhalten, das auf falschen Voraussetzungen beruht. Aufgrund dieser falschen Glaubenssätze handeln sowohl der psychotische Patient als auch der Manager in Übereinstimmung mit der von ihnen konstruierten Wirklichkeit.

Zum Abschluß dieses Themas sollten wir noch einmal kurz alle Konzepte betrachten, die wir bislang erörtert haben; dies wird Ihnen die Anwendung dieser Konzepte in den folgenden Kapiteln erleichtern. Die wichtigste Idee, die Sie verstehen sollten, ist die Tatsache, daß falsche Glaubenssätze von der Person, die diese Glaubenssätze aufrechterhält, tatsächlich geglaubt werden. Wir können nicht *a priori* sagen, daß ein bestimmter Glaubenssatz falsch ist. Wir schließen erst auf die Ungültigkeit eines Glaubenssatzes, wenn wir auf Grenzen oder Hindernisse stoßen, die dieser uns bei unserem persönlichen und beruflichen Wachstum in den

Weg stellt. Demzufolge ist es möglich, daß ein Manager einen unproduktiven Arbeitsstil beibehält, der die Leistung seiner Mitarbeiter beeinträchtigt, während er gleichzeitig dieses Verhalten durch scheinbare »Gründe« rechtfertigt, die von anderen als bloße Entschuldigung für die Inkompetenz des Managers gehalten werden. Dies ist das zentrale Problem, das in diesem Buch behandelt werden soll. Ein Manager sollte zu dem Schluß kommen, daß sein Arbeitsstil, der unter Umständen auf falschen Glaubenssätzen beruht, in Frage gestellt werden sollte und gegebenenfalls komplett geändert werden kann.

Ein anderes Konzept, das Ihnen klargeworden sein sollte, ist das des inneren Geistes oder des inneren Selbst: Wir gebrauchen diesen Begriff, um die auf der unbewußten Ebene stattfindende Arbeitsweise unseres Gehirns anzusprechen. Sprechen wir von den unbewußten Teilen oder den unterbewußten Teilen unseres Geistes, so meinen wir doch immer dasselbe. Wir sind bislang ganz bewußt nicht sehr konsistent in der Wahl unserer Begriffe für diesen unbewußten Aspekt unseres Denkens gewesen, und zwar aus zwei Gründen: Zum ersten soll diese Begriffsfülle uns immer an die Komplexität dieser Gehirnaktivitäten erinnern. Zum zweiten möchten wir den Eindruck vermeiden, dieses Konzept sei schon hinreichend definiert. Als Folge dieses Sprachgebrauchs ist unser Begriff des Unbewußten weiter gefaßt als zum Beispiel der entsprechende Begriff in der Psychoanalyse.

Zu guter Letzt: Wenn wir von Glaubenssätzen sprechen, die eine »Realität erschaffen«, dann beschreiben wir einen der vielen Fälle, in denen unsere bewußte Wahrnehmung durch unsere innere Einstellung gefärbt wird – so wie eine Statue in der Dunkelheit eines nächtlichen Parks die Farbe des dort einfallenden Lichtes annimmt. Die Vorstellung, diese Statue würde von Nacht zu Nacht in verschiedenen Farben angestrichen, weil sie uns einmal blau, dann wieder gelb oder blau *erscheint,* würde uns sicherlich amüsieren. Das wichtigste Anliegen des vorliegenden Buches besteht darin, daß wir die Statue und das einfallende Licht zu unterscheiden lernen und daß wir somit unseren Zugang zu der Welt, in der wir leben und handeln, verändern können.

Diese Konzepte und Begriffe sind grundlegend für das nun Folgende. Nachdem wir »die Art, wie wir auf Dinge reagieren«, als wichtiges Problem vorgestellt haben, das der Manager bedenken muß, machen wir nun einige Annahmen über Sie als Leser. Erstens gehen wir davon aus, daß Sie als Manager wachsen und sich verbessern wollen und daß Sie die Techniken erlernen wollen, mit deren Hilfe dies möglich ist. Zweitens nehmen wir an, daß Sie dieses Problem des eigenen Wachstums und der eigenen Weiterentwicklung in bezug auf Ihre Tätigkeit als Manager für relevant halten. Drittens sollten Sie bereit sein, dieses Buch nicht lediglich zu lesen, sondern auch an den in den folgenden Kapiteln dargestellten Übungen teilzunehmen. Und schließlich eine Annahme, die Sie zugleich als Empfehlung verstehen sollten: Seien Sie offen, und stellen Sie Ihr endgültiges Urteil über die in diesem Buch angebotenen Lösungen zurück. Wenn das Bild komplett ist und Sie sich bemüht haben, Ihre gesamten geistigen Fähigkeiten für Ihr berufliches und auch persönliches Weiterkommen zu nutzen, werden Sie in der Lage sein, die Botschaft des Buches angemessen zu beurteilen.

Kapitel 2
Die Lösung

Sie haben nun einen ersten Eindruck von dem »Problem«, das entsteht, wenn Sie Ihre Gedanken nicht zu Ihrem eigenen Nutzen gebrauchen. Wie in Kapitel 1 dargestellt wurde, sollten wir nach Wegen suchen, dieser unproduktiven Geisteshaltung entgegenzuwirken. Unser Denken oder Verstand ist unser wichtigstes »Werkzeug« für alles – inklusive der Tätigkeit des Managens am Arbeitsplatz. Dieses Kapitel soll Ihnen – ähnlich einem *Handbuch* – erläutern, wie Sie dieses »geistige Werkzeug« in bestmöglicher Weise einsetzen können.

Als erstes sollten Sie sich daran erinnern, daß dieses Ziel – der effektivere Gebrauch Ihres Denkens – Sie einige Zeit kosten wird und überdies auch wiederholte Übungen erfordert. Denken Sie immer wieder an unseren Vergleich mit dem Erlernen einer neuen Sprache. Auch hier erwarten Sie realistischerweise nicht, daß Sie die neue Sprache nach einigen Stunden oder Tagen beherrschen werden. Sie wissen, daß es einige Zeit dauern wird, bis Sie diese Sprache wirklich gut sprechen. Andererseits wird der Lohn Ihrer Bemühungen um so wertvoller und positiver sein.

Lassen Sie uns deshalb mit einer Übung beginnen, die Sie für den möglicherweise wenig effektiven Gebrauch Ihres Denkens sensibilisieren mag. In Kapitel 1 haben Sie gelernt, Ihre eigenen falschen Glaubenssätze und daraus resultierenden Mißerfolgsgedanken zu identifizieren (denken Sie insbesondere an Übung [1–4]). In der darauffolgenden Übung haben Sie versucht, diese falschen Glaubenssätze durch ihr Gegenteil zu ersetzen, und somit Ihre ersten persönlichen Power-Gedanken formuliert. Nun sollen Sie einen Schritt weitergehen, indem Sie Ihre eigene Liste persönlicher Power-Gedanken erstellen und diese schließlich verinnerlichen. Beginnen wir mit allgemeinen Power-Gedanken; in den späteren Kapiteln werden wir uns dann mit spezifischen Power-Gedanken beschäftigen (beispielsweise bezogen auf den Selbstwert, auf Kommunikation und so weiter).

Ein Power-Gedanke kann sehr einfach sein, nehmen wir beispielsweise den Satz: »Personen handeln so, wie sie handeln wollen, und nicht so, wie ich es will.« Wir halten dies für einen Power-Gedanken, weil er sehr vielfältige praktische Implikationen hat und geeignet ist, den entgegengesetzten falschen Glaubenssatz, der sehr weit verbreitet ist, zu eliminieren. Wenn dieser Gedanke wahr ist, dann können Sie Ihre Bemühungen, die Mitmenschen zu ändern, getrost einstellen: Sie können und werden andere Personen durch Ihr Handeln, Ihre Ideen und persönlichen Einstellungen *beeinflussen*, aber Sie können andere Personen *nicht ändern*. Wenn Sie mit anderen auskommen und mit ihnen zusammenarbeiten wollen, dann müssen Sie diese Personen so akzeptieren, wie sie sind – wie auch immer sie sein und sich verhalten mögen. Das heißt natürlich nicht, daß Sie mit jedermann auskommen oder zusammenarbeiten müssen. Es heißt aber, daß Sie die Personen auswählen sollten, mit denen Sie zu tun haben, und daß verschiedene Personen Ihnen unterschiedlich nahe sein können: Sie können Freunde sein oder Mitarbeiter oder Partner. Meiden Sie Personen, die nicht auf einer kompromißbereiten und vernünftigen Ebene mit Ihnen zusammenarbeiten wollen, weil »Personen so handeln, wie sie es wollen, und nicht so, wie ich es will«.

Eine andere praktische Implikation dieses Power-Gedankens besteht darin, daß *Sie* möglicherweise bereit sein müssen, sich zu ändern, um mit anderen zusammenarbeiten zu können, daß *Sie* anderen offen gegenübertreten können und bereit sind, von diesen zu lernen und sich bereichern zu lassen. Nur wenn Sie ganz Sie selbst sind und vollständig akzeptieren, daß andere auch sie selbst sind, werden Sie erfolgreich mit Ihren Mitmenschen umgehen können.

Vielleicht bevorzugen Sie auch eine andere praktische Implikation dieses Power-Gedankens. Es geht hier vor allem darum, daß Sie erkennen, *was* Power-Gedanken sind. Betrachten wir einige weitere dieser Gedanken, um Ihnen mit diesen Beispielen eine Hilfestellung zu geben, wie Sie für sich selbst eine solche Liste von Power-

Gedanken erstellen können. Wenn Sie die Nützlichkeit dieser Gedanken erkannt haben, sollten Sie Ihre eigene Liste von Power-Gedanken ständig erweitern. Vergessen Sie nie, daß eine solche Liste von Power-Gedanken dazu dient, den Mißerfolgsgedanken und falschen Glaubenssätzen entgegenzuwirken, die Sie im vorausgegangenen Kapitel kennengelernt haben.

Achten Sie auch auf die Glaubenssätze, die hinter solchen Power-Gedanken stehen; beispielsweise auch hinter den gerade genannten Power-Gedanken: Menschen sind verschieden und sollten so respektiert werden, wie sie sind; wir haben kein Recht, andere Menschen zu ändern (und es ist natürlich nutzlos, eine solche Änderung überhaupt zu versuchen); wir beeinflussen andere Menschen zwar, haben aber keine Kontrolle über sie, und so weiter. Jeder Power-Gedanke wird von mindestens einem Glaubenssatz begleitet. Hier nun eine Auswahl weiterer Power-Gedanken:

»Viele meiner Gedanken kommen von außen, doch ich allein kann mich für oder gegen einen bestimmten Gedanken entscheiden.«

»Ereignisse machen mich nicht unglücklich. Meine Reaktionen auf das Ereignis und meine Gedanken sind es, die mich unglücklich machen.«

»Ich kann mein Bestes geben, aber ich kann nicht vollkommen sein. Daran sollte ich mich erinnern, wenn ich Fehler mache.«

»Vieles, was uns im Leben widerfährt, hat auch eine amüsante oder lustige Seite; ich kann mir das Leben leichter machen, wenn ich diesen amüsanten Aspekt entdecke.«

Wenn Sie sich selbst eine Liste von mindestens fünf solcher Power-Gedanken erstellt haben (und natürlich können Sie auch einige der soeben genannten in Ihre persönliche Liste einbeziehen), brauchen Sie ein weiteres Element zur Durchführung der nun folgenden Übung: Die genannten Power-Gedanken sind überwiegend intellektuelle, logische Aussagen. Wir bitten Sie jetzt, an einen sehr schönen Ort Ihrer Wahl zu denken. Dies mag ein naturnaher Ort sein wie eine Bucht, ein See, Berge, ein kleiner Wasserfall; es kann sich um eine alte, stille Kirche oder einen abgelegenen Museumssaal handeln, wo Sie ein schönes Bild oder eine Statue vorfinden, die Sie mögen. Dieser Ort mag auch ein Kompositum verschiedener Orte sein, die Sie schon einmal besucht oder auf Fotos oder im Film gesehen haben. Welchen Ort auch immer Sie auswählen, er sollte heiter, sicher, freundlich und schön, ruhig und friedvoll sein. Sobald Sie einen solchen Ort ausgewählt haben, benutzen Sie Ihre Imagination, um sich dorthin zu versetzen: Seien Sie dort, und gebrauchen Sie all Ihre Sinne, um Ihre Anwesenheit dort zu genießen. Nehmen Sie Ihre Umgebung wahr, die Temperatur, das Wetter, machen Sie sich alle Gerüche und Düfte bewußt, und fühlen Sie das physische Wohlbefinden, mit dem Ihre Anwesenheit dort verbunden ist.

Wenn sie nun Ihre Liste mit Power-Gedanken erstellt haben und sich an Ihrem besonderen Ort befinden, beginnen Sie mit der folgenden Übung.

Praktische Übung (2–6)
Sich einen Power-Gedanken zu eigen machen

Suchen Sie einen Platz auf, an dem Sie sich während der nächsten 20 Minuten allein und ohne Unterbrechung aufhalten können. Ermahnen Sie sich, während dieser Zeit nicht an andere Dinge zu denken, und setzen Sie sich auf einen bequemen Stuhl oder Sessel (nicht so bequem allerdings, daß Sie einschlafen). Konzentrieren Sie sich dann einen Moment lang auf Ihr natürliches Atmen, bis Sie sich entspannen und die Atmung etwas verlangsamen. Wenn Sie dieses Wohlbefinden und die innere Ruhe eine Weile genossen haben, konzentrieren Sie sich auf Ihren besonderen Ort, und halten Sie sich (wie bereits zuvor) dort auf, *seien Sie dort,* schenken Sie all den Details Aufmerksamkeit, die Sie sinnlich wahrnehmen können. Sobald Sie den Eindruck haben, wirklich dort zu sein – wie dies in sehr lebendigen Tagträumen der Fall zu sein pflegt –, wählen Sie einen Ihrer Power-Gedanken aus, und wiederholen Sie ihn langsam für sich selbst. Analysieren Sie ihn nicht. Kümmern Sie sich nicht sonderlich um den Sinn dieses Power-Gedankens. Wiederholen Sie ihn einfach immer wieder. Sie mögen innerlich Ihre eigene Stimme hören. Ihre Stimme mag einmal recht laut, dann wieder wie ein

Flüstern sein. Oder Sie mögen die Stimme einer anderen Person hören, die diesen Gedanken spricht. Alles, was Ihnen einfällt, ist richtig. Begrüßen Sie jede Ihrer Eingebungen, während Sie den Gedanken immer wieder wiederholen, ohne Eile und sanft.

Nach einigen Minuten dieser geistigen Aktivität beginnen Sie, zu Ihrem normalen Denken zurückzukehren. Bevor Sie die Übung beenden, geben Sie sich selbst das Versprechen, »zurückzukehren« und Ihren speziellen Ort an einem der nächsten Tage wieder aufzusuchen. Während Sie sich noch immer entspannt fühlen, kehren Sie nun gänzlich zu Ihrem normalen Denken zurück. Wenden Sie sich Ihren Tagesgeschäften zu, und notieren Sie zu einem späteren Zeitpunkt einige Gedanken zu dieser Übung; notieren Sie, welche Erfahrungen Sie gemacht haben, welche Schwierigkeiten die Übung Ihnen bereitet hat und auch, wie Sie sich im Anschluß daran gefühlt haben.

Alexandra, die wir im vorigen Kapitel erwähnt haben, fand ihren besonderen Ort auf ganz überraschende Weise. Sie hatte sich zunächst für eine einsame karibische, sonnendurchflutete Bucht entschieden. Als sie mit der vorliegenden Übung begann, fand sie sich plötzlich an einem ganz anderen Ort wieder. Vor ihrem geistigen Auge war sie auf einem Hügel mit Blick über das Meer, tief unten ein großer Strand mit hohen Felsen zur Linken und ausgedehnten Waldgebieten zur Rechten. Ein kühler Herbstwind schüttelte die Blätter eines riesigen Baumes, der sich hinter ihr befand; weiter entfernt stand ein altes Haus mit rotem Dach und einer blumengeschmückten hölzernen Veranda. Alexandra sah sich selbst auf einer tiefgrünen verwitterten Bank sitzen, während sie über das Meer sah; sie genoß das Pfeifen des Windes und den majestätischen Eindruck dieses Ortes. Hier, an ihrem besonderen Ort, änderte sie ihre geistige Haltung, um sich einen Power-Gedanken zu eigen zu machen, der ihr neuer Glaubenssatz wurde: »Ich bin eine Führungspersönlichkeit, weil ich dieses Programm besser als sonst jemand in meiner Organisation kenne. Indem ich es leite und überwache, nutze ich jeder am Programm beteiligten Person und auch dem Unternehmen als Ganzem.« Sie erkannte an diesem Ort auch die lange Geschichte ihrer falschen Glaubenssätze. Sie wuchs als einziges Mädchen unter fünf Brüdern auf, während ihr Vater ihre Brüder zu Führungspersönlichkeiten bestimmte, die sie beschützen sollten; als Frau sollte sie sich aufgrund der Fürsorge und Hilfe ihrer Brüder sicher fühlen. Nun, als Erwachsene, die sich ihrer Talente und Leistungen bewußt war, entschied sie sich für eine solche Führungsrolle, weil sie ihr Team bei dieser schwierigen Aufgabe in angemessener Weise führen konnte. Alexandra sagte uns, daß sie diese Übung auch in anderen Lebensbereichen anwandte, vor allem in bezug auf ihre wichtige Beziehung zu ihrem zukünftigen Mann. An einem bestimmten Punkt dieser Beziehung waren ihr Zweifel gekommen, ob ein so erfolgreicher Mann wie ihr zukünftiger Ehemann sich wirklich für sie interessierte und sie lieben würde (wieder ihr alter Glaube der Unterlegenheit als Mädchen unter Brüdern). Indem sie diese Übung wiederholt anwandte, fand sie zu der inneren Stärke, diesem Menschen wirklich zu vertrauen und sich für die Beziehung zu entscheiden.

Ein anderer Vorgesetzter, in den mittleren Fünfzigern und Aufsichtsratsvorsitzender (und Mitbegründer) eines weltumspannenden Waffenherstellers, betrachtete sich selbst als einen Menschen ohne religiösen Glauben oder Praktiken. Zu seinem eigenen Erstaunen wurde eine alte Kirche in Kalifornien sein besonderer Ort – seine Mutter hatte ihn als Kind häufig dorthin mitgenommen, an Nachmittagen, wenn sich nur wenige Menschen dort aufhielten. Diese ruhige, friedliche und schöne Umgebung wurde sein spezieller Ort.

Ein drittes Beispiel ist die Marketing-Direktorin eines Kosmetikunternehmens. Ihr besonderer Ort wurde eine tiefe Badewanne, wo sie ein wohltuendes Bad nahm. Der Frieden und die Ruhe, die sie dort genoß, erlaubten ihr, »sich selbst zu genießen«, wie sie es nannte, und sich ihre Power-Gedanken zu eigen zu machen. In ihrem sehr hart umkämpften Geschäft hatte sie überwiegend mit aggressiven männlichen Konkurrenten zu tun, und ihre falschen Glaubenssätze mußten geändert werden. Ihr besonderer Ort war ihr dabei eine Hilfe.

Diese Übung stellt den Anfang eines Prozesses dar, in dessen Verlauf Sie Ihren Geist »umprogrammieren« sollen. Wir produzieren viele Gedanken, doch diejenigen Gedanken, die Sie akzeptieren (seien es eigene Gedanken oder andere), »füttern« Ihren Geist und werden zum Programm Ihres Gehirns – und zwar unabhängig von der Richtigkeit dieser Gedanken und unabhängig davon, ob sie Ihnen und anderen schaden oder nutzen. Die meisten dieser Gedanken sind Teil Ihres Gedankengutes – Ihrer geistigen Haltung – geworden und haben Sie programmiert, ohne daß Sie dies erkannt haben. Zu einer bestimmten kulturellen Gruppe zu gehören bedeutet unter anderem, daß wir die »Gedanken« dieser Kultur akzeptieren; unser Geist ist in ganz ähnlicher Weise programmiert wie der Geist aller anderen Menschen unseres Kulturkreises.

Was Sie in der vergangenen Übung geschafft haben, ist für die Kontrolle Ihres geistigen Programms – Ihrer Geisteshaltung – von essentieller Bedeutung. Nach der Vorbereitung in den Übungen (1–4) und (1–5) haben Sie in der letzten Übung mit einer Veränderung begonnen: Von Gedanken, die ohne bewußte Entscheidung zu Ihrer geistigen Haltung beitrugen, gehen Sie über zu neuen Gedanken, für die *Sie* sich entschieden haben und die Ihre Haltung neu prägen werden. Die Gedanken, die Sie sich mit der Durchführung der Übung (2–6) zu eigen machen, werden Ihre neue Geisteshaltung ausmachen.

Nach wiederholter Übung werden Sie vielleicht einen falschen Glaubenssatz und die damit einhergehenden Mißerfolgsgedanken fast sofort wahrnehmen können. Sie sollten die Fähigkeit erwerben, sich in solchen Momenten ebenso schnell einen der von Ihnen notierten Power-Gedanken in Erinnerung zu rufen und wirklich zu eigen zu machen. Weil diese geistige Übung so wichtig ist, müssen Sie diese regelmäßig so lange üben, bis Sie sich an Ihrem speziellen Ort sehr wohl fühlen, so daß es Ihnen leichtfällt, den gewünschten Power-Gedanken zu einem Teil von sich werden zu lassen.

Es ist für einen freien Menschen von extremer Wichtigkeit, sich der enormen eigenen Macht bewußt zu sein, mit der wir unser geistiges Programm ändern können. Ein Beispiel ist den meisten Menschen geläufig: die Religion. Unsere Eltern geben ihre Vorstellungen und Meinungen über religiöse Fragen an uns weiter, vielleicht sogar ihren – im strengeren Sinne – religiösen Glauben: Ob es einen Gott gibt oder nicht, Ansichten über die Person Gottes, seine Motivation, an den menschlichen Angelegenheiten interessiert zu sein, seine Vorsehungen in bezug auf die Menschheit im Allgemeinen und bestimmte Menschen im Besonderen und vieles mehr. Viele Menschen wachsen mit diesen Überzeugungen auf und werden erwachsen, ohne all diese Glaubenssätze jemals in Frage zu stellen – in der Annahme, daß diese Glaubenssätze absolut wahr und unumstößlich seien. Ist es besser, wohlüberlegte religiöse Überzeugungen zu haben, oder ist es besser, blind an sein Schicksal zu glauben? Unserer persönlichen Annahme zufolge ist die erste Alternative die bessere. Der Punkt, auf den es uns dabei ankommt, ist die Tatsache, daß eine Person mit einer wohlbegründeten religiösen Haltung eine eigenständige Wahl trifft. Sie vertritt diese Haltung, weil sie diese nach einer kritischen Prüfung aus eigener Überzeugung akzeptiert hat.

Am Rande sollte angemerkt werden, daß ein blinder Glauben häufig mit ebenso großer Überzeugung vertreten wird wie das kritisch durchdachte Gegenstück. Das einzige Problem besteht darin, daß eine Person aufgrund der mangelnden Reflexion des Glaubens die Augen vor Irrtümern und Fehlern verschließt, die einer bestimmten Religion innewohnen mögen. Die Geschichte der Menschheit ist voll von Tragödien, die auf unreflektierten Glaubenssätzen beruhen. Wenn Mächtige solchen falschen Glaubenssätzen anhängen, dann können sie großen Schaden verursachen. Dies gilt auch für Mächtige in kleineren Gruppen. Wenn Management bedeutet, irgend etwas durch andere Menschen tun zu lassen, indem man sie anleitet oder anweist oder ihr Tun überwacht, dann besteht eine der wichtigsten und dennoch allseits ignorierten Verantwortlichkeiten des Managers darin, neuen Ideen gegenüber aufgeschlossen zu sein. Eine offene Geisteshaltung impliziert nicht einen Mangel an Prinzipien und Überzeugungen, sondern stellt vielmehr ein in hohem Maße erstrebenswertes Lernziel dar. Es ist eine Art von dienender Einstellung, die eine Person für Information und Feedback offen sein läßt.

Eine Offenheit für neue Ideen bedeutet nicht, daß eine Person mit allem einverstanden sein muß, was an neuen Ideen vorgebracht wird. Es bedeutet nicht, daß diese Idee übernommen werden muß. Es heißt jedoch, daß eine für neue Ideen empfängliche Person diese Idee als Möglichkeit annehmen wird, sie von allen Seiten betrachtet, ihren Wert beurteilt und sie erst dann zurückweist, wenn sie unter diesen Bedingungen nicht einverstanden sein sollte. Viele Menschen in verantwortlichen Positionen, Tyrannen, Manager, Eltern, weisen Neues zurück, weil es nicht vertraut ist, sich anders anhört und anders aussieht. Es ist nicht schwer, sich vorzustellen, wie viele Verbesserungsmöglichkeiten in allen möglichen Bereichen aufgrund dieser Engstirnigkeit verlorengehen. Aber Engstirnigkeit ist eine sehr starke menschliche Eigenschaft: Wir fühlen uns wohl mit uns vertrauten Dingen, wir wollen wissen, wo wir sind und »wo es langgeht«. Wegen dieser spontanen menschlichen Neigung muß ein Manager, der so gut wie nur möglich sein will, den Mut haben, seine vertrauten Überzeugungen zu hinterfragen. Er wird auch erkennen, daß er seine geistige Haltung oder seine gedanklichen Prozesse »programmieren« kann, indem er sich für bestimmte Power-Gedanken in seinem Leben entscheidet. Wie wir gesehen haben, beeinflussen die Gedanken, die wir für wahr halten (unabhängig von ihrer tatsächlichen Wahrheit), unser Denken, unsere Wahrnehmung und Interpretation von Ereignissen sowie die Erklärungen, die wir zum Verständnis der Welt um uns herum benötigen. Diese von uns akzeptierten Gedanken beeinflussen unsere emotionalen Reaktionen auf andere Menschen und Ereignisse. Und schließlich handeln wir aufgrund dieser Gedanken in der einen oder anderen Weise.

Die nächste Übung ist ein Versuch zum kreativen Denken, auf das wir in Kapitel 8 noch detaillierter eingehen werden. Sie sollen sich nun einen Glaubenssatz vornehmen, den Sie zeit Ihres Lebens gehegt haben. Stellen Sie sich vor, wie die Welt für Sie aussehen würde, wenn das, was Sie in diesem Zusammenhang für wahr halten, eben nicht wahr wäre. Dies ist etwas, was viele Menschen tun mußten, als jene unglaublichen historischen Veränderungen der Jahre 1988 bis 1991 stattfanden, die sowohl politischer, ökonomischer, militärischer und selbst kultureller Art waren. Die Personen, die diese Änderungen miterlebten, sahen sich zu einer Änderung vieler alter Glaubenssätze gezwungen. Sie haben nun die Gelegenheit, Ihre eigenen Überzeugungen zu betrachten und sich für solche zu entscheiden, die Sie beibehalten wollen, und solche, die Sie modifizieren wollen. Wichtig hierbei ist, daß Sie dies aus eigener Einsicht und einer freien und reifen Überzeugung heraus tun. Wenn wir vorschlagen, daß Sie einen langgehegten Glaubenssatz auswählen sollen, dann denken wir hierbei an einen kulturell tradierten Glaubenssatz. Im folgenden finden Sie – in willkürlicher Reihenfolge und ohne ein bestimmtes Ordnungsprinzip – einige Beispiele:

»Kinder sind unerfahren und unwissend und können Erwachsene nicht lehren, was von Wert wäre.«

»Die westliche Welt wäre ohne Öl nicht überlebensfähig.«

»Frauen sind als Manager nicht so gut wie Männer.«

»Es ist irgend etwas faul mit Nonkonformisten wie zum Beispiel Homosexuellen und Atheisten.«

»Es liegt in der Natur der Männer, nicht monogam zu sein.«

»Finanzieller Gewinn ist der beste Indikator des Erfolgs.«

»Einige menschliche Rassen sind anderen überlegen, und zwar in Abhängigkeit von der Helligkeit der Hautfarbe.«

Viele weitere Glaubenssätze könnten hier aufgeführt werden. Natürlich kommen viele dieser wertbezogenen Aussagen nicht in der öffentlichen oder offiziellen Philosophie der westlichen Welt vor. Und vermutlich lehnen Sie die meisten der aufgeführten Glaubenssätze vehement ab. Es liegt jedoch auch nicht in unserer Absicht, Ihnen eine Liste zu präsentieren, mit der Sie einverstanden sind. Statt dessen sollen Sie angeregt werden, über einige der Glaubenssätze nachzudenken, die viele Menschen in der westlichen Welt akzeptiert haben und deren Denken, Fühlen und Handeln beeinflussen. Sie werden vielleicht an andere, vergleichbare Glaubenssätze denken. Sobald Sie dies getan haben, nehmen Sie sich einen dieser Glaubenssätze und geben sich Ihrer Imagination hin: Erlauben Sie sich selbst die Vorstellung, wie anders alles wäre, wenn die Leute diesen speziellen Glaubenssatz *nicht* unterschreiben würden. Lassen Sie uns dieses Gedankenexperiment verdeutlichen, indem wir es mit einem dieser wohlbehüteten Glaubenssätze durchspielen. Als Beispiel wählen wir den Glaubenssatz, daß mit den Nonkonformisten etwas nicht in Ordnung sei. Entscheiden Sie sich zunächst, was Sie unter dem Begriff »Nonkonformist« verstehen. Nehmen wir an, Sie denken bei diesem Begriff an Personen, die die Institution der Gesellschaft in Frage stellen, die ungewöhnliche Entscheidungen treffen, welche von den meisten Menschen nicht geteilt werden, oder die einfach anders sind als die Mehrheit der Gesellschaft: anders in der Art, sich auszudrücken, in ihrem Arbeitsstil und in Fragen der Kleidung und des persönlichen Umgangs. Als nächstes müssen Sie sich entscheiden, was Sie mit »nicht in Ordnung« meinen. Was heißt das? Passen diese Personen nicht zu dem Rest der Gesellschaft? Vermutlich folgen sie nicht den allgemeinen Konventionen und Verhaltensregeln.

Kehren Sie nun noch einmal zu Ihrem Glaubenssatz zurück, und behaupten Sie das genaue Gegenteil: »Nonkonformisten sind der Gesellschaft nützlich.« Warum? Weil sie altgewohnte Verhaltensmuster und Konventionen in Frage stellen. Weil sie der Gesellschaft alternative Möglichkeiten aufzeigen. Weil sie die Grenzen des Denkens und Handelns ausdehnen. Weil sie andere Leute zwingen, eingefahrene Wege zu hinterfragen. Stellen sie sich schließlich vor, wie die Welt aussähe, wenn es mehr Nonkonformisten gäbe: mehr ältere Frauen, die junge Männer heiraten; mehr Unternehmen, die von den Mitarbeitern verwaltet werden; weniger Autos, die die Luft verschmutzen; mehr Menschen, die sich für eine gerechtere Verteilung von materiellen und natürlichen Gütern einsetzen; mehr Männer, die sich direkt um die Erziehung ihrer Kinder kümmern; mehr Frauen, die in der Regierung, dem Militär, dem Management, der Politik, Religion und anderen vorzugsweise von Männern dominierten Gebieten arbeiten. Wie würde eine solche Gesellschaft aussehen? Wie würden Sie sich in einer solchen Gesellschaft *fühlen*? Welcher Art sind Ihre innerlichen Vorurteile und Ihr Unbehagen? Welcher Art sind Ihre Reaktionen gegenüber einer Gesellschaft, in der Nonkonformität eine größere Rolle spielt?

Praktische Übung (2-7)
Ungeprüfte Glaubenssätze hinterfragen

Nehmen Sie sich an einem ruhigen Ort, an dem Sie ungestört sind, einen der zuvor erwähnten kulturell determinierten Glaubenssätze vor. Gehen Sie mit diesem Glaubenssatz denselben Prozeß durch wie im letzten Abschnitt beschrieben, und zwar in der genau gleichen Reihenfolge: 1. Hinterfragen Sie die Begriffe, in denen der Glaubenssatz formuliert ist; 2. betrachten Sie die Konsequenzen dieses Glaubenssatzes; 3. formulieren Sie die gegenteilige Behauptung, und versuchen Sie schließlich 4. sich vorzustellen, wie die Welt aussähe, wenn diese Negation Ihres Glaubenssatzes wahr wäre. Begnügen Sie sich jedoch nicht mit den rein faktischen Veränderungen in der Welt. Stellen Sie sich vor, wie Sie sich fühlen würden und wie sie reagieren und handeln würden, wenn die Negation des Glaubenssatzes Wirklichkeit würde.

Nehmen Sie sich Zeit, die emotionalen und innerlichen Reaktionen wahrzunehmen, die Sie erfahren, wenn das Gegenteil des Glaubenssatzes wahr wäre. Verweilen Sie für einen kurzen Augenblick bei Ihren Gefühlen. Erkennen Sie das Unbehagen oder das Vergnügen, welches mit den Konsequenzen der Negation des langgehegten Glaubenssatzes verbunden ist. Akzeptieren Sie Ihre innerliche Reaktionen – sie reflektieren einen Teil von Ihnen, der genuin Ihrer Person zuzuschreiben ist, mag er auch zuvor ignoriert worden sein.

Betrachten wir noch einmal den Aufsichtsratsvorsitzenden, Russ, den wir zuvor erwähnt haben. Er stellte seinen »Atheismus« in Frage und erkannte, daß dieser als eine pseudointellektuelle Rebellion begonnen hatte, als er noch zum College gegangen war. Als er sich an die tiefempfundene Religiosität seiner Mutter (die nun schon seit Jahren tot war) und seinen eigenen Respekt ihr gegenüber erinnerte, erkannte er, daß die Zurückweisung der Religion ihn innerlich verarmt hatte und er sich um etwas brachte, was doch Bedeutung für sein Leben hatte. Diese Übung führte dazu, daß er seine Religion wieder ausübte, und er war sehr froh über seine Entscheidung. Wichtig hierbei ist besonders, daß sein experimentelles Denken und nicht etwa rein logische oder intellektuelle Argumente zu dieser Entscheidung geführt hatten.

Russ selbst sagte, daß er diese Erfahrung empfunden habe, als seien ihm »die Augen geöffnet worden«. Dennoch war er glücklich, jahrelang als Atheist gelebt zu haben, weil seine »neue« Religion dadurch eine eigene, tiefe Überzeugung geworden sei und nicht eine Sache, die sich lediglich aus seinem familiären Hintergrund erklärte. Im Alter von 56 Jahren und nach einer Unterbrechung von ungefähr 30 Jahren hatte er den persönlichen Wert und die Bedeutung seiner Religiosität erkannt. Ein Denken, das ihm schon lange zur Gewohnheit geworden war, hatte ihn den Glauben seiner Mutter und deren religiöse Praxis sehr lange Zeit zurückweisen lassen. Nun entdeckte er aus freier und reifer Entscheidung wieder, was er in seiner Jugend zurückgelassen hatte. Und er war glücklich mit diesem Sinneswandel. Er hatte in diesem Bereich seines Denkens den eigenen Geist umprogrammiert, die altgewohnte Ablehnung der Religion zurückgewiesen und eine neue Quelle geistiger Inspiration gefunden.

Diese praktische Übung zwingt Sie, eine Ihrem bisherigen Denken entgegengesetzte Denkweise anzunehmen. Dies wird Ihnen zunächst schwerfallen. Nach zwei oder drei Versuchen sollte Ihnen dieser Versuch jedoch zunehmend leichter fallen; Sie werden merken, daß Sie anders zu denken beginnen, und zwar aus freien Stücken. Diese mentale Übung ist einer sportlichen Fitneß-Übung vergleichbar, die Ihren Körper trainiert. Indem Sie Ihr Denken mit Hilfe dieser Übung trainieren, gestatten Sie sich, Ihren geistigen Horizont zu erweitern. Wie viele Übungen zur sportlichen Ertüchtigung mag auch diese geistige Übung aufgesetzt und künstlich wirken. Sie ist jedoch vornehmlich ein Mittel zum Zweck. Das Ziel besteht darin, sich die selbständige Befähigung zur Umprogrammierung Ihres Geistes zu erwerben, und zwar aus freier und reifer Entscheidung, so daß Ihre Handlungen das Resultat frei gewählter Überzeugungen werden. Da wir bereits wissen, daß der kognitive Input das Verhalten (den Output) bestimmt, verlangen wir von Ihnen, daß Sie die Gelegenheit nutzen, eine Entscheidung über den kognitiven Input Ihrer Wahl zu treffen.

Wir versuchen in diesem Kapitel, Ihnen bei der schwierigen Aufgabe der Umprogrammierung oder Umstrukturierung Ihres Geistes behilflich zu sein. Vergessen Sie jedoch nicht, daß wir kein fertiges Programm für Sie vorgesehen haben. Der Gedanke, wir würden die ideale Geisteshaltung für Sie vorschreiben können, wäre der Gipfel der Arroganz. Wir geben Ihnen einfach die Gelegenheit, Ihre Glaubenssätze zu untersuchen, diejenigen beizubehalten, mit denen Sie einverstanden sind, und diejenigen zu ändern, die Sie – als erwachsener Mensch – nicht länger übernehmen wollen. Das ist alles, was wir unter Umprogrammierung Ihres Geistes verstehen. Mit diesem Begriff ist ein Prozeß gemeint, mit dessen Hilfe Sie Ihr eigener Herr werden, indem Sie die Macht benutzen, die Ihnen als frei handelnder Mensch zusteht und die es Ihnen ermöglicht, die eigenen, lebenswichtigen Gedanken zu bestimmen. Sie allein kontrollieren den eigenen geistigen Input, um somit über den handlungsrelevanten Output in Ihrem Leben zu entscheiden.

Dieses Konzept der Umprogrammierung Ihres Geistes wird manchmal mißverstanden, vor allem von Menschen mit starken Überzeugungen, egal ob religiös, kulturell oder politisch. Tatsache ist, daß Sie ohne Kontrolle über Ihre Glaubenssätze und ohne Umprogrammierung Ihres Geistes nicht bestimmen, welche Gedanken für Sie subjektiv wahr und somit handlungsleitend sind – dies tun dann statt dessen andere Quellen. Diese »anderen« Quellen sind von außen einwirkende Ereignisse, vielleicht die Werbung, Medien, andere Personen in Führungspositionen – Personen, die sich um Ihr Glück keineswegs kümmern und die Ihre Ziele und Werte nicht teilen.

Fassen wir noch einmal kurz zusammen: Power-Gedanken sind solche Gedanken, die zu einem für Sie erstrebenswerten und erfüllten Leben beitragen – und zwar ohne irgendeinen der wichtigen Bereiche Ihrer Person zu ignorieren (Körper, Denken und Geist, wie wir in Kapitel 3 sehen werden). Diese Power-Gedanken mögen aus der eigenen Kultur kommen oder aus dem persönlichen biographischen Hintergrund. Nehmen Sie jedoch nicht an, daß alle Gedanken und Glaubenssätze, die Ihnen aus Familie oder Kultur bekannt sind, notwendigerweise auch für Sie Power-Gedanken sind. Sie selbst sind deshalb dafür verantwortlich, diese langgehegten, tradierten Gedanken zu überprüfen, bevor Sie diese aus freier Entscheidung akzeptieren. Die Glaubenssätze, die Sie bewußt akzeptieren und mit denen Sie einverstanden sind, sollten zum Bestandteil Ihrer persönlichen Liste von Power-Gedanken werden. Diese müssen Teil Ihrer Geisteshaltung und Bestandteil Ihres geistigen Programms werden, um so Ihre Handlungen sowie Ihr ganzes Leben zu beeinflussen.

Das oben erläuterte Beispiel von Russ zeigt, daß falsche Glaubenssätze möglicherweise, jedoch nicht mit Notwendigkeit, bereits zu einem frühen Zeitpunkt im Leben etabliert werden. Russ hatte seine antireligiöse Haltung in der Jugend erworben, und nun, als Erwachsener, stellte er diesen Glaubenssatz in Frage und entlarvte ihn als persönlich falschen Glaubenssatz. Dies impliziert keinesfalls, daß eine religiöse Haltung unserer Meinung nach ein Teil jeder Person sein sollte. Das genannte Beispiel soll lediglich illustrieren, was wir unter »Umprogrammierung« des Geistes verstehen.

Dieser Fall zeigt auch, daß eine solche Umprogrammierung uns möglicherweise an einen Punkt bringt, an dem wir zu einem früheren Zeitpunkt im Leben schon einmal gewesen sind. Wir gehen demzufolge nicht von einem Musterbeispiel aus, aus dem sich ableiten läßt, was richtig und was falsch ist. Wir fordern Sie auf, ehrlich mit sich selbst zu sein und sich zu ändern, wenn es in Ihrem Leben etwas gibt, das nicht so ist, wie *Sie* es sich wünschen.

Lassen Sie uns dies am Beispiel von Herb illustrieren. Er arbeitete als Grundstücks- und Immobilienmakler, der den Bau von Einkaufszentren zu planen hatte. Obwohl er sehr erfolgreich und gut angesehen war, hatte er keine Beziehung zu seinen drei Kindern, die 29, 33 und 35 Jahre alt waren. Mehrere Monate konnten vergehen, bevor er direkt von ihnen hörte, obgleich die Kinder regen Kontakt zu ihrer Mutter – seiner Frau, mit der er zusammenlebte – hatten. Er litt sehr unter diesem Zustand, auch wenn er es sich nicht anmerken ließ. Daß es sich jedoch um einen wunden Punkt handelte, stellten wir im Laufe eines unserer Seminare fest. Unsere Regel in einem solchen Fall ist ganz einfach, sie lautet: »Wenn Sie etwas bedrückt, schauen Sie es sich genau an.« Herb tat dies, und er stellte fest, daß er seine Kinder immer behandelt hatte, als seien sie inkompetent und nutzlos. Dieses Benehmen basierte auf einem falschen Glaubenssatz, der von einer elterlichen Überlegenheit ausging und den er nie in Frage gestellt hatte. Auch wenn er sehr lange brauchte, diesen Glaubenssatz zu ändern, begrüßten seine Kinder diese Veränderung seines Verhaltens, die auf einer Umprogrammierung seiner Geisteshaltung beruhte. Seine Power-Gedanken bezüglich seiner Kinder waren das Ergebnis seiner freundlichen Anerkennungen der Leistungen seiner Kinder. Er dankte uns für die Hilfe, in Wahrheit jedoch lehrten wir ihn lediglich, sich selbst zu helfen, indem er seine Geisteshaltung änderte – er selbst tat dies und niemand sonst.

Es ist das Ziel der beiden hier vorgestellten praktischen Übungen, Ihren Geist umzuprogrammieren, damit Sie frei und unabhängig handeln können und fähig werden, die Person zu sein, die Sie sein wollen. Die erste dieser Übungen hilft Ihnen, sich die selbstgewählten Power-Gedanken zu eigen zu machen, während die zweite Übung eine Fortsetzung der Übung (1–5) darstellt, damit Sie Ihre eigene Geisteshaltung kontrollieren können. Wiederholen Sie diese beiden Übungen, bis Sie diese in unproblematischer, angenehmer Weise durchführen können. Erst dann werden Sie Ihr Schicksal meistern und Ihr eigenes Handeln vollständig selbst bestimmen können.

Dieses Kapitel soll Ihnen weiterhin eine Lösung für ein in Kapitel 1 erwähntes Problem anbieten: Viele Manager achten nicht darauf, was sie zu sich selbst sagen – beispielsweise Mißerfolgsgedanken, die aus falschen Glaubenssätzen resultieren. Sie mißachten die negativen und oft selbstschädigenden Konsequenzen dieses mentalen Prozesses auf Denken, Fühlen und Handeln – den Arbeitsstil, die Interaktion mit untergeordneten Mitarbeitern, Kollegen und Vorgesetzten eingeschlossen. Um diesen Schaden und diese Selbstbegrenzungen zu vermeiden, die solch ungeprüftes »Denken« hervorruft, gibt dieses Kapitel Ihnen drei wichtige Werkzeuge an die Hand: Wählen Sie Ihre eigenen Power-Gedanken, und erstellen Sie eine konkrete Liste mit solchen Gedanken; machen Sie sich diese Gedanken wirklich zu eigen, so daß sie ein Teil Ihrer Person werden; und eignen Sie sich ferner die Fertigkeit an, alle Gedanken, die Ihr

Verhalten beeinflussen, in Frage zu stellen. Wenn das Handeln von unseren Glaubenssätzen beeinflußt wird, dann sollten Sie die Fähigkeit oder eine bestimmte Methode besitzen, um zu entscheiden, ob ein Glaubenssatz ein Power-Gedanke ist oder nicht. Eine Redewendung im amerikanischen Management lautet »Garbage In, Garbage Out« (dt. etwa: Abfall rein, Abfall raus; A.d.Ü.), abgekürzt GIGO. Dies paßt sehr gut zu unserer Vorstellung vom Zusammenhang zwischen Denken und Handeln: Wenn unser Denken »garbage« ist, also auf falschen Glaubenssätzen beruht, dann wird auch unser Handeln »garbage« sein, also ineffektiv, selbstschädigend und unangemessen. Wir benötigen demzufolge das Mittel, diese GIGO-Abfolge in eine PIPO-Abfolge zu ändern: »Positive In, Positive Out.«

Früher wurde viel über mentale Hygiene geredet und geschrieben. Eine physische Hygiene ist für die Gesundheit erforderlich, mentale Hygiene für ein konstruktives Handeln. Die zwei Übungen dieses Kapitels sind Mittel, die GIGO-Abfolge in eine PIPO-Abfolge zu ändern. Hierbei soll jedoch auch Übung (2–8) helfen, wobei diese Übung durch die vier Buchstaben WAPA abgekürzt werden kann. In diesem Fall stehen die vier Buchstaben für Wahrnehmen (die eigenen Mißerfolgsgedanken, die aus falschen Glaubenssätzen resultieren); *A*neignen (einen Power-Gedanken); ein *p*ositives Selbstgespräch führen und ein bleibendes Fazit daraus *a*bleiten.

Praktische Übung (2–8)
WAPA

Wenn Sie sich selbst dabei ertappen, daß Sie in negativer Weise denken oder daß Sie ein Mißerfolgsgedanke beschäftigt, dann nehmen Sie Notiz davon, erziehen Sie sich dazu, diesen Gedanken *wahrzunehmen*. Wenden Sie unverzüglich einen Ihrer Power-Gedanken an, und sorgen Sie dafür, daß Sie sich diesen *aneignen*, indem Sie ihn in sich selbst vorsagen. Erinnern Sie sich dann an Ihren speziellen Ort aus Übung (2–6), gebrauchen Sie Ihre Imagination, und versetzen Sie sich dorthin. Nehmen Sie sich dazu Zeit, und machen Sie sich diese Umgebung wirklich bewußt – wiederholen

Sie alle Aktivitäten aus Übung (2–6). Sobald Sie wirklich »dort sind«, wiederholen Sie den Power-Gedanken, den Sie zuvor gewählt haben. Lassen Sie diesen Gedanken langsam und vorsichtig in sich hinein. Dies ist das *positive Selbstgespräch*, welches Sie mit sich selbst führen. Und schließlich, um ein bleibendes *Fazit* aus diesem Selbstgespräch *abzuleiten*, finden Sie einen kurzen und prägnanten Satz, den Sie sich selbst in den folgenden Stunden als Gedächtnisstütze einige Male wiederholen werden. Dieser Satz mag der Power-Gedanke selbst sein oder aber irgendeine damit zusammenhängende Idee. Lautete beispielsweise der Power-Gedanke, den Sie gewählt haben: »Ich sollte meine Gefühle respektieren, auch wenn ich nicht immer meinen Gefühlen gemäß handeln mag«, dann könnte das Fazit lauten: »Ich ignoriere meine Gefühle nicht.«

Diese letzte Übung ist, wie Sie jetzt erkennen werden, eine Variation von Übung (2–6), die wir zu Beginn dieses Kapitels erläutert haben. Der Grund, warum wir Sie auffordern, sich einen Augenblick Zeit zu nehmen und den Power-Gedanken an Ihrem besonderen Ort anzuwenden, liegt vor allem in der Absicht begründet, diesen Power-Gedanken auch Ihrem Unbewußten zu eigen zu machen.

Alle diese Übungen werden Ihnen helfen, die eigene Geisteshaltung umzuprogrammieren. Sie sind mentale Werkzeuge, die Sie zu Ihrem eigenen Nutzen anwenden sollen – und zwar so lange, bis Sie merken, daß die von Ihnen gewählten Gedanken Sie nun beeinflussen und Ihr Leben zu formen beginnen. Da dies das Ziel der Änderung Ihrer eigenen Geisteshaltung ist, lassen Sie uns diesen Prozeß einmal aus einer anderen Perspektive betrachten.

Wie können Sie wissen, welche Gedanken wahr und gut für Sie sind? Was heißt eigentlich, daß Sie Gedanken auswählen, die Ihnen nützlich sind? In Kapitel 1 haben wir den deutschen Physiker Werner Heisenberg erwähnt, der sich mit der Quantenmechanik beschäftigte. Er entdeckte die Ungültigkeit der Objektivität, die Unmöglichkeit der genauen Messung im molekularen Bereich. Wenn wir diese Grenze überschreiten wollen, betreten wir sehr unsicheren Boden, ein Phänomen, welches auch als Heisenbergsche Unschärfe-

Relation bezeichnet wird. Wir sollten nicht vergessen, daß die menschliche Unfähigkeit zur Objektivität auf diesem Untersuchungsgebiet auf der Art der Beziehung zwischen Mensch und Natur beruht. Heisenberg machte die Entdeckung, daß die Wechselwirkung zwischen der physikalischen Welt und unserer mentalen Aktivität in bezug auf diese Welt eine Realität an sich ist. Diese Wechselwirkung ändert die Natur ebenso wie uns selbst. So, wie der menschliche Verstand von der Natur geformt und geprägt wird, so ist auch die »Realität« von der Kraft des menschlichen Verständnisses geformt.

Diese Konzeption oder Idee von der physikalischen Welt, die seit Einsteins revolutionären Entdeckungen über Raum und Zeit immer mehr Anerkennung gefunden hat, ist unser einziger Hinweis für die Wahl unserer Glaubenssätze und Power-Gedanken: Sie sollten in Einklang mit der Natur stehen; sie sollten unsere »natürlichen« Gesetze als Menschen und als Teil der Welt, in der wir leben und handeln, respektieren.

Die Konsequenz des eben Gesagten mag moralistisch und – im Rahmen einer Diskussion über Fragen des Managements – unpassend erscheinen, sie ist aber unumgänglich. Extremer Egozentrismus, Gier, Nichtanerkennung der Rechte anderer, Mißbrauch natürlicher Ressourcen, Zurückweisung der ganzheitlichen menschlichen Natur (unser Körper, unser Denken, unser Geist) sind Beispiele für Werte, die im Widerspruch zu unserer eigenen Realität stehen und demzufolge falsch und selbstschädigend sind. Alle Arten von Power-Gedanken, die wir wählen, sollten mit den Gesetzen und Realitäten unserer menschlichen Natur, die ein Teil der Realität des physikalischen Universums ist, in Einklang stehen.

Das Faszinierende an dieser Art des Verständnisses unserer eigenen Person, und zwar in jeder Funktion und jeder Art von Tätigkeit, sind die Übereinstimmungen in der Revolution der Physik, wie sie in der ersten Hälfte dieses Jahrhunderts von Heisenberg, Einstein, Bohr, Kramers und Slater ausging, mit der taoistischen Philosophie des Lao Tsu während der chinesischen Chou-Dynastie vor 600 Jahren. Der Begriff Taoismus kommt von dem sogenannten Tao Te Ching, einer klassischen chinesischen Philosophie des »Bemächtigens« oder der »Erleuchtung« (denken Sie an unseren Begriff »Power-Gedanken«!). Diese besagt, daß die Menschen, um erfüllt und erleuchtet zu sein, im Einklang mit dem *Tao* sein müssen, der ständig gegenwärtigen Kraft der Natur. Der Begriff »Te« bezeichnet einen Zustand, der vom Einklang mit der Welt gekennzeichnet ist. Die richtige Entscheidung, sowohl dem Taoismus als auch der sogenannten »modernen Physik« zufolge, kann nur eine Entscheidung sein, die unser Wechselspiel mit der Natur anerkennt und nicht von unserer Dominanz in der Natur ausgeht.

Der chinesische Taoismus wurzelt im indischen Buddhismus, dessen japanische Version Zen-Buddhismus genannt wird. Harmonie mit der Natur, Respekt für die Natur, Hochachtung vor deren Leistungen und eine demütige Einstellung, von der Natur lernen zu können, sind essentielle Bestandteile dieser drei alten Religionen. Sie lehren, daß menschliche Entscheidungen, die *im Einklang mit der Natur* stehen, gut sind, während solche Entscheidungen, die die Natur nicht respektieren, schlecht sind. Wenn wir demzufolge entscheiden wollen, welche Gedanken für uns handlungsleitend sein sollten, müssen wir lediglich – in der Haltung eines Schülers – die Natur betrachten und unseren Platz darin akzeptieren, und zwar als Teil derselben, nicht als übergeordnetes Wesen.

Praktische Übung (2–9)
Im Einklang mit der Natur

Beschließen Sie jetzt bitte, innerhalb der nächsten zwei oder drei Wochen einen ganzen Tag – von frühmorgens bis spätabends – in Kontakt mit der Natur zu verbringen. Sie werden eine gewisse Neugier wiederentdecken, wie sie die meisten Kinder zeigen, wenn sie mit der Natur in Berührung kommen. Entscheiden Sie sich ganz bewußt dafür, einen Tag in den Bergen, am Meer oder an einem stillen See zu verbringen, fernab von der Zivilisation und den Annehmlichkeiten von Urlaubsorten, Hotels und Restaurants. Was werden Sie tun? Seien sie einfach dort, und fühlen Sie sich wohl an diesem Ort, der ein Teil der Welt ist, die Ihr Zuhause ist. Setzen Sie sich ruhig hin, gehen Sie spazieren, seien Sie offen für das, was Sie sehen, schmecken, fühlen und hören. Seien Sie sich vor allem Ihrer Gefühle bewußt: Welche Gefühle löst diese Einsamkeit in der Natur in Ihnen aus? Wenn Sie sich dieser natürlichen Welt entfremdet fühlen, dann bemühen Sie sich, ein Teil davon zu werden. Führen Sie mit sich selbst Gespräche etwa der folgenden Art: »Auch ich bin eine Kreatur. Ich gehöre genauso in diese Welt wie andere Wesen. Ich möchte meine Beziehung zu diesen anderen Wesen, die die Natur ausmachen, erfahren: Pflanzen und Bäume, Sand, Erde und Steine, Vögel und all die kleinen Lebewesen, die diesen Planeten mit mir teilen.« Sobald Sie diese Stimmung des »Im Einklang mit der Natur«-Seins erfahren, werden Sie auch Ihre eigenen Worte finden.

Verweilen Sie bei diesem Im-Einklang-Sein mit der Natur, bis Sie etwas von dem Frieden und der Ordnung der Natur um Sie herum zu erfahren beginnen. Betrachten Sie den Himmel, denken Sie an die anderen Sterne und Planeten. Sie gehören in dieses riesige Universum, und Sie beginnen zu fühlen, daß Sie hierhin gehören. Seien Sie geduldig! Eine innere Stimme in Ihnen mag diese Übung für Unfug erklären und als kindische Zeitverschwendung abtun – Sie halten sich für zu beschäftigt und haben in Ihren Augen vielleicht Wichtigeres zu tun, als in der Natur herumzuwandern und nichts zu tun. Zwingen Sie sich selbst trotzdem zu dieser Erfahrung.

Was ist der Nutzen dieser Übung? Vor allen Dingen ist es ein natürlicher Weg, die Wahrheit unseres Daseins wiederzuentdecken, sich als Teil der Welt zu empfinden und zu fühlen, wie wir alle die gleiche Art von Lebensenergie teilen. Warum ist das wichtig für jemanden, der ein Teil der Geschäftswelt ist? Weil diese Geschäftswelt eine Selbsttäuschung und ein Phantom wird, wenn sie von der natürlichen Welt getrennt wird. Ein weiterer Vorteil dieser Übung besteht darin, daß wir lernen können, mit der Natur und nicht gegen die Natur zu arbeiten. In den vergangenen 15 bis 20 Jahren ist auf der ganzen Welt eine ökologische Bewegung entstanden, die eine Reaktion auf den Mißbrauch der Natur darstellt, der zuvor vorherrschend war und der nicht nur die Vorteile der Industrialisierung, sondern den gesamten Planeten zerstören kann, wenn ihm nicht Einhalt geboten wird.

Wir wissen, daß es Ihnen schwerfallen wird, sich die Zeit für diese Übung zu nehmen, doch möglicherweise haben Sie dergleichen seit langem nicht getan (vielleicht noch nie?), und Sie können diese Übung als eine Herausforderung ansehen, als Gelegenheit, etwas zu entdecken, was sich Ihrer derzeitigen bewußten Erfahrung entzieht. Nehmen Sie es als Herausforderung. Es könnte ein Weg sein, der Sie sehr bereichert und Ihnen neue Einsichten über Sie selbst und die Welt verschafft.

Hier noch ein Ratschlag. Bevor Sie diese Übung beginnen, sollten Sie hierfür erst die richtige Einstellung finden. Bejahen Sie diese Übung. Dichter, Philosophen und Wissenschaftler, viel größere Geister als die meisten von uns, haben den Kontakt mit der Natur gesucht und Nutzen daraus gezogen. Legen Sie jeglichen Zynismus oder sarkastische Einstellungen ab. Sehen Sie diese Aufgabe als Teil dessen an, was dieses Buch Sie zu lehren versucht. Um Ihren Geist umzuprogrammieren, müssen Sie bereit sein, neue Erfahrungen zu machen und neue Situationen aufzusuchen. Um Ihr Denken auf neue Weise zum eigenen Vorteil zu gebrauchen, sollten Sie auch Dinge auf sich nehmen, die Sie nicht von vornherein uneingeschränkt bejahen können. Verhalten Sie sich wie ein Wissenschaftler, und sehen Sie dies als ein Experiment an. Finden Sie heraus, was bei dieser Übung – im Alleinsein mit der Natur – passiert. So, wie ein Wissenschaftler eine neue Variable in eine gewohnte Situation einführt, so mag dieser außergewöhnliche Tag für Sie eine neue Variable sein, die Sie in Ihre täglichen Arbeitspläne und Verpflichtungen einführen.

Nachdem Sie einen ganzen Tag in Kommunikation mit der Natur verbracht haben, halten Sie die Gedanken, die Ihnen hierbei einfallen, in Ihrem Notizbuch fest, ebenso Ihre Gefühle, die diesen Tag begleitet haben. Wenn Sie die Übung als hilfreich empfunden haben, dann legen Sie einen Termin fest, an dem Sie sich dieses Geschenk wieder gönnen werden. Sollten Sie die Übung jedoch als reine Zeitverschwendung erlebt haben, dann haben Sie die Anweisungen nicht ganz genau befolgt: Gehen Sie diese anhand der letzten Seiten noch einmal durch, und prüfen Sie, was Sie falsch gemacht haben. Achten Sie auf die eventuell notwendigen Änderungen, und planen

Sie diesen außergewöhnlichen Tag noch einmal auf andere Weise, indem Sie nun die Fehler Ihres ersten Versuchs korrigieren.

Wie in den folgenden Kapiteln noch im einzelnen gezeigt werden soll, ist die Entfremdung von der Natur eines der grundlegenden Hindernisse für eine effektive Gestaltung des Arbeitslebens und auch des Lebens im allgemeinen. Die menschliche Natur kann nicht von der Welt isoliert werden, in der sie existiert. Zudem ist die Welt um uns herum nicht nur unser Zuhause, sondern auch unser Lehrer. Aus diesem Grund profitieren wir von der Natur, wie ein Schüler von einem weisen Lehrer profitieren kann. Im Einklang mit der Natur lernen wir von ihr; wir werden weiser und glücklicher.

Praktische Übung (2–10)
Ihr Gefühl von Ehrfurcht

Wir möchten Ihnen zum Abschluß dieses Kapitels einen Vorschlag machen. Machen Sie sich die Natur bewußter: die Änderungen des Wetters; die Details der Landschaft, die Sie täglich sehen und an die man sich so leicht gewöhnt, um sie schließlich zu »sehen«, ohne sie wirklich wahrzunehmen; die einheimischen Tiere, Blumen, Pflanzen; die Wolken; den Wind; das Vogelzwitschern. Achten Sie auf alles, was um Sie herum geschieht oder was Sie irgendwie, zum Beispiel in Zeitungen, über die Natur in Erfahrung bringen können. Entdecken Sie die Schönheit dieser Dinge neu, ihre Kraft und Würde. Fördern Sie in sich jenes Gefühl der Ehrfurcht, das Sie – wie alle Kinder – vor vielen Jahren hatten. Fragen Sie sich selbst, was die Natur Sie lehrt. »Was kann ich aus dieser Manifestation der Natur lernen?« Wenn Sie sich die Zeit nehmen, die Natur zu achten und zu bewundern, dann werden Sie auch von ihr lernen. Wir alle wissen, daß alles, was wir lernen, uns bereichert und uns so in allem, was wir tun, weiterhilft – demzufolge auch in unserem Beruf. Diese Einstellung der Ehrfurcht, des Respekts und der Lernbereitschaft hilft uns, Gefallen an unserem Platz im Universum zu finden – nicht als despotische Herren, die die Welt für ihre Zwecke mißbrauchen, sondern als ein wichtiger Teil des Universums, der von allen anderen

Teilen abhängt und der auf die Harmonie und Kooperation mit diesen anderen Teilen angewiesen ist.

Sie werden größeren Nutzen aus der Lektüre dieses Buches ziehen, wenn Sie erst nach einem ersten Versuch mit Übung (2-9) weiterlesen. Die praktischen Übungen dieses Buches sind strukturiert, eine baut auf der anderen auf. Wenn Sie also bislang nicht die Gelegenheit hatten, einen ganzen Tag in der Natur zu verbringen, dann finden Sie *nun* die Zeit, es zu tun: Machen Sie eine Notiz in Ihrem Terminkalender, und versprechen Sie sich selbst diesen Tag – schließen Sie mit sich selbst einen Vertrag darüber. Wiederholen Sie bis dahin noch einmal die beiden ersten Kapitel sowie alle bisher aufgeführten Übungen. Gehen Sie erst zum nächsten Kapitel über, wenn Sie alle Übungen dieser beiden Kapitel abgeschlossen haben.

Kapitel 3
Zeitlinien

Der Unterschied zwischen beruflich erfolgreichen, aber privat unglücklichen Managern und solchen Managern, die eine gesunde Balance zwischen Arbeit und Privatleben finden, wurde bereits in der Einleitung – in Zusammenhang mit unseren Studien mit Managern – erwähnt: Dieser Unterschied besteht in der Art der geistigen Einstellung. Die Art der geistigen Einstellung hängt davon ab, wie wir unseren Verstand benutzen und welche Gedanken unseren Geist »besetzen«. Dieses Kapitel beschäftigt sich mit einem bestimmten Aspekt dieser geistigen Einstellung, nämlich mit der Wahrnehmung und Erfahrung von Zeit.

Ohne gleich philosophisch zu werden, läßt sich sagen, daß Zeit ein Anliegen aller Menschen der westlichen Welt ist. Wir haben Termine und akzeptieren diese als »natürlichen« Teil unseres Lebens. Wir haben volle Terminkalender und setzen unseren Ehrgeiz darein, Verabredungen und Treffen pünktlich einzuhalten. Wir planen Tage und Wochen so, daß möglichst viele Dinge in der zur Verfügung stehenden Zeit getan werden können. Dennoch glauben wir nur selten, genug Zeit für all das zu haben, was ansteht; unsere Zeit reicht erst recht nicht aus für ein hinreichendes Maß an Freizeit, Erholung und Ferien. Viele psychologische Kräfte sind bei unseren zeitlichen Antrieben im Spiel, die nicht notwendigerweise immer, aber doch recht häufig präsent sind. Diese Kräfte reichen von der Angst vor Alter und Tod bis hin zur Besessenheit von Erfolg; von der Angst vor Mißerfolg bis hin zur neurotischen Konkurrenz mit imaginären Rivalen, von den eigenen Eltern bis hin zu den Kollegen. Seminare und Bücher über »Zeit-Management« werden angeboten. Im westlichen Kulturkreis beschäftigen wir uns übermäßig viel mit der Zeit. Ein anderer Aspekt der Zeit und ihrer Wahrnehmung besteht jedoch darin, wie wir uns selbst in der Gegenwart einrichten. Der Befehl, im Hier und Jetzt zu leben, kann auch mißverstanden werden. Für uns Menschen gibt es kein Hier und Jetzt ohne Vergangenheit und Zukunft. Wir sind das, was unsere persönliche Geschichte aus uns gemacht hat: Unsere Vergangenheit beeinflußt unsere Gegenwart und kann sie – wenn wir nicht vorsichtig sind – sogar bestimmen. Auf der anderen Seite ist eine gewisse Projektion in die Zukunft unabdingbar – sei es für den nächsten Augenblick oder sei es für lange Zeiträume bis hin zu Jahren oder Jahrzehnten.

Der Begriff Zeitlinien bezieht sich auf den konstruktiven Gebrauch, den Sie von der Vergangenheit machen können, um produktiver zu werden, die Gegenwart zu genießen und die Zukunft erfolgreich zu planen. Die meisten Menschen, und so auch viele Manager, ziehen keinen Nutzen aus ihrer Vergangenheit und dem, was an Gutem und Schlechtem aus früheren Erfahrungen zu lernen ist. In diesem Kapitel betrachten wir den Vorteil, der darin liegt, die mentalen und emotionalen Erfahrungen zu erkennen, die wir in jede neue Situation einbringen. Diese werden im folgenden als »innere Ressourcen« bezeichnet. Unser innerstes Bewußtsein hat alle Details unserer Erlebnisse aufgezeichnet und bewahrt. Dank unseres Bewußtseins sind wir jedoch in der Lage, uns auf negative und schmerzhafte oder auf konstruktive und positive Aspekte dieser vergangenen Ereignisse zu konzentrieren. Die alte Redensart von dem entweder halbvollen oder halbleeren Glas gilt nicht nur für die Gegenwart, sondern auch für die Vergangenheit.

Betrachten wir Übung (3–11), um uns selbst darin zu üben, unsere vergangenen Erfahrungen zum jetzigen und künftigen Vorteil zu nutzen. Bevor wir damit anfangen, denken Sie an ein unglückliches Ereignis in Ihrer Vergangenheit. Wir wissen, daß es nicht angenehm ist, solche unglücklichen Erfahrungen zu erinnern, doch diese Übung will Ihnen helfen, auch die guten Aspekte im Zusammenhang mit dieser negativen Erfahrung in Betracht zu ziehen. Entscheiden Sie sich also für eine »schlechte« Erfahrung Ihrer Vergangenheit: Dies kann ein – an Ihren Fähigkeiten gemessen – unerwarteter Mißerfolg sein; ein Fehler, den Sie gemacht haben; oder Sie waren das Opfer unglücklicher Umstände, und so weiter und so fort. Konzentrieren Sie sich jedoch einen Augenblick auf die positive Seite dieses Erlebnisses. Wenn Ihnen überhaupt nichts Positives einfällt, denken Sie zumindestens daran, daß Sie diese negative Erfahrung überstanden haben. Wenn es sich um eine physische Verletzung handelt, bedenken Sie, daß es schlimmer hätte kommen können. Handelt es sich um eine fehlgeschlagene, wichtige Investition, bedenken Sie, daß Sie doch irgendwie von vorne anfangen konnten. Mit anderen Worten, geben Sie sich Mühe, der Sache etwas Gutes abzugewinnen, selbst wenn es Ihnen naiv und albern erscheint. Nehmen Sie keinesfalls alles als selbstverständlich hin. Sobald Sie sich ein negatives Ereignis aus Ihrer persönlichen Erfahrung ausgesucht haben, beginnen Sie die folgende Übung.

Praktische Übung (3–11)
Das Positive finden

An einem ruhigen Ort, abgeschirmt von Unterbrechungen und möglichen Ablenkungen, beginnen Sie mit der Konzentration auf Ihren Atem, bis Sie sich von Kopf bis Fuß entspannt und behaglich fühlen. Beachten Sie Ihre Atmung, bis Sie eine Veränderung im Grad Ihrer Entspannung spüren. Sobald Sie ein neues Gefühl der Entspannung erreicht haben, konzentrieren Sie sich wiederum auf das zuvor für diese Übung ausgewählte negative Ereignis. Betrachten Sie es kurz und allgemein, ohne schon weitere Details in Augenschein zu nehmen. Verweilen Sie so lange bei dem Ereignis, wie Sie sich entspannt und behaglich fühlen. Sobald Sie eine Anspannung wahrnehmen, achten Sie wiederum auf Ihre Atmung und auf die positiven Signale der Entspanntheit, die von Ihrem Körper ausgehen. Kehren Sie dann wiederum zu Ihrer negativen Erfahrung zurück. Wiederholen Sie diesen wechselseitigen Prozeß der Entspannung und Konzentration auf das negative Ereignis so lange, bis es Ihnen gelingt, in Ihrem Bewußtsein das negative Ereignis wachzuhalten und sich doch zugleich entspannt und behaglich zu fühlen. Machen Sie sich die Sache leichter, indem Sie sich daran erinnern, daß diese Erfahrung in der Vergangenheit liegt, daß Sie es überstanden haben und daß Ihnen seither auch viele Dinge gut gelungen sind. Wenn Sie schließlich in der Lage sind, sich bewußt auf diese negativen Erfahrungen zu konzentrieren, ohne das Gefühl der Entspannung und Ruhe zu verlieren, behalten Sie diesen Zustand einen Moment bei, und genießen Sie vor dem Ende der Übung noch eine Minute lang den Zustand der Entspannung in Ihrem Körper. (*Anmerkung*: Wenn Sie dies nach einigen Versuchen immer noch recht schwierig finden, dann unterbrechen Sie die Übung, um eine andere negative Erfahrung Ihrer Vergangenheit auszuwählen. Sie können es erneut mit dem zuerst gewählten Ereignis versuchen, sobald Sie mit diesem zweiten Ereignis Erfolg hatten.)

Dies ist eine der schwierigsten praktischen Übungen, um die wir Sie bitten. Wir bestehen so auf dieser geistigen Übung, weil die Vergangenheit nur in Ihrem Gedächtnis lebt, und wenn diese Vergangenheit schmerzlich ist, dann sind Sie noch nicht frei von ihr. Deshalb kommt diese Übung einer Selbstbefreiung gleich. Sollten Sie hier Erfolg haben, brauchen Sie diesen Aspekt Ihrer Vergangenheit nicht länger zu vermeiden. Sie brauchen keine Angst mehr vor einer schmerzlichen Vergangenheit zu haben. Sie können aus einigen Aspekten dieser vergangenen Erfahrung Vorteil ziehen. Dank der Tatsache, daß Sie dies durchgemacht haben, ist Ihnen auch Gutes widerfahren, in Form von Lebenserfahrung, Lernfähigkeit und Lebensweisheit. Sie mögen sich daran erinnern, daß Sie trotz der schmerzvollen Elemente des Ereignisses weiser geworden sind oder auch bewußter, sorgfältiger, besonnener.

Mit anderen Worten: Diese Übung ist wichtig, damit Sie von allen Aspekten Ihrer Vergangenheit profitieren. Sicherlich werden Sie die negativen Aspekte dieser Erfahrung nach wie vor »hassen«, und es geht auch nicht darum, daß Sie gut finden, was geschehen ist. Aber wir bitten Sie wirklich, etwas Nützliches daraus zu lernen, damit Sie nicht gezwungen sind, die Erinnerung an diese Erfahrung zu vermeiden: Statt des Schmerzes, der Erniedrigung oder des Unglücks können Sie betonen, was Sie gelernt haben. Das Glas ist natürlich in Wirklichkeit halb leer *und* halb voll. Ein und dasselbe Ereignis ist zugleich schmerzhaft und doch auch von Nutzen.

Es gibt eine weitere Methode, von früheren negativen Ereignissen zu profitieren. Diese wird als »Änderung der Vergangenheit« bezeichnet. Viele vergangene Ereignisse sind in Ihrer Erinnerung noch lebendig. Wenn diese Erinnerung schmerzhafter und unglücklicher Natur ist, dann werden Sie mit jeder Erinnerung daran wieder Schmerz und Unglück erleben. Um dies zu vermeiden, betrachten Sie die folgende Übung.

Praktische Übung (3–12)
Die Vergangenheit verbessern

Zunächst ein Wort der Erklärung. Wenn Sie eine schmerzvolle Situation wiedererleben, dann gehen Sie dorthin zurück, versetzen sich in die Vergangenheit und erleben das Ereignis, *als würde es in der Gegenwart stattfinden*. Wenn Sie sich jedoch dazu zwingen, etwas an dieser Erinnerung zu ändern – und sei es ein winziges Element –, dann kann diese Erinnerung eine gänzlich andere Gestalt annehmen, und ebenso die damit verbundenen Gefühle. Diese Übung ist insbesondere für solche Ereignisse oder Erfahrungen vorgesehen, die weit zurückliegen, als Sie noch viel jünger waren.

Reflektieren Sie für einen Moment eine Situation Ihrer entfernten Vergangenheit, die Sie nach wie vor aus der Fassung bringt – sobald Sie an diese Situation denken, fühlen Sie sich unbehaglich. Benutzen Sie eine solche Situation für diese mentale Übung. Wie schon in den vorigen praktischen Übungen achten Sie auf Ihre Atmung, bis Sie sich entspannt, natürlich und behaglich fühlen. Sobald Sie ein allgemeines Gefühl der Entspannung und des Wohlbefindens erreicht haben, kehren Sie in die entfernte Erfahrung von Schmerz und Unglücklichsein zurück. Sehen Sie sich selbst so, wie Sie damals waren, viel jünger. Achten Sie auf alle Details Ihrer Erscheinung, sowohl Kleidung als auch Schuhe, Haare, falls vorhanden auch Schmuck und dergleichen. Beachten Sie auch Einzelheiten der Örtlichkeit und andere anwesende Personen. Gehen Sie nun die peinliche Situation nochmals durch, beginnen Sie mit dem Wiedererleben all der unangenehmen und unbehaglichen Gefühle, die sie in Ihnen wachruft. In dem Moment, da Sie mit dem geistigen Wiedererleben beginnen, mit all den noch lebendigen Einzelheiten und den Gefühlen, die Sie damals erlebten, gebrauchen Sie Ihre Imagination, und erwecken Sie in sich die Vorstellung, daß Ihr heutiges Selbst die Szene betritt. Dem Film vor Ihrem geistigen Auge fügen Sie die eigene Person hinzu, wie sie heute ist, mit Ihren heutigen Qualitäten, Erfahrungen und dem Charakter, den Sie damals nicht aufwiesen. Mit anderen Worten, Sie haben in Ihrer geistigen Vorstellung zwei Bilder von sich selbst: Ihr vergangenes, leidendes Ich und Ihr gegenwärtiges, helfendes Ich. Betrachten Sie in Ihrer Vorstellung die *gesamte* Situation: alle negativen Elemente, die in der Vergangenheit zusammenkamen und dieses Ereignis so unerträglich machten, und *zusätzlich* Ihr jetziges Selbst, das bereit ist, Ihrem damaligen Selbst »beizustehen«. Stellen Sie sich vor, was Ihr gegenwärtiges Selbst sagt oder tut, welche Entscheidungen es trifft, wie andere Personen vor Ihrem geistigen Auge auf Ihr weiseres und erfahreneres Selbst reagieren, wie erleichtert und gut Sie sich fühlen, wenn Sie bemerken, daß das Blatt sich nicht gegen Sie wendet.

Geben Sie nicht so schnell auf. Die Vergangenheit in Ihrer Vorstellung zu ändern ist die einzige Möglichkeit, sie überhaupt zu ändern; und Sie können dies nur dann effektiv tun, wenn Sie Ihre kreative Imagination in der beschriebenen Weise einsetzen. Verbringen Sie ein wenig Zeit mit dem lebendigen geistigen Bild vor Ihrem Auge. Fühlen Sie sich in die *neue* Situation ein, mit der Hilfe und Unterstützung durch Ihr älteres Selbst. Verweilen Sie so lange bei dieser Vorstellung, bis Sie in der Lage sind, dieses Bild zu genießen. Wenn nötig, versprechen Sie sich selbst, daß Sie in diesen »Film« vor Ihrem geistigen Auge bald zurückgehen werden, so daß Sie sich bei jeder zukünftigen Erinnerung an das Ereignis des Fortschritts sicher sein können, den Sie in dieser Übung gemacht haben. Erst dann kehren Sie zu Ihrer gewohnten Art des Denkens zurück.

Wie Sie sehen, erscheint dieses Bild um so klarer in Ihrem Gedächtnis, je mehr Sie sich in diesen lebendigen Tagtraum einarbeiten. Was Sie Ihrer Erinnerung an das vergangene negative Ereignis hinzufügen können, wird bei zukünftigen Erinnerungen ein Teil des gesamten Bildes.

Diese Technik wird auch als eine Form des »kreativen Selbstbetrugs« bezeichnet. Da der Begriff Selbstbetrug einen negativen Beigeschmack hat, bevorzugen wir hier ganz einfach den Ausdruck von einer »Verbesserung der Vergangenheit«, die eine praktische Anwendung der kreativen Imagination ist.

Eine der Führungskräfte, mit denen wir arbeiteten, erzählte uns von einer Szene, die ihm im Alter von 12 Jahren widerfuhr, als sein Vater ihn vor seinen Freunden bloßstellte. Der Vater kam stark betrunken nach Hause und platzte mitten in die Geburtstagsfeier des Sohnes, der ungefähr zehn Freunde eingeladen hatte. Sein Vater warf ihm Beleidigungen an den Kopf, behauptete, sein Sohn würde nichts Rechtes schaffen, sei einem kleinen Mädchen ähnlicher als einem Jungen und daß er niemals ein Kind habe bekommen wollen, das eher ein Schwächling sei als ein richtiger Junge. Seine Freunde, erschrocken und erstaunt, verließen Party und Haus fluchtartig, während sein Vater ihn schlug, um – in seinen Worten, die er von da an oft gebrauchte – »den albernen Mädchen-Jungen abzuhärten«. Unnötig zu erwähnen, daß unter seinen Freunden Gerüchte über ihn kursierten und daß er viele seiner Freunde verlor.

Die betreffende Person berichtete, wie ärgerlich er nach wie vor werde, sobald er sich an diese Begebenheit erinnere. In seiner Wahrnehmung war dieser Tag ein Wendepunkt in seinem Leben – ein Tag, an dem er begann, anders zu sein als die anderen, an dem er seine »Freunde« verlor und so einsam wurde, wie er sich auch jetzt noch als Erwachsener fühlte.

Dieser leitende Angestellte führte die Übung einige Male durch und befreite sich so – im Alter von 48 Jahren – von dieser schweren Bürde seiner Vergangenheit. Als er sein heutiges Selbst in die damalige Situation einführte, entstand vor seinem geistigen Auge eine Szene, bei der er – als Erwachsener – seinen Vater aus dem Haus warf und sich dann wieder der Geburtstagsfeier zuwandte. In diesem Moment war er mit sich selbst als 12jährigem und mit dem, was er zu Hause und in der Schule tat, einverstanden. Unser Angestellter wiederholte diese mentale Übung einige Male, bis er in der

Lage war, sich an seinen 12. Geburtstag zu erinnern, ohne ärgerlich zu werden, ja sich sogar wohl fühlte beim Gedanken an dieses Ereignis. Er hatte seine Vergangenheit »verbessert«, und zwar zu seinem eigenen Vorteil. Indem er diese Änderung vornahm, befreite er sich von einer Last aus seiner Vergangenheit und war in der Lage, gegenwärtige Entscheidungen *ohne* den Einfluß dieses unglücklichen Ereignisses vorzunehmen. Gleichzeitig erkannte er das gestörte Verhalten seines Vaters, der uneingestandene Ängste und Probleme mit sich herumtrug; er erkannte, daß er selbst – als dessen Sohn – ein Opfer dieser emotionalen Störung geworden war. Obwohl er dies auch gewußt hatte, bevor er das Ereignis in der beschriebenen Weise zu verarbeiten begann, war er erst jetzt imstande, sich selbst von diesem Schmerz und den damit verbundenen Einschränkungen in seinem Leben zu lösen.

Wir sagten bereits, daß Zeitlinien Ihnen helfen, größeren Nutzen aus der Vergangenheit zu ziehen, und schlugen zwei praktische Übungen vor, die in dieser Hinsicht nützlich sind. Der Begriff Zeitlinien bezieht sich jedoch auch auf die Zukunft. Menschen projizieren sich häufig in die Zukunft mit den negativen Einstellungen, die ihnen aus der eigenen Vergangenheit erwachsen. Sie können dies vermeiden, indem Sie Ihren Verstand gebrauchen und Ihre Imagination aktivieren, indem Sie Ihre eigenen zukünftigen Ziele immer wieder selbst proben. Mentale Proben sind geeignet, ein gewisses »Ja-aber«-Denken zu vermeiden, das viele Leute einengt und oft daran hindert, neue Wege und Möglichkeiten auszuprobieren. Sie denken aufgrund vergangener negativer Erfahrungen in einer Weise an die Zukunft, die sie – so oder ähnlich – innerlich sagen läßt: »Ja, ich wünschte, ich könnte es tun, aber wenn ich an diese und jene Fehler der Vergangenheit denke, dann sollte ich das wohl besser ganz schnell vergessen.« Mentales Proben ist eine extrem nützliche geistige Übung, die Sie für alles Mögliche, was Sie zukünftig erreichen wollen, erlernen sollten; sei es, mehr Entscheidungssicherheit zu bekommen oder höflicher und geduldiger mit Kunden, Vorgesetzten oder Familienmitgliedern umzugehen; ob es um den Beginn eines neuen Projekts geht oder um ein rein persönliches Vergnügen, wie zum Beispiel eine neue Sportart oder malen zu lernen; oder ob Sie effektiver arbeiten möchten, um nicht mehr so stark unter Zeitdruck zu stehen.

Um dieses mentale Proben durchzuführen, sollten Sie zunächst an etwas denken, was Sie schon immer tun wollten. Dies kann der geschäftliche oder private Kontakt mit einer Person sein, mit der Sie gerne ein sehr wichtiges Gespräch führen würden. Es kann sich auch um einen ausgedehnten Urlaub handeln oder um einen freien Tag, an dem Sie eine bestimmte Ausstellung oder einfach einen kranken Freund besuchen wollen. Was auch immer es sein mag, konzentrieren Sie sich auf einen konkreten Wunsch. Nehmen wir jetzt beispielsweise einmal an, Sie denken daran, eine Mitarbeiterbesprechung zur Umstrukturierung Ihrer Abteilung einzuberufen. Sie wissen, daß dies erforderlich ist, aber es gibt noch keinen sonderlich großen Zeitdruck. Auf der anderen Seite ist Ihnen klar, daß einige Leute Ihres Teams Schwierigkeiten machen werden, wenn es darum geht, bisherige Gepflogenheiten aufzugeben und eingefahrene Gleise zu verlassen: Diese Leute werden Einsprüche erheben, umständliche Argumente präsentieren und ärgerlich und ziemlich laut werden. Sie verabscheuen all dies zutiefst. Sie sollen nun ein Beispiel für sich persönlich finden, das diesem entspricht: etwas, was durchaus im Bereich des Möglichen liegt, was Sie jedoch aus dem einen oder anderen Grund auf die lange Bank geschoben haben. Konzentrieren Sie sich auf diese Sache, und befolgen Sie die nächste praktische Übung.

Praktische Übung (3–13)
Mentales Proben

Wie schon in den vorangegangenen praktischen Übungen sollten Sie sich ein oder zwei Minuten Zeit lassen, um in die Stimmung zu gelangen, die einer positiven persönlichen Änderung nützlich ist. Das Atmen ist eine sehr nützliche und verbreitete Methode, diese Stimmung zu erzeugen. Wenn Sie sicher sind, daß Sie durch Ihre Atmung einen angenehmen Zustand der Entspannung erreicht haben, richten Sie Ihre geistige Aufmerksamkeit auf das zuvor ausgewählte Ziel. Stellen Sie sich vor, wie Sie dieses Ziel *bereits erreicht haben*, und achten Sie auf das Gefühl, das hierdurch in Ihnen ausgelöst wird. Diese Leistung hat Sie bereichert: Fühlen Sie das resultierende Glücksgefühl, den Stolz und die Befriedigung, die darin liegt, getan zu haben, was man tun wollte. Sagen Sie sich selbst: »Ja, das ist meine Leistung, die ich vollbracht habe, mit der ich außerordentlich zufrieden bin«, und so weiter. Im nächsten Schritt gebrauchen Sie Ihre Imagination, um vor Ihrem geistigen Auge zu »sehen«, welche Verbesserungen die Umsetzung des Wunsches, das Erreichen des Ziels, bewirkt haben: Sie mögen sich selbstsicherer fühlen, auch »mächtiger« und besonders stolz und zufrieden mit sich. Nehmen Sie sich die Zeit, sich auf diese positiven Gefühle einzulassen und sich zu sagen – als ob dieses Ereignis bereits Wirklichkeit wäre –: »Ich habe es getan! Ich bin glücklich und stolz«, und weitere, ähnliche Äußerungen.

Ein warnender Hinweis: Vergessen Sie nicht, sich ein mit Sicherheit tatsächlich erreichbares Ziel zu setzen und kein zu schwieriges Unterfangen auszuwählen. Verwenden Sie beim ersten Versuch mit dieser Übung keine komplizierte Sache, die selbst unter außerordentlich glücklichen Umständen nur schwer zu bewerkstelligen sein würde. Ein weiterer Hinweis betrifft ebenfalls einen praktischen Aspekt. Sollten Sie selbst bei einer weniger schwierigen Angelegenheit Probleme haben, sich die eigene Person vorzustellen, wie sie das betreffende Ziel bereits erreicht hat, dann nutzen Sie das mentale Proben nicht nur, um sich das erreichte Ziel vorzustellen, sondern auch, um Schritt für Schritt den Prozeß durchzugehen, der zum Erreichen des Zieles führt. Mit anderen Worten, machen Sie sich ein Bild von dem ersten notwendigen Schritt hin zum Ziel; stellen Sie sich vor, wie Sie diesen Schritt tun. Stellen Sie sich diesen ersten Schritt so klar und detailliert wie möglich vor, und achten Sie auf alles, was Sie konkret tun müssen. Achten Sie auf jedes Detail. Und fühlen Sie sich gut in dem sicheren Wissen, daß dies der erste Schritt in die richtige Richtung zu dem von Ihnen gewünschten Ziel ist.

Und schließlich noch ein genereller Hinweis: All diese praktischen Übungen erfordern Konzentration und Zeit. Nehmen Sie sich mindestens 15 Minuten Zeit für eine Übung, und zwingen Sie sich, langsam vorzugehen. Sollten Sie Fragen haben, lesen Sie sich den zur entsprechenden Übung gehörenden Abschnitt noch einmal durch, bevor Sie die Übung erneut aufnehmen. Vor allem bei der zweiten Art von mentalem Proben, wenn Sie sich auf die einzelnen Schritte konzentrieren, die zur Erreichung des Ziels notwendig sind, müssen Sie einen langsamen Gang der Dinge akzeptieren.

Eine Angestellte, die als Vize-Präsidentin eines Sportausrüsters arbeitete, versuchte es mit dem mentalen Proben, weil sie ihren Vorgesetzten auf die herablassende Art aufmerksam machen wollte, mit der dieser sie behandelte. Er war ein Kavalier der alten Schule in den frühen 70ern, ganz Gentleman, der sie wie seine Tochter zu behandeln pflegte. Sie begann mit dem geistigen Proben, um sich die Konfrontation mit ihm vorzustellen – wie sie ihm klarzumachen versuchte, daß ihr derselbe Respekt wie den anderen Führungskräften der Organisation zustehe, die allesamt männliche Kollegen waren. Als sie dieses mentale Proben versuchte, wurde sie ausgesprochen nervös und war nicht in der Lage, mit der Übung fortzufahren. Wir schlugen vor, sie solle wirklich Schritt für Schritt vorgehen und gedanklich die Möglichkeiten durchspielen, wie sie ihren Vorgesetzten auf das Treffen vorbereiten könne, das sie schon seit langer Zeit anstrebte.

Die genannte Angestellte versuchte sich vorzustellen, wie sie bei Arbeitsbesprechungen einen günstigeren Platz einnahm, sich bei ihren Wortbeiträgen nicht länger mit einem Lächeln des Vorgesetzten zufrieden gab, sondern – freundlich und bestimmt – die Sache auf den Punkt brachte, bis sie wirklich gehört wurde. Sie war ohne weiteres in der Lage, sich solche »Kleinigkeiten« vorzustellen, und sie fühlte sich sehr gut bei dieser Vorstellung. Nach einigen solcher einleitenden Übungen war sie schließlich bereit, das mentale Proben für das langgewünschte, entscheidende Gespräch mit ihrem Vorgesetzten anzuwenden. Das mentale Proben ermöglichte es ihr, sich dieses kritische Gespräch mit dem älteren Vorgesetzten vorzustellen – sie selbst konnte gänzlich kontrolliert und freundlich ihr Anliegen äußern, selbstsicher und ohne ärgerlich zu werden. Sie war überrascht, als ihr dies dann tatsächlich gelang; nicht nur, weil es plötzlich so einfach erschien, sondern auch, weil ihr Vorgesetzter sich entschuldigte und das Versprechen abgab, es in Zukunft an dem nötigen Respekt nicht fehlen zu lassen. Sie war überzeugt, daß dieser Erfolg der mentalen Arbeit zuzuschreiben sei, die sie vor diesem Treffen mit dem Vorgesetzten durchgeführt hatte.

Dieses Kapitel soll Sie darin unterweisen, sich selbst einen neuen Platz in der Zeit zuzuweisen. Es ist unnötig, sich wegen einer oder mehrerer früherer schmerzhafter Erfahrungen beeinträchtigen zu lassen. Sie können die Zukunft in einem sehr großen Ausmaß kontrollieren. Alles hängt davon ab, daß Sie lernen, Ihren Geist umzuprogrammieren, sich zu reorganisieren. Die praktischen Übungen dieses Kapitels haben einen weiten Anwendungsbezug. Wenn Sie diese beherrschen, so werden Sie feststellen, daß Sie sie auf viele andere Situationen in Ihrem Leben anwenden können.

Als Menschen haben wir den Eindruck, in der Zeit gefangen zu sein. Selbst die bahnbrechenden Einsichten Einsteins in die Natur der Zeit haben unsere Erfahrung von Zeit nicht geändert – diese ist oft mysteriös und konfus und unweigerlich an das Wissen um den künftigen Tod geknüpft (der zusammen mit unserer Geburt einer der beiden zentralen Bezugspunkte, ein Eckpfeiler unseres Zeit-Empfindens, ist). Solche wesentlichen Mysterien der Erfahrung von Zeit sollten uns jedoch nicht daran hindern, unsere zeitlichen Ressourcen effektiver und sinnvoller zu gebrauchen. Die Zeit ist ein unvermeidliches Element unseres Lebens, und indem Sie die grundlegenden Übungen dieses Kapitels erlernen, können Sie von Ihrer Vergangenheit in höherem Maße profitieren, als dies früher der Fall war, und Sie können Ihre Zukunft in effektiverer Weise vorbereiten.

Eine alte Hindu-Geschichte erzählt von einem jungen Fisch, der zu einem alten Fisch geht und diesen nach dem Wasser fragt, von dem er die wunderbarsten Dinge gehört hat. Er will wissen, wo das Wasser sei und wie er sich daran erfreuen kann. Der alte Fisch antwortete ihm mit der Direktheit der Weisheit und sagte: »Sieh dich um. Du bist nichts ohne das Wasser. Alles um dich herum und in dir ist Wasser.« Ebenso verhält es sich mit uns und der Zeit. Uns sind in der westlichen Welt die seltsamsten Auffassungen von Zeit geläufig – von »Zeit ist Geld« bis hin zum »die Zeit totschlagen«. Diese Redewendungen sind unzutreffend und lassen uns vergessen, daß die Zeit uns Gelegenheit gibt, ganz Mensch zu sein, unseren Platz im Leben zu genießen und aus ihr zu lernen und uns an ihr zu erfreuen.

Die gerade erlernte praktische Übung, das mentale Proben, muß sorgfältig gemeistert werden, wenn Sie guten Gebrauch von den wundervollen Möglichkeiten der Zeit machen wollen. Das mentale Proben wird Ihnen neue Handlungsspielräume eröffnen, Ihnen neue Freuden bereiten und Sie neue Dinge über sich selbst und die Welt lehren. Im wahrsten Sinne des Wortes hängt persönliche Bereicherung von dieser mentalen Übung ab, denn wir können nur verwirklichen, was wir in unseren Träumen verwirklichen wollen; wir können nur sein, was unsere Gedanken uns zu sein erlauben – eine Weisheit, an die uns auch das aus der Einleitung bekannte Zitat von Buddha erinnern sollte: »Was wir sind, ist ein Ergebnis unserer Gedanken.« Aus diesem Grunde ist das mentale Proben so wichtig. Wenn wir uns nicht für bestimmte Zukunftserwartungen entscheiden, wird unser Geist, beladen mit falschen Glaubenssätzen und Mißerfolgsgedanken, immer dieselben alten, fehlerhaften Situationen wiederholen. Entweder wir wiederholen innerlich die Ziele, die wir uns selbst gesteckt haben, oder wir wiederholen, ohne uns dessen bewußt zu sein, die selbstschädigenden Inhalte unseres alten geistigen »Programms«. Um Sie in dieser geistigen Übung zu bestärken, betrachten wir nun die folgende Übung.

Praktische Übung (3–14)
Ihr Ort für das mentale Proben

Erinnern Sie sich an Ihren speziellen Ort aus der praktischen Übung (2–6). Gehen Sie im Geiste noch einmal dorthin zurück. Schließen Sie Ihre Augen, und betrachten Sie diesen Ort wiederum in all seinen Details: alles, was Sie sehen, riechen, schmecken und körperlich fühlen. Nehmen Sie sich Zeit, bis Sie in einen lebendigen Tagtraum fallen, bis Sie tatsächlich dort sind. Benutzen Sie diesmal diesen speziellen Ort für Ihre mentale Probe. Ihr spezieller Ort wird zu dem Versuchsraum, in dem Sie Ihre Zukunft vorbereiten und aufbauen. Während Sie sich dort entspannt und mit einem Gefühl von innerem Frieden aufhalten, konzentrieren Sie sich auf einen Bereich Ihres Lebens, den Sie verbessern oder zum Guten wenden wollen. Und während Sie sich dort aufhalten, versuchen Sie sich die eigene Person so vorzustellen, wie Sie gern sein würden; oder Sie stellen sich jenen Lebensbereich vor, wie er dann sein wird, wenn er Ihren Wünschen entspricht. Tun Sie dies in Ruhe. Genießen Sie die Vertrautheit und Annehmlichkeit des geänderten Zustandes. Lassen Sie dieses Gefühl auf Körper und Verstand, Verstand und Geist überspringen, indem Sie von der Veränderung profitieren, die Sie sich vorstellen und auch erfahren.

Falls es in Ihrem Leben nichts gibt, was Sie verbessern oder ändern wollen, greifen Sie zu allgemeineren Themen, wie beispielsweise »mehr Lebenskraft und Energie haben« oder »mein Gedächtnis verbessern« oder andere Beispiele dieser Art, in denen etwas Nutzbringendes für Sie persönlich liegt. Gehen Sie dann vor wie im vorigen Abschnitt beschrieben. Bevor Sie diese Aktivität beenden, versprechen Sie sich selbst, daß Sie an einem der nächsten Tage an Ihren speziellen Ort zurückkehren werden, um das einmal begonnene Projekt fortzuführen.

Wir sind der Ansicht, daß es wichtig für Sie ist, sich der Wirkung dieser mentalen Übungen auf Ihr Leben bewußt zu werden. Je eher Sie erkennen, daß Sie von diesen Übungen profitieren, desto motivierter werden Sie diese Übungen auch fortsetzen. Bleiben Sie deshalb so lange bei einer Sache, bis Sie merken, daß sich etwas zum Guten gewendet hat. Erst danach nehmen Sie einen neuen Bereich Ihres Lebens in Augenschein, um diesen zu bearbeiten.

Um noch einmal auf den Begriff der Zeitlinien zurückzukommen: Wir haben beobachtet, daß unter den Führungskräften, mit denen wir arbeiteten, diejenigen erfolgreicher waren, die ein gutes Verhältnis zur Zeit hatten. Sie nutzten ihre Vergangenheit, um daraus Lehren für die Zukunft zu ziehen. Sie sahen in die Zukunft, um sich anzuspornen und zu motivieren für ihre Arbeit, Karriere, Lebensfreude und allgemein für die Erweiterung ihres Lebens.

Diese erfolgreichen Führungskräfte standen selten unter »Zeitdruck« und waren weder ängstlich noch angespannt. Ihre Einstellung war ganz unmittelbar harmonisch, sehr selten ging ihnen die Fähigkeit verloren, »in der Welt zu sein«, mit der dazugehörenden Aufregung und Freude. Das »Joie de vivre« – zu deutsch vielleicht am ehesten mit »Lebensfreude« zu übersetzen – stellt für sie den ganz alltäglichen Geisteszustand dar. In den wenigen Fällen, da sie in den nahezu universellen Zustand des Zeitdrucks kamen, besannen sie sich auf ihr inneres Selbst und waren mittels ganz ähnlicher wie der eben besprochenen geistigen Übungen in der Lage, sich zu erholen und zu ihrem inneren Frieden zurückzukehren.

Das Beispiel von Georg mag hier hilfreich sein (auch hier ist der Name geändert, wie immer in unseren Beispielen). Georg war Präsident einer Firma, die alle Arten von elektrischen Kabeln herstellte, und hatte sehr wichtige Verträge mit der Regierung zu bearbeiten. Vor 10 Jahren hatte er aufgehört, Alkohol zu trinken, als er merkte, daß er darüber die Kontrolle verloren hatte. Seit diesem Wandel in seinem Leben war er seinem inneren Leben und seinen Gefühlen gegenüber aufgeschlossen. Wenn Termine oder irgendeine Art von Zeitdruck ihn bedrängten, ging er in sein Büro, schloß die Tür und sagte seiner Sekretärin, daß er für 15 Minuten für niemanden zu sprechen sei. Während dieser kurzen Zeitspanne konzentrierte er sich auf seine Atmung, entspannte sich und begab sich an seinen speziellen Ort. Er genoß dann die Vorstellung, die Leute warten und sich nicht von ihrer Hektik anstecken zu lassen; oder er versuchte sich vorzustellen, was bei einer Verspätung im schlimmsten Falle passieren könnte. Dies gab ihm ein neues Gefühl der Kontrolle und Macht, von Freiheit, Unabhängigkeit und Selbstwertschätzung – ein Gefühl, das es ihm ermöglichte, sich erneut in das Durcheinander draußen vor seinem Büro zu stürzen, um es, wie er sich ausdrückte, »aus der Vogelperspektive« zu dirigieren. Er fühlte sich nicht von dieser Anspannung absorbiert, sondern bemühte sich, die Dinge von außen oder »oben« zu sehen. Die wenigen Minuten, die er für seine mentale Übung »verschwendete«, halfen ihm, viel Energie, Ärger und sogar Zeit zu sparen. Darüber hinaus konnte er sich seinen Seelenfrieden erhalten und genießen, was zu tun war. Das Leben war immer etwas Großartiges für ihn, wie er es formulierte. Er sah das Leben als einen »gottgegebenen Urlaub« an, den er einfach zu genießen hatte. Weil dies so war, brauchte er seine Arbeit nicht zu unterbrechen, um – in seinen Worten – »künstliche« Ferien zu nehmen. Georg mag eine Ausnahme sein, und wir sind nicht der Ansicht, daß jeder so leben sollte, aber sein Beispiel erinnert uns daran, daß wir unser Leben vielleicht mehr genießen könnten, als wir es tun.

Um die Behandlung des Themas »Zeitlinien« abzuschließen: Erinnern Sie sich noch einmal an die mentalen Werkzeuge, die Ihnen zur Verbesserung Ihres Lebens zur Verfügung stehen. Ihre Vergangenheit lehrt Sie, wie Sie in der Gegenwart leben sollten, und Ihre Zukunft hängt zu einem großen Teil von Ihnen selbst ab. Setzen Sie sich selbst realistische Ziele, und nehmen Sie sich die Zeit, Ihre Ziele vor Ihrem geistigen Auge zu proben. Sie können zum Meister Ihres Schicksals werden, wenn Sie nur wirklich beginnen, Ihr Denken dazu zu nutzen, zukünftige Leistungen zu erreichen. Ohne dieses mentale Proben wachen die Menschen morgens auf und sagen: »Guter Gott, es ist Morgen« – mit dieser Art von Werkzeug wachen Sie auf und sagen: »Was für ein guter Morgen, bei Gott!«

Peter war ein dynamischer Manager eines Luftfahrtunternehmens, der eine außerordentlich beeinträchtigende Phobie vor großen Plätzen hatte, ein Leiden, das unter dem Fachterminus Agoraphobie bekannt ist. Er hatte, ohne dies selbst zu wissen, viele Jahre in einem Zustand negativer Selbsthypnose verbracht, indem er im Geiste katastrophale Bilder sah, wenn er ins Freie treten mußte. Ohne sich darüber bewußt zu sein, hatte er sich öffentliche Aktivitäten stark erschwert. Als Peter die Technik des mentalen Probens erlernte, selbst Anfang der 50, war er in der Lage, sich viel besser zu fühlen. Wir baten ihn, diese Verbesserung in Prozentwerten auszudrücken. Er glaubte sich mindestens zu 50 Prozent besser zu fühlen. Durch den Erfolg angespornt, setzte er diese Übungen fort, und zwar immer dann, wenn er sich in naher Zukunft in der Öffentlichkeit und auf großen Plätzen bewegen mußte. Nach weniger als fünf Monaten berichtete er, er habe keine weiteren Probleme; seine alte Phobie war komplett abgeklungen. Er suchte zwar nach wie vor nicht unbedingt öffentliche Plätze auf, sondern bevorzugte weiterhin geschlossene Räume. Doch er war nun bei Bedarf in der Lage, auch große Plätze aufzusuchen – ohne Panik oder Nervosität und ohne die mentalen Leiden, die er früher so lange Zeit durchgemacht hatte.

Wir glauben, daß ein *ungeprüftes negatives* mentales Proben (wenn Sie eine Anhäufung von negativen Gedanken und Vorstellungen vor Ihrem geistigen Auge zulassen, bevor Sie ein schwieriges Unterfangen angehen) eine Aufgabe doppelt schwer macht und einen unangemessenen psychischen Aufwand erfordert. Indem Sie die hier vorgestellte Art des mentalen Probens erlernen, wird diese schwierige Aufgabe leichter, Sie sparen eine Menge psychische Energie, die Sie statt dessen nutzen können, um sich des Lebens zu freuen.

Da diese praktische Übung für eine Vielzahl verschiedener Situationen nützlich ist, ermutigen wir Sie, diese wirklich zu meistern und immer wieder zu gebrauchen. Wir werden auf diese Übung in den folgenden Kapiteln noch viele Male zurückkommen.

Kapitel 4
Selbstachtung

Vor neun Monaten machte Sam die Hölle auf Erden durch. Der 35jährige Vizepräsident eines Elektronikunternehmens berichtete: »Die Scheidung brachte mich um, nicht nur, weil sie so überraschend kam – meine Frau verließ mich wegen einer Frau, in die sie sich angeblich verliebt hatte –, sondern auch wegen der finanziellen Folgen. Ihr Anwalt bestand darauf, daß ich einen großen Teil meiner Einkünfte seit dem Berufseinstieg an sie zu zahlen hätte, weil sie mich nachweislich während meiner Studienjahre unterstützt hatte. Mir ging es wirklich schlecht, und ich merkte gar nicht, daß ich selbst zur Verschlimmerung der Lage beitrug.« Sam verfiel in eine negative Selbsthypnose, gab sich an allem, was passierte, selbst die Schuld und verwickelte sich in negative Selbstgespräche (»Ich werde niemals eine vernünftige Beziehung aufbauen; ich kann ja nicht einmal die eigene Frau halten; ich habe bei keiner Sache Erfolg« und ähnliches mehr).

Nehmen wir außerdem das Beispiel von Rob, der bei einem schrecklichen Autounfall ein Bein verloren hatte. Die Arztrechnungen überstiegen seine Versicherungssumme bei weitem und verschlangen seine Ersparnisse. Acht Monate nach dem Unfall – nach zweijähriger Ehe – bat seine Frau ihn um die Scheidung, weil sie mit einem behinderten Mann nicht zusammenleben wollte. Doch trotz seines Unglücks und den damit verbundenen Schmerzen behielt Rob den Kopf oben: Jeder Rückschlag schien ihm nur weitere Energie zu geben. Verschiedene chirurgische Eingriffe mit dem Ziel, ihm eine Beinprothese zu verschaffen, schlugen fehl; andere medizinische Komplikationen folgten, so daß er schließlich an den Rollstuhl gefesselt war. Rob war, als der Unfall passierte, 33 Jahre alt und ein guter Sportler. Er verlor nicht seinen Humor und auch nicht sein Interesse für die Anliegen und Aktivitäten seiner Freunde, für das tägliche Geschehen und soziale Probleme.

Worin besteht der Unterschied zwischen diesen beiden Personen? Einen ersten Hinweis auf die Antwort gibt uns Sam, der von all seinen negativistischen Selbstgesprächen erzählt. Doch die Inhalte unserer Selbstgespräche – ob positiv und konstruktiv oder negativ und selbstzerstörerisch – sind von dem gegenwärtig wichtigsten psychologischen Konzept abhängig: der Selbstachtung. Denken Sie an das Jesus-Wort, »jeder solle seinen Nächsten lieben wie sich selbst«. Selbstachtung ist eine realistische, reife, respekt- und liebevolle Zuneigung zur eigenen Person. Und ob Sie sich selbst in einer solchen Weise lieben oder nicht, wird darüber entscheiden, wie Sie andere Menschen »lieben«, wie Sie Ihren Umgang mit anderen gestalten, wie Sie mit Lebensereignissen umgehen, sich die Zukunft vorstellen, ob Sie hoffen oder verzweifeln und eher unbeschwert oder eher schwermütig durchs Leben gehen.

Selbstachtung geht auf das altmodische Konzept der Selbstliebe zurück, weil sie in einer positiven Bewertung der eigenen Person wurzelt. Sie lieben das Gute. Um sich selbst zu lieben, müssen Sie sich selbst als gut wahrnehmen, trotz aller Anzeichen des Gegenteils. Selbstachtung resultiert aus der Fähigkeit, sich selbst Fehler vergeben zu können und die eigenen Anstrengungen, Leistungen und Erfolge vor sich selbst anzuerkennen.

Wir brauchen deshalb zum Verständnis dieses Konzepts verschiedene Elemente:

die positive Achtung der eigenen Person;
das Wissen um den eigenen Wert;
die Versöhnlichkeit mit eigenen Fehlern;
die Anerkennung des eigenen Erfolgs;
die Bereitschaft, als Person zu wachsen;
das Akzeptieren der eigenen Natur.

Diese sechs Elemente der Selbstachtung erfordern einige Erläuterungen, die wir Ihnen in Zusammenhang mit den jeweiligen Übungen zu diesen Elementen geben werden. Doch zunächst sollten wir noch einmal den Bezug zu den beiden Fallbeispielen herstellen, die wir gerade erwähnt haben. Die Einstellung von Rob der eigenen Person gegenüber weist diese Elemente in sehr klarer Weise auf. Die Reaktionen und das Verhalten von Sam jedoch lassen die meisten dieser Eigenschaften vermissen. Es scheint demzufolge, daß die Reaktionen von Menschen auf ihre Lebensumstände stark davon abhängen, ob die betreffende Person sich selbst achtet, also die sechs genannten Eigenschaften aufweist, oder nicht. Und weil dies so ist, hat Selbstachtung sehr viel mit mentaler Gesundheit zu tun, die wir in diesem Zusammenhang erörtern wollen.

Praktische Übung (4–15)
Positive Selbstachtung

Im ersten Kapitel erwähnten wir die möglichen Quellen eines negativen Selbstbildes. Wie auch immer eine solche negative Einstellung sich entwickelt haben mag, wir können uns in konstruktiver Weise damit auseinandersetzen. Schreiben Sie fünf Beispielsätze auf, die mit den Worten beginnen: »Ich bin stolz auf mich, weil...« oder: »Ich achte mich selbst, weil...« Verwenden Sie eine dieser beiden Wendungen oder eine Kombination aus beiden. Der Sinn dieser Übung besteht darin, daß Sie sich die Vorteile der eigenen Person bewußtmachen. Geben Sie nicht auf, bevor Ihnen nicht fünf Beispiele eingefallen sind. Denken Sie insbesondere an persönliche Vorzüge: beispielsweise Großzügigkeit oder einen ausgeprägten Sinn für Humor, Sensibilität für die Belange anderer oder Loyalität gegenüber den eigenen Freunden; die Fähigkeit, Geheimnisse zu bewahren oder gute Musik zu genießen; ein Gefühl für die Schönheit der Natur oder für das eigene Selbst. Worin auch immer diese Qualitäten bestehen mögen – wenn Sie sicher sind, sich diese wirklich zuschreiben zu können, dann nehmen Sie sie in Ihre Liste auf.

Anschließend tun Sie dasselbe mit wirklichen Leistungen. Führen Sie fünf Dinge auf, auf die Sie stolz sein können und für die Sie persönlich verantwortlich sind: ein bestimmter Fortschritt in Ihrer Arbeit oder in Ihrer Abteilung; ein Rat, den Sie einem Freund gaben; ein großer Gefallen, den Sie jemandem getan haben; eine gute Tat für die Natur oder für einen Fremden und dergleichen mehr. Achten Sie wiederum darauf, wirklich fünf Beispiele zu nennen, auf die Sie stolz sind und derentwegen Sie sich achten.

Wenn Sie die beiden Listen erstellt haben, bewahren Sie diese sorgfältig auf, um sie immer wieder lesen zu können. Erinnern Sie sich beim Lesen jeweils möglichst lebendig an die Gefühle, die mit den dort genannten Leistungen und Persönlichkeitsmerkmalen verbunden sind.

Seien Sie vorsichtig mit einschränkenden Bedingungen. Viele Personen notieren bei dieser Übung etwas Positives über sich selbst, um es sofort mit einer Einschränkung zu versehen. So mögen Sie beispielsweise schreiben: »Ich bin ein sehr guter Autofahrer«, verneinen diese Äußerung jedoch sogleich durch den im stillen getroffenen Vorbehalt». . . doch häufig bin ich sehr in Eile und verhalte mich ziemlich leichtsinnig«. Akzeptieren Sie nur wirklich positive Qualitäten der eigenen Person – an der Verbesserung von Problemen wie dem gerade genannten werden wir später noch arbeiten.

Eine positive Einschätzung der eigenen Person erfordert ein Bewußtsein jener Qualitäten, die Sie selbst an sich schätzen. Um diese zu betonen und innerlich wirklich ganz zu akzeptieren, nehmen Sie sich 15 Minuten Zeit, die Sie sich selbst und der Lektüre der Liste widmen (vermutlich haben Sie sie in der Zwischenzeit häufig gelesen und kennen den Inhalt schon auswendig). Versetzen Sie sich zu diesem Zweck an jenen speziellen persönlichen Ort aus Übung (2–6). Übergehen Sie diesen Schritt auf keinen Fall, denn ohne den inneren Ortswechsel kann diese Übung lediglich die intellektuelle Ebene Ihres Denkens erreichen. Sie wollen jedoch, daß auch der emotionale und imaginative Teil Ihres Verstandes diese Liste gänzlich akzeptiert.

Eine letzte Bemerkung zum Begriff der positiven Selbstachtung: Gewöhnen Sie sich an, nicht auf solche weitverbreiteten Gedankenmuster zu achten wie beispielsweise »Hätte ich nicht eine solch schreckliche Kindheit gehabt, dann müßte ich mich jetzt nicht mit diesem oder jenem Problem herumschlagen«. Alle Gedanken über das, *was hätte sein können*, sind Mißerfolgsgedanken, wie wir sie in den beiden ersten Kapiteln erörtert haben. Sie sollten sich vor diesen Gedanken mit einer Ernsthaftigkeit in acht nehmen, als wollten Sie sich vor einer gefährlichen Ansteckung schützen.

Praktische Übung (4–16)
Bewußtmachen des eigenen Wertes

Obwohl eine positive Selbstachtung ein Bewußtsein des eigenen Wertes voraussetzt, wollen wir uns dem Selbstwert wegen seiner großen Wichtigkeit gesondert zuwenden. Da Eltern ihre Kinder häufig korrigieren und Lehrer die Fehler ihrer Schüler betonen, sind sich viele junge Erwachsene des eigenen Wertes nicht bewußt. Sie kennen zwar genau ihre Schwächen, erinnern sich an Fehler und an beleidigende oder beschämende Situationen aus der eigenen Vergangenheit, doch die eigenen Stärken werden oft als selbstverständlich erachtet.»Ja, sicher, das ist gut gelaufen. Na und?« – Das scheint die Einstellung vieler Personen zu sein. Sie können dies ändern.

Wenn Sie einen ruhigen Augenblick für sich allein haben, dann fragen Sie sich:»Warum glaube ich eigentlich an meinen eigenen Wert?« Prüfen Sie, was Ihnen in den Sinn kommt. Wir erhielten in unseren Seminaren häufig Antworten wie»Weil ich eine gute Person bin«,»Weil Gott mich liebt«,»Weil ich in einem freien Land lebe« oder»Weil ich so viel Gutes getan habe«. Ihre Antworten mögen von diesen sehr verschieden sein. Stellen Sie sich die Frage also in Ruhe noch einmal, bis Sie mit der Antwort zufrieden sind. Wenn Sie bei der Sache bleiben, werden Sie eine oder mehrere für Sie selbst akzeptable Antworten finden, mit denen Sie sich wohl fühlen.

In dem unwahrscheinlichen Fall, daß Sie keine akzeptable Antwort finden können: Erarbeiten Sie sich eine solche Antwort (beispielsweise»Weil ich ein vernünftiger Mensch bin« oder»Weil ich ein menschliches Wesen bin«). Um sich diese Arbeit zu erleichtern, gehen Sie im Geiste an Ihren speziellen Ort zurück, und erlauben Sie Ihrem Inneren, mögliche Antworten zu erstellen. Die Antworten, die auf diese Weise zustande kommen, weisen oft eine Verbindung zu diesem speziellen Ort auf. Ein Manager beispielsweise fand eine für ihn akzeptable Antwort durch diesen Ort, weil ihm aufging, daß er der Natur sehr verbunden war und alles in seiner Macht Stehende tun würde, um sie zu schützen. Seine ökologische Haltung gab ihm Grund, mit sich zufrieden zu sein.

Nach diesem ersten Schritt zur Bewußtwerdung Ihres eigenen Wertes wählen Sie aus Ihrer zweiten Liste der Übung (4–15) eine der dort aufgeführten Leistungen aus. Konzentrieren Sie sich auf dieses eine Beispiel, und vergegenwärtigen Sie sich Ihren Anteil daran: wie hart Sie arbeiten mußten, um dies zu erreichen, welche Planungen und Anstrengungen nötig waren und wie Sie in diese Aktivitäten involviert waren. Denken Sie über den Nutzen nach, den diese Leistung Ihnen, Ihrer Familie, Ihrem Unternehmen oder überhaupt anderen Personen gebracht hat. Beeilen Sie sich nicht mit dieser mentalen Übung, und rufen Sie sich sorgfältig in Erinnerung, daß *Sie* dies getan haben, daß *Sie* für diese Leistung verantwortlich sind und so weiter. Seien Sie stolz auf Ihre Leistung. Versprechen Sie sich, diese Übung in den nächsten Tagen auch auf die anderen Leistungen Ihrer Liste anzuwenden, und notieren Sie Ihre Gedanken zu dieser Übung.

Positive Wertschätzung der eigenen Person und ein Bewußtsein des eigenen Wertes gehen Hand in Hand. Frühere Fehler und Unachtsamkeiten wirken jedoch häufig störend auf eine positive Wertschätzung oder machen es sogar unmöglich, die eigenen Leistungen anzuerkennen. Viele Menschen geben sich aufgrund früherer Fehler niemals die volle Anerkennung für gute Dinge oder Leistungen, die sie erreicht haben. Sie wenden ein »Ja-aber«-Denken an: »Ich habe dies oder jenes geschafft, aber ich hätte es eher schaffen sollen.« Oder: »Ja, ich weiß, daß dieser Mitarbeiter seine Fortschritte mir zu verdanken hat, aber dasselbe hätte ich auch mit diesem oder jenem tun können.«

Weil diese selbsteinschränkende Haltung so vorherrschend ist, ist Selbstversöhnlichkeit so wichtig. Die angelsächsische Etymologie führt dieses Wort auf Begriffe wie »gehen lassen« oder »loslassen« zurück. Genau das ist mit Versöhnlichkeit gemeint: sich selbst von vergangenen Fehlern zu befreien, um die eigene Energie nicht auf das Falsche in der Vergangenheit, sondern auf das Richtige in der Zukunft zu lenken. Für diese Fähigkeit zur Selbstversöhnlichkeit haben wir eine praktische Übung entwickelt, deren Anwendung sich in unseren Seminaren häufig als nützlich erwiesen hat.

Praktische Übung (4–17)
Selbstversöhnlichkeit

Versetzen Sie sich an Ihren speziellen Ort, und nehmen Sie sich wie in den vorigen Übungen einen Moment Zeit, dieses innerliche Bild zu betreten. Fühlen Sie die Annehmlichkeit und die Entspannung, die mit Ihrem besonderen Ort verbunden sind; genießen Sie das ruhigere Atmen, während Sie sich in Ihrer geistigen Umgebung wohl fühlen. Erinnern Sie sich nun an eine der Situationen Ihrer Vergangenheit, derentwegen Sie sich schlecht fühlen und die Sie bedauern. Führen Sie sich dieses geistige Bild wie einen Film vor Augen, doch stellen Sie sich vor, daß Sie diesmal die Situation verlassen. Stellen Sie sich vor, wie Sie der Situation den Rücken zukehren und langsam davongehen; Sie bewegen sich weiter und weiter von der Situation weg und lassen sie in der Vergangenheit zurück. Wie schon bei den früheren Übungen gilt auch hier der Hinweis: Geben Sie nicht zu schnell auf. Versuchen Sie, diesen Prozeß innerlich durchzugehen, bis Sie innerlich fühlen, wie Sie diese negative Situation in der Vergangenheit zurücklassen. Sobald Sie eine gewisse Distanz erreicht haben, bedauern Sie Ihren Fehler, Ihre Übeltat oder Ihr schlechtes Motiv. Es ist an der Zeit, zu sagen, daß es Ihnen leid tut und daß Sie einen solchen Fehler nicht wiederholen möchten. Kehren Sie jedoch nicht in diese negative Szenerie zurück. Erleben Sie, daß Sie sich aus der Situation entfernt haben und ihr den Rücken zukehren, und zwar mit dem Blick nach vorn. Dies ist keine »Veränderung der Vergangenheit«, wie in Übung (3–12), sondern Sie lassen die Vergangenheit hinter sich, erkennen Ihren Fehler und bereuen diesen. Um diesen Fehler wettzumachen, wenden Sie sich nun der Zukunft zu, entschlossen, so zu leben, wie es Ihren Vorstellungen von richtig und fair und gerecht entspricht.

Bei jeder dieser Übungen bitten wir Sie, diese tatsächlich zu »üben« und nicht nur einmal auszuprobieren. Dies ist deshalb wichtig, weil Sie Ihren Verstand umprogrammieren sollen. Da Ihr Netzwerk von Gedanken sehr kompliziert ist und seit Jahren in einer bestimmten Weise benutzt wird, ist eine solche Umprogrammierung nicht so leicht wie bei einem Computer. Bei einem Computer genügt in vielen Fällen ein Knopfdruck, um das Programm zu ändern. Doch in bezug auf Ihren Verstand bedeutet Umprogrammieren das Erlernen von neuen mentalen Fähigkeiten. Und das menschliche Lernen erfordert in der Regel Wiederholungen, Geduld und Ausdauer. Demzufolge sollten Sie auch diese praktische Übung wiederholen: Sie befinden sich im Geiste in einer Situation, bei der Sie einen Fehler gemacht haben; Sie beginnen dann, diese Situation zu verlassen, und wenden der Szenerie Ihren Rücken zu. Dann entscheiden Sie sich – zum Zeichen Ihres echten Bedauerns –, zukünftig in Übereinstimmung mit Ihren positiven Werten zu handeln.

Joe, der Top-Manager eines Werkzeugmaschinenherstellers, verlor seinen 16jährigen Sohn bei einem Autounfall, bei dem Joe selbst am Steuer saß, und er quälte sich mit Selbstvorwürfen. Ihm wurde eines Tages klar, daß seine unproduktive Trauer um seinen Sohn seine Energien verbrauchte und ihn depressiv werden ließ. Er benutzte die mentale Übung der Selbstversöhnung und begann ein neues Kapitel in seinem Leben. Sicher, er hätte langsamer und vorsichtiger fahren können; er hätte auf der Party, von der sie kamen, weniger trinken können. Doch mit seinem ständigen Bedauern tat er niemandem einen Gefallen. Nachdem er gelernt hatte, sich selbst zu verzeihen, entschied er sich dafür, seinem Sohn ein Andenken zu schaffen, indem er gemeinnützige Institutionen ins Leben rief und nach seinem Sohn benannte. Eines der von ihm initiierten Vorhaben war ein Wohnprojekt für straffällig gewordene Jugendliche.

Indem er sich selbst vergab, konnte Joe aufhören, seine Energien sinnlos zu verschwenden, vielmehr verwandelte er seine Sorge und sein Bedauern in produktive Handlungen. Diese Übung kanalisierte seine Energie in eine positive und nützliche Richtung. Ein Bedauern, dem kein geeignetes Verhalten folgt, führt zu einem zirkulären Denken. Joe war in der Lage, seine geistige Energie auf etwas Konstruktives zu richten, anstatt weiterhin das Opfer eines Fehlers aus der Vergangenheit zu sein. Nach seiner positiven Wandlung erzählte er uns: »Ich pflegte nachts aufzuwachen, war in Gedanken bei dem Unfall und fühlte mich dann schrecklich. Selbst sechs Jahre später war dies noch der Fall, ich haderte immer noch mit dem

Schicksal. Ich beneidete religiöse Menschen, die eine Zuflucht in ihrem Glauben fanden, und war überzeugt, daß ich niemals darüber hinwegkommen würde. Ich habe jedoch inzwischen erkannt, daß ich das Andenken an meinen Sohn in einer weniger morbiden Weise hochhalten kann, als dies während jener Jahre der Fall war. In gewissem Sinne bleibt sein Name auf diese Weise für viele lebendig.«

Praktische Übung (4–18)
Selbstanerkennung

Dies ist eine praktische Anwendung von vielen Dingen, die Sie bereits zur Umstrukturierung Ihres Denkens kennengelernt haben. Der Begriff Selbstanerkennung soll darauf verweisen, daß nur Sie selbst Ihren Erfolg bewerten können. Andere mögen Ihre Leistungen würdigen oder loben, doch letztendlich liegt es an Ihnen, die eigenen Erfolge auch tatsächlich anzuerkennen. Dieses Element ist unserer Ansicht nach essentiell für das Konzept des Selbstwertes, nicht zuletzt wegen einer bestimmten Art von falscher Bescheidenheit, die im westlichen Kulturkreis irrtümlicherweise für eine Tugend gehalten wird. Dies ist ein Appell an Aufrichtigkeit und ein Versuch, den falschen Glauben zu überwinden, Bescheidenheit bestehe in einer Nichtanerkennung von Leistungen und Verdiensten.

Diese praktische Übung ist nicht nur intellektuell und kognitiv orientiert: Betrachten Sie einige der Leistungen, die Sie sich wirklich zuschreiben. Erkennen Sie, daß auch andere diese Leistungen anerkennen können, daß jedoch bei dieser Anerkennung durch andere Personen oft all die Einzelheiten vernachlässigt werden, die bei der Verwirklichung dieses Ziels im Spiel waren. Diese mögen Sie wegen eines ins Leben gerufenen Projekts loben. Doch nur Sie kennen genau die Anstrengungen, die Sie investiert haben, die Stunden des Nachdenkens und Planens, die Nächte, die Sie möglicherweise durchgearbeitet haben, und was Sie dabei empfunden haben.

Sie werden deshalb in dieser praktischen Übung einen jener

Erfolge auswählen, der Anerkennung durch andere gefunden hat. Sie werden jedoch auch einige Zeit damit verbringen, sich an die wirklichen »Kosten« dieses Erfolgs zu erinnern, und zwar in all den Einzelheiten, die im vorigen Abschnitt genannt wurden. Dann werden Sie sich selbst für das Getane loben und sich gut fühlen. Dies ist das genaue Gegenteil von Selbstmitleid – ein Prozeß, den viele Personen nach Mißerfolgen durchleben. Bemühen Sie sich, sich wirklich die Anstrengungen bewußtzumachen, die Sie in Ihren Erfolg hineingesteckt haben, die investierten Energien inklusive solcher Faktoren wie Zeitaufwand, Planung, Ausführung und Prüfung.

In anderen Worten, benutzen Sie eine Art Zeitlupen-Variante Ihres Denkens, um sich selbst zu bestätigen und zu ermutigen, indem Sie alle Elemente Ihres Erfolgs durchgehen – Elemente, die nur Sie und vielleicht Ihre engsten Freunde kennen. So wie ein Haus aus vielen Steinen gebaut ist, besteht Ihre Leistung aus vielen einzelnen Elementen. Wie ein fertiges Haus die vielen Einzelteile vergessen läßt, aus denen es gebaut ist, so kann man auch leicht die viele Arbeit vergessen, die für eine bestimmte Leistung notwendig war. Nehmen Sie sich deshalb die Zeit, Ihren Erfolg anzuerkennen und sich an all die persönlichen Faktoren und Bausteine zu erinnern, denen das Endprodukt zu verdanken ist.

Diese Übung besteht deshalb aus folgenden Schritten: a) Wählen Sie einen Erfolg, für den Sie Anerkennung erfahren haben. b) Konzentrieren Sie sich darauf, sich an jedes Detail zu erinnern, das zum Erreichen dieses Ziels vonnöten war. c) Loben Sie sich selbst; sagen Sie sich, daß Sie das wirklich gut gemacht haben, daß das eine gute Sache war, daß Sie Ihren Verstand genau richtig gebraucht haben und dergleichen mehr: Alles ist zulässig, was der Wahrheit entspricht und Ihre positiven und großartigen Gefühle unterstützt.

Diese Übung mag kindisch und unnötig anmuten. Bedenken Sie jedoch, wie stark bei vielen Menschen die Tendenz ist, gerade das Gegenteil zu tun, nämlich sich wegen des einen oder anderen Mißerfolgs ausgedehnte Vorwürfe zu machen und in Selbstmitleid zu versinken. Es ist deshalb notwendig, die Selbstversöhnung aus der vorigen Übung anhand der hier genannten Aktivitäten zu vervollständigen. In der letzten Übung haben Sie Ihre vergangenen Fehler hinter sich gelassen. In dieser Übung machen Sie sich vollständig einen Erfolg aus der Vergangenheit zu eigen. Indem Sie sich ganz detailliert daran erinnern, bestätigen Sie sich diesen Erfolg und verbessern Ihren Wert vor Ihrem inneren Selbst.

Nehmen Sie deshalb diese Übung nicht auf die leichte Schulter; glauben Sie nicht, daß Sie diese Übung »nicht nötig haben«. Aufgrund der negativen Selbsthypnose, die wir bereits erläutert haben, brauchen viele Menschen des westlichen Kulturkreises eine derartige Umstrukturierung ihres Geistes.

Mir fällt an dieser Stelle der Fall von Miguel ein. Als ehemaliger Anwalt leitete er nun einen der größten Konzerne Lateinamerikas. Er lachte uns aus, als wir ihm diese Übung empfahlen, und sagte: »Mein Problem ist, daß ich ein zu großes Ego habe, und Sie fragen mich nach meinen Leistungen. Ich weiß, daß ich unvorstellbar viel geschaffen habe. Ich weiß, daß ich in diesem Konzern der beste Mann bin, einfach unersetzlich.« Wir entgegneten ihm, daß auch er als Mensch große Anstrengungen aufbringen mußte, um all das zu erreichen, was er in seinem Leben erreicht hatte. Unter der individuellen Anleitung von einem von uns begann Miguel, eine seiner größten Leistungen Revue passieren zu lassen, einen Vertrag mit einer ausländischen Regierung über ein Auftragsvolumen, zu dessen Erfüllung die bisherige Produktion der konzerneigenen Betriebe in verschiedenen lateinamerikanischen Ländern verdoppelt werden mußte. Er gab zu, er sei damals sehr nervös gewesen, bis hin zu gesundheitlichen Problemen wie starken Kopf- und Magenschmerzen. Er erkannte, daß er ein emotionales Opfer gebracht hatte, von dem nur seine Frau wußte, da er während dieser Zeit auch sexuelle Probleme hatte. Schließlich wurde ihm klar, daß niemand – nicht einmal seine Frau – wußte, wie angsterfüllt er während der langen Verhandlungen mit der ausländischen Regierung gewesen war. Nur er konnte würdigen, was er an mentaler und emotionaler Anspannung und selbst in physischer Hinsicht durchgemacht hatte. Mit diesen Erkenntnissen wuchs auch seine Einsicht in den Wert dieser praktischen Übung, die er im folgenden gerne anwandte.

Nachdem er diese Übung durchgeführt hatte, machte er uns eine interessante Mitteilung, die auch Ihnen hilfreich erscheinen mag. Er sagte: »Sie wissen, daß ich kein Blatt vor den Mund nehme – als Sie unserer Gruppe diese Übung vorschlugen, habe ich Sie ausgelacht. Ich hielt Sie für seltsame Käuze, die uns wie Idioten behandelten. Als Sie mich dann überredeten, diese individuelle Sitzung durchzuführen, haben nicht Sie mich überzeugt – ich habe mich selbst überzeugt! Ich erkannte, daß ich aufgrund all der Nervosität und Energie, die ich aufgewandt hatte, Lob und Anerkennung verdiente, wie ich sie mir selbst nie hatte zuteil werden lassen. Ich hatte einfach das Ergebnis betrachtet und vergessen, wieviel Lebensenergie ich investiert hatte. Nachdem ich es geschafft hatte, mich – wie Sie sagen – selbst zu loben, fühlte ich mich demütig und großartig zugleich. Demütig, weil es genausogut hätte schiefgehen können, schließlich wurde ich auch in politische Dinge verwickelt, von denen ich vorher einfach nichts gewußt hatte. Ich sage mir jetzt immer wieder: ›Was für ein Glück du hattest! Das hätte auch dein größter Mißerfolg oder dein letztes Geschäft sein können.‹« Miguel spielte damit auf Morddrohungen an, die er vor Geschäftsabschluß erhalten hatte. Es ging um über eine Billion Dollar, und Miguel mußte für eine Weile seinen Aufenthaltsort geheimhalten.

Praktische Übung (4–19)
Selbstwachstum

Eine wichtige Komponente der Selbstachtung ist die Bereitschaft, als Person zu wachsen, von den eigenen Lebenserfahrungen zu lernen und sich um die, wie Maslow es nannte, »weniger starken Qualitäten des eigenen Selbst« zu kümmern, um diese Schwachstellen zu überwinden. *Selbstaktualisierung* wurde – trotz der unzureichenden Definition des Begriffs – als ein *Prozeß der kontinuierlichen Selbstentwicklung* angesehen: ein Prozeß, der die Person niemals zu dem Glauben führt, nun perfekt zu sein, sondern zu einem realistischen Bewußtwerden der eigenen Grenzen. Auf dieser Basis trifft die Person Entscheidungen, die oft gerade keinen Heiligen ausmachen. Maslow, der zu Recht als Begründer der humanistischen Psychologie gilt, untersuchte die Lebensläufe einer großen Zahl »sehr bemerkenswerter Menschen« – noch lebender oder toter berühmter und unbekannter Menschen. Er versuchte herauszufinden, was diese Menschen in vielerlei Hinsicht so herausragend werden ließ, und identifizierte hierbei 15 *Charakteristika der Selbstaktualisierung*. Ein kurzer Überblick über diese Eigenschaften mag bei der vorliegenden praktischen Übung hilfreich sein, da diese sich eng an das Maslowsche Konzept der Selbstaktualisierung anlehnt.

Das erste Charakteristika einer selbstaktualisierenden Person ist die *zutreffende Wahrnehmung der Realität*. Das beinhaltet die Fähigkeit, Fakten und Meinungen zu trennen sowie den Ist-Zustand vom Soll-Zustand oder Kann-Zustand zu unterscheiden. Hierzu gehört weiterhin der Respekt vor dem Neuen als einer möglichen Quelle der Erfahrung und des persönlichen Wachstums, was verbunden ist mit der Bereitschaft, das Vertraute so zu lassen, wie es ist, um sich unbefangen dem Neuen zuzuwenden.

Das *Akzeptieren* der eigenen Person, anderer Personen und der Natur, die menschliche Natur eingeschlossen, ist ein so wichtiger Aspekt der Selbstachtung, daß wir uns diesem Punkt später gesondert zuwenden werden. Es folgt *Natürlichkeit*, im Sinne von Spontaneität, Neugier und Einfachheit – ein kindlicher Wesenszug, den wir alle in unseren ersten Lebensjahren besaßen. Mit *Zielorientierung* ist die Fähigkeit gemeint, über den eigenen Tellerrand hinauszuschauen und die Bedürfnisse anderer Menschen wahrzunehmen. *Privatheit* bezieht sich auf die Fähigkeit, seinen Gefühlen zu trauen und sich auf sein Urteil verlassen zu können. Dies erfordert auch die Fähigkeit zur Konzentration und führt nebenbei dazu, daß man die Beziehungen zu anderen genießen kann.

Das sechste Merkmal der Selbstaktualisierung ist die *Autonomie*, eine Unabhängigkeit von sozialer Bestätigung und materiellen Dingen sowie die Fähigkeit zu Besonnenheit und innerem Frieden auch in schlechten Zeiten. *Erstaunen* ist ein Merkmal, das wir schon erwähnt haben und ebenfalls noch erörtern werden. *Fähigkeit zu Grenzerfahrungen* bezieht sich auf die Bereitschaft und Offenheit für intensive Erfahrungen, für »Ekstase«, die über das eigene Selbst und Zeit und Raum hinausgeht. Daraus resultieren eine innere Bereicherung und Wachstum.

Gemeinschaftsgefühl ist auf die Gesamtheit der menschlichen »Familie« bezogen und beinhaltet Akzeptanz, Toleranz und Versöhnlichkeit gegenüber anderen; gemeint ist auch ein Gefühl der Zusammengehörigkeit. *Intimität* ist die Fähigkeit, anderen zu vertrauen und nahe zu sein, mit einer Zuneigung zu vielen Menschen und besonderer Aufmerksamkeit einigen wenigen gegenüber. Das Merkmal *demokratischer Charakter* bezieht sich auf den Glauben an die Würde des anderen, und zwar unabhängig von jeglichen Unterschieden. Dieses Merkmal ist vor allem eine Charaktereigenschaft und weniger eine Frage von Äußerlichkeiten.

Mit *Ethik* ist die Fähigkeit gemeint, Richtiges und Falsches aufgrund hoher moralischer Standards zu trennen, fernerhin auch das ständige Bemühen um ein entsprechendes Handeln. *Humor* ohne Feindseligkeit (wie er in Zynismus oder Sarkasmus enthalten sein kann) besteht vor allem in der Kunst, sich selbst nicht zu ernst zu nehmen und auch über sich selbst lachen zu können, um so mit vielen Dingen auch spielerisch umzugehen. *Kreativität* ist ein Merkmal, das vor allem im täglichen Leben, nicht unbedingt nur in künstlerischen Aktivitäten, zum Ausdruck kommen sollte. Notwendig für ein hohes Maß an Kreativität ist die Freiheit von unnötigen Hemmungen auf der Grundlage einer persönlichen Freiheit, »man selbst zu sein«. Schließlich ist *Individualität* die Unabhängigkeit von sinnlosen kulturellen Restriktionen und eingrenzenden nationalen oder ethnischen Vorurteilen.

Diese lange Liste ist unserer Meinung nach notwendig, um das Konzept des Selbstwachstums als einen lebenslangen Prozeß zu verstehen, der viele verschiedene Elemente beinhaltet. Im Anhang A finden Sie eine Auflistung, die Ihnen hilft, die 15 Charakteristika zu überblicken, und gleichzeitig die Anweisungen zur Selbsteinschätzung enthält.

Gehen Sie nun im Rahmen der Übung (4–19) diese Liste nochmals durch, und nehmen Sie eine Selbsteinschätzung vor. Betrachten Sie anschließend nacheinander jene Merkmale, bei denen Sie sich einen Minuswert gegeben haben. Überlegen Sie, wie eine Verhaltens- oder Einstellungsänderung in diesem Merkmal möglich wäre und welche praktische Konsequenzen dies hätte. Im nächsten Schritt stellen Sie sich vor, Sie verhielten sich in der von Ihnen überlegten Weise. Treten Sie in den Prozeß der Selbstentwicklung ein. Benutzen Sie Ihre kreative Imagination, und malen Sie sich ein realistisches und lebendiges Bild aus, so daß Sie sich bei diesem »selbstaktualisierenden Verhalten« wirklich gut fühlen. Lassen Sie sich Zeit für diese Übung. Geduld ist unabdingbar für ein persönliches Wachstum. Nehmen Sie sich Zeit, Ihren Geist kreativ zu gebrauchen und sich so lange in die neue Situation hineinzuversetzen, bis Sie in der imaginierten Situation eine positive Stimmung erfahren.

Einige Beispiele mögen die richtige Anwendung dieser Übung erleichtern. Adrianne war eine sehr erfolgreiche Planungsleiterin einer Hotelkette in den USA, Kanada und Mexiko. Als Planungsleiterin hatte sie de facto mehr Macht als irgend jemand sonst in dieser Organisation: Durch die Kontrolle der Daten und Statistiken war sie für die Gehälter und für die Personalpolitik zuständig, insbesondere auf den höheren Ebenen. Nachdem sie ihre Selbstaktualisierungsliste durchgegangen war, schrieb sie sich selbst ein Defizit im Merkmal Humor zu, wie es oben definiert wurde. Sie gab zu, daß sie durchaus sarkastisch und ironisch gegenüber anderen sein konnte, so daß sie bei vielen Personen ihres Unternehmens gefürchtet war und als kalt, berechnend, nachtragend und geradezu »gefährlich« galt. Sie gebrauchte ihre kreative Imagination, um im Geiste das Verhalten, das so sehr zu ihrem Markenzeichen geworden war, zu vermeiden. Sie stellte sich vor, sie würde – wo es angemessen erschien – geduldig mit anderen sein, ihnen zuhören und humorvoll auf mögliche Veränderungen von Dingen hinweisen, statt andere Personen durch ihren Sarkasmus zu verletzen. Adrianne hielt diese mentale Vorstellung von sich selbst so lange aufrecht, bis sie sich gut damit fühlte. Wie Sie sehen, ist diese Übung eine spezielle Version des »mentalen Probens« aus Kapitel 3, dessen universelle Anwendbarkeit und Wichtigkeit wir bereits betont haben. Was Adrianne tat, gab ihr ein neues Gefühl der Selbstdisziplin. Ihre neue Art, sich am

Arbeitsplatz zu verhalten, hatte einen angenehmen Nebeneffekt: Es bereitete ihr Freude, nicht mehr länger so vorhersagbar zu sein wie früher. Zuvor hatte jedermann damit gerechnet, daß sie sich sarkastisch, beleidigend oder verletzend verhalten würde. Nun waren viele Personen in ihrem Umkreis sehr überrascht – ein Gefühl, das sie sehr genoß.

Eine andere Frau, Irma, wies niedrige Werte in Kreativität und Autonomie auf. Sie war Verkaufsleiterin eines Papierwarenherstellers, der in der gesamten westlichen Welt anbietet. Sie gab selber zu, eine Sklavin der Konvention zu sein, und traute sich kaum zu, Entscheidungen ohne vorherige Information des Abteilungsleiters zu treffen, dem sie rechenschaftspflichtig war. Sie gebrauchte ihre kreative Imagination und genoß die damit verbundenen Vorstellungen: Sie verhielt sich weitaus autonomer, von Kleidungsfragen bis hin zu verschiedenen Arten von Entscheidungen. In einem Brief, den sie uns einige Monate später schrieb, ist der folgende Abschnitt enthalten:»Ich glaube nicht, daß ich wirklich unsicher war, aber ich war so darauf bedacht, alles richtig zu machen und den Regeln entsprechend vorzugehen, daß ein Automat aus mir geworden war. Als ich mir vorstellte, autonom und kreativ zu sein, fühlte ich mich sehr gut und erkannte, daß ich auch in der Lage sein würde, mich so zu verhalten. Mein Vorgesetzter war überrascht, weil ich ihn nicht mehr so häufig wie früher um Entscheidungshilfe bat, aber er war erfreut über diese Entwicklung.«

Ein letztes illustrierendes Beispiel ist Alex, Finanzchef einer großen Bank, der sich selbst einen niedrigen Wert in bezug auf Zielorientierung zuschrieb. Er gestand sich ein, ein recht egozentrischer, selbstorientierter Mensch zu sein. Er begann, einige Stunden pro Woche in einer Organisation mitzuarbeiten, die sich um Obdachlosenfamilien in New York City kümmerte. Durch seine Kompetenz in Finanzfragen war er dieser Organisation eine große Hilfe, der Gewinn für sein eigenes Leben war jedoch weitaus größer: Er hatte durch diese Obdachlosenhilfe eine neue Erfahrungsdimension kennengelernt. Er fühlte sich glücklicher, und das unangenehme Gefühl, nur auf sich selbst bedacht zu sein, verschwand aus seinem Leben.

Fassen wir die einzelnen Schritte der Übung (4–19) noch einmal zusammen: Mit Hilfe der Liste in Anhang A geben Sie zunächst eine Einschätzung zu den 15 genannten Merkmalen der Selbstaktualisierung ab. Im nächsten Schritt achten Sie insbesondere auf Ihre niedrigen Werte. Und schließlich wenden Sie das mentale Erproben aus Kapitel 3 an, um sich konkrete Situationen und Interaktionen mit Personen aus Ihrem Leben bildhaft vorzustellen und in Ihrer Vorstellung das vorauslaufend defizitär eingestufte Verhalten zu verbessern.

Selbstwachstum ist von besonders großer Bedeutung für Selbstachtung. Das eine impliziert das andere, weil Sie sich selbst respektieren und für eine achtenswerte Person halten müssen, um innerlich zu wachsen und sich weiterzuentwickeln. Indem Sie annehmen, daß Sie weitere Wachstumskapazitäten haben, bestätigen Sie sich auch, daß Sie aus Ihrer Vergangenheit gelernt haben. Und wenn Sie an Selbstwachstum denken, lassen Sie vergangene Fehler hinter sich. Die mangelnde Bereitschaft, als Person zu wachsen, steht im Widerspruch zu einer positiven Selbsteinschätzung und Selbstachtung. Ein solcher Mangel ist tatsächlich eine Form der Selbstverleugnung, weil das eigene Potential zu Wachstum und Weiterentwicklung nicht ausgeschöpft wird. Wenn Sie sich selbst lieben, sind Sie um Ihr persönliches Wohlbefinden bemüht, und dieses Wohlbefinden besteht aus intellektuellen, emotionalen, sozialen und geistigen Aspekten.

Praktische Übung (4–20)
Akzeptieren der eigenen Natur

Wir geben nicht vor, auf die schwierige Frage nach der menschlichen Natur eine Antwort zu wissen. Es geht uns hier lediglich um die praktischen Aspekte des Versuchs, uns selbst als Menschen zu akzeptieren. Wir haben bereits erwähnt, daß unserer Auffassung zufolge drei verschiedene Wesenheiten den Menschen ausmachen: Körper, Denken und Geist. Wenn Sie nicht akzeptieren, was Sie sind, dann können Sie nicht sein. Der Körper stellt an uns ganz genaue

Anforderungen: Sie brauchen Nahrung, Training, eine gute Balance zwischen Anstrengung und Ruhe sowie eine gewisse Sorgfalt, um körperliche Schäden durch die Exzesse des modernen Lebens zu vermeiden. Solche möglichen Exzesse bestehen beispielsweise im übermäßigen Genuß von Alkohol und Zigaretten. Der erste Teil dieser Übung dreht sich deshalb um körperliche Belange.

In einem ruhigen und abgeschlossenen Raum legen Sie sich nackt nieder, um an Ihren Körper zu denken. Beginnen Sie hiermit, indem Sie auf Ihre Atmung achten; tun Sie dies so lange, bis Sie den für sich idealen Atemrhythmus gefunden haben. Denken Sie dann aus autobiographischer oder historischer Perspektive über Ihren Körper nach: Begeben Sie sich im Geiste zu dem Zeitpunkt zurück, als Sie ein Baby waren. Denken Sie an Ihre Füße, Finger und Ihre Nase, wie diese noch sehr klein waren. Sehen Sie sich selber, *als wären Sie ein Baby*. Dies waren Sie einmal, hilflos und verletzlich. Verweilen Sie eine Weile bei diesem mentalen Bild, bevor Sie dazu übergehen, sich selbst als Kleinkind zu imaginieren. Bewegen Sie sich langsam auf der Zeitschiene vorwärts, stellen Sie sich den eigenen Körper zu der Zeit vor, als Sie fünf oder sechs Jahre alt waren. Halten Sie wieder einige Zeit an diesem Bild fest, bis Sie sich als Kleinkind fühlen. Begeben Sie sich dann in die Zeit, als die Pubertät begann. Achten Sie auf die körperlichen Veränderungen: das Wachsen der Schamhaare, die Zunahme sexueller Charakteristika (das Wachsen der Brüste, falls Sie weiblich sind; ein größerer Penis bei den Männern). Fühlen Sie sich gut bei der Vorstellung, ein junger, heranwachsender Mensch zu sein, und verweilen Sie eine Zeitlang bei diesem Gefühl. Notieren Sie im Anschluß an diese Übung in Ihrem Notizbuch all die Gedanken, die Ihnen währenddessen in den Sinn kamen.

Der zweite Teil dieser Übung (4–20) stellt eine Verbindung zu Ihrem Denken her. Finden Sie erneut eine Gelegenheit, allein zu sein an einem Ort, an dem Sie vor Ablenkungen sicher sind. Denken Sie dieses Mal darüber nach, wie Sie die Welt als junges Kind sahen: Was dachten Sie über Ihre Familie, Ihre Eltern; was waren Ihre Anliegen und vielleicht auch schon Ihre Sorgen? Bewegen Sie sich dann wieder in der Zeit vorwärts, und sehen Sie sich selbst, während Sie immer noch daliegen und sich entspannen, als jungen

Erwachsenen. Achten Sie wiederum darauf, was in Ihrem Kopf vorgeht und wieviel Sie in den letzten Jahren über das Leben gelernt haben. Was sind nun Ihre Anliegen, Sorgen und Meinungen? Erinnern Sie sich auch, so lebhaft Sie können, an die Orte, an denen Sie gelebt haben. Versetzen Sie sich kraft Ihrer Imagination an diese Orte zurück. Hören Sie sich zu, wie Sie zu Freunden sprechen und diesen Freunden zuhören: Ihre Ansichten und Meinungen begannen irgendwann, nicht länger nur von der eigenen Familie geprägt zu sein.

Bewegen Sie sich zu guter Letzt in die Gegenwart. Lassen Sie Ihre Gedanken frei um die riesigen Datenmengen und Erfahrungen kreisen, die in Ihnen gespeichert sind. Verbringen Sie einige Minuten damit, über Ihr Denken nachzudenken. Erkennen Sie die große Menge Ihres Wissens, wieviel Sie erlebt haben, welche Bandbreite von Erfahrungen Sie gesammelt haben und wie diese Erfahrungen sich akkumuliert haben zu einer persönlichen Lebensweisheit. (Vermeiden Sie negative Gedanken über all die Dinge, die Sie wissen sollten oder nicht wissen.) Entspannen Sie sich in der Gewißheit, daß Ihr Verstand Ihnen sehr nützlich ist. Notieren Sie – wie bereits im ersten Teil dieser Übung – alle Gedanken und Gefühle, die Ihnen während dieser Übung zu Bewußtsein gekommen sind.

Nehmen Sie sich an einem anderen Tag ein wenig Zeit, um den letzten Teil dieser Übung (4–20) durchzuführen. Doch bevor Sie damit beginnen, sollten Sie genau wissen, was mit »geistiger Natur« gemeint ist. Als Lebewesen teilt der Mensch einen großen Teil seiner physischen Natur mit allen anderen lebenden Wesen, insbesondere den Säugetieren. Auch die »verstandesmäßige Natur« des Menschen ähnelt in mancher Hinsicht der anderer Lebewesen auf dieser Erde. Denken Sie an die vielen klugen Dinge, die wir in neuerer Zeit den Affen, Elefanten, Delphinen und anderen intelligenten Spezies zuschreiben. Die Menschen sind jedoch die einzigen Wesen, die so etwas wie eine originäre und imaginative Kunst produzieren. Die geistigen Möglichkeiten des Menschen manifestieren sich in künstlerischem Schaffen, seien es Malerei, Bildhauerei, Architektur, Musik oder Tanz, Gärtnern oder Kochen oder jeder andere Ausdruck von Individualität. Viele Tiere haben wunderbare und auch kunstvolle Fertigkeiten: Vögel, die singen und Nester bauen; Raubtiere, die erstaunliche Jagdtechniken entwickelt haben; viele Insekten, die architektonische Meisterwerke schaffen; viele Spezies, die wunderschöne Paarungsrituale aufweisen. Diese »Werke« bleiben jedoch durch die Jahrhunderte identisch und werden von den Individuen einer Spezies ohne eigenes kreatives Zutun wiederholt. Menschen sind im Gegensatz dazu ständig dabei, die Natur zu verändern, zu verbessern oder neu zu gestalten, als wolle jedes Individuum seine persönliche Spur hinterlassen. Betrachten wir zum Beispiel das besondere Anliegen der Menschen in Zusammenhang mit der Zeit, das wir in Kapitel 3 erörtert haben. Dieses Bemühen reflektiert nicht lediglich einen intellektuellen Anspruch, sondern auch einen geistigen oder spirituellen: Es ist so, als wüßten wir in unserem tiefsten Inneren, daß unsere Wissenskapazität niemals enden wird und größer als das Universum ist und daß trotz der beeindruckenden Realität des Gegenwärtigen eine andere Dimension vorhanden ist. Viele glauben an eine Art von persönlichem Gott und erfüllen sich so dieses spirituelle Bedürfnis; andere vertrauen darauf, daß es eine Kraft im Leben gibt, die die materiellen, verstandesmäßigen und geistigen Aspekte des menschlichen Wesens umfaßt. Wie auch immer Ihre Haltung in dieser Frage sein mag: Die meisten Menschen spüren das Bedürfnis, zu »transzendieren«, das heißt, das unmittelbar Gegebene zu hinterfragen, um in die unbekannten Bereiche des Seins vorzudringen, die uns mit dem Gefühl einer mysteriösen Vertrautheit locken. Und nun zum letzten Teil der Übung (4–20).

Wie schon in den vorausgegangenen Übungen sollten Sie eine Zeitspanne wählen, während der Sie sich von äußeren Ablenkungen und allem, was Ihre Aufmerksamkeit beanspruchen könnte, abschirmen können. Legen Sie sich hin, und erlauben Sie Ihrer Atmung, langsamer und tiefer zu werden, bis sich ein angenehmes Gefühl der Entspannung und Ruhe einstellt. Begeben Sie sich im Geiste an Ihren speziellen Ort aus Übung (2–6) oder an irgendeinen anderen Platz Ihrer Wahl, solange dieser sicher, schön und erfreulich ist und Ihre Konzentration fördert. Bewundern Sie Ihre Umgebung in diesem geistigen Bild, und entspannen Sie sich weiter und weiter.

Sprechen Sie dann wiederholt die folgenden Worte langsam und leise zu sich selbst: »Ich bin mehr als das, was mir vertraut ist. Ich bin mehr als Körper und Verstand. Ich möchte mein spirituelles Selbst (neu) entdecken. Ich möchte mich mit meinem spirituellen Selbst wohl fühlen.« Analysieren Sie jetzt nicht, und versuchen Sie auch nicht, diese Übung auf einer abstrakten Ebene zu verstehen. Sagen Sie einfach Sätze wie die gerade genannten zu sich selbst, während Sie sich an Ihrem speziellen Ort befinden. Das ist alles, was Sie bewußt tun sollten. Achten Sie aber, während Sie dies tun, auf die Gefühle, die aus Ihrem Unbewußten aufsteigen: Gefühle und Erinnerungen, die viele Jahre zurückliegen; Gefühle und körperliche Empfindungen und das Gewahrwerden Ihres Körpers; Gefühle und mentale Vorstellungen. Selbst wenn dergleichen nicht geschieht, brechen Sie die Übung nicht zu schnell ab. Seien Sie geduldig, und geben Sie dieser Übung eine faire Chance. Wenn nichts passiert, beenden Sie die Übung, und versprechen Sie sich selbst, es in den nächsten Tagen noch einmal zu versuchen. Wenn Sie die Übung erfolgreich abgeschlossen haben, bringen Sie einige der Ideen zu Papier, die mit dieser Erfahrung zu tun haben: Notieren Sie, was Sie gefühlt haben, während Sie die Übung durchführten.

»Akzeptieren der eigenen Natur« ist die längste praktische Übung in diesem Buch. Da sie aus drei verschiedenen Teilen besteht, sehen Sie das Ganze als drei verschiedene Übungen an, und führen Sie jeden Teil unabhängig von den jeweils anderen beiden Teilen durch. Fahren wir jetzt mit der anderen wichtigen Seite des Akzeptierens der menschlichen Natur fort.

Diese andere Seite der Medaille bezieht sich auf das Akzeptieren der Tatsache, daß andere nicht perfekt sind und ihre Grenzen haben. Wenn Sie den falschen Glaubenssatz hegen, daß die Menschen um sie herum vollkommen sein müssen, dann werden Sie niemals imstande sein, eine menschliche Gemeinschaft zu genießen, weder beruflich noch privat, weil dieser falsche Glaubenssatz in Ihnen Mißerfolgsgedanken erzeugt, und zwar in Form einer immerwährenden innerlichen Kritik an Ihren Mitmenschen. Diese Einstellung hat deshalb mit Ihrem Selbstwert zu tun, weil Ihre Erwartungen gegenüber anderen oft auch Ihre eigenen Erwartungen sich selbst gegenüber widerspiegeln: Ich will, daß andere Menschen das tun, was ich mir auch zutraue (ein Irrtum, versteht sich). Indem Sie andere Menschen nicht als unvollkommen und begrenzt akzeptieren, vergeben Sie sich selbst die Chance, sich die eigene Unvollkommenheit zu verzeihen. Um Ihre Erwartungen an andere zu verändern, wie sie aus Ihren falschen Glaubenssätzen resultieren, wiederholen Sie noch einmal Übung (2–6) aus Kapitel 2. Wenden Sie diese Übung auf Ihren falschen Glaubenssatz von der Vollkommenheit Ihrer Mitmenschen an. Ihre normale Erwartung an andere sollte so sein, daß Sie akzeptieren, daß niemand Sie jemals in jeder Beziehung zufriedenstellen wird. Jeder Mensch wird Sie zu einem gewissen Grad auch enttäuschen. So pessimistisch diese Einstellung anmuten mag – sie ist der einzig mögliche Weg, in vernünftiger Weise mit anderen umzugehen. Diese Einstellung wurzelt in der Einsicht, daß niemand vollkommen ist und daß es in der Natur des Menschen liegt, unvollkommen und fehlerhaft zu sein. Wenn wir die eigenen Grenzen ganz friedvoll akzeptieren können, können wir uns vor diesen Grenzen und Unvollkommenheiten schützen. Wir können uns auch mit anderen Menschen konstruktiv auseinandersetzen, das Positive und Gute anerkennen; wir brauchen keine Energie mit ihren Fehlern zu verschwenden, denn daß es Fehler geben wird, setzen wir ja voraus. Natürlich impliziert dies nicht, daß ein Manager über die Fehler seiner Mitarbeiter hinwegsehen und Irrtümer nicht korrigieren sollte. Es geht hier vielmehr um den realistischen und reifen Umgang mit den Unzulänglichkeiten der Mitmenschen und der Unmöglichkeit, zufriedenstellende Beziehungen zu anderen herzustellen, solange wir davon ausgehen, daß diese vollkommen und unfehlbar sein sollen. Wir werden in den Kapiteln 5, 6 und 7 erörtern, daß der einzige Weg, einen glücklichen Umgang mit den Mitmenschen zu finden, darin besteht, einen bestimmten Grad von Enttäuschung einzukalkulieren und aus der Enttäuschung unserer unangemessen hohen Erwartungen zu lernen.

Agnes, die Vorgesetzte einer Rechnungsführungsabteilung mit 43 Mitarbeitern, war normalerweise immer in schlechter Stimmung, weil sie erwartete, daß »ihre« Leute »ihre Arbeit perfekt machen sollten«, wie sie sagte. Nachdem sie eingesehen hatte, daß ihre Erwartungen unrealistisch waren, probierte sie es mit der Übung (2–6), um diesen Glaubenssatz zu ändern. Nach einer Weile hatte sie den Eindruck, sich freier und entspannter zu fühlen. Jetzt erwartete sie, daß ihre Mitarbeiter auch Fehler machen würden. Jedes Mal jedoch, wenn eine Leistung gelang und ihren hohen Ansprüchen genügte, hatte sie guten Grund, sich zu freuen. Die Umstrukturierung ihrer Geisteshaltung gab ihr einen inneren Frieden, der ihr die Arbeit viel angenehmer machte.

Selbstwert impliziert die Billigung Ihres *wirklichen* Selbst, und Sie können Ihr *ideales* Selbst auf diesem aufbauen, indem Sie Ihre tatsächlichen Talente und Ressourcen nutzen und nicht imaginären Fähigkeiten nachhängen, die Sie sich lediglich wünschen. Sie können als Person nur dann wachsen, wenn Sie sich an den tatsächlichen Gegebenheiten orientieren. Beeinflußt von spontanen Eingebungen und den Bildern der Werbung, leben viele Menschen in der westlichen Welt im Zustand einer chronischen Unzufriedenheit mit sich selbst – man will immer das haben, was man gerade nicht hat (ewige Jugend eingeschlossen); man will so sein, wie man auf keinen Fall sein kann (Unsterblichkeit eingeschlossen). Diese negativistische, sich selbst ablehnende Haltung verbraucht jene Energie, die wir eigentlich zum Wachsen brauchen, zur Selbstentwicklung und zum Erweitern der eigenen Persönlichkeit. Denken Sie an sich selbst, und wiederholen Sie die Übungen (4–15) bis (4–19), oder betrachten Sie diese zumindest noch einmal.

In der buddhistischen Tradition, die in der westlichen Kultur so gut wie unbekannt ist, lehrt man die Menschen, in der Gegenwart zu leben und die Realität und das, was mit uns geschieht, vollständig zu akzeptieren. Das Vertrauen in die eigene Lebensenergie und -kraft wird für sehr wichtig gehalten, ebenso das Vertrauen, daß die Ereignisse in einer natürlichen Abfolge stehen und – letztlich und endlich – einander das Gleichgewicht halten. Sie können in Ihrem Umgang mit anderen Menschen von dieser Einstellung profitieren, indem Sie andere Menschen so nehmen, wie sie sind, nämlich als unvollkommene menschliche Wesen. Sie müssen sich sagen, daß eine Person, die Sie heute schwer enttäuscht, Ihnen schon morgen eine große Hilfe sein kann. Diese Haltung des Akzeptierens des Gegebenen ist sehr eng verwandt mit dem Gefühl der Achtung, das wir in Kapitel 2 besprochen haben. Selbstwert resultiert demzufolge aus dem Akzeptieren Ihrer eigenen Natur. Einige Menschen in der Geschäftswelt haben den Anspruch, übermenschlich zu sein, ständig zu arbeiten und alles zu erreichen. Dies ist verbunden mit einem bestimmten Lebensstil: Es bleibt nur wenig Zeit, die der Entspannung oder den kleinen Freuden des Lebens gewidmet werden könnte; die Gedanken kreisen statt dessen ständig um die Arbeit. Nur in der eigenen menschlichen Natur liegt der Schlüssel zu eigenem Glück und Zufriedenheit. Wenn Sie von sich das Unmögliche verlangen – mit anderen Worten: gegen die eigene Natur handeln –, dann handeln Sie selbstzerstörerisch. Wenn Sie zu dem Schluß gelangen sollten, daß Sie Ihre eigene Natur nicht hinreichend respektieren, dann wiederholen Sie die Übungen (1–9) und (2–10), bis Sie mit sich selbst einverstanden sind und das eigene Wesen genießen können. Es ist nicht nur absurd, sich wie die Reinkarnation des Bösen aufführen zu wollen, es ist ebenso absurd, wie ein Engel handeln zu wollen. Es gibt keinen »Supermann« und keine »Superfrau«. So einfach dieser Gedanke scheinen mag, so ist er doch essentiell für das Akzeptieren der eigenen Person und einen glücklichen Umgang mit sich selbst und der Welt.

Kapitel 5
Kommunikation

In der heutigen Zeit wird das Wort Kommunikation häufig gebraucht, um auf eine andere als die zwischenmenschliche, verbale Kommunikation zu verweisen. Der Begriff bezeichnet dann die technologischen Mittel zur Übertragung von Daten, beispielsweise Radio, Telefon, Fernsehen und dergleichen mehr. In unserem Zusammenhang wird der Begriff jedoch in seiner eher altmodischen Bedeutung gebraucht, nämlich in bezug auf Menschen, die miteinander reden und sich aufeinander beziehen, sei es von Mensch zu Mensch oder in Gruppen von Menschen.
Jede verbale Kommunikation hat jedoch auch nichtverbale Elemente. Die Lautstärke und der Ton der Stimme sind selbst am Telefon, wenn der Sprechende nicht persönlich anwesend ist, noch von großer Bedeutung. In der direkten zwischenmenschlichen Kommunikation sind die nichtverbalen Aspekte zumindest genauso wichtig wie die verbalen Inhalte. Der Gesichtsausdruck, Nähe oder Distanz zum Gegenüber, Gesten, Schweigen, die Art der Atmung und – wie schon erwähnt wurde – der Ton und die Lautstärke der Stimme sind Bestandteile des *Prozesses* der interpersonellen Kommunikation und ebenso ein Teil der Kommunikation wie der *Inhalt* der Konversation.
Es ist interessant, sich daran zu erinnern, daß das Wort Kommunikation in einigen europäischen Sprachen wie Englisch, Spanisch und Französisch dieselbe etymologische Wurzel hat wie der Begriff der »communion«, der soviel bedeutet wie »Einswerden« oder »eine Gemeinschaft sein«.
Kommunikation ist demzufolge der Prozeß, mit dem Personen ihre Gedanken ausdrücken, um ein gemeinsames Verständnis herzustellen. Was in ihnen vorgeht, wird an andere weitergegeben, so daß diese ihren Erfahrungshorizont teilen können. Die Idee der

Gemeinsamkeit (»communion«) ist deshalb ganz wesentlich für die Kommunikation. Sie machen eine Erfahrung: Sie machen anderen Personen darüber Mitteilung; der andere macht sich diese Mitteilung – indem er diese versteht – zu eigen. Kommunizieren heißt natürlich nicht, immer einer Meinung mit dem Gesprächspartner zu sein. Eine effektive oder erfolgreiche Kommunikation ermöglicht lediglich ein Verständnis, das zu einer tatsächlichen Übereinstimmung führen kann, aber nicht muß.

In ihrer grundlegenden Form hat Kommunikation drei wesentliche Bestandteile: einen *Sender*, eine *Nachricht* und einen *Empfänger*. Hinsichtlich nichtemotionaler Dinge sind diese Elemente leicht zu erkennen. Ein Tourist fragt in einer fremden Stadt einen Polizisten nach dem Weg. Die Nachricht besteht in diesem Falle in den Hinweisen auf den Weg, während die beiden beteiligten Personen sowohl Sender als auch Empfänger sind. Kommt es zu einer mehr emotionalen Interaktion zwischen zwei Menschen, dann wird die Kommunikation sehr kompliziert, wenngleich die drei genannten grundlegenden Elemente nach wie vor eine Rolle spielen.

Diese Komplikationen werden verständlich, wenn wir einmal kurz in Betracht ziehen, was wir über das menschliche Gehirn und seine beiden Hemisphären wissen. Wenn zwei Menschen kommunizieren, findet in Wahrheit ein Wechselspiel zwischen vier Gehirnen statt: Beteiligt sind die rechte und die linke Hemisphäre eines jeden Gesprächspartners. Wenn auch die wissenschaftliche Analyse der koordinierten Aktivitäten beider Gehirnhälften bei weitem nicht abgeschlossen ist, so trägt das Wenige, das wir wissen, doch zum Verständnis unseres Denkens und unserer Kommunikation bei. Da an der menschlichen Kommunikation mehr als zwei voneinander zu trennende Teile beteiligt sind, wäre es ein Fehler, die offensichtlichen Elemente auf Kosten der verborgeneren Elemente zu betonen.

Aus historischer Sicht beginnt die Entdeckung der Zweiteilung des Gehirns in zwei getrennte zerebrale Hemisphären – mit jeweils spezialisierten Funktionen, die einander ergänzen – mit den Untersuchungen von Jackson und Penfield in den fünfziger Jahren. Diese beiden Forscher demonstrierten erstmals die Existenz spezieller zerebraler Zentren zur Integration von Körperbewegungen und Empfindungen. Auf jeder Seite des Großhirns gibt es zwei solcher Areale, die dicht nebeneinanderliegen. Zwei dieser Areale kontrollieren die Bewegungen und werden daher motorische Zentren genannt, während die anderen beiden für die Wahrnehmung und die Gefühle verantwortlich sind, die sogenannten sensorischen Zentren. Die beiden Zentren der linken Seite steuern die rechte Körperseite und umgekehrt.

In den sechziger Jahren veröffentlichte Sperry seine Arbeiten über Personen, die Verletzungen am Corpus callosum (Balkenkörper) erlitten hatten. Das Corpus callosum ist ein recht dickes Bündel von Nervenleitungen, die entsprechende Areale der beiden Hemisphären des Gehirns miteinander verbinden. Im Falle einer Schädigung dieser Nervenbahnen ist das Gehirn – zumindestens bis zu einem gewissen Grad – in zwei getrennte Hälften geteilt, die unabhängig voneinander die im Gehirn eintreffenden Informationen verarbeiten. Die zwei Großhirnhemisphären eines jeden Gehirns kooperieren gewöhnlich bei der Verarbeitung eingehender Informationen, wenngleich sie die Welt auf zwei verschiedene Weisen wahrnehmen. Diese unterschiedlichen Funktionen wurden vor allem von dem mexikanischen Arzt Jorge Abia herausgearbeitet. Die Tatsache, daß die meisten Menschen Rechtshänder sind, ist ein Hinweis auf eine gewisse Dominanz der linken Hemisphäre im menschlichen Gehirn. Die folgende Auflistung besteht aus Aktivitäten, Funktionen und Fertigkeiten, die ganz überwiegend – wenn auch nicht ausschließlich – jeweils einer der beiden Hemisphären zuzuordnen sind. Die bisherige Forschung hat gezeigt, daß die beiden Hemisphären unter normalen Umständen nicht vollständig unabhängig voneinander sind; jegliches Verhalten basiert auf einer Interaktion beider Großhirnhälften. Doch trotz dieser Koordination beider Hemisphären verfügt der Mensch über »zwei verschiedene Methoden zur Registrierung von Informationen; zwei Arten der Auffassungsgabe; zwei parallele Kanäle für die gleiche Information, vermittels derer verschiedene Aspekte des gleichen Ereignisses verarbeitet werden«, um es mit Abias Worten zu sagen.

Betrachten wir im folgenden, welche Funktionen sich in höherem Maße der einen oder anderen Hemisphäre zuordnen lassen.

Linke Hemisphäre
1. Verbale Information
2. Sprechorgane: Zunge, Lippen, etc.
3. Logische Informationen
4. Propositionales Denken: Vorschlag, Analyse, Handlung
5. Sequentielle Verarbeitung von Informationen: Schritt für Schritt
6. Mathematische Informationen
7. Verbales Gedächtnis
8. Logische und grammatikalische Aspekte der Sprache
9. Organisation der Syntax
10. Phonetisches Unterscheidungsvermögen
11. Prozesse der gerichteten Aufmerksamkeit
12. Zeitliche Kontrolle, Prozesse der Zeitwahrnehmung
13. Planen und Entscheidungen treffen
14. In geringerem Maße als die rechte Hemisphäre geeignet für manipulative, räumliche Aufgaben wie Zeichnen und Entwerfen (es sei denn, verbale Elemente sind im Spiel)
15. In geringerem Maße als die rechte Hemisphäre geeignet, hohe Klangfrequenzen und Texturen zu unterscheiden

Rechte Hemisphäre
1. Räumliche Information
2. Räumliche Orientierung und Bewegung
3. Wahrnehmung der eigenen Person
4. Klänge
5. Sprachakustik
6. Verbale Automatismen: Zählen, Aufsagen von Wochentagen etc.
7. Emotionale Aspekte
8. Erkennen einfacher und vertrauter Wörter: Substantive, in geringerem Maße Adjektive, Pronomen und Adverbien; keine Fähigkeit zum Erkennen von Verben
9. Buchstabieren

10. Bewertung kognitiver Eigenschaften von Wörtern: Liegt ein bekanntes Wort vor oder nicht?
11. Bewertung emotionaler Eigenschaften von Wörtern
12. Mehr als die linke Hemisphäre geeignet zur Durchführung von manipulativen und räumlichen Aufgaben wie Zeichnen oder entwerfen (solange keine Sprache im Spiel ist)
13. Besser geeignet zur Unterscheidung hoher Klangfrequenzen und Texturen
14. Aufgaben, die keine sequentielle und räumliche Informationsverarbeitung erfordern
15. Allgemeine (nichtgerichtete) Aufmerksamkeit
16. Globales Denken
17. Musikalisches Erkennen und Produzieren
18. Simultane Verarbeitung von Informationen
19. Mangel an zeitlicher Kontrolle

Diese Liste, basierend auf den Arbeiten von Dr. Abia, ist weit davon entfernt, vollständig zu sein. Doch selbst in dieser Form illustriert sie die Komplexität der menschlichen Kommunikation. Ein einzelnes Wort oder ein Satz wird nur selten auf einer Bedeutungsebene allein wahrgenommen. Neben der offensichtlichen Bedeutung eines Wortes existiert eine weitere, emotionale Komponente. Letztere kann – und dies ist oft der Fall – die »objektive«, logische Bedeutung verzerren. Wie können Menschen dann überhaupt miteinander kommunizieren? Wir brauchen uns nur umzusehen, um uns klarzumachen, daß Kommunikation offensichtlich stattfindet. Wir werden die Elemente einer effektiven Kommunikation analysieren, damit Sie dieses im Management so wichtige Werkzeug möglichst effektiv und produktiv anwenden können.

Der erste Schritt in der Verfeinerung der Kommunikation besteht darin, sich ihrer emotionalen Komponente bewußt zu werden. Der Begriff Kommunikation bezieht sich überwiegend auf die Aktivität der linken – dominanteren – Hemisphäre. Die rechte Hemisphäre ist hieran jedoch auch beteiligt und kann, falls sie ignoriert wird, die Bedeutung verzerren, die sie einer Nachricht zuweist. Die nun folgende Übung soll Ihnen bei diesem ersten Schritt – der Erkenntnis, daß zwei Kanäle simultan an der Informationsverarbeitung beteiligt sind – behilflich sein.

Praktische Übung (5–21)
Zwei Hemisphären

Bei dieser Übung sollen Sie das folgende Problem lösen. Ein Multimillionär aus Texas besaß 17 gleichartige Luxuskarossen. Jede hatte mindestens 100 000 $ gekostet; sie alle lösten bei jedem Autoliebhaber Bewunderung und Neid aus. In seinem Testament vermachte dieser wohlhabende Texaner die Autos seinen drei Söhnen. Er legte jedoch fest, daß der Älteste genau die Hälfte der Autos, der zweite Sohn ein Drittel und der dritte Sohn lediglich ein Neuntel der Autos bekommen sollte.

Als er schließlich im stolzen Alter von 83 Jahren starb, entdeckten seine Söhne die genauen Anweisungen des Vaters. Die Autos waren inzwischen viel wertvoller geworden; auch das billigste war nun über 250 000 $ wert. Die Söhne sahen sich jedoch nicht in der Lage, das Erbe gemäß den Wünschen des Vaters aufzuteilen. Lange stritten sich die Söhne um das Erbe und konnten sich nicht einigen, bis eines Tages ein alter Freund der Familie auftauchte, der einen einzigartigen, speziell angefertigten Maserati fuhr. Da er die drei Brüder seit ihrer Kindheit kannte, vertrauten sie ihm ihr Problem an und baten ihn, ihnen bei der Umsetzung des väterlichen Testaments zu helfen. Der Freund des Vaters lächelte und sagte: »Kein Problem, Kinder. Nehmt meinen Wagen, und befolgt den letzten Willen eures Vaters.« Sie hatten jetzt 18 Autos, und tatsächlich, der erste Sohn bekam seine Hälfte, nämlich neun Autos. Ein Drittel von 18 sind sechs, und so bekam der zweite Sohn seine sechs Wagen. Der dritte Sohn schließlich bekam den neunten Teil von 18 – zwei Wagen. Der Freund der Familie sah sich das augenzwinkernd an, stieg in seinen Wagen und fuhr nach Hause, fröhlich eine alte Melodie summend, die die drei Söhne offensichtlich nicht kannten.

Was ging während der Lektüre dieses Rätsels in Ihnen vor? Wie reagierte Ihr Denken auf diesen scheinbaren Widerspruch? Etwas, das auf der Basis der Zahl 17 unlösbar ist, wird auf der Basis von 18 lösbar, obwohl man letztendlich doch mit 17 auskommt. Die Erklärung hierfür ist für uns an dieser Stelle nicht wichtig. Für uns ist die »gemischte Reaktion« von Interesse, die Sie vermutlich beim Lesen empfanden. Die linke Hemisphäre ist angesichts der Abwesenheit von Logik frustriert, während die rechte Hemisphäre an der Geschichte Vergnügen hat.

Diese Erkenntnis, daß zwei mentale Kanäle existieren, die die gleiche Information in verschiedener Weise verarbeiten, dient der Verbesserung Ihrer Kommunikation sowohl als Sender als auch als Empfänger von Botschaften. Die emotionale Komponente einer Nachricht mag ihren Inhalt verzerren, und ebenso mag die rein rationale Komponente die Gesamtwirkung der Nachricht verzerren, die ja ebenso aus den sogenannten emotionalen Elementen besteht. In der vorausgegangenen Übung kann die mathematische Komponente oder der Inhalt Sie von der eigentlichen Geschichte ablenken, andererseits mag die Geschichte Sie so fesseln, daß dieser mathematische Inhalt minimiert wird. In der geschilderten Geschichte ist der Inhalt in einer Weise mit dem Gang der Dinge verwoben, daß für viele Leute die gesamte Geschichte keinen Sinn ergibt. In gewöhnlichen Unterhaltungen finden wir stets eine Mischung beider Elemente: einerseits das Gesagte (der Inhalt), andererseits die Art, wie oder von wem es gesagt wird (der Prozeß). Wenn Sie sich dieser beiden Elemente nicht bewußt sind und auch der möglichen Interferenzen zwischen beiden Elementen, dann kann dies Ihre Kommunikation beeinträchtigen. Lassen Sie uns dies an einem Beispiel verdeutlichen.

Malcolm war ein sehr erfolgreicher Verkaufsmanager eines Herstellers von landwirtschaftlichen Maschinen; er war für einen großen Teil der finanziellen Aufwendungen des Betriebs verantwortlich. Malcolm war ein großspuriger, lauter, überschwenglicher und sehr humorvoller Mensch. Sein unmittelbarer Vorgesetzter hingegen war ernsthaft, säuerlich und humorlos. Ihre Persönlichkeiten rieben sich vom ersten Moment ihres Kontaktes aneinander. Malcolm bemühte sich darum, die Einstellung seines Vorgesetzten zu ändern; und je mehr er dies tat, desto trockener, unfreundlicher und defensiver reagierte dieser. Obwohl Malcolm exzellente Arbeit leistete, fand sein Vorgesetzter an seinen Berichten ständig etwas auszusetzen. Ohne sich dessen bewußt zu werden, wurde der Vorgesetzte von dem »Prozeß« der Kommunikation (Malcolms Auftreten und sein allgemeiner Habitus) und weniger durch dessen Inhalt beeinflußt: Statt die Verdienste Malcolms zu würdigen, verschwendete er viel Zeit auf die Kritik an seinen Berichten. Indem er Malcolm zur Korrektur dieser Berichte aufforderte, seine Motivation und Arbeitsweise in Frage stellte, veranlaßte dieser Vorgesetzte seinen Mitarbeiter, das Unternehmen zu wechseln. Im Endeffekt hatte das Unternehmen einen wertvollen Mitarbeiter und sehr viele Einkünfte verloren. Der geschilderte Vorgesetzte sollte sich zum einen den Unterschied zwischen Kommunikationsinhalt und Kommunikationsprozeß klarmachen und zum anderen lernen, den Prozeß der Kommunikation zugunsten des objektiven Inhalts zu ignorieren.

In der Sprache des neurolinguistischen Programmierens wird festgestellt, daß wir nicht direkt auf die uns zur Verfügung stehenden Daten (die aus »der Welt« stammen) reagieren, sondern auf die *Repräsentationen*, die wir uns innerlich schaffen, um diese Daten abzubilden. Externale Ereignisse werden durch unsere inneren Repräsentationen *gefiltert und transformiert*. Unsere Gefühle, Urteile und auch unser Verhalten sind von unseren internalen Repräsentationen der Welt und nicht von den Daten aus der Welt selbst abhängig. Dies ist nur eine andere Formulierung für die Tatsache, daß unsere Glaubenssätze unser Verhalten determinieren. In der neurolinguistischen Programmierung lernen wir etwas über die verschiedenen »Filter«, die unsere Wahrnehmung der Realität transformieren. Diese sind in neuerer Zeit auch allgemein bekannt geworden; begnügen wir uns deshalb mit der kurzen Darstellung von drei sehr wichtigen »Filtern«.

Selektion ist ein Prozeß, der unsere Wahrnehmung der äußeren Realität und auch der inneren Reize begrenzt. Dieser Prozeß vollzieht sich – wie auch alle anderen »Filter« – ohne bewußte Anstrengung und ist sehr oft durch kulturelle Faktoren bestimmt, die früh im Leben wirksam werden. Im Fall von Malcolm und seinem Vorgesetzten wurde Malcolms Abbild durch den Selektionsfilter des Vorgesetzten geschickt, dessen Wahrnehmung bestimmte Merkmale einseitig betonte (die Persönlichkeit des Mitarbeiters) und zugunsten anderer Merkmale vernachlässigte (die Effektivität des Mitarbeiters als Verkäufer), und dies zum Nachteil des eigenen Unternehmens.

Generalisierung ist der geistige Prozeß, der uns die Etablierung von Klassen und Kategorien auf der Grundlage einiger weniger Beispiele ermöglicht. Es mag zwei oder drei Manager in Ihrem Leben gegeben haben, die Sie als unsensibel und habgierig bezeichnen würden. Dies mag dazu führen, daß Sie dieses Bild auf alle Manager generalisieren, so daß Sie überaus vorsichtig, mißtrauisch und reserviert gegenüber den Managern sein werden, mit denen Sie arbeiten. Auch dieser Prozeß, vergessen Sie das nicht, ist uns nicht bewußt. Es kann durchaus vorkommen, daß ein Kind in einer Familie schon sehr früh mit einem sehr unangenehmen Verwandten identifiziert wird. Eine Generalisierung findet statt, und das Kind wird behandelt, als wäre es dem ungeliebten Verwandten tatsächlich ähnlich. Die Interpretation der Persönlichkeit und des Verhaltens dieses Kindes erfolgen dann tatsächlich in Übereinstimmung mit der ungerechtfertigten Identifikation mit der anderen Person.

Verzerrung bezeichnet den Kommunikationsfilter, der die Repräsentation der externen Welt modifiziert. Dies ist ein Prozeß, der häufig stattfindet, wenn Menschen auf der Grundlage von Vorurteilen handeln: Der falsche Glaubenssatz, daß ein Individuum einer bestimmten Gruppe alle schlechten Eigenschaften aufweist, die dieser Gruppe zugeschrieben werden, stellt seine Handlungen negativ dar. Der Vorgesetzte aus dem eben geschilderten Fall nahm Malcolm als Mitglied einer Gruppe wahr, die er verabscheute und fürchtete. Hätte er seine Wahrnehmung in Worte gefaßt, so hätte er diese Gruppe von Leuten als kraß, rüde, gewöhnlich, unzivilisiert und unstandesgemäß bezeichnet. Dies verzerrte seine Wahrnehmung dieses Mitarbeiters so weit, daß er andere Aspekte seiner Person nicht sehen konnte.

Wir befassen uns deshalb mit diesen »Filtern« der interpersonellen Kommunikation, weil wir Sie auf die Faktoren aufmerksam machen wollen, die diese Kommunikation beeinflussen und die eine »Objektivität« so schwierig machen. Viele Menschen des westlichen Kulturkreises glauben, Objektivität sei möglich. Dieser Aberglaube ist verwandt mit dem Glauben an absolute Wahrheiten, wie er in der Politik, der Wissenschaft, der Kindererziehung und am Arbeitsplatz vorherrschend ist. In den orientalischen Kulturen ist dagegen eine demütigere Einstellung gegenüber der äußeren Welt vorherrschend, was zu einer respektvollen Offenheit und Lernbereitschaft führt. Es gilt die Überzeugung, daß niemand jemals die volle »Wahrheit« kennen kann, daß die Realität sich laufend ändert und weiterentwickelt und die Menschen sich damit begnügen müssen, niemals die Stabilität und Sicherheit einer Wahrheit zu haben. Dies erklärt den moralischen Anspruch des Buddhismus, wachsam zu sein, sich der eigenen Sache niemals zu sicher zu sein und aus den Überraschungen des Lebens und dem Wechsel der Natur zu lernen.

Das Bemühen der westlichen Welt um Objektivität und absolute Wahrheit korrespondiert mit der Bevorzugung der linken Hemisphäre und einem gewissen Unbehagen bei den Aktivitäten der rechten Hemisphäre. In den USA wird viel Ehrgeiz auf etwas verwandt, das mit den »drei R« bezeichnet wird. Diese bezeichnen das Schreiben (w*r*iting), Lesen (*r*eading) und die Arithmetik (a*r*ithmetic), drei Funktionen der linken Hemisphäre. Wenn es um Musik, Tanz oder andere künstlerische Disziplinen geht, so sehen viele Schulen diese als einen Luxus an, der im Falle eines knapp bemessenen Budgets getrost gestrichen werden kann.

Wenn sogenannte »Filter« die externe Realität transformieren und wenn diese Filter unvermeidbar und stets präsent sind, dann stellt sich die Frage, wie eine *effektive* interpersonelle Kommunikation erreicht werden kann. Betrachtet man diese Fragestellung anhand der drei eingangs erwähnten grundlegenden Elemente, so braucht es hierzu eines guten Zuhörers auf der Seite des *Empfängers*, einer eindeutigen, klaren *Nachricht* und eines kongruenten *Senders*. Beginnen wir mit dieser Eigenschaft des Senders.

Gemeint ist mit dem Begriff der Kongruenz eine Übereinstimmung zwischen der eigenen inneren Erfahrung, die auf der richtigen Wahrnehmung äußerer Ereignisse beruhen sollte, und den Mitteln, die wir gebrauchen, um diese innere Erfahrung mitzuteilen. Die Mittel zur Mitteilung dieser inneren Erfahrung sind sowohl die Sprache als auch alle nichtverbalen Elemente der Kommunikation wie Gestik, Mimik, Körpersprache, Intonation und dergleichen mehr. Der Begriff der »Logosomatik« wird häufig gebraucht, wenn diese Art der Kongruenz zwischen den somatischen (körperlichen) Elementen und den zu übermittelnden Inhalten bezeichnet werden soll. Um es anders zu formulieren: Die Worte bestätigen und bekräftigen die äußerlich sichtbare Haltung der Person; es entsteht ein Gesamtgefühl von Balance, Harmonie und Koordination.

Aufgrund des Vorhandenseins von unvermeidlichen Filterprozessen sollte sich jeder über die Möglichkeit der Verzerrung der Realität durch die eigene Wahrnehmung bewußt werden. Die wahre oder richtige Wahrnehmung der uns umgebenden Welt, die wir eben angesprochen haben, macht es erforderlich, daß Sie die Tücken dieser Filter sorgfältig vermeiden. Die folgende Übung ist ein möglicher Weg, auf ein größeres Maß an Kongruenz hinzuarbeiten.

Praktische Übung (5–22)
Logosomatik

An einem ruhigen Ort, an dem Sie für ungefähr eine halbe Stunde vor Störungen sicher sind, suchen Sie noch einmal im Geiste Ihren besonderen Ort aus Übung (2–6) und (3–14) auf. Sobald Sie dort sind, genießen Sie jedes Detail dieses Ortes: Ihre Gefühle, alles, was Sie sehen, hören und schmecken; nehmen Sie die Schönheit und Ruhe dieses Ortes in sich auf. Sprechen Sie dann laut zu sich selbst über diese Erfahrungen. Fassen Sie die Anwesenheit an diesem Ort und die damit verbundenen Gefühle in Worte. Beispielsweise könnten Sie sagen »Ich genieße die Aussicht« oder »Ich mag die sanfte Brise, die ich auf meiner Haut spüre« oder »Ich mag den Duft und die Farben all der Blumen um mich herum«. Formulieren Sie ganz detailliert, welche Erfahrungen Sie machen, und hören Sie sich selbst sprechen, während Sie sich Ihre innere Erfahrung schildern. Tun Sie dies eine Zeitlang, bis Ihre Stimme ganz natürlich klingt und Sie sich nicht länger selbstaufmerksam fühlen (bis Sie merken, daß das eigene Tun im Vordergrund des Interesses steht und nicht die Beobachtung dieses Tuns). Entspannen Sie sich dann wiederum für eine Weile.

Der nächste Schritt besteht darin, Ihre eigene Aktivität zu analysieren und zu prüfen, ob Ihnen eine Kongruenz zwischen innerer Erfahrung und dem Schildern dieser Erfahrung gelungen ist oder nicht. Konnten Sie durch Ihre Worte wirklich genau das formulieren, was Sie auch innerlich empfanden? Haben Sie einfache und direkte Formulierungen gebraucht? Haben Sie sich auf konkrete Details Ihrer Erfahrung bezogen? Vielleicht haben Sie gesagt: »Ich fühle mich glücklich.« Das ist sicherlich zu generell. Wenn Sie hingegen sagen: »Der sanfte Klang der Brandung macht mich glücklich«, dann haben Sie ein höheres Maß an Kongruenz erreicht. Falls Sie eine Formulierung gebraucht haben wie »Der sanfte Klang der Brandung vermittelt mir am ganzen Körper ein Gefühl von innerem Frieden, das ich vor allem in der Brust spüren kann; es dehnt sich mit jedem Atemzug aus wie ein sich erweiternder Kreis; es erfüllt mich mit einem Gefühl des Glücks und der Gelassenheit«, dann sind Sie einer perfekten Kongruenz sehr nahe.

Versuchen Sie diese Übung noch einmal, und wiederholen Sie diese gegebenenfalls mehrere Male, bis Sie ganz sicher sind, daß Ihre Worte ganz detailliert und präzise die eigene geistige und körperliche Erfahrung wiedergeben. Wenn Sie dieses Ziel einer hohen Kongruenz zwischen innerlicher Erfahrung und der Mitteilung dieser Erfahrung erreicht haben, wenden Sie diese Fähigkeit im Rahmen der nächsten Übung auf andere Menschen an.

Praktische Übung (5–23)
Die Menschen und Sie

Nehmen Sie sich wiederum ungefähr eine halbe Stunde Zeit. Begeben Sie sich zunächst an Ihren besonderen Ort, und erleben Sie diesen so lebendig und real wie möglich. Denken Sie dann an drei Menschen, die zu diesem Zeitpunkt sehr wichtig in Ihrem Leben sind. Diese drei Personen sollten nicht alle aus einem Lebensbereich – wie zum Beispiel Arbeitsplatz oder Familie – kommen. Mindestens eine dieser Personen sollte einem anderen Bereich als die anderen beiden Personen zuzurechnen sein. Diese Menschen sollten für Sie sehr wichtig sein, entweder weil Sie diesen Menschen vertrauen oder sie sehr schätzen oder weil Sie diese Menschen äußerst unsympathisch finden, vielleicht so sehr, daß Sie dadurch von subjektiv wichtigeren Dingen abgehalten werden. Betrachten Sie nun jede dieser Personen für sich: Stellen Sie sich die erste dieser Personen vor, und sehen Sie diese Person so detailliert wie möglich vor sich. Diese Person ist nun anwesend, mit Ihnen an Ihrem besonderen Ort. Lassen Sie es zu, daß Ihre Gefühle dieser Person gegenüber so lebendig und real wie möglich werden. Sprechen Sie dann, wie in der vorigen Übung, laut aus, was Sie über diese Person denken und welche Gefühle Sie hegen. Sie wissen aus der vorangegangenen Übung, daß Sie sich um ein möglichst hohes Maß an Kongruenz bemühen sollten. Wiederholen Sie auch diese Übung, und zwar mit jeder der drei Personen, bis Sie restlos zufrieden sind mit der Übereinstimmung zwischen Ihren inneren Gefühlen und der Art und Weise, wie Sie diesen Gefühlen Ausdruck verleihen.

Diese beiden Übungen in punkto Kongruenz sollen es Ihnen ermöglichen, sich Ihre wahren Gefühle zu vergegenwärtigen und dadurch als Person zu wachsen. Diese Form des Wachsens betrifft sowohl physisches Wachstum als auch inneres Wachstum, welches wiederum aus intellektuellen, emotionalen und seelischen Komponenten besteht. Mit den eigenen Gefühlen in Einklang zu sein ist Teil eines inneren Wachstums. Indem Sie sich Ihre Gefühle bewußtmachen, sind Sie in der Lage, diese in kongruenter Weise zu vermitteln. Natürlich plädieren wir nicht für eine ständige Kongruenz.

Eine gute Kommunikation enthält auch das Bewußtsein der spezifischen Umstände, denen sie unterliegt. Es ist keineswegs das Zeichen einer guten Kommunikation, immer und überall zu sagen, was man denkt und fühlt – dies wäre sicherlich ein sehr infantiles Verhalten. Tatsächlich ist es ein Zeichen emotionaler Unreife, kongruent zu sein, wenn der Zeitpunkt für eine solche Selbstoffenbarung nicht gut gewählt ist oder wenn der jeweilige Kommunikationspartner nicht auf einer persönlichen Ebene mit Ihnen steht. Es deutet auf einen Mangel an Einfühlungsvermögen, wenn eine sogenannte »Ehrlichkeit« die Gefühle anderer Personen verletzt, Beziehungen gefährdet oder überflüssige Probleme schafft, die einer Sache oder einem Arbeitsteam nicht nutzen.

Die Absicht dieser beiden Übungen liegt darin, Ihnen zu verdeutlichen, wie schwierig es ist, die eigenen Gefühle in angemessener Weise in Worte zu fassen und ein hohes Maß an Kongruenz zu finden, um diese zur rechten Zeit am rechten Ort und bei Menschen, die sich für Ihre Belange wirklich interessieren, zu gebrauchen. Dies führt zu dem sehr komplizierten Thema der Ehrlichkeit und Aufrichtigkeit – Dinge, die häufig mißverstanden werden und in Grausamkeit oder Herzlosigkeit umschlagen und so unnötige Probleme zwischen den Menschen schaffen. Aus unserer Sicht bedeuten Ehrlichkeit und Aufrichtigkeit, daß Ihre Worte genau die Nachricht übermitteln, die Sie – als Sender – dem Empfänger übermitteln wollen. Eine Wahrheit zu verschweigen, die eine Person erfahren will, aber aus irgendeinem Grund nicht wissen darf, ist auch eine Form der Aufrichtigkeit. Eine Person mag der anderen mitteilen, sie sei nicht befugt, diese Information weiterzugeben. Diese Äußerungen geben die Wahrheit wieder, obwohl eine Information zurückgehalten wird, die der Gesprächspartner verlangt.

Wir wollen hier nicht Dinge diskutieren, die von Philosophen und Fachleuten in Fragen der Ethik bereits hinlänglich diskutiert wurden. Es sollte jedoch deutlich werden, daß wir Kommunikation für eine ungemein komplizierte Angelegenheit mit einer Vielzahl von möglicherweise unbekannten Variablen halten. Eine dieser Variablen sind die Umstände, unter denen die Kommunikation stattfindet. Wenn eine Person eine Information nicht bekommen darf, dann dürfen Sie diese Information zurückhalten. Andererseits unterliegen Sie in aller Regel der Verpflichtung, aufrichtig zu sein in bezug auf Ihre Motive, Gefühle und andere innere Zustände, die mit einer Gesprächssituation zu tun haben. Aufrichtig zu sein heißt, kongruent zu sein. Der erste Schritt aber in Richtung Aufrichtigkeit besteht in der Ehrlichkeit sich selbst gegenüber, und um ehrlich zu sich selbst sein zu können, müssen Sie die eigenen inneren Zustände und Gefühle kennen.

Im Bereich des Managements ist Aufrichtigkeit ebenso wichtig wie bei allen anderen zwischenmenschlichen Beziehungen. Wir haben in unseren Studien festgestellt, daß viele Manager ihre Mitarbeiter wie kleine Kinder behandeln, sich unfreundlich verhalten, Versprechen abgeben, die sie niemals einzulösen gedenken, und sich selbst aufgrund ihrer Machtposition eine intellektuelle und moralische Überlegenheit zuschreiben. Eine solche Einstellung führt zu einer schlechten Kommunikation und letztendlich eben auch zu einer geringen Produktivität.

In unseren Studien mit Managern hat sich gezeigt, daß eine schlechte Kommunikation einer der häufigsten Gründe für eine geringe Arbeitsmoral, Unzufriedenheit und Beschwerden, Unehrlichkeit, Interesselosigkeit und für den Mißbrauch von Privilegien ist. Es können *vier Typen von ineffektiven Managern* unterschieden werden: der Feigling, der Super-Kontrolleur, der Intrigant und der Sklaventreiber. Interessanterweise weisen diese vier Typen große Parallelen zu den von Satir postulierten mängelbelasteten Kommunikationsstilen auf. Satir war ein weltweit angesehener Familientherapeut, der die Kommunikation als wichtiges Mittel ansah, um die Beziehungen innerhalb der Familie und in familienähnlichen Gruppen zu verbessern.

Der *Feigling*. Das ist ein Manager, der jedem gefallen möchte und sehr moderat erscheint. Seine Schwäche triumphiert jedoch immer: Er kann keine Entscheidungen treffen, er wird niemandem den Rücken stärken, sondern Sie eher hinter Ihrem Rücken kritisieren, und zwar sogar wegen solcher Dinge, um die er Sie selbst gebeten hat. Zögerlichkeit ist für ihn der Normalzustand, »nur nicht auffallen« könnte sein Wahlspruch sein.

Der Feigling ist in der Lage, Sie zu verärgern: Seine chronische Zögerlichkeit, das Vertagen von Entscheidungen, seine häufigen Sinneswandel, mit denen er Pläne über den Haufen wirft, lassen Sie ungeduldig werden und fordern dazu heraus, ihn zu stellen und zu einer endgültigen Entscheidung zu zwingen. Begegnen Sie dem Feigling jedoch niemals mit Bestimmtheit. Sie müssen lernen, ein guter Taktiker zu werden, und erkennen, daß seine Unentschlossenheit auf Unsicherheit basiert und auf dem Bedürfnis, sich sicher fühlen zu können. Wenn Sie ihm Forderungen stellen, tun Sie gut daran, die Vorteile herauszustellen, die er von einer Entscheidung in Ihrem Sinne haben wird: wie diese sein öffentliches Ansehen heben wird, wie seine Vorgesetzten sich freuen werden, wenn er genehmigt, was Sie genehmigt haben wollen. Geben Sie ihm Gründe, die die gewünschte Entscheidung rechtfertigen, so daß er mit dieser Entscheidung herausrücken kann, als wäre es seine eigene Idee. Wenn Sie Ihre Ziele verwirklichen wollen, so müssen Sie Ihr Bedürfnis nach Anerkennung und Lob für Ihre Initiative in der Regel zurückstellen. Sie laufen bei dem Feigling als Vorgesetzten nur dann Gefahr, wahrgenommen zu werden, wenn etwas schiefläuft. Läuft alles gut, so wird er die Lorbeeren ernten, selbst wenn Sie der Initiator der Idee oder des Projekts waren.

Ein Beispiel hierfür ist Rupert, der Leiter einer Verlagsgesellschaft. Rupert hatte den Verlag von seinem Vater übernommen, der wiederum in die Fußstapfen von Ruperts Großvater getreten war. Der Verlag publizierte insbesondere medizinische Fachliteratur und Unterrichtsmaterialien, die von praktizierenden Ärzten an deren Patienten weitergegeben wurden; der Profit pro Jahr lag ungefähr bei 13 Millionen $. Doch Rupert war ein Intellektueller, der geschäftliche und finanzielle Interessen längst hinter sich gelassen hatte. Er verschob wichtige Entscheidungen so lange, bis entscheidende Termine überschritten und Aufträge unwiderruflich verloren waren. Obwohl er schon frühmorgens sein Büro betrat und es erst spätabends wieder verließ, verbrachte er den größten Teil des Arbeitstages mit der Lektüre philosophischer und theoretischer Bücher. Seit er den Verlag übernommen hatte – also seit nunmehr 15 Jahren –, bestand sein Traum darin, »das Buch« über die Bedeutung der menschlichen Existenz zu schreiben. Als Leiter einer großen Verlagsgruppe sah er sich selbst als einen außerordentlich gelehrten Mann, den größten Denkern der westlichen Welt gleichrangig. Und die Tatsache, daß er einen Doktortitel in Philosophie an der Harvard University erhalten hatte, bestärkte ihn in seinem Glauben an die eigene Überlegenheit. Die vier ihm direkt unterstellten Vize-Präsidenten waren durch seinen Führungsstil sehr frustriert. Vor allem eine dieser Personen, Mary, wählte eine komplett unangemessene Strategie im Umgang mit ihm. Sie hatte bereits unter seinem Vater als Trainee angefangen und sich bis in ihre jetzige Position hochgearbeitet. Während der Lektüre seiner philosophischen Bücher pflegte sie in sein Büro zu platzen, um ihm mitzuteilen, er solle sich ein Beispiel an seinem Vater nehmen und sich wichtigeren Dingen zuwenden, um Entscheidungen treffen zu können. Rupert zeigte niemals Verärgerung oder Unwillen. Er versprach ganz einfach, dies oder jenes zu tun, doch Wochen konnten ins Land gehen, ohne daß etwas geschah. Gewöhnlich wiederholte Mary ihren üblichen Auftritt, natürlich mit dem gleichen Resultat.

Dies wiederholte sich viele Male, während Marys Frustration wuchs. Schließlich mochte Rupert erzwungenermaßen eine Entscheidung treffen. Doch Mary, eine der besten Mitarbeiter des Verlags, zog sich so früh wie möglich – im Alter von 51 Jahren – aus dem Arbeitsleben zurück. Das Unternehmen verlor eine überaus wertvolle Arbeitskraft, ohne daß ihr Vorgesetzter sich geändert hätte. Trotz vieler gemeinsamer Arbeitsjahre hatte Mary nicht gelernt, in effektiver Weise mit ihm umzugehen. Ihre Kommunikation war unproduktiv und brachte sie in eine Situation, bei der sowohl sie als auch der Verlag einen Verlust erlitten.

Der *Super-Kontrolleur* ist ebenfalls ein sehr unsicherer Manager, der seine Unsicherheit jedoch durch eine zwanghafte Einmischung in jedes Detail eines Arbeitsvorgangs verdeckt. Er versteht es nicht, Arbeiten zu delegieren. Er ist intolerant gegenüber jeder Arbeitsweise, die von der seinen abweicht. Im Gegensatz zum Feigling möchte der Super-Kontrolleur über jedes Detail eines jeden Arbeitsvorgangs informiert sein. Sein mangelndes Vertrauen in andere und deren Fähigkeiten entspringt seinem Kontrollbedürfnis und läßt ihn an seinem falschen Glaubenssatz festhalten, der lautet:»Ich bin der einzige, der weiß, wie es gemacht werden muß.« Das folgende Diktum ist an dieser Stelle besonders passend. Er, der alles kontrollieren muß, gerät außer Kontrolle, wenn es nichts zu kontrollieren gibt. Demzufolge schafft er Situationen, in denen er seine Kontrolle ausüben kann: Er mischt sich in jedermanns Sachen ein, stiftet Verwirrung, übergeht das mittlere Management und mißachtet die Kompetenzen anderer. Er ist davon besessen, über alles, was geschieht, informiert zu sein, und indem er danach strebt, schafft er Chaos und Konfusion – die ihm wiederum einen willkommenen Vorwand liefern, noch mehr Kontrolle auszuüben, sei es über ein Projekt, die gesamte Organisation oder eine Abteilung.

Wenn Sie sich in dieser Situation zunehmend paranoid fühlen, dann ist dies eine nur zu verständliche Reaktion. Da Sie es mit einem Vorgesetzten und somit Mächtigeren zu tun haben, können Sie ihn nicht zur Rede stellen oder ändern. Versuchen Sie es statt dessen mit einer Art psychologischer Selbstverteidigung: Kommen Sie seinem Kontrollbedürfnis entgegen, und arbeiten Sie nicht dagegen an. Lassen Sie ihn ganz genau wissen, was Sie wann auf welche Weise tun werden.

Geben Sie ihm täglich schriftliche Berichte, wenn es sein muß. Sprechen Sie ihn im Flur an, eigens um ihm mitzuteilen, daß Sie sich in der und der Sache an seine Anweisungen halten. Wenn Sie eine Idee haben, die mit seinen Anweisungen nicht vereinbar ist oder die Ihrer Meinung nach sein Kontrollbedürfnis verletzen könnte, dann präsentieren Sie ihm diese Idee so, als würden Sie ihn um seinen Rat bitten. Seien Sie nicht überrascht, wenn er sein Veto gegen Ihre Vorschläge einlegt, und diskutieren Sie nicht mit ihm, um ihn von Ihren eigenen Ansichten zu überzeugen. Lassen Sie sich aber auch nicht davon überraschen, wenn er Ihre Idee zu einem späteren Zeitpunkt wieder aufgreift, natürlich ohne nochmals auf Ihren Vorschlag Bezug zu nehmen. Lassen Sie sich niemals anmerken, daß Sie dieses Spiel durchschauen. Wenn der Super-Kontrolleur überall seine Nase hineinsteckt, dann nicht nur, um alles und jeden zu kontrollieren, sondern auch, um gesehen zu werden und für jeden kleinen Erfolg Anerkennung zu ernten.

Dolores war eine Super-Kontrolleurin, die als regionale Vize-Vorsitzende eines umsatzstarken Papierwarenherstellers arbeitete. Sie war Vorgesetzte von 12 Verkaufsmanagern, von denen wiederum jeder mindestens 20 sogenannten Verkaufsrepräsentanten vorstand. Die Herstellung der Papierwaren erfolgte in einem der südlichen US-Bundesstaaten, so daß Dolores in keiner Weise mit der Herstellung, sondern nur mit dem Verkauf zu tun hatte. Obwohl »ihre« Region sehr gut abschnitt, war die Fluktuation ihrer Manager und Verkaufsrepräsentanten außerordentlich hoch. Ein wesentliches Problem entstand bereits dadurch, daß Dolores direkt die Verkaufsrepräsentanten kontaktierte und so ihre eigenen Manager überging. Dies führte nicht selten dazu, daß ihre Ordern zu denjenigen der Manager in Widerspruch standen. Ein solches Vorgehen führte zu sehr ärgerlichen Konfrontationen zwischen einigen Managern und Dolores. Diese »Grabenkämpfe« verschlangen viel Energie und wurden sowohl am Telefon als auch von Angesicht zu Angesicht ausgetragen. Dolores aber insistierte auf ihrem Arbeitsstil; sie war überzeugt, daß sich nur so gute Absatzzahlen erreichen ließen, und präsentierte ihre Statistiken, um zu beweisen, daß sie recht hatte. Obwohl sie unseren Empfehlungen nicht folgte, sind wir davon überzeugt, daß sie ihre Erfolge noch vergrößert hätte, wenn sie die Arbeitskraft ihrer Manager besser genutzt hätte.

Ein sehr charmanter Mensch mit vielen Jahren Erfahrung auf ihrem Gebiet, war sie der typische Super-Kontrolleur: Sowohl ihre Persönlichkeit als auch ihre äußere Erscheinung änderten sich schlagartig, wenn sie nicht in der Lage war, irgend jemanden in ihrer Organisation direkt zu kontrollieren, den sie ihrer Meinung nach kontrollieren sollte. Sie wurde aufgeregt, sprach sehr schnell, verfiel in einen vulgäreren Wortschatz und war schnell bei der Hand mit Beleidigungen gegenüber Mitarbeitern und sogar wichtigen Kunden. Trotz dieser offensichtlichen Anzeichen weigerte sie sich zu glauben, ihr Management-Stil bedürfe einer Veränderung.

Der *Intrigant* wird keinen Anstoß nehmen an Ihnen oder an dem, was Sie tun – solange seine Machtbasis nicht angetastet wird. Er benutzt andere Personen für seine eigenen Zwecke, und wenn Sie sich nicht mit ihm einigen, werden Sie ihn sich zum Feind Ihres

Lebens machen, so daß er versuchen wird, Sie zu vernichten. Er wird Sie ohne zu zögern anlügen, während er von Professionalismus spricht. Er macht Versprechungen, die er nicht hält. Er handelt scheinbar besonders würdevoll, während er doch Vorgesetzte, Mitarbeiter und Kunden täuscht. Er predigt Moral und sieht sich selbst doch außerhalb des Gesetzes: Was er will, ist richtig; was seinem Willen entgegensteht, ist falsch.

Intriganten sind in aller Regel so durchschaubar, daß es schwerfällt, ihren Bluff nicht ganz einfach anzuprangern. Vergessen Sie jedoch niemals, daß er mächtig ist und zudem auch unehrlich und rachsüchtig. Er braucht seine uneingeschränkte Macht wie Sie die Luft zum Atmen. Er umgibt sich selbst mit loyalen Kriechern, die ihm niemals widersprechen und so seine übertriebene Selbsteinschätzung bestätigen. Diese loyalen Sklaven, die ihn umgeben, werden ihn umgehend unterrichten, wenn Sie in seiner Abwesenheit ein Wort der Kritik verlauten lassen. Die einzige Art, mit dem Intriganten umzugehen, besteht in Unterwürfigkeit und Gefolgschaft. Wenn Sie das nicht können, sehen Sie sich besser nach einem neuen Job um.

Gus war Abteilungsleiter einer großen Elektrotechnikfirma, die sehr spezialisierte Radarausrüstungen für den Fischfang und für weitere zivile und militärische Zwecke herstellte. Gus verdiente annähernd 250 000 $ im Jahr, wobei seine praktisch unbegrenzte Auslagenvergütung nicht mitgerechnet war. Er rückte sich stets selbst in ein besseres Licht, indem er seine Mitarbeiter falschen Verdächtigungen aussetzte, Gerüchte über andere Personen in Schlüsselpositionen verbreitete und junge Mitarbeiter für seine Zwecke mißbrauchte, um sie später leichten Herzens zu feuern. Er war in der Lage, hier und da vertrauliche Informationen fallenzulassen, um dann seinen Vorgesetzten zu erzählen, was ein Konkurrent in Erfahrung gebracht habe, und mit den Fingern auf andere Leute zu zeigen, die als mögliches »Leck« in Frage kamen. Allein der Verdacht eines solchen ernsthaften Vorgehens schadete dem so Angeklagten bereits über alle Maßen und förderte seine eigene Position in den Augen der Vorgesetzten. Da Gus, wie alle Intriganten, extrem intelligent ist und diese Art des Verhaltens ein psychopathisches Spiel für ihn ist, wird er immer ein sehr erfolgreicher Intrigant sein, während jeder seiner Mitarbeiter ein potentielles Opfer darstellt.

Die letzte ineffektive Art der Kommunikation, wiederum gekennzeichnet durch einen Mangel an Kongruenz, ist die des *Sklaventreibers*. Im Gegensatz zum Intriganten, der seine Energie ausschließlich zum eigenen Nutzen einsetzt, ist der Sklaventreiber davon besessen, Dinge zu erledigen, und zwar in möglichst perfekter Weise. Perfekt heißt in diesem Fall, daß die Dinge so gemacht werden müssen, wie er es sich vorstellt. Im Zeichen dieses Ehrgeizes ist sein Verhalten oft stur, unflexibel, grausam und sadistisch. Sie und Ihre Meinungen zählen hierbei nicht im geringsten. Ihre Rechte bestehen vor allem darin, das zu tun, was er verlangt. Der Super-Kontrolleur ist erfreut über Fragen, weil dies eine Gelegenheit darstellt, seine Belange ins Spiel zu bringen – wonach er immer strebt. Der Sklaventreiber verabscheut demgegenüber alle Arten von Fragen: Diese gelten als Zeichen der Inkompetenz und Unfähigkeit. Es wird von Ihnen erwartet, daß Sie den erfolgreichen Abschluß einer Aufgabe melden und ihn solange von irgendwelchen Fragen verschonen. Genau wie der Intrigant ist auch der Sklaventreiber außerordentlich gefährlich. Für beide zählt niemals der Mensch: Während der erstere andere Personen zum eigenen Nutzen gebraucht, benutzt der letztere diese Personen für eine bestimmte Sache. Die Aufgabe ist das, was zählt; die Leute, die daran arbeiten, sind lediglich disponierbare Marionetten. Doch anders als der Intrigant wird der Sklaventreiber immer hinter Ihnen her sein. Je mehr Sie leisten, desto mehr wird er von Ihnen erwarten und auch gegebenenfalls verlangen. Er wird Ihnen niemals eine Art von Dankbarkeit zeigen (»Das wird von Ihnen erwartet, das ist schließlich Ihr Job«), und er wird niemals Ihre Fähigkeiten und Talente anerkennen (»Deshalb habe ich Sie doch schließlich eingestellt, oder nicht?«). Hingegen wird er Sie schnell für kleinste Fehler büßen lassen. Produktivität und Leistung sind alles, was für den Sklaventreiber zählt. Er wird Sie notfalls umbringen, um zu bekommen, was er will.

Wie bei den anderen Typen nichtkongruenter Kommunikation ist es auch hier besser für Sie, wenn Sie den Sklaventreiber nicht zu ändern versuchen. Sie müssen lernen, mit ihm und seinem Stil zu leben, oder sich nach einem anderen Boss umsehen. Um mit seinem verfehlten Arbeitsstil leben zu können, sollten Sie zum einen immer sichergehen, daß Sie genau verstehen, was er von Ihnen will; zum anderen sollten Sie all Ihre Energie darauf verwenden, dies möglichst gut und mit großem Ehrgeiz umzusetzen; schließlich sollten Sie, bevor Sie ihm über den Abschluß einer Arbeit Bericht erstatten, ganz genau prüfen – am besten mehrfach –, daß das Ergebnis exakt seinen Erwartungen entspricht.

Ein gutes Beispiel für einen Sklaventreiber ist William, von seinen Leuten hinter seinem Rücken gelegentlich auch »König William der Große« genannt, ein großer Mann mit durchdringender Stimme und abrupten Umgangsformen: Die Worte »danke« und »bitte« kennt er nicht, während er andererseits mit Schuldzuweisungen und Beleidigungen schnell bei der Hand ist und oft andere Menschen lächerlich macht, sie verspottet oder nachahmt. Er entschuldigt sich niemals und hat sich angewöhnt, die eigenen Fehler den Personen zuzuschreiben, die unter ihm zu leiden haben (»Wären Sie sorgfältiger gewesen, wäre das nicht passiert«, sagte er seiner persönlichen Sekretärin, als sie weinte, weil er sie rüde getadelt hatte). Er ist ein Tyrann seiner Abteilung, der nach Mitarbeiterbesprechungen routinemäßig fragt, ob noch Fragen vorliegen, um seinen Mitarbeitern dann nicht eine Sekunde Zeit zu geben, diese Fragen tatsächlich zu stellen. William mag zwar in einem demokratischen Land leben und arbeiten, doch an seinem Arbeitsplatz herrscht nichts als absolute Diktatur.

Die hier dargestellten vier Typen eines mangelhaften Kommunikationsstils sind nicht einfach komische Karikaturen oder Comic-Figuren. Sie alle sabotieren ihre eigene Arbeit, ohne dies zu erkennen. Alle sind sie davon angetan, andere für einen Mangel an Erfolg verantwortlich zu machen: Ihre Mitarbeiter sind faul, ihre Vorgesetzten dumm, die Weltwirtschaft liegt am Boden, die Menschen sind generell verantwortungslos und verwöhnt. In ihren Augen machen sie niemals Fehler: Wenn etwas schiefgeht, so liegt die Ursache dafür immer irgendwo außerhalb der eigenen Person. Diese nichtkongruenten Kommunikatoren sind unfähige Führungspersönlichkeiten, weil sie mehr Probleme verursachen als lösen. Auf diese Weise sind sie gute Beispiele für negative Kommunikation – sie zeigen, wie man *nicht* kommunizieren sollte.

Denken Sie auch immer daran, daß in der Realität die meisten schlechten Vorgesetzten eine Kombination mehrerer Eigenschaften aufweisen, die mehr als einem Typus zuzurechnen sind. Obwohl ihre Arbeitsstile Unterschiede aufweisen, haben die vier hier genannten ineffektiven Vorgesetzten manches gemeinsam. Diese Gemeinsamkeiten haben in dem Mangel an Respekt gegenüber anderen Menschen ihren gemeinsamen Nenner. Tatsächlich hat keiner dieser Vorgesetzten etwas im Management verloren, da ihre mangelhafte Kommunikationsfähigkeit es ihnen unmöglich macht, »bestimmte Dinge von anderen getan zu bekommen«, was – erinnern wir uns an die Einleitung – unsere Definition von Management ist. Das ist der Grund, warum wir Ihnen raten, sich diesen Vorgesetzten anzupassen (»Nicht kämpfen, verbünden!«), um zu überleben – während Sie sich möglicherweise nach einem anderen Job umsehen.

Dieser umfangreiche Abschnitt hat sich innerhalb der interpersonalen Kommunikation mit dem Element des Senders beschäftigt, für den Kongruenz der zentrale Punkt ist. Der Begriff der Kongruenz ist jedoch auch mit den Einflüssen der rechten Hemisphäre und ihren emotionalen Komponenten verknüpft. Da diese überwiegend unbewußter Natur sind, werden sie häufig nicht beachtet. Indem Sie versuchen, sich Ihre am Kommunikationsprozeß beteiligten Gefühle bewußtzumachen (wie in den Übungen [5–22] und [5–23] dieses Kapitels), beginnen Sie, mit diesen unbewußten Kräften im Kommunikationsprozeß Fühlung aufzunehmen. Wenn wir im folgenden das Element der »Nachricht« erörtern, dann werden diese unbewußten Kräfte eine Rolle spielen. Wenden wir uns jedoch zunächst dem *Empfänger* der Kommunikation zu.

Zumindest vier Elemente sind für eine effektive Kommunikation unabdingbar: Diese lassen sich mit der Buchstabenfolge *TEAM* abkürzen, was uns zugleich daran erinnern soll, daß Kommunikation keine Einbahnstraße ist, sondern – um effektiv zu sein – eine »Teamarbeit« darstellen sollte: Sowohl *Sender* als auch *Empfänger* sind aktiv über die ausgetauschte *Botschaft* an diesem Unterfangen beteiligt. TEAM ist eine Abkürzung für *Vertrauen* (engl. *t*rust; A.d.Ü.), *Erwartung, Einstellung* (engl. *a*ttitude; A.d.Ü.) und *Motivation.*

Vertrauen bedeutet, daß sowohl Sender als auch Empfänger sich darüber einig sind, daß sie einander nicht betrügen und beide an der Nachricht interessiert sind, die der Gegenstand ihrer Kommunikation ist. Um dieses Vertrauen zu schaffen, können Vorgesetzte ihre Botschaft mit dem Hinweis einleiten, daß die folgende Mitteilung oder Kommunikation für die Gesprächspartner »von Interesse sein könnte«.

Der Begriff der *Erwartung* kann zunächst einmal dem Sender zugeordnet werden, da dieser erwartet, beim Gesprächspartner auf Interesse an der zu übermittelnden Nachricht zu stoßen. Der Empfänger sollte sich von der Nachricht in irgendeiner Weise einen Nutzen versprechen, und wenn er nur seine natürliche Neugier befriedigen möchte.

Der Begriff der *Einstellung* bedeutet, daß Sender und Empfänger sich der gegenseitigen Kooperation bewußt sein sollten. Wie Sie wissen werden, hat dies sowohl mit Vertrauen als auch mit Erwartungen zu tun. Die Aufmerksamkeit des Empfängers, Neugier und eine gewisse Konzentration sind Bestandteile dieses Kommunikationselementes.

In einer guten interpersonellen Kommunikation besteht auf seiten des Senders eine hohe *Motivation,* dem Empfänger eine konstruktive Mitteilung zu machen. Diese Mitteilung ist letztendlich eine Wahrheit hinsichtlich eines Anliegens, welches beide Teilnehmer der Kommunikation betrifft. Natürlich kann es in einer guten Kommunikation auch um eine unangenehme oder schmerzliche Nachricht gehen. Die Motivation ist jedoch darauf gerichtet, dem Empfänger die Wahrheit zu vermitteln, und dieser wiederum sollte bestrebt sein, die Botschaft um ihres Wahrheitsgehaltes willen und nicht wegen ihrer Annehmlichkeit zu verstehen.

Die genannten vier Elemente sind in jeder effektiven Kommunikation vorhanden; dies bringt uns zu der Pflicht des Empfängers, aktiv und sorgfältig zuzuhören. Einfach formuliert, können die

Grundlagen eines guten Zuhörens auf fünf praktische Normen reduziert werden:
1. Wenden Sie sich dem *Sender* zu: Legen Sie beiseite, womit Sie gerade beschäftigt sind; zeigen Sie ihm auch durch Ihre Körperhaltung, daß Sie sich in einem »empfangsbereiten« Zustand befinden.
2. Fragen Sie nach, um sicherzugehen, daß Sie verstehen, was der Sender Ihnen vermitteln will; lassen Sie ihn wissen, wie Sie seine Nachricht verstanden haben.

Diese ersten beiden Normen aktiven Zuhörens können »extern« genannt werden. Die folgenden drei beziehen sich auf Ihre innere Einstellung.

3. Richten Sie Ihre Aufmerksamkeit darauf, was der Sender Ihnen sagt. Bemühen Sie sich, Ihre eigenen Gedanken erst einmal beiseite zu lassen, denn diese lenken Sie normalerweise nur ab.
4. Warten Sie ab, bis die Nachricht vollständig vorliegt, und urteilen Sie erst dann. Mit anderen Worten, betrachten Sie das vollständige Bild, und gebrauchen Sie dann Ihr Urteilsvermögen, um die Nachricht zu bewerten.
5. Vergegenwärtigen Sie sich immer die unbewußten Elemente im Kommunikationsprozeß und die daran beteiligten Gefühle: Der Sender hat verschiedene Gefühle (die Sie möglicherweise nicht kennen oder nicht genau einschätzen können), während er Ihnen die Nachricht zuteil werden läßt.

Diese fünf praktischen Empfehlungen werden Sie in bessere Übereinstimmung mit dem Sender versetzen, und Sie vergrößern so die Wahrscheinlichkeit, eine effektive Kommunikation herzustellen.

Eine andere wichtige Eigenschaft des guten Zuhörers besteht in der Aufmerksamkeit für nichtverbale Bestandteile der interpersonellen Kommunikation. Diese werden manchmal als »Körpersprache« bezeichnet, doch das Wort »Sprache« bezieht sich meistens auf eine allgemein akzeptierte Bedeutung. In nichtverbalen Elementen der Kommunikation herrscht jedoch keineswegs immer Klarheit über die jeweilige Bedeutung. Anfänglich, wenn Sie einen Sender noch nicht kennen, ist es ratsam, die nichtverbalen Anteile der Kommunikation zu ignorieren und sich auf den Inhalt der Mitteilung zu konzentrieren. Später mag der Fall eintreten, daß Ihnen Fragen zum Inhalt vor allem dann kommen, wenn Sie eine Veränderung in den nichtverbalen Komponenten des Verhaltens bemerken. Es ist zwar richtig, daß Untersuchungen eindeutig gezeigt haben, daß nur 7 Prozent der interpersonellen Kommunikation verbaler Natur sind (also von der Wahl der Worte abhängt), während 38 Prozent vokaler Natur sind (Intonation, Lautstärke, Pausen etc.) und 55 Prozent auf mimischem Ausdruck und Körperhaltung (den sogenannten somatischen Anteilen) beruhen. Doch solange Sie den Sender und seinen persönlichen Hintergrund nicht gut kennen, sind die 93 Prozent nichtverbale Kommunikation sehr leicht irreführend.

Wenn wir eben gesagt haben, daß Fragen vor allem dann gestellt werden sollten, wenn ein nichtverbales Zeichen von dem Inhalt der Kommunikation ablenkt, dann meinen wir damit natürlich nicht, daß Sie nach diesen somatischen oder vokalen Änderungen fragen sollen, sondern nach dem Inhalt der Nachricht selbst. Betrachten Sie die folgende Kommunikation zwischen einem Manager und seinem Verkaufsleiter.

1. *Manager* (klopft mit dem Stift auf den Schreibtisch): Ich habe schon oft gesagt, daß mir Ihre Art, das Verkaufsteam zu führen, sehr gut gefällt (tiefer Atemzug), aber Ihre schriftlichen Berichte sind nicht gut (sehr schnell gesprochen, kein Blickkontakt zum Verkaufsleiter).
2. *Verkaufsleiter* (registriert die genannten nichtverbalen Zeichen): Sie haben sicherlich recht. Ich war schon schreibfaul, als ich noch in die Schule ging. Können Sie mir sagen, wie die Berichte geschrieben sein sollten?
3. *Manager* (mit Ungeduld in der Stimme): Ach, komm schon, Jim. Sind wir hier in der Schule? Ich muß Ihnen nicht beibringen, wie man einen Bericht schreibt. Sie sind lange genug bei uns, um zu wissen, wie es geht.
4. *Verkaufsleiter* (lächelnd): Ja, stimmt schon. Aber können Sie mir einen Bericht von jemand anderem geben, den Sie als guten Bericht bezeichnen würden?
5. *Manager* (ein lautes Ausatmen): Okay. Das kann ich machen.

Nehmen Sie sich diese gute Arbeit vor (sucht in seinen Papieren nach dem Bericht, den er dem Verkaufsleiter geben will), und machen Sie Ihren Bericht bis Montag fertig, okay (gibt Jim das Musterbeispiel)? Und das hätte ich gern ebenfalls bis Montag zurück (sieht Jim jetzt direkt an) – bis später dann.

Wenn Jim bei Punkt 2 eine defensive Haltung eingenommen hätte, wäre die ganze Unterhaltung in einem sehr feindseligen Ton verlaufen. Jim hätte einwenden können, die Charakterisierung seiner Berichte als »nicht gut« sei unsinnig, weil dies ein zu generelles Urteil sei. Er hätte darauf bestehen können, daß irgend etwas »Gutes« auch an seinen Berichten sein müßte, und ähnliches mehr. Weil er die nonverbalen Zeichen bemerkte, blieb er ausschließlich auf der inhaltlichen Ebene und versuchte, das Gesagte zu präzisieren. Als guter Verkäufer wußte er das anzuwenden, was wir zuvor als »psychologische Selbstverteidigung« bezeichnet haben: auf den Vorgesetzten eingehen und ihm nicht widersprechen. Sowohl in Äußerung 2 als auch in Äußerung 4 signalisiert er sein Einverständnis und macht Gebrauch von nichtverbalen Kommunikationselementen (lächeln in Äußerung 4), um die Kommunikation zu erleichtern. Jim sagte sich nicht: »Aha! Jetzt wird er nervös. Ich muß ein ziemlicher Schrecken für ihn sein, so wie er den Blickkontakt meidet.« All diese Interpretationen hätten Jim nur vom Inhalt der Aussage abgelenkt und den verbalen Austausch kompliziert. Indem er auf der inhaltlichen Seite der Sache blieb, war Jim in der Lage, die Kommunikation einfach, konzentriert und effektiv zu gestalten.

Wir haben davon gesprochen, wie irreführend es sein kann, ein nichtverbales Verhalten zu interpretieren, vor allem dann, wenn man mit jemandem kommuniziert, der einen anderen kulturellen Hintergrund aufweist. Der Blickkontakt, der in der westlichen Welt so geschätzt wird, gilt in anderen Kulturen als Zeichen der Respektlosigkeit gegenüber einer Autoritätsperson und als Anzeichen der Verärgerung auf seiten einer Autoritätsperson gegenüber einem untergeordneten Mitarbeiter. Es gibt allerdings eine Reihe von Verhaltensweisen innerhalb des westlichen Kulturkreises, denen eine ganz eindeutige Bedeutung zugewiesen werden kann. Wir wollen diese hier nicht vollständig aufführen; einige Beispiele mögen an dieser Stelle ausreichen.

Pünktlichkeit. Wenn ein Manager einen Mitarbeiter bei einem vereinbarten Termin länger als 15 Minuten warten läßt, dann führt der Mitarbeiter dies berechtigterweise auf eine negative Einstellung des Vorgesetzten zurück – sei es Antipathie oder Mangel an Respekt.

Aufmerksamkeit. Eine andere Art, solch eine negative Einstellung zum Ausdruck zu bringen, besteht darin, während eines Treffens Unterbrechungen zuzulassen, Telefonanrufe entgegenzunehmen oder sich mit anderen Dingen zu beschäftigen (Post sortieren; Notizen machen, die mit der Unterhaltung nichts zu tun haben). Wenn ein Vorgesetzter aus irgendwelchen Gründen gezwungen ist, solche Dinge zu tun, dann kann er den negativen Eindruck vermeiden, indem er dem Mitarbeiter die Dringlichkeit dieser Dinge erläutert.

Auch andere nichtverbale Elemente der Kommunikation – Gesten, Lautstärke, Nähe oder Distanz zum Gesprächspartner – haben innerhalb unseres Kulturkreises festgeschriebene Bedeutungen. Betrachten wir hierzu die folgende Übung.

Praktische Übung (5–24)
Nichtverbale Zeichen

Um in der interpersonellen Kommunikation ein aktiver Empfänger zu sein, sollten Sie sich der körperlichen Zeichen, die bei der Interaktion von zwei oder mehreren Personen eine Rolle spielen, bewußt sein. Um dies zu erreichen, schalten Sie den Fernseher ein, lassen Sie den Ton jedoch abgestellt. Achten Sie nun bei den Personen, die Sie sehen, auf die folgenden Merkmale:
Haltung,
Gestik,
Mimik,
Augenbewegungen.

Führen Sie diese Übung einige Minuten lang durch, und fragen Sie sich dann, welche Gefühle durch die nichtverbale Kommunikation dieser Person in Ihnen ausgelöst wurden. Fragen Sie sich dann, wie Sie das nichtverbale Verhalten dieser Person interpretieren.

Es geht bei dieser Übung nicht darum, hinsichtlich der eigenen Schlußfolgerungen richtig oder falsch zu liegen, sondern sich lediglich die Wichtigkeit dieser nichtverbalen Elemente der Kommunikation und die Gefahr von irrtümlich übermittelten Botschaften vor Augen zu führen. Wiederholen Sie diese Übung einige Male, bis Sie sicher sind, daß Sie diesen somatischen Aspekten der Kommunikation gewohnheitsmäßig Aufmerksamkeit schenken.

Erst wenn dies der Fall ist, treten Sie vor einen großen Spiegel und sagen sich selbst, was Sie später zu tun gedenken. Beobachten Sie Ihr somatisches Verhalten, und korrigieren Sie sich, wenn Sie eine von Ihren Gefühlen abweichende Bedeutung entdecken. Machen Sie dies so oft, bis Sie ganz entspannt bei der Sache sind und sich nicht länger selbstaufmerksam und fremd dabei fühlen. Dies wird Ihnen helfen, Ihr eigenes nichtverbales Verhalten effektiver zu gestalten, wenn Sie mit anderen Personen kommunizieren.

Wenden wir uns schließlich der *Nachricht* (oder Botschaft) zu, die Sender und Empfänger im Kommunikationsprozeß verbindet. In aller Regel sollten Sie darauf achten, die Nachricht möglichst einfach zu halten und nur eine Idee zur gleichen Zeit anzusprechen. Um eine unkomplizierte Botschaft zu übermitteln, muß Ihnen vollständig klar sein, was *Sie* sagen wollen. Wenn Sie hinsichtlich einer Fragestellung eine ambivalente Haltung einnehmen, dann wird die Botschaft in aller Regel verwirrend sein. Wenn Sie sich dieser Ambivalenz jedoch bewußt sind und die Situation dies erlaubt, dann mag es sinnvoll sein, diese Ambivalenz zum Ausdruck zu bringen, Ihre Gründe darzulegen und Ihre Gefühle dafür und dagegen offenzulegen.

Wenn Sie beispielsweise als Manager eine Verordnung durchsetzen müssen, die Sie als dumm und nutzlos ansehen, dann erwähnen Sie explizit Ihre Meinung über diese Sache; erklären Sie aber auch, warum Sie darauf bestehen, solange die Verordnung in Kraft ist. Wenn Sie erläutern, daß Sie die Idee an der ganzen Sache für wenig sinnvoll halten, und gleichzeitig gute Gründe anführen können, warum Sie doch daran festhalten müssen, dann ist dies eine ganz klare, unkomplizierte Botschaft.

Ein verwandter Aspekt, der sich auch auf die Botschaft in einer effektiven Kommunikation bezieht, ist der, daß Sie auf Ihre mit der Botschaft zusammenhängenden Gefühle achten müssen. Sie mögen in bezug auf eine Idee oder ein Projekt extrem enthusiastisch sein, doch dieser Enthusiasmus ist noch keine Garantie für die Güte der Idee oder den Erfolg des Projekts. Letztere sind bestimmt von dem entsprechenden intrinsischen Wert, den eine Idee oder ein Projekt an sich haben. Eine gute Nachricht ist in sich schlüssig und nicht auf der Grundlage Ihrer persönlichen Überzeugungen oder Vorlieben. Es gibt da eine alte buddhistische Geschichte, die dies illustriert. Ein reicher, adliger Herrscher sandte einen seiner Samurai-Krieger aus, um einen Feind töten zu lassen. Der Samurai hatte diesen bereits gefangengenommen und wollte ihn gerade töten, als der Mann ihn verfluchte und bespuckte. Der Samurai steckte augenblicklich das Schwert zurück und ging fort, ohne den Feind seines Meisters zu töten. Danach gefragt, warum er diese Gelegenheit nicht genutzt habe, den Befehl des Herrschers auszuführen, entgegnete der Samurai:»Sein Spucken ärgerte mich. Als Samurai kann ich nicht töten, wenn ich ärgerlich bin.« Er sah seine Mission als professionellen Auftrag an, und in dieser Funktion würde der Samurai nicht zulassen, daß persönliche Gefühle die Objektivität seiner Profession beeinträchtigten.

Wenn Sie bei einer Botschaft emotional zu stark involviert sind, dann ist es ratsam, mißtrauisch zu werden und noch einmal zu überdenken, was Sie da eigentlich vermitteln wollen. Dies gilt natürlich in gleicher Weise für den *Empfänger*. Wenn die Botschaft zu emotional vorgetragen wird, dann ist dies bereits Grund genug, diese nochmals zu untersuchen und nicht überhastet vorzugehen. Viele exzellente Verkäufer bringen es fertig, schäbige Produkte und nutzlose Dienstleistungen an den Mann zu bringen. Viele Botschaften, die engagiert und mit großer Emphase vorgetragen werden, beruhen auf Irrtümern.

In diesem Zusammenhang sollte nicht vergessen werden, daß die Wahl des richtigen Zeitpunkts von großer Bedeutung ist. Es ist reine Zeitverschwendung, eine Botschaft zu artikulieren, wenn der Empfänger mit anderen Anliegen beschäftigt ist und Sie nicht seine volle Aufmerksamkeit haben. Auf die Wahl des richtigen Zeitpunkts sollten Sie deshalb immer bedacht sein.

Bleiben wir noch bei der Frage nach den mit einer Botschaft verbundenen Gefühlen: Der gute Kommunikator präsentiert stets eine *sachliche* Botschaft. Demzufolge sind Sarkasmus, Belehrungen, lange Monologe, fehlplazierte Leichtfertigkeit und Nebensächlichkeiten um jeden Preis zu vermeiden. Sachlich zu sein bedeutet auch, präzise zu sein, konstruktiv und nicht wertend. Statt beispielsweise zu sagen: »Seien Sie ordentlicher!«, sagt der gute Sender: »Räumen Sie doch heute abend bitte Ihren Schreibtisch auf.« Sagen Sie nicht: »Sie erscheinen nie zu den Besprechungen«, sondern: »Sie sind heute nicht zur Verkaufsbesprechung gekommen.« Jemanden, der nicht bei der Sache ist, können Sie positiv motivieren, wenn Sie ihm mitteilen, daß seine Talente bei einer Sache gut zu gebrauchen seien. Die schlechte Variante würde lauten: »Sie kümmern sich einfach nicht um die Belange der Abteilung.« Wenn jemand mit einem Bericht ernstliche Schwierigkeiten hat, dann sagen Sie in konstruktiver Weise, Sie könnten ihm gerne dabei behilflich sein; vermeiden Sie Äußerungen wie: »Was ist denn mit Ihnen los? Sie sind weit hinter der Zeit mit diesem Bericht.«

Nachdem Sie eine Nachricht losgeschickt haben, sollten Sie unbedingt sichergehen, daß sie richtig verstanden wurde. Einige Menschen glauben, wenn sie etwas gesagt haben, hätten sie auch automatisch kommuniziert. Kommunikation kommt jedoch nicht zustande, wenn eines der drei grundlegenden Elemente des Kommunikationsprozesses fehlt. Demzufolge müssen Sie eine Methode finden, um sicherzustellen, daß der Empfänger Ihre Nachricht richtig erfaßt hat. Es ist nicht hinreichend, zu fragen: »Haben Sie mich verstanden?« Besser ist es, sich zu erkundigen, ob noch Fragen bestehen, und diese gegebenenfalls geduldig zu beantworten. Sollten keine Fragen vorliegen, dann kann es sinnvoll sein, selbst einige Fragen zu den gerade angesprochenen Dingen zu stellen, zum Beispiel »Was halten Sie von der Abfolge der einzelnen Schritte?« oder »Reicht die eingeplante Zeit auch aus?« oder »Wie sehen Sie die Sache – ist das so machbar?« Fragen wie diese haben den Vorteil, die Person in die Fragestellung miteinzubeziehen und sicherzustellen, daß die jeweilige Botschaft vom Empfänger nicht verzerrt wahrgenommen wird. Wie bereits erwähnt, reagieren Menschen eher auf ihre Wahrnehmung der Realität und nicht auf die Realität selbst.

Und schließlich müssen Sie dem Empfänger genügend Zeit geben, gemäß Ihrer Botschaft zu handeln. Je nach Art der Botschaft müssen Sie sich in Geduld fassen und eine angemessene Zeitspanne abwarten, bis der Empfänger auch umgesetzt haben kann, was Sie verlangen.

In diesem Kapitel haben wir uns vorwiegend mit der Kommunikation an sich beschäftigt. Eigentlich hat jedes Kapitel dieses Buches mit Kommunikation zu tun. Da die Kommunikation jedoch das wichtigste Werkzeug überhaupt ist, das einem Manager zur Verfügung steht, hielten wir es für sinnvoll, einige der Konzepte noch einmal darzustellen, auch wenn wir sicher sind, daß diese Ihnen nicht gänzlich neu sind. Der effektive Vorgesetzte ist ein Kommunikationsexperte, weil er kongruent ist und das richtige Timing für seine Interventionen wählt. Er behandelt seine Mitarbeiter respektvoll und vermeidet selbst den Anschein von Respektlosigkeit, indem er alle seine Leute als verantwortungsvolle, erwachsene Menschen behandelt. Wenn etwas schiefläuft, nimmt der effektive Kommunikator keine Vorverurteilung vor; er analysiert und findet genau heraus, was passiert ist und warum es passierte. Er ist klug genug, zu erkennen, daß häufig eine hinreichend gute Lösung produktiver ist als eine perfekte Lösung. Seine Herausforderung besteht darin, mit den Leuten in seinem Team gut zusammenzuarbeiten, auf ihren Stärken aufzubauen, um ihre Grenzen und Schwächen abzubauen.

Dies war bei Anne der Fall, der wir bereits in Kapitel 1 begegnet sind. Da ein wenig Humor ihr im Umgang mit ihrem mürrischen Chef weiterhalf (siehe Kapitel 1), half ihr dies auch, als sie selbst nach ihrer Beförderung ein Team von Leuten übernahm, die sich nicht an Terminabsprachen zu halten pflegten und bei den täglichen Besprechungen sehr unsorgfältige Berichte ablieferten. Anne tadelte diese Person niemals während dieser Besprechungen. Statt dessen war sie immer in der Lage, jemanden wegen irgendeiner Sache zu loben, das Positive zu betonen und eine Verbindung zwischen den gegenwärtigen Leistungen und früheren Erfolgen herzustellen. Ihr Vorgänger, ein alter Herr, der ein recht kriegerischer Typ gewesen war, lobte seine Leute nur äußerst selten, war aber mit Kritik schnell bei der Hand und verwendete viel Zeit auf Schelte und lange Predigten. Daher verhielt sich dieses Arbeitsteam anfänglich auch unter Annes Leitung sehr vorsichtig, doch nach einigen Wochen hielten sich immer mehr Mitarbeiter an die Absprachen und begannen, bei den Besprechungen präzise und einsichtige Berichte abzuliefern. Annes Respekt vor den Mitarbeitern, der Blick auf ihre Stärken und positiven Merkmale waren die Elemente ihrer positiven Kommunikation. Innerhalb von zwei Monaten verbesserte sich das Team merklich und wurde von dem Herausgeber der Zeitschrift öffentlich für die hervorragende Arbeit gelobt.

Im nächsten Kapitel werden viele der hier diskutierten Konzepte wieder aufgegriffen, wenn es darum geht, ein Team zu bilden und zusammenzuschweißen, Ziele zu formulieren, diese Ziele anzugehen und schließlich auch zu erreichen.

Kapitel 6
Teamgestaltung

Anne, die wir im vorigen Kapitel erwähnt haben, gestaltete die Kommunikation mit ihren Mitarbeitern effektiver und kehrte den Prozeß der zunehmenden Produktivitätseinbußen um, der unter ihrem Vorgänger stattgefunden hatte. Sie demonstrierte mit ihrem Verhalten die grundlegenden Elemente einer erfolgreichen Teamgestaltung. Wäre ihr eine solche Umstrukturierung nicht gelungen, wäre sie als Managerin gescheitert, nicht einfach nur in den Augen der Unternehmensleitung, sondern vielmehr noch – was entscheidend ist – tatsächlich und in der Wirklichkeit. Ein Arbeitsteam ist kein echtes Team, solange die Mitarbeiter sich nicht gegenseitig *vertrauen*.

Vertrauen bedeutet, daß die verschiedenen Personen einander nicht fürchten, sondern sich im Team respektieren, wertschätzen und wohl fühlen. Jemand hat einmal bemerkt, daß das englische Wort »trust« (Vertrauen) das Wort »us« (uns) mit einschließt. Wenn Personen eines Teams effektiv miteinander zusammenarbeiten, dann erfordert dies ein Gemeinschaftsgefühl, bei dem sich niemand von den anderen isoliert fühlt und zunehmend unter Druck gerät, sich selbst zu beweisen. Vertrauen impliziert, daß jeder er selbst sein kann; ein Prozeß, in dessen Verlauf Sie sich von einer verletzlichen Seite zeigen und sich dennoch darauf verlassen können, daß niemand diese Verletzlichkeit ausnutzen wird, um Sie anzugreifen.

In diesem Kapitel setzen wir uns mit dem Konzept des Vertrauens anhand von vier grundlegenden Vertrauenselementen auseinander, wie sie von den Perry Companies (Florida, USA) entwikkelt wurden. Im Anschluß daran werden wir uns mit praktischen Aspekten der Gruppendynamik beschäftigen, die auf eine effektive Teamarbeit anwendbar sind. Schließlich behandelt dieses Kapitel einige spezifische Themen und Problemfelder, die für die Gestaltung eines Arbeitsteams und das Erreichen von Arbeitszielen durch die Teamarbeit wichtig sind.

In den meisten Organisationen wird ein Team durch taktische oder politische Erwägungen gebildet, beispielsweise nach Dienstalter, aufgrund von Beziehungen zur höchsten Führungsebene oder zwischen Managern verschiedener Abteilungen und dergleichen mehr. Da viele Vorgesetzte und Manager diese politischen Realitäten unausgesprochen lassen, ist es nur um so wichtiger, diese zu erkennen. Viele Vorgesetzte müssen sich inkompetente Mitarbeiter zuweisen lassen, weil diese von höherer Ebene protegiert werden. In welcher Besetzung ein Team jedoch auch starten mag, entscheidend für den Erfolg ist das *Vertrauen* der Mitglieder untereinander. Demzufolge kommt es in einem solchen Fall, da das Team vorgegeben wird, darauf an, dieses Vertrauen gegebenenfalls auch *trotz* der ungünstigen Zusammensetzung des Teams zu entwickeln.

Sicherlich kann sich ein Vorgesetzter, vor allem zur Durchführung spezifischer Projekte, oft ein eigenes Team zusammenstellen. Die Schwierigkeiten bei der Teamgestaltung und Teamarbeit sind größer, wenn Sie mit einem zugewiesenen Mitarbeiterstab arbeiten müssen – sei es, weil Sie diese Mitarbeiter von Ihrem Vorgänger übernehmen oder weil andere Umstände außerhalb Ihrer Kontrolle verhindern, daß Sie sich ein Team aufgrund Ihres eigenen Urteils zusammenstellen können.

Praktische Übung (6–25)
Das Vertrauen des Teams einschätzen

Betrachten wir nun das eingangs angekündigte Modell des Vertrauens nach Perry. Nach diesem Modell setzt sich Vertrauen aus vier Elementen zusammen: *Integrität, Loyalität, Kommunikation* und *gemeinsame Visionen* (Zukunftsvorstellungen). Entsprechend diesen vier Elementen besteht die Übung aus vier Teilen, in denen Sie Ihr Team und schließlich sich selbst einschätzen sollen. In der Zusammenfassung der praktischen Übungen finden Sie auf S. 329 die Bewertungspunkte in einer übersichtlichen Liste zusammengestellt. Lassen Sie uns jedoch im folgenden die einzelnen Punkte etwas ausführlicher darstellen.

Nehmen Sie sich jetzt einmal eine halbe bis eine Stunde Zeit, Ihr eigenes Team einzuschätzen. Erstellen Sie zunächst eine Liste mit allen Mitarbeitern Ihrer Abteilung. Der erste Übungsteil beschäftigt sich mit der *Integrität* und besteht aus den folgenden Fragestellungen. Gehen Sie diese durch, und schätzen Sie jeden einzelnen Mitarbeiter ein. Wenden Sie eine einfache Bewertungsskala an, die von 1 bis 5 reicht, wobei 5 der stärkste oder höchste Wert ist.

1. Bewerten Sie die *Ehrlichkeit* (Vertrauenswürdigkeit) jeder Person.
2. Bewerten Sie die *Zuverlässigkeit* (hält die jeweilige Person ihre Versprechen?).
3. Bewerten Sie das *Streben nach außerordentlich guten Leistungen*.
4. Bewerten Sie die *Teamarbeit* (sowohl bei Besprechungen als auch generell).
5. Bewerten Sie die Einstellung zu Fragen der *Moral* und des *Charakters*.

Gehen Sie nun Ihre Einschätzungen noch einmal durch, und machen Sie sich Ihre emotionalen Reaktionen hierbei bewußt. Achten Sie darauf, mit welchen Kommentaren Sie jede einzelne Person versehen, die Sie hier eingeschätzt haben. Wir werden später noch an Ihren innerlichen Reaktionen auf jeden Ihrer Mitarbeiter arbeiten.

In Zusammenhang mit dem Begriff der Integrität ist ein Sprichwort von Interesse, das Laurence Sterne zugeschrieben wird: »Vertrauen Sie auf keinen Fall jemandem, der nicht in jeder Hinsicht ein reines Gewissen hat.« Gehen Sie nun die Fragestellungen zur Integrität noch einmal durch, und schätzen Sie sich selbst so ehrlich wie möglich ein. Erst dann nehmen Sie sich die folgenden Fragestellungen zum Element *Loyalität* vor und schätzen wiederum Ihre Mitarbeiter ein.

6. Unterstützen sich Ihre Mitarbeiter gegenseitig? Bewerten Sie jeden einzelnen.
7. Bewerten Sie, wie sehr sich jeder *auf die Hilfe der anderen verläßt*.
8. Bewerten Sie, inwieweit jeder die anderen *konsistent* behandelt.
9. Bewerten Sie das *Durchhaltevermögen* bei einer anliegenden

Aufgabe, auch wenn einmal etwas nicht so leicht von der Hand geht.
10. Bewerten Sie den *Respekt*, den jeder den anderen Mitarbeitern entgegenbringt.

Wie schon bei den vorigen Fragestellungen sollten Sie auch hier alle Fragen noch einmal durchgehen und Ihre Gefühle jedem einzelnen gegenüber prüfen. Schließlich gehen Sie die Fragen nochmals durch, um eine Selbsteinschätzung vorzunehmen.

Der dritte Teil dieser Übung bezieht sich auf *Kommunikation*. Bearbeiten Sie die folgenden fünf Fragestellungen:
11. Die Freiheit, eigene Ideen zu entwickeln.
12. Das Akzeptieren der Ideen anderer.
13. Konstruktives Feedback geben.
14. Feedback positiv aufnehmen und produktiv damit umgehen.
15. Aktive Netzwerke mit konstruktiven, erfolgreichen Personen etablieren.

Nach der Einschätzung Ihrer Mitarbeiter halten Sie einen Moment inne und prüfen Ihre inneren Reaktionen auf jede einzelne Person hinsichtlich jeder einzelnen Fragestellung. Wie zuvor sollten Sie abschließend möglichst ehrlich sich selbst einschätzen.

Als letztes Element sollen nun die *gemeinsamen Visionen* (Zukunftsvorstellungen) bewertet werden. Gehen Sie zur Bewertung Ihrer Mitarbeiter die folgenden fünf Fragestellungen durch.
16. Hat jeder Mitarbeiter eine *klare Auffassung* von den Zielsetzungen und Anforderungen?
17. Ist jeder einzelne *persönlich stolz* auf das gemeinsam Erreichte?
18. Ist jeder einzelne dem Erfolg des Teams *verpflichtet*?
19. Bereichert jeder einzelne die Zukunftsvorstellungen, an denen das Team arbeitet und die es erreichen will?
20. Übernimmt jeder Verantwortung für die vom Team angestrebten Zielsetzungen?

Betrachten Sie auch hier wieder für jede Fragestellung und jeden Mitarbeiter die bei Ihnen ausgelösten Gefühle, und machen Sie sich diese ganz bewußt. Nehmen Sie zum Abschluß wiederum eine Selbsteinschätzung vor.

Diese Einschätzungen sollten Ihnen einen Einblick in den Stand des Vertrauens in Ihre Arbeitsgruppe geben. Anderen zu vertrauen ist die einzige Methode, vertrauensbildend zu wirken und Vertrauen zu schaffen. Lassen Sie andere Ihr Vertrauen spüren, und zwar durch Worte und Taten. Kein Team kann effektiv arbeiten, wenn bei einem der vier genannten Elemente Schwachpunkte bestehen. Um Integrität, Loyalität, Kommunikation und die Gemeinsamkeit der Perspektiven zu maximieren, wollen wir jetzt noch einmal Ihre Gefühle zu den Einschätzungen Ihrer Mitarbeiter betrachten.

Vertrauen basiert auf tatsächlichen, greifbaren Beweisen des Vertrauens. Sie vertrauen jemandem aufgrund ganz bestimmter Verhaltensweisen, die jemand zeigt (Ihre linke Gehirnhälfte bewertet zunächst die Evidenzen, die Ihnen zur Verfügung stehen, und Ihr Vertrauen gründet auf dieser Basis). Doch Vertrauen basiert auch auf den Gefühlen, die Sie jemandem entgegenbringen. Sie vertrauen, weil Ihre rechte Hemisphäre Ihnen mitteilt, daß ein solches Vertrauen nicht enttäuscht werden wird, daß diese Person Sie mit Respekt und Würde behandelt, Ihre Einschätzung bestätigt und das in sie gesetzte Vertrauen nicht ausnutzen wird.

Da Vertrauen also auf zwei Voraussetzungen beruht oder zwei Seiten hat, ist es wichtig für den Manager (dessen Aufgabe es ist, »Dinge durch andere erledigen zu lassen«, wenn Sie sich an unsere Definition aus der Einleitung erinnern), diese Gefühlskomponente des Vertrauens nicht zu ignorieren.

Praktische Übung (6–26)
Vertrauen erfahren

Betrachten Sie noch einmal Ihre Mitarbeiterliste und die Werte, die Sie jedem einzelnen bei den verschiedenen Fragestellungen zugewiesen haben. Versuchen Sie hierbei, nicht zu eilig vorzugehen. Warten Sie, bis Sie genügend Zeit haben, an der Entwicklung Ihres Teams zu arbeiten. Nehmen Sie sich dann jeweils nur eine Person vor, und stellen Sie sich diese so lebendig und klar wie möglich vor. Betrachten Sie sie genauer, als Sie dies in Wirklichkeit tun würden, denn in Ihrer Vorstellung bemerkt die Person nicht, daß sie beobachtet wird. Während Sie diesen Mitarbeiter vor Ihrem geistigen Auge betrachten, fragen Sie sich selbst nach Ihren *wahren* Gefühlen gegenüber dieser Person. Nehmen Sie sich genügend Zeit, um Ihre inneren Reaktionen gegenüber diesem Mitarbeiter wirklich wahrnehmen zu können. Legen Sie sich diese Frage so lange vor, bis Sie mit Ihren eigenen Emotionen in Berührung kommen. Entspannen Sie sich für eine Weile, ohne Ihre Imagination zu unterbrechen, und fragen Sie sich dann: »*Vertraue* ich dieser Person?« Nehmen Sie sich wiederum Zeit, und wiederholen Sie diese Frage, bis Sie in Ihrem Inneren auf eine emotionale Antwort stoßen.

Diese Übung ist der Übung (5-23) sehr ähnlich, obwohl die Betonung hier ausdrücklich auf dem Aspekt des Vertrauens liegt. Unserer Erfahrung nach maximieren Sie den Nutzen der hier vorliegenden Übung, wenn Sie sich ein oder höchstens zwei Mitarbeiter Ihres Teams gleichzeitig vornehmen und nicht innerhalb einer Übungssitzung alle durchgehen.

Woodrow Wilson, der 28. Präsident der Vereinigten Staaten, sagte einmal: »Wenn es eine Regel gibt, die klarer ist als alle anderen, ob in der Politik, der Wirtschaft oder irgendwo sonst, dann die Regel, daß man jemandem vertrauen muß.« Vertrauen stellt innerhalb einer Arbeitsgruppe die Zusammengehörigkeit her und sorgt demzufolge für hohe Produktivität. Ein Unternehmen, das dies erkannt hat, das die Vertrauenskomponente bei ihren Mitarbeitern in unvorstellbarem Ausmaß steigern konnte und dessen Beispiel in dieser Hinsicht Schule gemacht hat, ist die North-American Tool and Die, Inc. In einer kleinen Firma ohne eigene Produktidentität, die in einem komplizierten und hart umkämpften Absatzmarkt viele Produkte mittelmäßiger Qualität herstellte, wurde nach der Übernahme durch neue Eigentümer eine neue Arbeitsmoral geschaffen, so daß die Angestellten sich wirklich um die Qualität ihrer Erzeugnisse bemühten. Innerhalb von drei Jahren wuchsen die jährlichen Einnahmen von weniger als zwei Millionen auf über sechs Millionen $. Die Produktion wurde verdoppelt, die Ausschußrate sank von 27 auf 6 Prozent. Wie konnte das Vertrauen der Mitarbeiter in die eigene Leistungsfähigkeit gesteigert werden? Eine Methode bestand darin, den Angestellten Informationen über die Unternehmensführung zu geben und ihnen die Probleme des Managements zu schildern. Ein Belohnungssystem für gute Leistungen wurde eingeführt; die Angestellten erhielten Gelegenheit, Firmenaktien zu kaufen und so am Eigentum zu partizipieren. Das Wichtigste aber: Die neuen Eigentümer arbeiteten tagtäglich und in jeder nur denkbaren Situation an der Verbesserung der Beziehungen. Sie versuchten darüber hinaus, jeden Vorgesetzten und möglichst viele der Angestellten persönlich zu kennen. Die monatlichen Personalversammlungen beinhalteten tatsächliche Partizipationsmöglichkeiten, und Vorschläge, von welcher Seite auch vorgebracht, wurden immer ernstgenommen.

Viele solche Erfolgsgeschichten ließen sich aufzählen, doch die Herstellung einer Vertrauensbildung zählt immer zu den wichtigsten Variablen, die zu diesem Erfolg beigetragen haben. Das Zusammensein einiger Leute bedeutet noch nicht, daß diese auch ein Team bilden: Das Vertrauen stellt den Zement dar, der verschiedene Personen zu einem Team zusammenkittet. Deshalb ist Vertrauen im Hinblick auf die Teamgestaltung ganz einfach ein gutes Geschäft. Sie – als Vorgesetzter – sollten deshalb an die Kraft des Vertrauens glauben und die notwendigen Bedingungen hierfür etablieren (siehe Übung [6–26] und [6–27]).

Obwohl die »gemeinsamen Visionen« hier als letztes der vier Standbeine des Vertrauens genannt werden, sind sie doch immens wichtig. Ein Arbeitsteam braucht ein Ziel, um zum Handeln motiviert zu sein. Das Ziel aber, das Sie als Manager Ihrem Team setzen, sollte niemals statisch sein, sondern eine dynamische Komponente aufweisen; es sollte klar, detailliert und lebendig sein und nicht abstrakt und vage. Diese Merkmale machen aus einem bloßen Ziel eine Perspektive oder eine *Vision*. Diese Vision müssen Sie zunächst einmal selbst klar vor Augen haben, wenn Ihre Arbeitsgruppe sie mit Ihnen teilen soll.

Wir haben diese Vision als eine innere persönliche Erfahrung, einen bildhaften, farbigen Tagtraum beschrieben (Human Resources Forum of the American Management Association, Mai 1990). Im Spanischen sprechen wir von einer *Vivencia*, etwas, das Sie im Geiste erleben oder das in Ihnen lebendig wird. Sie müssen diese »Vivencia« erst selber erfahren, bevor Sie diese an Ihr Team weitergeben können. Die folgende Übung soll Ihnen dabei helfen.

Praktische Übung (6–27)
Ihre Vivencia

Nutzen Sie zunächst Ihre Vernunft, Ihr kritisches Urteil und Ihre logischen Fähigkeiten (die Funktionen Ihrer linken Gehirnhälfte), um möglichst konkret und präzise ein Ziel für Ihr Team zu definieren. Nehmen Sie sich Zeit, und gehen Sie sicher, daß dieses Ziel 1. herausfordernd, jedoch nicht furchteinflößend ist; 2. in absehbarer Zukunft zu erreichen ist (und nicht in irgendeiner fernen Zukunft); 3. für jeden Ihrer Mitarbeiter eine lohnende Sache darstellt, entweder jetzt oder zumindest bald. Dieses Ziel soll der Inhalt Ihrer Vision werden und muß deshalb sorgfältig ausgearbeitet werden. Wenn Sie dieses Ziel intellektuell ausformuliert haben, überlassen Sie es Ihrer rechten Hemisphäre, um weiter daran zu arbeiten.

Sie verbringen nun die nächste halbe Stunde damit, die zuvor ausgearbeitete Zielsetzung in eine Vivencia zu verwanden. Wie schon bei früheren Übungen sollten Sie sich selbst vor Unterbrechungen schützen, das Telefon abstellen und sich und Ihren Körper in der bekannten Weise zur Ruhe kommen lassen, bis Sie sich gänzlich entspannt fühlen. Gebrauchen Sie dann Ihre kreative Imagination: Stellen Sie sich vor, *Sie und Ihr Team hätten das gesetzte Ziel bereits erreicht.* Imaginieren Sie so lebhaft wie möglich den gewünschten Schlußpunkt, an dem alles, was Sie sich vorgenommen haben, erreicht ist. Erleben Sie die damit verbundenen Gefühle: Stolz, Erleichterung, Glück, Freude, Dankbarkeit gegenüber Ihren Mitarbeitern, die Ihnen das Erreichen des Ziels innerhalb des gesteckten zeitlichen Rahmens ermöglicht haben. Lassen Sie sich viel Zeit, um diese Gefühle auszukosten und sie geradezu körperlich zu erleben. Achten Sie darauf, wie sich diese Gefühle physisch bemerkbar machen. Versetzen Sie sich in die Zukunft, wie schon in Übung (3–13), und genießen Sie es, dort angekommen zu sein. Versetzen Sie Ihren Geist in eine Art von Zeitlupe, und nehmen Sie Notiz von jedem Detail, das mit dem Erreichen dieses Ziels verbunden ist. Nehmen Sie sich Zeit, diese positiven Gefühle wirklich zu erfahren.

Vielleicht meldet sich auch Ihre eigene kritische Stimme, doch achten Sie jetzt einmal ganz bewußt nicht auf diese möglichen Einwände, und kehren Sie langsam aus der Zukunft in die Gegenwart zurück. Je realer Sie sich das erreichte Ziel vorstellen können, desto näher sind Sie der Vivencia, die Sie suchen. Verweilen Sie bei dieser Vivencia, und bleiben Sie so entspannt wie möglich. Wenn Sie eine beginnende Anspannung bemerken, kehren Sie zu der Entspannungstechnik zurück, verlangsamen und vertiefen Sie bewußt Ihre Atmung. Fangen Sie dann wiederum langsam an, sich Ihre Vision des erreichten Ziels und die damit einhergehenden Gefühle vorzustellen.

Nach einer Weile legen Sie in aller Ruhe eine Pause ein, um noch einmal die linke Gehirnhälfte zu aktivieren. Nach dieser inneren Erfahrung – Ihrer Vivencia – bewerten Sie Ihr Ziel noch einmal unter rationalen und logischen Gesichtspunkten. Wenn Sie irgendwelche Einwände gegen Ihre Vision finden, dann sollten Sie sich noch einmal Ihrer inneren Erfahrung zuwenden und sie in geeigneter Weise korrigieren. Merken Sie sich innerlich vor, dies am nächsten Tag tatsächlich zu tun. Sollte Ihre linke Hemisphäre keine Einwände haben, dann versetzen Sie sich noch einmal für einen kurzen Augenblick in Ihre Vision zurück, um die Übung zu beenden. Möglicherweise müssen Sie diese Übung mehrere Male an hintereinanderfolgenden Tagen wiederholen, bis Sie jene intensive Vivencia erreicht haben, die Sie brauchen, um Ihre Vision mit Ihrem Team zu teilen. Doch wenn Sie Ihren Mitarbeitern Ihr Ziel präsentieren, ohne eine solche Vivencia – eine intensive, innere Erfahrung – gehabt zu haben, wird dieses Ziel farblos, flach und wenig anregend sein. Dies gilt unabhängig davon, ob Sie dieses Ziel Ihrer Arbeitsgruppe, Vorgesetzten, Kunden, Auftraggebern, dem gesamten Unternehmen oder nur einigen vertrauenswürdigen Freunden auf informeller Ebene präsentieren. Wenn Sie keine persönliche Vivencia Ihres Ziels hatten, dann wird es niemals einen Anreiz auf andere ausüben und diese Personen folglich nicht von seinem Wert überzeugen. Nur Ihre Vivencia läßt Ihr Ziel lebendig werden.

Eine geteilte Vision oder gemeinsame Perspektive ist unabdingbar, um in einer Arbeitsgruppe Vertrauen zu schaffen und ein Ziel in Übereinstimmung und mit großer Energie anzugehen. Einem Kreis von Mitarbeitern dieses Ziel vorzuschlagen, bevor Sie eine ganz klare Vorstellung davon haben, ist reine Zeitverschwendung, da Sie es nur in wenig überzeugender Weise vermitteln können.

Praktische Übung (6–28)
Eine gemeinsame Vision

Wenn Sie bereit sind, Ihren Mitarbeitern ein Ziel vorzuschlagen, dann tun Sie das in Übereinstimmung mit dem, was wir zu den Power-Gedanken gesagt haben. Berufen Sie eine Besprechung ein, und erklären Sie das Ziel kurz und klar, indem Sie es mit Power-Gedanken formulieren. Gehen Sie bereitwillig auf Fragen ein, um ein hohes Maß an Klarheit zu schaffen. Geleiten Sie dann Ihre Mitarbeiter durch Übung (6–27), um ihnen Gelegenheit zu geben, eine eigene Vivencia, eine innere Erfahrung hinsichtlich des hohen Wertes dieser Zielsetzung, zu machen. Das Geheimnis zum Erfolg bei dieser Methode der Zielpräsentation beinhaltet zwei Aspekte: Sie müssen zum einen, wie schon erläutert, diese Zielvision selbst erfahren haben, und Sie müssen zum anderen langsam vorgehen, Unterbrechungen vermeiden und sehr geduldig sein, bis alle Mitarbeiter wirklich in diese mentale Vorstellung involviert sind, die Sie ihnen vorgeben. Wenn Sie sich an diese beiden Regeln halten, werden Sie Erfolg haben.

Wenn diese Gruppenübung abgeschlossen ist, befragen Sie Ihre Mitarbeiter darüber, was in ihnen vorging, während sie an ihrer Vivencia arbeiteten. Geben Sie jedem einzelnen Gelegenheit, darüber zu sprechen, was er sich während dieser Übung vorstellte und welche Gedanken ihm durch den Kopf gingen. Verteilen Sie dann vorher vorbereitete Fragebögen an alle Mitarbeiter, und lassen Sie sie – jeweils jede Person für sich – die 20 Fragestellungen aus Übung (6–25) bearbeiten. Versichern Sie ihnen, daß niemand ihre Einschätzungen an andere weitergibt, bevor diese damit einverstanden sind. Sie müssen Ihren Mitarbeitern deutlich machen, daß diese »Hausaufgabe« klären soll, wie jeder einzelne die anderen Gruppenmitglieder einschätzt, so daß die vier genannten Elemente – Integrität, Loyalität, Kommunikation und gemeinsame Visionen – gegebenenfalls zum Nutzen des gesamten Teams verbessert werden können. Ihre Rolle als Manager ist ganz entscheidend für die Vertrauensbildung in Ihrem Team. Unserer Erfahrung nach ist eine gemeinsame Perspektive der wichtigste Baustein, den Sie berücksichtigen müssen. Sobald Sie eine Arbeitsgruppe haben, in der jeder jedem vertraut, können Sie damit beginnen, an praktischen Fragen der Gruppendynamik und an einer effektiven Arbeitsgestaltung zu arbeiten.

In seinem eindrucksvollen Standardwerk über das Management erinnert Peter Drucker daran, daß Arbeitsteams – einige Leute, die sich zur Bearbeitung einer Aufgabe zusammenfinden – eigentlich seit der Steinzeit mit der gleichen zugrundeliegenden Struktur und vergleichbaren Eigenheiten funktionieren. Viele der in Arbeitsgruppen wirksamen Kräfte, sowohl auf externer Ebene, die die Interaktionen mit einschließt, als auch auf kognitiver Ebene, finden sich in sehr kleinen Gruppen wie auch in globalen, gesellschaftlichen Wechselwirkungen. Da wir uns jedoch hier vor allem auf Power-Gedanken und -Prinzipien konzentrieren wollen, beschränken wir uns auf die Kräfte, die in Arbeitsteams wirksam sind. Zur Vereinfachung werden wir die drei Hauptaufgaben einer Arbeitsgruppe analysieren und Übungen vorschlagen, mit denen Sie die Effektivität Ihres Teams vergrößern können. Diese drei Hauptaufgaben sind: 1. das Erreichen der Ziele des Teams; 2. die Beibehaltung der internen Struktur des Teams und 3. die Entwicklung des Teams und seine Anpassung an sich ändernde Bedingungen, um seine Effektivität beizubehalten und zu verbessern.

Die vorausgegangene praktische Übung beschäftigte sich mit der *Schaffung einer Zielsetzung* für das Team. Nach dieser Übung zur Schaffung einer gemeinsamen Vision müssen die Mitglieder des Teams sich dieses Ziel noch einmal genau ansehen und sicherstellen, daß a) keine Verständnisprobleme mehr bestehen; b) jeder einzelne dieses Ziel als persönlich bedeutsam ansieht (das Erreichen des Ziels muß als subjektiv positiv, und zwar für jeden einzelnen, bewertet werden), c) jeder seine Aufgaben und seinen persönlichen Beitrag zum Erreichen des Ziels kennt; d) jeder sich dem Ziel in hohem Maße verpflichtet fühlt und erkennt, in welcher Weise die anderen ihm helfen können, zu diesem Ziel beizutragen. Auf der Grundlage dieser Vorbereitung ist das Team bereit, in effektiver und kluger Weise, ohne Zeit- und Ressourcenverschwendung an dem konsensfähigen Ziel zu arbeiten.

Zur *Beibehaltung der internen Struktur* des Teams müssen zwei Mechanismen regelmäßig angewandt werden – *Offenheit und Feedback*. Denken Sie, um diese beiden Mechanismen zu verstehen, an vier verschiedene Bereiche, die im Zusammenleben von Menschen existieren: Das sind zum ersten all die Dinge, die Sie über sich selbst wissen und die auch den anderen bekannt sind (beispielsweise Kleidung, Alter, offen bekundete Meinungen und Ideen zu allen Lebensfragen). Der zweite Bereich bezieht sich auf Dinge, die Ihnen nicht bewußt sind, die anderen aber sehr wohl bekannt sind. Dieser Bereich wird manchmal auch die »Mundgeruchsphäre« genannt und betrifft Dinge wie sprachliche Eigenarten, persönliche Idiosynkrasien, Vorurteile gegenüber Menschen oder Dingen und persönliche Vorlieben oder Abneigungen. Dies sind Dinge, über die andere hinter Ihrem Rücken reden und die den Bereich des Feedbacks ausmachen. Auf der anderen Seite gibt es jedoch auch Dinge, von denen nur Sie Kenntnis haben – Ihre persönlichen und beruflichen Geheimnisse – und die anderen nur zugänglich sind, wenn Sie diese offenbaren. Und schließlich existieren eine ganze Reihe von Möglichkeiten und Talenten – keineswegs nur positiver Natur – in Ihnen, von denen weder Sie noch andere wissen. Die Ausschöpfung dieser verborgenen Möglichkeiten wird gewöhnlich von irgendwelchen Umständen ausgelöst. Viele wundersam erscheinende Ereignisse verdanken wir diesem unbekannten Bereich – beispielsweise den zerstreuten, schlecht organisierten Mitarbeiter, der aufgrund unvorhersehbarer Umstände ganz plötzlich den Job seines Chefs übernimmt und zum besten Manager des Unternehmens avanciert.

Mit dem Begriff Feedback ist die freundliche, respektvolle und konstruktive Rückmeldung in bezug auf den zweiten Bereich gemeint. Die unabdingbare Voraussetzung für ein solches Feedback ist natürlich gegenseitiges Vertrauen. Für Leute, die einander fürchten, ist kein echtes Feedback möglich. Ohne Feedback gibt es andererseits auch keine echte Teamarbeit. Diese Kraft, die ihre Bezeichnung der Analogie mit mechanischen Systemen verdankt, hält das Team mittels eines selbstregulierenden und -korrigierenden Prozesses auf der richtigen Spur (der Begriff »selbst« bezieht sich hier auf das Team als Ganzes). Dem Feedback verdanken wir die Vergrößerung des ersten Bereiches: Sie erfahren mehr über sich, was andere schon von Ihnen wissen, und Sie werden sich des eigenen Verhaltens bewußter.

Offenheit, auf der anderen Seite, zeigt Ihr Vertrauen in andere, indem Sie sie die eigenen Zweifel, Fragen und Ambitionen wissen lassen. Auch diese Variable ist für das Funktionieren der Gruppe essentiell. Wenn ein Mitglied der Arbeitsgruppe zuläßt, daß sich zu viele Fragen ansammeln, und diese den anderen nicht offenbart, geht ein hoher Grad an Effektivität verloren.

Praktische Übung (6–29)
Feedback und Offenheit

Rufen Sie Ihre Arbeitsgruppe zusammen, und erläutern Sie kurz die beiden Konzepte Feedback und Offenheit. Fordern Sie dann jeden Mitarbeiter auf, eine Einzelheit über einen anderen Mitarbeiter zu nennen, die diesem noch nicht bekannt sein dürfte. Bitten Sie die Person, die so beschrieben wird und somit Feedback erhält, zu antworten und eventuell auch eine Erklärung hierzu abzugeben. Setzen Sie diese Übung so lange fort, bis jede Person mindestens einmal ein Feedback erhalten hat. Wiederholen Sie dann bei Gelegenheit die gesamte Übung. Die Chancen stehen gut, daß Ihre Mitarbeiter die Übung beim zweiten Mal nicht mehr als so unbehaglich empfinden werden. Und falls sich dies als notwendig erweist, wiederholen Sie die Übung ruhig nochmals.

Ein Beispiel mag diesen Prozeß illustrieren. Ein Arbeitsgruppenmitglied war Louis, dem von Mary gesagt wurde, er spreche zu laut. Auch andere Kollegen waren dieser Meinung. Louis erklärte daraufhin, daß sein Vater während Louis' Kindheit eine Ohreninfektion gehabt hatte, die seine Hörfähigkeit um 50 Prozent minderte. Seine Mutter hatte die Kinder dazu angehalten, möglichst laut und deutlich zu sprechen, damit der Vater möglichst wenig auf seine Schwerhörigkeit aufmerksam würde. Louis, das Nesthäkchen der Familie, lernte schnell, daß eine laute Stimme seine Chance verbesserte, die gewünschte Aufmerksamkeit zu erlangen. Sein Vater, der noch lebte, war nie von dieser Schwerhörigkeit genesen, und die ganze Familie neigte inzwischen dazu, vor allem auf Familientreffen, sich sehr laut zu unterhalten.

Dieses einfache Feedback und die Offenheit von Louis halfen der Arbeitsgruppe in mehrfacher Hinsicht. Zum ersten war es nun »erlaubt«, Louis an seine laute Stimme zu erinnern, zum zweiten reduzierte es die Anspannung, mit der einige Kollegen auf die Lautstärke von Louis reagiert hatten. Zum dritten verbesserte es den Umgang von Louis mit seinen Mitarbeitern und den Kunden, und letztendlich erhöhte es auch das Vertrauensverhältnis in der Arbeitsgruppe. Mary hatte das Risiko auf sich genommen, das Feedback zu geben; Louis dagegen hatte positiv darauf reagiert und Informationen über die eigene Person gegeben, die den anderen noch nicht bekannt gewesen waren. Das Vertrauen innerhalb der Gruppe war so gestiegen.

Durch das Wechselspiel von Feedback und Offenheit vergrößert sich der erste Bereich (Dinge, die Sie über sich selbst wissen und die auch die anderen wissen), und die Mitarbeiter sind einander näher, weil das Vertrauen, das ein Team beim Verfolgen seiner Ziele zunehmend effektiver macht, gestärkt wird.

Eine Variation der Übung (6–29) vergrößert diesen positiven Effekt noch. Bitten Sie Ihr Team zunächst, den Satz »Ich respektiere Sie wegen...« zu vervollständigen. Nachdem jede Person einmal an der Reihe gewesen ist, geben Sie den einzelnen Personen Gelegenheit, zu dem sie betreffenden Vertrauensbeweis Stellung zu nehmen.

Diese einfache Übung ist für die Zusammengehörigkeit und die

Einheit des Teams sehr nützlich, sie maximiert die Talente und Ressourcen jedes einzelnen Mitarbeiters. Sie wird natürlich wenig nutzbringend sein, wenn sie in einem zu frühen Stadium der Teamgestaltung angewandt wird. Um tatsächlich gute Gründe für den gegenseitigen Respekt angeben zu können, brauchen die Mitarbeiter einfach Zeit und müssen einander auch unter verschiedenen Umständen begegnet sein, so daß sie einander und ihre Arbeitsweise gut kennen.

Die dritte Hauptaufgabe des Teams, die *Entwicklung und Anpassung an sich verändernde Umstände zum Zwecke einer Beibehaltung und Erhöhung der Effektivität*, ist unmittelbar an die *Erkennung* sich ändernder Umstände geknüpft. Um zu gewährleisten, daß alle Mitglieder eines Arbeitsteams solche sich ändernden Umstände erkennen, wird die folgende Übung nützlich sein.

Praktische Übung (6–30)
In die Zukunft

Berufen Sie eine Besprechung Ihres Arbeitsteams ein, und erläutern Sie so klar wie möglich die in der unmittelbaren Zukunft anstehenden Veränderungen – seien es Umstrukturierungen im Betrieb, Personalkürzungen oder eine Ausdehnung der Verantwortlichkeiten durch veränderte Arbeitsziele. Geben Sie den Mitarbeitern einige Minuten Zeit für Rückfragen, und stellen Sie sicher, daß keine Unklarheiten bestehen bleiben.

Fordern Sie dann alle auf, sich mittels einer möglichst regelmäßigen Atmung zu entspannen, so daß jeder einzelne sich nach einer Weile zumindest etwas entspannter fühlen wird als zu Beginn der Übung. Bitten Sie Ihre Mitarbeiter, ihre Imagination zu gebrauchen, um sich selbst in der Zukunft zu sehen. Jeder sollte die soeben angesprochenen Veränderungen so in Rechnung stellen, als ob sie bereits eingetreten wären. Geben Sie Ihren Leuten Zeit, in sich zu gehen und zu erfahren, wie sich diese Veränderungen auf sie auswirken, ob diese ihnen behagen, wie die Änderungen sich nutzbringend auswirken können und dergleichen mehr. Erst wenn alle diese

Übung beendet haben, ermutigen Sie sie, zu diskutieren, welche Erfahrungen sie in der Übung gemacht haben, und Notizen auszutauschen. Möglicherweise müssen Sie diese Übung wiederholen, wenn sich herausstellt, daß einige Mitarbeiter sich falsche Vorstellungen über die anstehenden Änderungen machen.

Um Ihnen die Anleitung des Teams in dieser Übung zu erleichtern, geben wir Ihnen im folgenden einige sprachliche Beispiele. Ihre eigenen Formulierungen und Begriffe sind mit Sicherheit geeigneter als diejenigen, die wir hier angeben können. Nehmen Sie deshalb die folgende Anweisung als Materialsammlung, aus der Sie vielleicht einige Formulierungen entnehmen können. Wichtig ist, daß Sie während der Übung keine Unterbrechungen zulassen und niemand zu anderen Verpflichtungen abberufen werden kann. Jeder muß die Möglichkeit haben, bequem zu sitzen. Sie sprechen langsam und mit freundlicher Stimme, ohne Anspannung, Nervosität und nicht im Kommandoton. Sie könnten beispielsweise folgendes sagen:

»Nachdem Sie alle bequem sitzen, bewegen Sie sich ruhig so lange, bis Sie eine möglichst angenehme Position gefunden haben. Achten Sie auf Ihre Atmung, und gestatten Sie Ihrem Körper, ganz natürlich zu atmen, während Sie spüren, wie Ihr ganzer Körper zur Ruhe kommt. Irgendwann werden sich Ihre Augen vielleicht von ganz alleine schließen. Wenn das der Fall ist, lassen Sie es zu, und zwingen Sie sich nicht, die Augen offenzuhalten. Fahren Sie in jedem Falle fort, Ihre Atmung zu genießen. Denken Sie währenddessen an die Entspannung, und sagen Sie zu sich selbst: ›Ich atme ganz entspannt; ich atme die Anspannung aus mir heraus und streife den Streß einfach ab.‹ Verweilen Sie einen Moment bei dieser Tätigkeit: Entspannung einatmen, Anspannung ausatmen. Richten Sie Ihre Aufmerksamkeit dann auf einige Ihrer Körpermuskeln, und achten Sie darauf, wie diese sich zunehmend entspannen. Achten Sie einmal auf Ihren Brustkorb. Fühlen Sie, wie die Atmung Ihre Brust entspannt und entkrampft. Achten Sie dann auf Ihre Schultern und den Nacken, während Sie eventuell noch vorhandene Anspannungen einfach ausatmen. Gehen Sie langsam vor, nehmen Sie sich Zeit, atmen Sie sich in ein angenehmes Körpergefühl und einen inneren Frieden, atmen Sie Streß und Anspannung aus. Machen Sie mit jedem Körperteil, das Ihnen noch angespannt erscheint, dasselbe. Stellen Sie sich Ihr Atmen als eine milde Brise vor, die Anspannung und Unbehagen von Ihnen nimmt. Während Sie dies tun, beginnen Sie neugierig zu werden: Wie viele Minuten werden Sie wohl brauchen, um gänzlich entspannt zu sein?

Um zu erfahren, wie sehr Sie sich entspannen, stellen Sie sich eine 10-Punkte-Skala vor: Die 10 steht hierbei für bestmögliche Entspannung, während 1 das Gegenteil von Entspannung kennzeichnen soll. Während Sie sich diese Skala vorstellen, welche Zahl fällt Ihnen dann jetzt spontan ein? Wenn Sie irgend etwas über 3 erreicht haben, sollten Sie sehr zufrieden sein. Genießen Sie diese Möglichkeit, die Anspannung Ihres Körpers zu verändern.

Begeben Sie sich nun in die Zukunft, und stellen Sie sich selbst dort vor. Die angegebenen Veränderungen sind in Kraft getreten, und Sie befinden sich in der neuen Situation. Stellen Sie sich vor, wie Sie gut damit umgehen können, zufrieden mit Ihrer Leistung und Produktivität. Nehmen Sie sich Zeit, dieses positive Gefühl zu genießen. Sie haben die Veränderungen nicht nur akzeptiert, sondern Sie schätzen diese Änderungen. Während sie weiter mit Ihrer regelmäßigen Atmung fortfahren, vergegenwärtigen Sie sich, wie gut es Ihnen jetzt – in der Zukunft – geht, und das angesichts von Umbrüchen und Entwicklungen, die vielleicht einmal sehr beunruhigend waren. Sehen Sie reihum die Mitglieder Ihres Teams an, und bedenken Sie den Beitrag jedes einzelnen zur Teamarbeit, die Stärken und besonderen Vorzüge jedes einzelnen. Genießen Sie es, zu diesem Team zu gehören. Seien Sie ruhig stolz. Sehen Sie sich selbst als Teil dieses Teams, nach all den Änderungen in Ihrem Unternehmen. Stellen Sie sich vor, wie gut Sie sich in diesem ›neuen‹ Unternehmen einfügen, und konzentrieren Sie sich auf all die positiven Gefühle, die Sie gegenwärtig erfahren.«

Dieses Skript soll Ihnen eine Vorstellung davon vermitteln, wie Sie Ihren Mitarbeitern diese Übung in möglichst positiver Weise sprachlich erläutern können. Sie vergrößern die Wirkung Ihrer Worte, wenn Sie nach jedem Satz eine kurze Pause machen, so daß Ihre Mitarbeiter sich in die jeweils präsentierte Vorstellung einfühlen können. Geben Sie, wie schon erwähnt, auf alle Fälle genug Zeit, Anmerkungen zu diskutieren und die verschiedenen Eindrücke zu vergleichen, bevor Sie die Sitzung beenden.

Sobald Ihr Team eine klare Vorstellung davon hat, wie die zu erwartenden Änderungen aussehen werden, können Sie darangehen, konkreter zu planen, welche Arbeitsbereiche von den Änderungen betroffen sein werden. Entscheiden Sie selbst, wie detailliert Sie dies besprechen wollen. Ein Teil dieses konkreteren Plans mag die Zuweisung von bestimmten Aufgaben an einzelne Mitarbeiter sein, wie das Erstellen von Analysen, Vorbereiten von Ausrüstung oder Materialien, Anwerben von spezialisiertem Personal oder was auch immer.

Die gleiche »In die Zukunft«-Übung (ähnlich dem mentalen Proben, Übung [3–13]) ist auch hilfreich, neuen Herausforderungen zu begegnen oder konkrete Aufgaben und Anforderungen vorzubereiten. Diese innerliche Vorbereitung Ihrer Mitarbeiter auf das, was auf sie zukommt, und die Besprechung der resultierenden Stimmungsbilder ist ein konstruktiver Weg zur Vertrauensbildung oder zur Aufrechterhaltung des Vertrauens zwischen allen Mitgliedern des Arbeitsteams, so daß das Team als Einheit das Höchstmaß seines Potentials ausschöpfen kann. Indem Sie diese Übung durchführen, beweisen Sie Ihren Mitarbeitern auch das Vertrauen und den Respekt, den Sie ihnen entgegenbringen; Sie geben darüber hinaus ein Beispiel, welches Vertrauen Ihre Mitarbeiter Ihnen entgegenbringen können.

Peter war Direktor einer großen öffentlichen Erziehungseinrichtung, die in allen großen Städten der USA kulturelle und wissenschaftliche Institute unterhielt. Ihr Budget war ausreichend, aber doch eng bemessen; zudem gab es sehr strenge Verantwortlichkeitsregelungen. Peter hatte große Schwierigkeiten, sein Team zu einer vorsichtigen und sorgfältig geplanten Ausgabenpolitik zu bewegen. Wir erläuterten ihm die gerade beschriebene Übung, und er nutzte diese Möglichkeit, seinen Mitarbeitern klarzumachen, was passieren würde, wenn die zur Verfügung stehenden Mittel nicht sinnvoll eingesetzt würden. Die Arbeitsgruppe versetzte sich selbst in die Zukunft: Viele der Selbstverständlichkeiten der Gegenwart würden verlorengegangen sein, beispielsweise die Möglichkeit, zusätzliche Kräfte zu beschäftigen, die geplante Wanderausstellungen betreuen konnten. Nach der Diskussion und Planung einer besseren Ausgabenpolitik konnten Mittel bereitgestellt werden, eine Teilzeitkraft zur Rechnungsführung einzustellen, die das Problem für die gesamte Arbeitsgruppe in die Hand nahm. Die Projektion in die Zukunft ließ das Team erkennen, daß es seine schlechten Angewohnheiten im Umgang mit den finanziellen Ressourcen verbessern sollte.

Neben dem Aspekt der Vertrauensbildung und die Gruppendynamik gibt es in der Teamarbeit noch eine Reihe weiterer Schwierigkeiten, auf die ein Teamleiter gefaßt sein muß. Wir werden im folgenden diejenigen Schwierigkeiten auflisten, denen wir in Arbeitsgruppen des Wirtschaftslebens am häufigsten begegnet sind. Diese fallen zunächst einmal in zwei große Bereiche oder Gruppen: Widerstand und Umgang mit schwierigen Gruppenmitgliedern. Es ist selbstverständlich, daß der Vorgesetzte wissen muß, was er mit seinem Team macht. Eine mangelnde Ausbildung in der Führung einer Arbeitsgruppe ist unproduktiv und schadet nicht nur dem Team als Ganzem, sondern sogar den einzelnen Mitgliedern. Das absolute Minimum an Ausbildung, worüber ein Vorgesetzter verfügen sollte, ist, a) in verschiedenen Gruppen als Mitglied eines Teams gearbeitet zu haben und b) das eine oder andere zur Verfügung stehende Standardwerk über Gruppendynamik und Arbeitsprozesse in Gruppen gelesen zu haben. Wünschenswert ist eine Ausbildung, in der Teamleiter einen Kurs in Gruppendynamik mit praktischen Übungen und aktiver Teilnahme an einer Gruppe absolviert hat. Unter der Voraussetzung, daß Sie diese Art von Ausbildung im Führen von Mitarbeitern haben, mag die Beschäftigung mit den beiden im folgenden dargestellten Problemfeldern genügen.

Der Begriff *Widerstand* bezieht sich gewöhnlich auf das Phänomen, daß einzelne Gruppenmitglieder von sich behaupten, Mitglied eines Teams zu sein, sich jedoch in Wirklichkeit der Dynamik der Gruppe nur entgegenstellen. Solcher Widerstand kann viele Formen annehmen – Versäumen einer wichtigen Besprechung, Passivität, ständiger Widerspruch gegen jedermann, immer ein Haar in der Suppe finden, ständig Witze machen und viele weitere Variationen dieser allgemeinen Themen. Wie eingangs erläutert, sagen und glauben diese Personen, daß sie an einer konstruktiven Zusammenarbeit interessiert sind, doch ihr Verhalten blockiert das Funktionieren des Teams. Die beste Technik, die Ihnen als Vorgesetztem zur Verfügung steht, ist die freundliche Konfrontation: Immer, wenn ein Teammitarbeiter etwas sagt oder tut, was das Fortkommen des Teams behindert oder den reibungslosen Ablauf stört, sagen Sie einfach: »Ich finde, was Sie gesagt (oder getan) haben, ist nicht in Ordnung.« Was auch immer der Betreffende jetzt tun mag, Sie haben ihn nicht angegriffen: Sie haben ihn lediglich wissen lassen, daß sein Verhalten für *Sie* nicht in Ordnung war. Was immer nun von ihm aus auf Sie zukommen mag, fahren Sie fort, auf *Ihr* Unbehagen hinzuweisen. Dies ist eine sachliche Auseinandersetzung, ohne daß ein Urteil über die Motivation oder die Absichten gefällt würde. Ein solcher Hinweis wird von all denen, die es unweigerlich in jeder Arbeitsgruppe gibt, oft positiv aufgenommen und hilft deshalb diesen Mitarbeitern, sich in höherem Maße in den Dienst des Teams zu stellen.

Ein Dialog aus einer Gruppeninteraktion, bei der ein Standortwechsel einer Gemeindeverwaltung besprochen werden sollte, mag Ihnen bei der Identifikation dieser Form des Widerstandes und seiner möglichen Handhabung behilflich sein:

Vorgesetzter: Die Schlußfassung des Projekts muß bis Montag vorliegen. Betty (die nächsthöhere Vorgesetzte) kann nicht länger darauf warten.

Jerry: Immer hat sie es so eilig. Jede Wette, all ihre Kinder waren Frühgeburten.

Terri: Vergiß es, Jerry! Das ist nicht witzig, weißt du?

Jerry: Tut mir leid, Terri! Du bist so schrecklich sensibel. Ich bin vielleicht nicht so witzig, aber du bist ziemlich langweilig.

Vorgesetzter: Okay, Leute, Schluß jetzt damit.

Terri: Warum jetzt Schluß damit? Können Sie Jerry nicht sagen, daß er wirklich einmal damit aufhören soll? Sie können Betty nicht

erwähnen, ohne daß er einen dummen Spruch dazu abgibt. Er sollte damit aufhören, nicht ich.
Jerry: Arme, unschuldige Terri!
Vorgesetzter: Okay, Jerry. Ich finde Ihre Kommentare nicht in Ordnung. Ich mag sie nicht. Und tun Sie mir bitte den Gefallen, und hüten Sie Ihre Zunge.
Jerry: Ist das jetzt Ihr Ernst? Unglaublich! Ihnen einen Gefallen tun! Einfach unglaublich!
Phil: Jerry, hör mit dem Quatsch auf. Wir verschwenden unsere Zeit, und das liegt nicht an mir. Zurück zum Termin für die Schlußfassung des Projekts.
Jerry: Ich will ja nur sagen, daß Betty verrückt ist. Wir können diesen Termin nicht einhalten. Das ist alles. Laßt Leo, unseren großartigen Vorgesetzten, hingehen und ihr sagen, daß sie ihren Termin besser vergessen soll.
Linda: Jerry, das ist deine Meinung. Ich denke nicht, daß es unmöglich ist. Wir können es schaffen.
Dick: Das sehe ich auch so.
Terri: Ich auch.
Vorgesetzter: Was ist mit Ihnen, Phil und Mel?
Mel: Ich glaube nicht, daß es einfach wird, aber wir sollten es versuchen. Alles in allem ist es kein unmöglicher Termin.
Phil: Wir sollten es versuchen.
Jerry: Ihr seid wie die kleinen Kinder. Nur weil ich sage, Betty ist verrückt, stimmt ihr alle gegen mich. Bezahlt sie euch, damit ihr sie glücklich macht?
Vorgesetzter: Jerry, ich habe Sie um den persönlichen Gefallen gebeten, damit aufzuhören. Mir sind diese Kommentare über Betty nicht recht, okay?
Jerry: Habe ich es denn versprochen? Ich kann mich nicht erinnern.
Phil (mit lauterer Stimme): Hör jetzt auf, ja?!
Jerry: Jetzt werde ich ausgeschimpft, ja?
Terri: Interessant, daß du uns kleine Kinder nennst, obwohl du es bist, der sich jetzt wie ein Satansbraten aufführt.
Vorgesetzter: Danke für Ihre Unterstützung. Ich will jetzt wieder auf den Termin zurückkommen. Jerry sagt, er kann bis Montag nicht

fertig sein. Alle anderen glauben, daß sie es können. Aber dies ist eine Gemeinschaftsarbeit, und ich fände es schön, wenn wir Jerry behilflich sein könnten. Kann jemand anderes das übernehmen?
Jerry: Ich will von niemandem hier Hilfe. Ich bin sehr wohl in der Lage, meine Aufgaben zu erledigen, aber nicht bis nächsten Montag! Unmöglich.
Mel: Kannst du uns eigentlich sagen, warum nicht?
Phil: Ja, eine gute Idee.
Linda: Ja, Jerry, schieß los.
Terri: Würde mich auch interessieren. Wir sind schließlich ein Team.
Jerry: Ich hasse einfach Bettys Last-Minute-Aktionen. Sie hatte den ganzen Monat Zeit, uns zu informieren, und jetzt kommt sie ganz plötzlich mit diesem dringenden Termin. Ich hasse es, unter diesem Druck zu arbeiten. Wenn wir ihr sagen, daß es unmöglich ist, dann erkennt sie, daß sie uns nicht so herumschubsen kann.
Phil: Ich stimme Jerry zu. Ich hasse auch diese künstlich heraufbeschworene Dringlichkeit, die Betty dauernd produziert. Ich würde ihr nicht sagen, daß es nicht geht, aber daß wir eine Woche länger brauchen, als sie verlangt. Wäre das Zeit genug für dich, Jerry?
Terri: Das bezweifle ich.
Jerry: Ja, genau. Ich würde ihr gerne sagen, daß sie uns nicht so manipulieren kann. *Wir* sagen ihr, wann wir fertig sind. Wir sind professionell arbeitende Menschen, die einen guten Job machen. Laßt uns das ein für allemal klarstellen.
Vorgesetzter: Ich habe keine Schwierigkeiten, ihr zu sagen, daß wir es nicht schaffen.
Phil: Nein, nein. Sagen Sie einfach, wir brauchen eine weitere Woche, nicht, daß wir es nicht schaffen. Um es wirklich gut zu machen, brauchen wir eine Woche länger, das ist alles, was sie wissen muß.
Vorgesetzter: Okay, das ist in Ordnung. Ich sage ihr, daß wir es fertig haben bis . . . wann?
Mel: Montag in acht Tagen, warum nicht?
Terri: Einverstanden.

Jerry: Seht ihr, Leute, am Ende stimmt ihr mir doch zu.
Dick: Geht das schon wieder los, Jerry.
Jerry: Kannst du keinen Spaß vertragen?
Dick: Wer sagte eben noch, daß du nicht so besonders witzig bist?
Terri: Der Meinung bin ich nach wie vor und . . .
Jerry: Komm, Dick, erzähl mir nicht, daß du hier der Witzigste bist.
Vorgesetzter: Jerry, Sie hatten sicherlich recht, und ich danke Ihnen herzlich für Ihren Beitrag, aber ich bleibe dabei, daß der Stil Ihrer Auseinandersetzung mir nicht gefällt. Ich fühle mich einfach nicht wohl dabei. Und ich bitte Sie erneut, seien Sie ein bißchen ruhiger, bitte. Und im allgemeinen würde ich lieber direkter bei der Sache bleiben. Ich bin fest davon überzeugt, wir hätten dies in viel kürzerer Zeit entscheiden können. Okay? Sitzung geschlossen.

Bei der Analyse dieser Interaktion wird sichtbar, daß Jerry für das Team eine ständige Störquelle darstellt. Andere Mitarbeiter reagieren verschiedentlich mit Verärgerung auf Terrys Verhalten. Ist es das, worauf er wartet, und wird er seine Mitarbeiter weiterhin irritieren, solange er diese Reaktion bekommt? Das ist eine schwierige Frage, aber unserer Einschätzung nach besteht die vordringlichere Aufgabe darin, eine Mißlichkeit zu erkennen und zu beheben und sich nicht zu lange damit aufzuhalten, warum diese Störung nun auftritt. Wie sieht ein effektiver Umgang mit Jerry aus? Dieser besteht sicherlich nicht in einer direkten Konfrontation, denn im Falle von Terri, Dick und Phil, die diesen Weg einschlagen, hilft es nichts – es ermutigt ihn lediglich, die Situation zu verschärfen. Auf der anderen Seite scheint das Verhalten des Vorgesetzten, Leo, ein abgemilderter Widerspruch, Jerrys Verhalten nicht zu verschärfen, sondern den Grundstein für eine allmähliche Besserung zu legen.

Es ist interessant, daß das Team letztendlich Jerry zustimmt. Doch diese Zustimmung basiert nicht auf Jerrys anmaßendem Verhalten, sondern auf der Tatsache, daß anscheinend alle Mitarbeiter unzufrieden mit Betty sind, die häufiger in letzter Minute mit eiligen Terminen aufwartet. Leo widersprach Jerry mehrfach *freundlich*, indem er auf sein (Leos) Unbehagen bei Jerrys Verhalten hinwies. Diese Strategie ermöglichte es dem Team, die eigene Arbeit fortzusetzen, ohne in Jerrys ineffektiven Kommunikationsstil hineingezogen zu werden.

Die folgende Übung soll dazu dienen, die Kunst dieses freundlichen Widerspruchs zu erproben. Bevor wir diese Übung darstellen, sollte darauf hingewiesen werden, daß der Unterschied zwischen dieser Übung und Übung (3–13), mentales Proben, in der andersartigen Betonung liegt. In Übung (3–13) haben Sie etwas geübt, was Sie immer schon vorhatten oder sich wünschten, aber noch nicht umgesetzt hatten. Demzufolge standen Gefühle des Stolzes und der Befriedigung im Vordergrund. In der folgenden Übung, dem mentalen Lernen, gehen Sie einfach schrittweise durch, was Sie erlernen wollen. Der Schwerpunkt liegt hierbei auf der neuen Fertigkeit, die Sie sich aneignen, indem Sie Ihre Vorstellungskraft angemessen einsetzen.

Praktische Übung (6–31)
Mentales Lernen

Begeben Sie sich wiederum an Ihren besonderen Ort, und finden Sie jene besondere Ruhe und Ausgeglichenheit, die Sie dort erfahren können. Sobald Sie dort mental angekommen sind, denken Sie an einen der »Jerrys« in Ihrem Leben – sei es aus dem Arbeitsleben oder aus dem privaten Bereich. Suchen Sie sich unbedingt nur eine Person pro Übung aus. Stellen Sie sich dann vor, wie diese Person das für Sie so ärgerliche Verhalten an den Tag legt. Finden Sie heraus, welche inneren Reaktionen Sie auf dieses Verhalten zeigen: Ärger oder Abscheu, Angst oder Entsetzen oder welche Gefühle auch immer Sie an sich beobachten. Lassen Sie Ihr inneres Selbst diese negativen Gefühle erfahren. Achten Sie darauf, wohin diese Gefühle Sie führen; auf welche Art und Weise Sie auf Jerry reagieren wollen. Doch statt sich vorzustellen, wie Sie im Einklang mit Ihren Gefühlen handeln, lassen Sie einfach einen anderen Film vor Ihrem geistigen Auge ablaufen. Stellen Sie sich vor, wie Sie Jerry auf freundliche Weise widersprechen. Hören Sie sich sagen: »Ich finde nicht gut, wie Sie sich verhalten (was Sie da sagen).« Sie sagen dies mit ruhiger Stimme und wenden sich direkt an Jerry. Wenn seine Antwort auf Ihre Äußerung aggressiv ausfällt, stellen Sie sich erneut vor, daß Sie – ohne jede Unmutsäußerung – darauf hinweisen, daß Sie mit seiner Antwort nicht zufrieden sind. Fahren Sie fort, sich eine sachliche Reaktion anzueignen, machen Sie Ihr Gegenüber auf Ihre Gefühle aufmerksam und nicht auf dessen unangemessenes Verhalten. Bleiben Sie bei dieser mentalen Aktivität, bis Sie sich mit der Reaktion Jerry gegenüber zufrieden fühlen. Registrieren Sie dann ganz bewußt Ihre Zufriedenheit mit dieser Leistung. Es wird Ihnen guttun zu bemerken, daß Aufsässigkeit, rüdes Verhalten, Beleidigungen und dergleichen mehr nun von Ihnen abprallen und Sie nicht länger verärgern werden. Sie sind jetzt auf der Siegerstraße. Ihr Gegenüber kann Sie weder verletzen noch Ihr Wohlbefinden beeinträchtigen. Sie haben sich selbst immunisiert gegenüber den Dingen, die Sie zuvor bekümmert oder geärgert haben. Sie können andere Menschen nicht ändern, obwohl das natürlich wünschenswert wäre. Aber Sie haben die Macht, sich selbst gegen solch ärgerliches Verhalten immun zu machen. Und das ist ein großartiges Gefühl.

Dieses mentale Lernen kann auf viele Fertigkeiten zwischenmenschlichen Verhaltens angewandt werden, die Sie sich aneignen oder verbessern wollen. Die Kunst des freundlichen Widerspruchs gibt Ihnen in der Regel einen größeren Einfluß, als wenn Sie die direkte und oft zornige Konfrontation suchen. Sie sollten die Übung anwenden, wann immer Sie Schwierigkeiten mit einem Ihrer Mitarbeiter haben, vor allem wenn dieser Mitarbeiter Sie verwirrt oder Sie ärgerlich werden läßt oder überhaupt auf Ihr Gefühlsleben Einfluß nimmt. Mentales Lernen ist eine schrittweise Annäherung an ein Verhalten, das Sie lange nicht mehr oder noch nie beherrscht haben. Achten Sie zunächst darauf, *wie* Sie es tun können, und nicht auf die eigene innere Befriedigung. Erst wenn Sie es vor Ihrem geistigen Auge ausreichend geübt haben, schenken Sie den daraus resultierenden positiven Gefühlen mehr Aufmerksamkeit.

Es ließe sich noch viel zum Thema Teamgestaltung und Teamarbeit sagen. Um die bisherige Darstellung zu vervollständigen, wenden wir uns jetzt speziell Ihrer Rolle als Leiter einer Arbeitsgruppe zu. Als Manager sind Sie ein Teamleiter, und Ihre Vorstellungen und Gedanken zu dieser Funktion sind – wie immer – entscheidend für Ihr Verhalten als Teamleiter. Um zu dieser spezifischen Funktion im Management fähig zu sein, sollten Sie die zugehörigen Power-Gedanken beherrschen, die darauf basieren, was wissenschaftliche Untersuchungen über die Rolle eines Gruppenleiters ergeben haben. Im folgenden finden Sie zunächst eine Liste solcher Power-Gedanken für Sie als Teamleiter. Es folgt dann eine Übung, mit der Sie sich diese Power-Gedanken zu eigen machen können, damit diese für Sie arbeiten.

Der erste Power-Gedanke lautet: *Sie als Vorgesetzter müssen für Ihr Team eine Art Trainer sein, der dieses Team anleitet und auf positive Weise managt* (statt »Trainer« steht im amerikanischen Original »coaching« – ein Begriff, der dem deutschen Leser vermutlich auch ohne Übersetzung verständlich ist, da das Coaching als Methode des Managements eben unter dieser Bezeichnung Eingang in die deutsche Fachliteratur gefunden hat; A.d.Ü.). Das Coaching im Management ist ähnlich zu verstehen wie im sportlichen Bereich; wie der Coach im Sport sollte der Manager demzufolge eine partnerschaftliche Beziehung zu seinem Arbeitsteam haben und nicht als eine nicht in Frage zu stellende Autoritätsperson auftreten. Die Entwicklung demokratischer Ideen in den westlichen Kulturen ist von einem entsprechenden Einstellungswandel im Wirtschaftsleben begleitet worden. Diese Einstellung beinhaltet auch die Garantie für Loyalität und Respekt seitens der Angestellten gegenüber der Führungsperson. Die Führungsperson wiederum verdient sich diese Treue durch die Methode des Coachings. Diese Methode betont vor allen Dingen die Gemeinsamkeiten zwischen Ihnen als Vorgesetztem und dem Team und vernachlässigt demgegenüber die Unterschiede. Zu diesen Gemeinsamkeiten gehört:

a) Sie und Ihr Team müssen gemeinsam erfolgreich sein. Der Teamerfolg ist Ihr Erfolg.

b) Sie und Ihr Team werden durch die Interaktion im Team und durch die Nutzung der Ressourcen jedes einzelnen bereichert.

c) Sie und Ihr Team werden effektiv, indem Sie auch einmal

Risiken eingehen und durch Versuch und Irrtum herausfinden, was möglich ist und was nicht.

Ein anderer Aspekt dieses Power-Gedankens besteht darin, daß Sie als Vorgesetzter das Team in jede beliebige Richtung steuern können, entweder in Richtung Produktivität (wie wir im nächsten Kapitel sehen werden) oder in die gegenteilige Richtung. Dies ist Ihre große Herausforderung und Verantwortung. In diesem Zusammenhang findet der folgende Power-Gedanke seine Anwendung: *Jedes meiner Teammitglieder hat noch versteckte Fähigkeiten und Möglichkeiten in sich. Im eigenen Interesse sollte ich diese verborgenen Schätze in jedem entdecken.* Als ein Coach, der das Positive in der Arbeitsgruppe betont, hilft Ihnen dieser Power-Gedanke, stets nach dem verborgenen, latenten Potential Ausschau zu halten, das Sie entdecken und zu Tage fördern können. Die Interaktion der Arbeitsgruppe gleicht einem Laboratorium, in dem Sie und Ihre Mitarbeiter Talente und Ressourcen entdecken können, die früher niemandem bekannt waren.

Der nächste Power-Gedanke für Sie als Vorgesetzten lautet: *Ich sollte mich darauf konzentrieren, das anstehende Ziel zu erreichen. Demzufolge achte ich auf die Arbeitsresultate und ermutige jeden einzelnen, seinen Teil beizutragen. Aus diesem Grunde lobe ich jede selbständige Anstrengung meiner Mitarbeiter.*

Ein klares Ziel für Ihre Arbeitsgruppe vor Augen zu haben ist Ihre Hauptverantwortung als Arbeitsgruppenleiter; Sie können diese Verantwortung mit ihren Mitarbeitern teilen, indem Sie Übung (6–28) anwenden. Dazu gehört auch das Vernachlässigen unwichtiger Dinge. Der zweite Teil dieses Power-Gedankens liegt in der Notwendigkeit, flexibel und offen zu sein für die Ideen und Methoden, die Ihre Mitarbeiter Ihnen präsentieren. Solange der Weg, den Ihre Mitarbeiter zum Erreichen des Ziels vorschlagen, moralisch gerechtfertigt, legal und allgemein akzeptabel ist, können Sie als Vorgesetzter diesen Weg begrüßen, auch dann, wenn er nicht Ihre erste Wahl gewesen wäre. In diesem Sinne sollten Sie jede Gelegenheit nutzen, Ihre Mitarbeiter für Ihre eigenständigen Anstrengungen auf dem Weg zum Ziel zu loben und zu bestärken, da Sie dadurch auch gleichzeitig die Arbeitseffektivität maximieren.

Bevor wir mit den nächsten Power-Gedanken fortfahren, erlauben Sie einige Überlegungen zu den drei bislang präsentierten Power-Gedanken. Ihre Rolle als Führungskraft ist die, anderen die Arbeit zu erleichtern. Sie sollten einen aufrichtigen Respekt für jeden Mitarbeiter haben, damit dieser sich frei genug fühlt, Ideen zu präsentieren, Meinungen zu äußern, anderen zu widersprechen und ganz allgemein aktiv an der Arbeit auf dem Weg zum Ziel teilzuhaben. Dies entspricht der Idee des Coachings, der dem ersten Power-Gedanken zugrunde liegt. Der autokratische Vorgesetzte verhindert diese Interaktion der Gruppe und erntet üblicherweise nur enttäuschte Mitarbeiter, die vielleicht sogar die Arbeit des Teams sabotieren, oder angepaßte Mitarbeiter, denen der Ausgang des Projekts wirklich egal ist. Wenn Sie als Leiter eines Teams erfolgreich sein wollen, dann brauchen Sie die Einstellung, die aus dem zweiten Power-Gedanken spricht. Wenn Sie wirklich daran glauben, daß Ihre Mitarbeiter verborgene Talente und Ressourcen aufweisen, die dem Erreichen des Ziels förderlich sein könnten, dann vermitteln Sie Ihren Leuten diese Einstellung von Respekt, Lernbereitschaft und Wertschätzung. Wenn Sie an die Fähigkeiten jedes einzelnen glauben, mögliche Vorschläge respektieren und bereit sind, von Ihren Mitarbeitern zu lernen, wird es Ihnen zunehmend leichter fallen, die vollbrachten Leistungen anstelle der Fehler zu sehen. Das heißt nicht, daß Sie Fehler grundsätzlich übersehen sollten, sondern nur, daß Sie das Positive akzentuieren sollten. Mißgeschicke sollten sachlich festgestellt und nicht dazu benutzt werden, jemanden bloßzustellen. Ein Vorgesetzter wird auch davon profitieren, die wahren Ursachen zu ergründen, indem er falsche Erwartungen oder Annahmen ausfindig macht, die diesen oder jenen Fehler begünstigt haben. Dieser Prozeß der Fehleranalyse kann dem gesamten Team wertvolle Informationen vermitteln, so daß ein ähnlicher Fehler in Zukunft unwahrscheinlicher sein wird.

Ein effektiver Vorgesetzter ist, wie gesagt, ein Coach und somit eine Person, die anderen die Arbeit erleichtert und Hilfestellungen gibt. Als Coach werden Sie instruieren, lehren und anleiten, immer in dem Bewußtsein, daß Korrekturen nötig sind, Fehler nicht persönlich zu nehmen sind und daß Sie ständig an den Gedanken Ihrer

Mitarbeiter interessiert sein sollten. Als jemand, der Arbeit erleichtert, achten Sie darauf, daß eine Arbeitsatmosphäre entsteht, in der sich jeder einzelne wohl fühlt, so daß alle sich gegenseitig unterstützen.

Das Beispiel von TMC Electronics ist hier hilfreich. TMC war nun bereits im dritten Quartal in den roten Zahlen. Man entdeckte schließlich, daß ein großer Teil des verlorenen Geldes auf Nachlässigkeiten und Fehler in verschiedenen Organisationsbereichen beruhte, vor allem im Marketing und Verkauf. Viele Leute traf Schuld an dieser katastrophalen Situation. Angesichts einer Einberufung der verschiedenen Abteilungsleiter zu einer entscheidenden Besprechung fühlte sich jeder angespannt, ängstlich und mutlos. Rodrigo, der Aufsichtsratsvorsitzende, betrat den Raum, begrüßte die Anwesenden und sagte:»Wir befinden uns in einer Krise. Dies kann das Ende für TMC bedeuten, aber es muß nicht so weit kommen. Wir können die Versäumnisse beheben. Ich will deshalb keine Zeit verschwenden mit den üblichen Schuldzuweisungen und Strafaktionen. Ich will in die Zukunft sehen und unsere heutigen Optionen zur Besserung der Situation herausfinden. Ich vertraue jedem einzelnen und glaube, daß er mit den besten Absichten gehandelt hat, aber wir sind in eine Sackgasse geraten. Wir können jetzt aus unseren Fehlern lernen, und wir sollten sofort damit beginnen.«

Durch dieses Vorgehen entspannte sich die Arbeitsgruppe spürbar. Einige lächelten sogar. Die folgenden beiden Stunden wurden höchst produktiv genutzt, um die Wege in die Katastrophe zu analysieren und Maßnahmen zu finden, die eine Fortsetzung verhindern und möglichst schnell aus der jetzigen Lage führen würden. Am Ende des nächsten Quartals war TMC noch immer in den roten Zahlen, doch nicht mehr so deutlich wie in den vorauslaufenden Abschnitten. Ein Jahr später hatte man sich gänzlich erholt und erwirtschaftete einen Gewinn, der um 120 Prozent über dem des Vorjahres lag. Rodrigos Einstellung bei diesem entscheidenden Treffen hatte großen Anteil an der Leistung des Arbeitsteams. Der herausragende Punkt aber in dieser wundersamen Wende war, daß alle Arbeitsplätze erhalten werden konnten; niemand wurde aufgrund von Strafaktionen oder wegen wirtschaftlichen Sachzwängen ersetzt oder gefeuert. Rodrigo hatte nicht nur den richtigen Ton getroffen, sondern auch sein Versprechen gehalten. Als guter Vorgesetzter hatte er das gegenseitige Vertrauen unter den Abteilungsleitern erhöht, und diese hatten das gesamte Unternehmen positiv beeinflußt.

Im Anschluß an dieses Beispiel ist der folgende Power-Gedanke naheliegend: *Meine erfolgssichere Einstellung gibt auch für meine Mitarbeiter den Ton an. Ich kann ein erfolgreiches Team schaffen.* Nach dem eben gegebenen Beispiel bedarf dieser Power-Gedanke keiner weiteren Erläuterung. Es ist jedoch interessant, hier anzumerken, daß Rodrigo nach jener entscheidenden Sitzung uns sagte, daß er sich sehr deprimiert, ärgerlich und verletzt fühlte. Trotzdem vermittelte er seinen Abteilungsleitern eine sehr zuversichtliche Haltung, was den Grundstein zum Erfolg legte. Hätte er seinen Ärger gezeigt, wäre die Arbeitsgruppe nur noch defensiver und negativer an die Sache herangegangen. Indem er seine persönliche Reaktion nicht offenbarte, munterte er das Team auf und versetzte es in einen konstruktiven Zustand, der die Wende ermöglichte.

Die folgenden Power-Gedanken sind früheren Teilen dieses Kapitels entnommen. Betrachten Sie den folgenden:
Die Effektivität meines Teams wird von meiner Integrität in bezug auf die Gruppe abhängen. Führen Sie sich noch einmal die Elemente der Integrität vor Augen, die wir in unserem Modell zu Beginn des Kapitels erläutert haben: Wichtig in diesem Zusammenhang sind *Ihre* Freundlichkeit, *Ihre* Zuverlässigkeit, *Ihr* Bemühen um hohe Standards im persönlichen Umgang, *Ihre* Teamarbeit und Mitwirkung und *Ihre* Aufrichtigkeit und Charakterfestigkeit gegenüber jedem einzelnen Mitarbeiter. Bedenken Sie, daß diese Power-Gedanken nur leere Phrasen sind, solange Sie diese nicht *anwenden,* indem Sie sich Zeit nehmen, entsprechende Konsequenzen zu ziehen und praktische Anwendungen für die Arbeitsgruppe zu ermitteln. Dasselbe sollten Sie in bezug auf die anderen drei Elemente der Übung (6–25) tun, Loyalität, Kommunikation und gemeinsame Visionen. Seien Sie unbarmherzig ehrlich mit sich selbst, wenn Sie sich daran erinnern, daß

die Effektivität Ihres Teams von Ihrem Beitrag zu jedem einzelnen Punkt dieses Konzepts abhängt.

Der letzte Power-Gedanke, der für einen effektiven Führungsstil unerläßlich ist, lautet: *Ich akzeptiere uneingeschränkt, daß ich als Vorgesetzter nicht perfekt bin, und akzeptiere deshalb gerne Feedback und Empfehlungen von Mitarbeitern, um diese als Möglichkeit zum persönlichen Wachstum zu nutzen.* Eine der vertracktesten Situationen für ein Arbeitsteam entsteht dann, wenn der Vorgesetzte keine Kritik annehmen kann, sondern statt dessen defensiv wird, seine Fehler zu entschuldigen sucht oder, schlimmer noch, seine Kritiker im Gegenzug anzugreifen versucht. Und eine der produktivsten Gruppensituationen entsteht, wenn der Vorgesetzte Kritik akzeptieren kann und diese dazu nutzt, sich zu bessern – sowohl als Manager als auch als Person –, und wenn er das Feedback als Anlaß für persönliche Einsichten und Selbstoffenbarung nimmt, die dem ganzen Team nutzen können.

Praktische Übung (6–32)
Ihre Führungsrolle

Nehmen Sie einen der Power-Gedanken der letzten Seiten zur Hand, und lassen Sie sich mindestens 15 Minuten Zeit, diesen Gedanken tief in sich aufzunehmen. Nutzen Sie hierfür wiederum Ihre kreative Imagination, indem Sie Ihren besonderen Ort aufsuchen. Lassen Sie sich zunächst etwas Zeit, um ganz dort zu sein und auf jedes Detail Ihrer Umgebung zu achten. Beginnen Sie dann langsam, über den von Ihnen ausgewählten Power-Gedanken nachzudenken. Wiederholen Sie diesen Gedanken zunächst im Geiste; lassen Sie es zu, daß alle möglichen Assoziationen, Gedanken, Gefühle, Erinnerungen und Ängste aus Ihrem Unbewußten aufsteigen. Konzentrieren Sie sich auf Ihre Arbeitsgruppe, auf jede einzelne Person, während Sie sich diesen Gedanken weiter wiederholen. Fahren Sie damit fort, bis Sie sich mit Ihrem Team zufrieden fühlen, angstfrei, ohne Vorbehalte, Ärger oder Mißtrauen gegen eine der Personen. Machen Sie sich zum Abschluß einige Notizen, wie Sie diese Übung empfunden haben.

Sollten Sie diese Übung mit dem letzten Power-Gedanken durchführen, dann empfehlen wir, auch ein mentales Proben anzuwenden, wie es in Übung (3–13) beschrieben wurde.

Zum Abschluß möchten wir in Anlehnung an Peter Drucker betonen, daß jedes Team eine starke Führung braucht. Unsere wiederholte Forderung von Respekt gegenüber den Mitarbeitern, Akzeptieren von Feedback und Nutzen der Möglichkeiten, die aus der Teamarbeit erwachsen, bedeutet nicht, daß wir uns eine führungslose Teamarbeit für das Wirtschaftsleben vorstellen können. Die Tatsache, daß wir die Notwendigkeit klarer Zielsetzungen betont haben, resultiert aus unserem starken Glauben an die Kraft der Führung. Drucker hat sehr klar herausgearbeitet, daß kein zielorientiertes Team völlig freizügig sein und doch das gesetzte Ziel erreichen kann. Um in disziplinierter Weise arbeiten zu können, muß der Vorgesetzte den Anforderungen genügen, die wir in diesem Kapitel skizziert haben. Ein Team von Mitarbeitern ist demzufolge nicht demokratischer Natur, da vorgegebene Ziele und spezifische Aufgaben für das Team zu bewältigen sind. Das Konzept des Teams im Wirtschaftsleben betont Autorität und Führungspersönlichkeit, was jedoch nicht zu Willkür, Despotismus und mangelnder Fairneß seitens des Vorgesetzten führen sollte. Die einzige Rechtfertigung der Teamführung liegt in der Zielorientierung des Teams.

Um ein leistungsfähiger Teamleiter zu sein, sollten Sie die Gelegenheit nutzen, in anderen Arbeitsgruppen als gleichberechtigtes Mitglied aufzutreten. Eine zu lange einseitige Erfahrung als Vorgesetzter ohne eine gewisse Praxis als gleichberechtigtes Mitglied unter anderen bekommt Ihrem Führungsstil nicht und entfremdet Sie der eigentlichen Teamarbeit. Um statt dessen jemand zu sein, der anderen die Arbeit erleichtert, sollten Sie so viel Achtung vor gruppendynamischen Prozessen aufbringen, daß Sie sie alle paar Monate freiwillig als Teammitglied erfahren möchten. Und akzeptieren Sie vor sich selbst keinerlei Entschuldigungen, dies nicht zu tun!

Kapitel 7
Produktivität

Der Schwerpunkt dieses Buches liegt bei den Power-Gedanken, die Sie in zunehmenden Maße für sich nutzen sollten: für sich als Manager und auch für sich als Person allgemein. In diesem Kapitel konzentrieren wir uns auf Produktivität, und zwar sowohl in bezug auf Ihre Person als auch in bezug auf Ihre Arbeitsgruppe, Abteilung oder Organisation. Das Ziel lautet demzufolge, daß Sie Ihre Vorhaben effektiver und mit weniger Aufwand als zuvor erreichen. Zum Stichwort Produktivität assoziieren wir im allgemeinen Begriffe wie Quoten, Zeitpläne, Produktionskosten, Profit, Werbung und Absatzmärkte. Wir werden uns in diesem Kapitel mit keinem dieser Bereiche direkt befassen. Wir sind vielmehr daran interessiert, wie Sie als effektiver Manager zu der *allgemeinen* Effektivität Ihrer Mitarbeiter beitragen können. Wenn wir an Produktivität im allgemeinen denken, dann entsteht vor unserem geistigen Auge das Bild einer Person, die in einem Unternehmen beschäftigt ist und ihren Verpflichtungen zur vollständigen Zufriedenheit des Arbeitgebers nachkommt. Doch dies ist ein Endresultat, und diesem Endresultat liegen andere Aspekte von Produktivität zugrunde. Eine produktive Person ist notwendigerweise ein Mensch, der mit seinem Leben im allgemeinen zufrieden ist, der sich auch in anderen Bereichen aufgehoben fühlt, seien es die Familie, soziale Beziehungen, kulturelles Engagement, sportliche Aktivität und anderes mehr. Dieses Kapitel handelt deshalb davon, wie Sie ganz allgemein produktiver werden können und auch Ihren Mitarbeitern behilflich sein können, auf höherem Produktivitätsniveau zu arbeiten, indem Sie auf diese »verborgenen« Faktoren der persönlichen Befriedigung achten.

Es gibt eine Reihe von empirischen Untersuchungen zur Analyse ganz außergewöhnlicher Leistungen (»Hyper-performance«) von zwei Autoren namens Korn und Pratt, zum Thema Management-

Effektivität von Stowell und Starcevich und zu sogenannten »herausragenden Erfolgen« von Kushel; diese Arbeiten bilden unter anderem die Grundlage für den vorliegenden Ansatz. Ausgangspunkt all dieser Konzepte sind der individuelle Manager und die mentalen Qualitäten, die er aufweisen muß, wenn seine Mitarbeiter effektiv arbeiten sollen. Nehmen Sie sich deshalb jetzt eine halbe Stunde Zeit für die folgende Übung. Beantworten Sie zunächst die Fragen, und überdenken Sie dann die möglichen Einsichten und Konsequenzen, die sich aufgrund dieser Antworten ergeben.

Praktische Übung (7–33)
Das Ausmaß Ihrer Produktivität

Werfen Sie nun einen ehrlichen und kritischen Blick auf sich selbst, indem Sie den folgenden Fragebogen ausfüllen und jede Antwort mit Ja oder Nein beantworten.
1. Mein Leben ist zum jetzigen Zeitpunkt im großen und ganzen zufriedenstellend.
2. Ich glaube an meine Fähigkeit, die eigenen Probleme lösen und Dinge, die ich ändern will, auch tatsächlich ändern zu können.
3. Vor allen Dingen verfüge ich über die Fähigkeit, das eigene Denken und die eigene Einstellung zu ändern, wenn ich mit Situationen konfrontiert bin, die außerhalb meiner Kontrolle liegen.
4. Meine Wünsche und Erwartungen sind realistisch.
5. Ich scheue mich nicht, kalkulierbare Risiken einzugehen.
6. Ich bin in der Lage, bei Bedarf andere um Hilfe zu bitten.
7. Ich genieße es, an meinen Zielen zu arbeiten und die Resultate zu sehen.
8. Verglichen mit den meisten normalen Menschen, führe ich mein Leben so, daß eine gute Balance zwischen Arbeit und Ruhe sowie zwischen mir und anderen Menschen besteht.
9. Ich sorge mich in vernünftigem Rahmen um die eigene Gesundheit; Essen, Schlaf und Training inbegriffen.

10. Ich kann über die lustigen Seiten des Lebens und über mich selbst lachen.

Wenn Sie 8 bis 10 dieser Fragen ehrlicherweise mit Ja beantworten können, dann entspricht dies dem Wert von sehr produktiven, erfolgreichen und aktiven Managern. Weisen Sie 5 bis 7 Ja-Nennungen auf, dann sind Sie nicht vollständig produktiv – das heißt, Sie schöpfen Ihr Potential und Talent nicht vollständig aus und können Ihre Leistungsfähigkeit verbessern. Wenn Ihr Wert unter 5 liegt, dann haben Sie Ihre eigene Produktivität und Befriedigung sabotiert. Sie sollten dann unbedingt intensiv an den Konzepten arbeiten, die wir in diesem Buch vorstellen. (Am Rande sei vermerkt, daß Sie diesen Fragebogen auch Ihren Mitarbeitern geben können. Dies geschieht am besten nicht öffentlich, sondern geben Sie dem jeweiligen Mitarbeiter die Fragen mit nach Hause, und bitten Sie ihn, diese so ehrlich wie möglich zu beantworten. Wenn Ihre Mitarbeiter noch einmal über diese Fragen und ihre Antworten sprechen möchten, dann lassen Sie sie die Antworten zur nächsten Besprechung mitbringen.)

Welche Lehren können Sie aus diesem kurzen Fragebogen ziehen? Verschiedene. Auf der einen Seite: Sie können nicht außer acht lassen, daß Sie eine Balance der Bedürfnisse, Rollen und Aktivitäten in Ihrem Leben anstreben sollten, in den meisten Situationen nicht machtlos sind, aber auch nicht ohne die Unterstützung anderer Personen auskommen können. Gibt es weitere Dinge, auf die Sie achten müssen? Machen Sie sich ein paar Notizen zu dieser Frage.

Auf der anderen Seite lenkt der Fragebogen Ihre Aufmerksamkeit auf die eigenen Wertvorstellungen (Frage 1 und 4), auf die Freude am Abenteuer im Leben (Frage 5 und 7), auf die wechselseitige Abhängigkeit von anderen Personen (Frage 6) sowie auf Ihre geistige Stärke, die Ihr Leben positiv oder negativ färben kann (Frage 3). Ziehen Sie irgendwelche weiteren Lehren aus diesem Fragebogen? Machen Sie sich wiederum einige Notizen.

Nach dieser generellen Übung haben Sie vermutlich das Bedürfnis, einige konkretere Dinge zum Thema Produktivität zu betrachten. Wir werden später darauf zu sprechen kommen. Zum jetzigen

Zeitpunkt ist es wichtig, darüber nachzudenken, was der Produktivität hinderlich sein kann.

Unter Produktivität versteht man die bestmögliche menschliche Leistung, die einem inneren Zustand oder einer inneren Ordnung entspringt. Es sollte hierbei betont werden, daß Produktivität und innerer Zustand in einer direkten Beziehung zueinander stehen, daß also eine Korrelation zwischen diesen beiden Größen besteht. »Innere Ordnung« meint das Gefühl von Zufriedenheit, Befriedigung und Ruhe sowie die existentielle, lebendige Harmonie mit der eigenen Person, anderen Menschen und der Welt überhaupt. Sie impliziert die Abwesenheit von Ängsten, Sorgen und Kummer und ist eng verbunden mit der buddhistischen Erfahrung des Erwachens oder der Erleuchtung, welche aus einer geistigen Disziplin resultiert.

Deshalb beruhen die meisten Hindernisse in bezug auf Produktivität auf Ihrem Denken – auf falschen Glaubenssätzen, die zu Mißerfolgsgedanken führen (siehe Kapitel 1 und 2) und die Ihre Produktivität in jedem Fall beeinträchtigen werden. Es gibt viele Dinge, die der eigenen Produktivität entgegenstehen, von denen wir im folgenden die drei wichtigsten betrachten werden. Alle anderen Hindernisse auf dem Weg zu einer hohen Produktivität sind mit diesen Hindernissen verwandt. Sie werden bezeichnet als *Streß, schlechte Zeiteinteilung* und *Konzentrationsschwäche*. Betrachten wir sie der Reihe nach.

Sie müssen zum Zwecke einer hohen Produktivität den *Streß*, dem Sie ausgesetzt sind, unter Kontrolle haben – und Sie können nicht produktiv sein, wenn Sie statt dessen selbst durch den eigenen Streß kontrolliert werden. Da Streß jedoch heutzutage unvermeidlich ist, besteht die Herausforderung darin, ihn in positive Energie zu transformieren. Im Zuge dieser Transformation sind drei Schritte zu vollziehen. 1. Identifizieren Sie die streßbeladenen Bereiche in Ihrem Leben. 2. Sie brauchen eine Methode, um diesen Streß »kurzuschließen«, so daß er in produktive Energie umgewandelt wird. 3. Es bedarf praktischer Mittel, um diese Energie sinnvoll zu nutzen. Indem Sie diese drei Schritte erlernen, werden Sie produktiver. Die folgenden Übungen sollen Sie hiermit vertraut machen.

Praktische Übung (7–34)
Streßpunkte

Um die streßbelasteten Bereiche Ihres Lebens erkennen zu können, gehen Sie die im folgenden genannten Lebensbereiche durch, und geben Sie jeweils Werte zwischen 0 (gar kein Streß) und 5 (maximaler Streß) an.

Leistungsdruck am Arbeitsplatz
Mißerfolgsängste
Zeitbeschränkung und Termindruck
Überbeanspruchung durch Verpflichtungen
Geldforderungen
Zwischenmenschliche Beziehungen am Arbeitsplatz, in der Familie, bei Freunden
Spannungen in Ehe und Familie
Sexuelle Unzufriedenheit
Fehlende persönliche Erfüllung
Langeweile und Gefühle des »Ausgebrannt-Seins«
Kleine Schwierigkeiten, alltägliche Frustrationen
Schlechte Angewohnheiten in bezug auf die eigene Gesundheit

Wenn Sie jedem dieser zwölf Bereiche jeweils einen Wert zwischen 0 und 5 zugemessen haben, versuchen Sie, eine persönliche Rangfolge (in absteigender Ordnung) zu bilden: zunächst die Bereiche mit großem Streß, hin zu Bereichen mit geringem oder keinem Streß. Dies ist der erste Abschnitt der vorliegenden Übung.

Wählen Sie dann die Bereiche aus, die einen Wert von 4 oder 5 aufweisen. Fragen Sie sich, welche Umstände und Gegebenheiten in dieser Situation zum subjektiven Gefühl von Streß führen. Denken Sie daran, sich genug Zeit für diese Analyse zu nehmen. Gehen Sie die streßbelasteten Bereiche Ihres Lebens in aller Ruhe durch, und fragen Sie sich, was genau in diesem Bereich zum Streß führt. Achten Sie gut darauf, was hierbei geschieht: Vermutlich werden Sie sich auf äußere Ereignisse und Umstände konzentrieren, die außerhalb der eigenen Person liegen; beispielsweise die Dinge, die Sie zu tun haben; die inkompetenten Menschen, mit denen oder für die Sie arbeiten; frühere Fehler, die Sie oder einer Ihrer Vorgänger gemacht haben und ähnliches mehr. Statt Ihre Zeit mit diesen externen Faktoren zu verschwenden, prüfen Sie sorgfältig, *was Sie zu sich selbst sagen* und was Ihr Streßempfinden in einer spezifischen Situation verschlimmern kann. Sie werden sich vermutlich daran erinnern, daß wir diese Gedanken in Kapitel 1 als negative Selbsthypnose bezeichnet haben. Damit ist der zweite Teil dieser Übung abgeschlossen.

Analysieren Sie nun zum Abschluß der Übung Ihre negative Selbsthypnose, und erinnern Sie sich selbst daran, daß *Sie ändern können*, was Sie sich selbst einflüstern; probieren Sie zu diesem Zweck andere Botschaften oder Äußerungen aus. Wenn Sie beispielsweise unter »Kleine Schwierigkeiten« den Großstadtverkehr als ernsthaften Streßbereich Ihres Lebens genannt haben, dann bemerken Sie vielleicht, wie Sie zu sich selbst sagen: »Das ist schrecklich! Ich will das nicht Tag für Tag erleben!« Versuchen Sie es mit einer anderen Äußerung, und prüfen Sie, wie Sie sich *damit* fühlen. Beispielsweise sagen Sie nun zu sich selbst: »Das habe ich wirklich oft genug mitgemacht, und es ist alles andere als schön, aber ich kann mich mit ein wenig Radiomusik ablenken und mich trotzdem wohl fühlen.« Probieren Sie verschiedene Äußerungen dieser Art aus, bis Sie diejenige gefunden haben, die wirklich paßt. Stellen Sie sich dann vor, wie Sie – mitten im dichtesten Verkehr – diese Äußerung ganz ruhig und langsam zu sich selbst sprechen. Wiederholen Sie das, bis Sie sich vollständig zufrieden und wohl dabei fühlen.

Sie sehen nun, daß diese Übung möglicherweise sehr zeitintensiv ist – vor allem, wenn es mehrere streßbelastete Bereiche in Ihrem Leben gibt. Aber die Zeit und Energie, die Sie auf diese Übung verwenden, kann Ihnen buchstäblich das Leben retten und Ihre Gesundheit bewahren helfen. Darüber hinaus zeigt diese Übung nicht nur die hauptsächlichen Streßauslöser Ihres Lebens auf, sondern führt bereits zu einer der wichtigsten Lösungen des Problems Streß: zur Kontrolle über die eigene negative Selbsthypnose. Die nächste Übung wird Ihnen ebenfalls dabei helfen, Streß in Energie umzuwandeln. Doch bevor wir damit fortfahren, lassen Sie uns betrachten, was wir die *fünf Gebote zur Umwandlung von Streß in Energie* nennen.

1. Prüfen Sie Ihre Geisteshaltung.
2. Kommen Sie innerlich zur Ruhe.
3. Lieben Sie sich selbst.
4. Zeigen Sie Humor.
5. Seien Sie sich selbst gegenüber nachsichtig.

Das erste Gebot bezieht sich auf das Erkennen der negativen Selbsthypnose, wie es in Kapitel 1 und 2 diskutiert wurde. Das zweite Gebot haben Sie bereits geübt, als Sie in Kapitel 2 Ihr Gefühl der Dankbarkeit wiederentdeckten, als Sie in Kapitel 3 Ihren »besonderen Ort« entdeckten und als Sie in Kapitel 4 das Akzeptieren der eigenen Natur eingeübt haben. Um Ihren Streß zu reduzieren und sogar in Energie umzuwandeln, ist es unumgänglich, zur Ruhe zu kommen, »einen langsameren Gang einzuschalten«. Sie können sich hieran selbst erinnern, indem Sie sich einfach selbst ermahnen (»Nur die Ruhe, nimm es nicht so schwer, immer nur eine Sache gleichzeitig«).

Die Gebote der Selbstliebe und der Nachsicht gegenüber sich selbst waren das Thema von Kapitel 4. Über den Humor werden wir im folgenden Kapitel, wenn es um Kreativität geht, noch ausführlicher sprechen, obwohl dieses Thema bereits mehrfach angeklungen ist. Zum jetzigen Zeitpunkt sollten Sie sich vor allem daran erinnern, daß jede Situation aus verschiedenen Perspektiven betrachtet werden kann. Probieren Sie einfach, die lustige Seite einer Sache zu sehen, indem Sie die Perspektive eines Komödianten oder Cartoonisten einnehmen – was in praktisch jeder wirklich belastenden Situation, die Ihnen in Ihrem Leben begegnet, immer noch möglich sein sollte.

Denken Sie an die fünf Gebote, und achten Sie darauf, daß Sie – vielleicht zur eigenen Überraschung – in streßbelasteten Situationen keines davon beobachten werden. Das Bewußtmachen dieser Verhaltensregeln ist ein Teil der vorausgegangenen Übung und auch der beiden jetzt folgenden Übungen.

Praktische Übung (7–35)
Streß in Energie

Obwohl diese 10-Sekunden-Übung (eine Modifikation einer Übung, die von C. Stroebel entwickelt wurde) dann angewandt werden sollte, wenn Sie extrem großen Streß erfahren, sollten Sie sich mit dieser Technik vertraut machen, *bevor* eine aktuelle Streßempfindung einsetzt. Üben Sie das Folgende deshalb wiederholt in weniger streßbelasteten Situationen, so daß Sie die Technik bereits beherrschen, wenn Sie sie wirklich brauchen.

Hier zunächst ein Überblick:
1. Identifizieren Sie den Streß.
2. Lächeln Sie, und denken Sie an etwas Positives.
3. Gebrauchen Sie Ihre kreative Imagination.
4. Achten Sie auf Ihren Körper.
5. Kehren Sie zu Ihrer gegenwärtigen Aktivität zurück.

Um den Streß während dieser Lernphase zu erkennen, denken Sie an eine der Situationen, bei der Sie laut Übung (7–34) hohe Streßwerte aufweisen. Zwingen Sie sich dann zu lächeln, als ob Sie wirklich entspannt und zufrieden wären. Diese »künstliche« Anstrengung ist deshalb wirkungsvoll, weil es viele Hinweise darauf gibt, daß unser Gehirn auf externe Signale reagiert, ohne deren Richtigkeit zu hinterfragen. Ein lächelndes Gesicht, insbesondere das eigene, ist ein positives Signal für das Gehirn und bereitet den Körper darauf vor, sich entspannt und gut zu fühlen. Derselbe Mechanismus ist bei Menschen zu beobachten, die bei großer Nervosität oder Angst zu lächeln beginnen. Sie versuchen unbewußt, dieses negative Gefühl zu bewältigen, indem sie für sich selbst, ohne dies zu wissen, ein positives Signal setzen. Der wissenschaftliche Beweis solcher Prozesse steht zwar noch aus, doch da ein Lächeln, rein physiologisch gesehen, die Gesichtsmuskulatur entspannt, ist es auch ein Zeichen der Selbstkontrolle gegenüber dem Streß, mit dem wir uns in dieser Übung befassen. Mit dem Lächeln sollten Sie eine positive Botschaft verbinden. Dies kann eine einfache Ermahnung sein wie zum Beispiel: »Ich erlaube diesem Ereignis oder dieser Person nicht, meine Stimmung zu beeinflussen«, »Ich bin gegen Streß, der meine innere Ruhe beeinträchtigt, immun« oder »Diese Situation erinnert mich an meine Kraft, Streß in Energie umsetzen zu können.«

Im nächsten Schritt gebrauchen Sie Ihre kreative Imagination, indem Sie sich ein Bild vor Augen führen, das einen für Sie hilfreichen Schutz vor Streß darstellt. Manche Menschen stellen sich dann vor, sie seien in einer großen Kunststoffkugel eingeschlossen, mit dicken, weichen, durchsichtigen Wänden. Andere stellen sich vor, sie würden sich wie ein Vogel aufschwingen und davonfliegen. Wieder andere begeben sich im Geiste an ihren besonderen Ort. Wieder andere denken, sie würden auf Ameisengröße schrumpfen und die Szenerie schnell verlassen können. Was auch immer Sie sich vorstellen mögen, prüfen Sie sorgfältig, wie wohl Sie sich bei dieser Vorstellung fühlen. Sollte dies nicht der Fall sein, dann suchen Sie sich ein anderes »Fluchtbild«. Vergleichen Sie diese Aktivität mit der Flucht vor einem Feuer: So, wie Sie einem Feuer entfliehen, so sollten Sie auch dem Streß entfliehen, um diesen in produktive Energie umzusetzen.

Auf Ihren Körper zu achten bedeutet, daß Sie sich etwas entspannen sollten, wenn Sie in eine Streßsituation kommen. Oft bemerkt man, daß man einen tiefen Atemzug nimmt. Probieren Sie das einmal aus. (Aber ob Sie nun einen tiefen Atemzug tun oder nicht: Stellen Sie sich vor, wie Ihr Körper sich entspannt und wohl fühlt, während die streßbelastete Situation sich in weiter Ferne verliert.)

Dann sind Sie bereit, zu dem zurückzukehren, was Sie gerade getan haben. Auf diese Weise haben Sie Streß in Energie umgewandelt und Ihrem Unbewußten nicht erlaubt, von der Reaktion auf den Streß gänzlich beherrscht zu werden. Dieser Prozeß gleicht einem »Kurzschließen« der Streßreaktion zu Ihrem Vorteil.

Sie wissen bereits, daß alle diese Übungen nutzlos sind, *solange Sie diese nicht lernen und anwenden.* Aus diesem Grunde fordern wir Sie auf, die vorangegangene Übung zwei, drei Mal oder auch öfter durchzuführen, bis Sie sie gut beherrschen und sich zu eigen gemacht haben.

Nur dann werden Sie sich echten Streßsituationen gegenüber

wirklich geschützt fühlen, die ohne eine Ummünzung in Energie vielleicht kritisch werden und Ihnen schaden würden.

Wir möchten Ihnen jetzt ein »Programm« vorstellen, das Ihnen erlaubt, von streßbelasteten Situationen zu profitieren.

Praktische Übung (7–36)
»Innergie«-Programm

Gegenstand dieser Übung ist die Energie, die Ihnen aus einer Situation erwächst, die andernfalls Ihrer persönlichen und beruflichen Effektivität geschadet hätte. Der Streß resultiert aus Ereignissen, ist jedoch zugleich eine Frage der Wahrnehmung dieser Ereignisse, so daß er eigentlich aus Ihnen selbst kommt. Auch Ihre eigene tägliche Erfahrung lehrt Sie, daß Streß vor allem eine Frage der Wahrnehmung oder der Sicht der Dinge ist. Ein und dasselbe Ereignis kann den einen verrückt machen, während es für eine andere Person eine Herausforderung darstellt.

Da Ihnen das Verdienst zukommt, den Streß in Energie umzumünzen, bezeichnen wir diese Energie, die aus Ihrem Inneren kommt, als »Innergie«. Das vorliegende Programm skizziert, zu welchen Gelegenheiten Sie die vorangegangene Übung – Streß in Energie – anwenden sollten.

Wir geben auch hier zunächst einen kurzen Überblick über das Programm und erläutern es im Anschluß daran.
Täglich:
1. Verlorene Augenblicke
2. Letzter Gedanke
3. Kostbare Augenblicke
4. Reisen und Pendeln

Wöchentlich:
Mindestens eine Stunde für sich selbst

Monatlich:
Eine Stunde für Selbstbekräftigung

Verlorene Augenblicke sind die wenigen Minuten hier und da, die nicht sorgfältig genutzt werden und sich schließlich zu verlorener

Zeit summieren. Diese verlorenen Augenblicke können das Anstehen in einer Schlange sein oder das Warten auf einen Anruf, das Sitzen in einem Konferenzraum, bevor die Sitzung beginnt, oder auch die freie Zeit zwischen verschiedenen Verpflichtungen und ähnliches mehr. Sie können sich dafür entscheiden, in solchen Augenblicken »Streß in Energie« (Übung [7–35]) anzuwenden. Wenn Sie nicht ernsthaft etwas gegen solche verlorenen Augenblicke unternehmen, dann summieren diese sich zu mehreren Stunden pro Monat, die definitiv verloren sind.

Mit *letzten Gedanken* meinen wir die letzte bewußte mentale Aktivität, die dem Einschlafen vorausgeht. Wenn Sie bereits im Bett liegen und Ihre Schlafposition eingenommen haben, kehren Sie noch einmal zu »Streß in Energie« zurück, und sagen Sie sich, daß Sie sehr gut schlafen werden, um gänzlich ausgeruht und mit frischen Kräften wieder aufzuwachen. In vielen traditionellen Religionen werden die Gläubigen angehalten, Nachtgebete zu sprechen, um den Tag im Einklang mit sich selbst oder dem eigenen Schicksal zu beenden. Von einem rein psychologischen Standpunkt betrachtet, ist dies ein sehr guter Rat, weil es die jeweilige Person in die Geisteshaltung versetzt, die dem Gläubigen bedeutsam und richtig erscheint. Darüber hinaus verschaffen Sie sich die Möglichkeit, aus diesem letzten Gedanken Nutzen zu ziehen, da dieser möglicherweise Ihre Träume beeinflußt und Sie so während des Schlafs an wichtigen Dingen arbeiten.

Von der nächsten Situation, die Sie zur Wahrung oder Wiederherstellung Ihrer inneren Ordnung nutzen können, wird im westlichen Kulturkreis nicht gerne gesprochen. Um leben zu können, müssen wir Nahrung aufnehmen. Wir nehmen die Nahrung in den Mund, kauen und schlucken – und mit der bewußten Aktivität des Essens ist es getan. Unser Körper beginnt jetzt jedoch mit dem äußerst komplizierten Prozeß der Verdauung, der einer sorgfältigen Steuerung bedarf. Ein Bestandteil dieses Prozesses ist die Ausscheidung der nicht verwendbaren Stoffe, des Abfalls. Eine gesunde Person wird unweigerlich mehrmals am Tag urinieren. Für die meisten Menschen bleiben diese Augenblicke ungenutzt. Sie können diese jedoch in *kostbare Augenblicke* ummünzen, indem Sie sie mit der gesunden, natürlichen Ausscheidung von Abfall assoziieren, vergleichbar der Beseitigung von unnötigem Streß. Sie können demzufolge während des Urinierens die »Streß in Energie«-Übung anwenden und sich daran erinnern, daß Sie bewußt »mentalen Müll« loswerden können, da schließlich auch Ihr Körper darauf achtet, den aus der Verdauung resultierenden Abfall zu entsorgen.

Mit *Reisen und Pendeln* meinen wir schließlich all die Zeit, die viele Menschen, vor allem in den großen Städten, auf der Straße, in öffentlichen Verkehrsmitteln oder im eigenen Auto verbringen. Dies sind wertvolle Augenblicke, da Sie sie zur Bewahrung der inneren Ordnung nutzen können. Wenn Sie beispielsweise anhalten müssen oder ein Stoppsignal sehen, dann lassen Sie sich hierdurch daran erinnern, daß Sie unnötige Anspannungen auch stoppen können, indem Sie die »Streß in Energie«-Übung anwenden.

Betrachtet man eine ganze Woche, so brauchen Sie eine gewisse Zeit nur für sich selbst. In Übung (2–9) haben Sie einen ganzen Tag damit verbracht, einen Zugang zur Natur zu finden, deren Teil wir alle sind. In ähnlicher Weise können Sie mindestens einmal in der Woche einen angenehmen Spaziergang machen, einige Augenblicke in einem Park oder Garten verbringen und die Schönheit und den Frieden der Umgebung in sich aufnehmen. Unsere Erfahrung bei der Arbeit mit Vorgesetzten hat gezeigt, daß diese ruhige Art der Entspannung notwendig ist. Einen Sport zu betreiben oder Zeit mit einem Hobby zu verbringen, reicht nicht aus, um jene innere Ordnung herzustellen, die die wichtigste Grundlage der Produktivität ausmacht. Denken Sie als Teil Ihres »Innergie«-Programms eine Weile darüber nach, welche realistischen Möglichkeiten Sie haben, eine Stunde pro Woche in sich selbst zu verbringen, auf der Suche nach Ihrer inneren Ruhe, so daß Anspannung und Streß den Körper verlassen können und Ihr Geist aufgefrischt wird.

So, wie Sie sich einmal in der Woche auf sich selbst konzentrieren, so sollten Sie sich einmal im Monat ungefähr eine Stunde Zeit nehmen, um die Notizen durchzugehen, die Sie sich bei der Lektüre dieses Buches gemacht haben, und – je nach Bedarf – eine der mentalen Übungen auszusuchen und durchzuführen. Sie erneuern so den Nutzen, den Sie aus der ursprünglichen Durchführung der Übung gezogen haben.

In diesem Abschnitt zur Umwandlung von Streß in Energie haben wir Ihnen mehrere verschiedene Vorschläge gemacht. Vielleicht möchten Sie aber auch von anderen Übungen Gebrauch machen, insbesondere von Übung (2–6), die universell genug ist, unter vielen verschiedenen Umständen des privaten und beruflichen Lebens angewandt zu werden.

Unter den drei hauptsächlichen Hindernissen für Produktivität haben wir neben dem Streß auch *schlechte Zeiteinteilung* erwähnt. Viele Führungspersönlichkeiten beeinträchtigen ihre Produktivität und werden niemals gänzlich erfolgreich, weil sie ganz einfach Zeit verschwenden. Schlechte Organisation, mangelnde Planung, Vergeßlichkeit und mangelnde Voraussicht gehen in dieses Konzept der schlechten Zeiteinteilung ein. Zeitverschwendung ist tatsächlich ein Mittel, das eigene Leben zu verkürzen: Sie lassen Gelegenheiten aus, Ihr Leben vollständig zu leben. Im kommenden Abschnitt werden Sie aufgefordert, über einige Gelegenheiten zur Nutzung Ihrer Zeit nachzudenken, damit Sie das Leben mehr als zuvor genießen können.

Zunächst sollten Sie sich darüber klarwerden, wie Sie die Zeit wahrnehmen. Hierzu dient die nun folgende Übung.

Praktische Übung (7–37)
Zeitrahmen

Nehmen Sie sich ein paar Augenblicke Zeit, in denen Sie vor Ablenkungen und Unterbrechungen sicher sind. Sie können sich wiederum an Ihren besonderen Ort aus Übung (3–14) begeben. Vollziehen Sie ohne Eile den Übergang von Ihrem normalen Denken in die Geisteshaltung, die Sie bei den meisten bisherigen Übungen dieses Buches eingenommen haben. Sehen Sie dann auf die Uhr, und überlegen Sie, wie viele Male in Ihrem Leben Sie genau diese Stunde des Tages schon erlebt haben. Fragen Sie sich: Was habe ich in der letzten Woche, vor einem Monat, im letzten Jahr, vor 5 Jahren und so weiter zu genau dieser Zeit gemacht? Lassen Sie sich ruhig Zeit, und warten Sie, bis Ihr Gedächtnis Ihnen Momentaufnahmen und Teile der Vergangenheit wiederbringt. Denken Sie dann weiter: Wieviel Zeit hatte ich in meinen Augen vor 10 Jahren oder vor 5 Jahren zur Verwirklichung eines wichtigen Ziels in meinem Leben? Und vergegenwärtigen Sie sich, was mit all der Zeit passierte, die Ihnen zur Verfügung stand. Nehmen Sie sich Zeit, und versuchen Sie zu erkennen, wie Sie damals subjektiv die Zeit empfunden haben. Wie haben Sie vor 5, 10, 15 oder sogar 20 Jahren über das Alter gedacht, in dem Sie jetzt sind? Haben Sie als Kind oder junger Erwachsener mehr zu erreichen gehofft, als Sie jetzt tatsächlich erreicht haben? Haben Sie erwartet, daß Sie so viel erreichen würden (im Hinblick auf wirkliche Leistungen)?

Betrachten Sie jetzt die Zukunft, und fragen Sie sich: Wo werde ich vermutlich in einem Jahr um diese Zeit sein? Projizieren Sie auch noch weiter in die Zukunft – um 3, 5 und 10 Jahren.

Entspannen Sie sich nun für einige Augenblicke, und erforschen Sie die eigenen Gefühle bezüglich der Zeit und Ihren Erfahrungen mit der Zeit. Bewegen Sie sich in der Zeit, oder ist Zeit etwas, was unaufhaltsam vorbeigeht und verrinnt?

Entspannen Sie sich erneut, und stellen Sie sich die einfache Frage: Wie kann ich es schaffen, jede Minute meiner Existenz mehr zu genießen? Lassen Sie diese Frage in sich wachsen, und wiederholen Sie sie mehrfach. Seien Sie nicht überrascht über das, was Ihnen hierzu einfällt, beispielsweise Gedanken wie »Ja, ich würde gerne jede einzelne Minute mehr genießen« oder ähnliches. Wichtig ist, daß Sie sich wiederum genügend Zeit nehmen, da diese Übung Ihnen neue Einsichten über Ihre Vorstellungen und Ihren Gebrauch von der Zeit vermitteln kann.

Nach Abschluß dieser Übung sollten Sie Ihr Notizbuch zur Hand nehmen und alle Ideen notieren, die Ihnen zur besseren Nutzung Ihrer Zeit einfallen – nicht um mehr zu erreichen und die eigenen Ziele höherzustecken, sondern weil Sie ganz einfach jede einzelne Minute besser genießen wollen. Schreiben Sie abschließend: »Ich möchte eines der erfüllendsten Leben führen, das je eine Person auf diesem Planeten geführt hat.« Lesen Sie diesen Satz aufmerksam, und denken Sie darüber nach, welche emotionalen Reaktionen Sie mit diesem Versprechen verbinden. Fahren Sie dann mit Ihren Notizen fort, um über Mittel und Wege nachzudenken, die Ihnen bei der besseren Nutzung Ihrer Zeit behilflich sein könnten – vergessen Sie nicht, daß es hierbei nicht um ein geringeres Ausmaß an Zeitverschwendung geht, sondern um die Nutzung der Zeit zu Ihrem größeren Vergnügen. Wenn größeres Vergnügen für Sie bedeutet, daß Sie produktiver und effektiver arbeiten, dann beziehen Sie dieses Ziel mit ein. Der Schwerpunkt sollte aber in jedem Fall auf größerem Vergnügen in jeder Stunde und Minute Ihres Lebens liegen, und zwar im Vergleich zu der Art und Weise, wie Sie früher mit Zeit umzugehen pflegten.

In den folgenden Tagen können Sie praktische Schritte planen, um besser organisiert zu sein, die Dinge besser zu planen, Ihre Mitarbeiter besser zu nutzen, ein ausgeglicheneres Verhältnis zwischen Arbeit und Freizeit zu finden und dergleichen mehr. Sie können auch andere Menschen zu diesem Thema um Rat bitten. Sie können auch Personen an Ihrem Arbeitsplatz oder in Ihrer Abteilung darüber befragen, welche Ideen sie zu einer produktiveren Zeitnutzung beisteuern können.

Die folgenden Beispiele sind an dieser Stelle hilfreich. Leslie war Produktionsleiter bei einem großen Hersteller von Autoteilen. Es war sehr wichtig, die Inventarisierung auf dem neuesten Stand zu halten, und Leslie verbrachte Stunden damit, Sachen zu überprüfen, die eigentlich vom Computer verbucht werden mußten. Er verwirrte Mitarbeiter mit widersprüchlichen Anweisungen; er vergaß, wichtige Einzelheiten bei der Produktionsplanung zu berücksichtigen. Sein Schreibtisch war durcheinander und schlecht organisiert; er fand niemals das, was er suchte. Er erzählte uns, daß sein Zeitmanagement für ihn zum Problem geworden war, so daß wir ihn baten, die vorangegangene Übung durchzuführen. Leslie wurde klar, daß seine Nachlässigkeit im Umgang mit Zeit eng mit seiner Angst vor dem Sterben verwoben war. Im Alter von nunmehr 58 Jahren hatte er ständig vor Augen, daß sein Vater mit 36 Jahren gestorben war. Er hielt an dem falschen Glaubenssatz fest, daß auch er eigentlich schon tot sein müßte und daß jeder Tag seines Lebens eine Form des Betrugs an seinem Vater war. Leslie war sich dieses »verrückten« Gedankens – wie er es nannte – bis zur Durchführung dieser Übung nicht bewußt gewesen. Dadurch, daß dieser falsche Glaubenssatz ihm bewußt wurde, konnte er Power-Gedanken konstruieren, die seine Situation verbesserten. In seinem Fall strukturierte er seinen Zeitplan neu, stellte einen neuen Mitarbeiter ein und etablierte mit Hilfe eines Experten ein neues Computersystem für die Produktion.

Helga war als Zentralmanagerin eine der wichtigsten Führungspersönlichkeiten im Dienste einer großen Hotelkette in Nordamerika. Helga war etwa Mitte 50, als wir sie kennenlernten, und sie war ein sehr effizienter und sympathischer Mensch – gebildet, höflich und intelligent. Ihr Problem bestand darin, daß sie es sich zur Gewohnheit gemacht hatte, wichtige Dinge Tag für Tag vor sich herzuschieben: Sie war immer »zu beschäftigt«, als daß sie es sofort erledigt hätte. Trotz dieser Verschiebungen und obwohl sie schon des öfteren Termine nicht eingehalten und große Kosten verursacht hatte, fanden ihre Vorgesetzten, nicht zuletzt auch angetan von ihrem angenehmen Wesen, immer wieder Gründe, diese Verspätungen und Rückstellungen zu entschuldigen.

Doch ehrlicherweise mußte Helga zugeben, daß sie Zeit verschwendete. Als sie die Übung »Zeitrahmen« durchführte, merkte sie, daß sie ihrer Meinung nach weit über solchen alltäglichen Kleinigkeiten und Terminen stand, die Teil jeder Organisation sind. Sie erkannte, daß sie sich auf diesem Gebiet – trotz ihrer menschlichen Wärme und ohne jegliche Arroganz – überlegen fühlte. Dieser Eindruck veranlaßte sie, auf viele Details nicht mehr zu achten, selbst wenn diese sehr wichtig waren.

Ein letztes Beispiel hierzu: Amin nannte sich selbst einen »geistesabwesenden Manager« und kümmerte sich einfach nicht darum, wenn er zu spät oder gelegentlich auch überhaupt nicht zu Verabredungen erschien. Doch da er einer von drei Inhabern einer Firma für gewerbliche Anzeigenflächen war, wurden seine Partner so ärgerlich, daß sie ihm ein Ultimatum setzten, bis zu dem er sich bessern sollte. Zu diesem Zeitpunkt fragte er uns um Rat. Wir leiteten ihn an, die genannte Übung durchzuführen, und er erkannte, daß seine lethargische Einstellung auf einem Mangel an Respekt gegenüber seinen Partnern beruhte. Diese nahmen Kokain – und zwar in einer sozialen Umgebung, die dies tolerierte –, während er selbst den Drogenkonsum zutiefst verabscheute. Einer seiner engsten Freunde aus der Studienzeit war vor einigen Jahren an einer Überdosis Kokain gestorben, was seine starke Abneigung gegen alle illegalen Drogen bekräftigt hatte.

»Zeitrahmen« hilft Ihnen, Gefühle und Einstellungen an sich selbst kennenzulernen, die zwar real, Ihnen aber nicht bewußt sind. Sie stoßen lediglich in eine bewußte Ebene des Denkens vor, wenn Sie sich selbst die Fragen vorlegen, die während der Übung genannt wurden. Und wenn Sie sich schließlich versprechen, daß Sie »eines der erfüllendsten Leben« zu führen gedenken, »das je eine Person auf diesem Planeten geführt hat«, dann führen Sie sich lediglich Ihr wahres Verhalten mit all seinen praktischen Implikationen vor Augen.

Das letzte Hindernis zur Produktivität ist eine *schlechte mentale Konzentration*. Angesichts eines so geschäftigen Lebens, wie Manager es führen, angesichts so vieler Dinge, die Aufmerksamkeit verlangen, und dies alles verbunden mit unflexiblen Terminsetzungen und unvorhergesehenen Ereignissen, wundert es nicht, daß Manager sich über Konzentrationsmangel beklagen. Konzentration beinhaltet die vollkommene Beherrschung der eigenen Gedanken. Sie erlaubt eine möglichst effektive Nutzung des eigenen Geistes und ist demzufolge essentiell für eine hohe Produktivität. Sie können nicht produktiv sein und von Ihren inneren Ressourcen profitieren, wenn Ihr Verstand sich in alle Winde zerstreut und Sie verschiedenen Dingen zu gleicher Zeit Aufmerksamkeit schenken wollen.

Da dies so ist, müssen Sie die Fähigkeit zur Konzentration neu erlernen und sich darin üben. Das Dhammapada, einer der am meisten bewunderten buddhistischen Texte, das eingangs schon erwähnt wurde, widmet ein ganzes Kapitel dem Geist. Einige dieser Ideen sind für den Manager von heute in hohem Maße relevant, denn der Text lehrt uns, wie man sich konzentriert.

»Der Geist wandert und ist unruhig; es ist schwierig, ihn anzuleiten und zu bändigen: Der weise Mensch richtet seinen Geist geradeaus, so wie der Bogenschütze sich einen möglichst geraden Pfeil macht.«

»Der Geist ist unruhig und flüchtig, er jagt Phantasien nach, wann immer er will: Er ist nicht leicht zu bändigen. Aber die Kontrolle des eigenen Geistes ist ein hohes Gut. Ein selbstkontrollierter Geist ist ein großes Vergnügen.«

»Der Geist fliegt, verborgen im Mysterium des Bewußtseins, körperlos allein davon. Die, die ihren Geist in Harmonie versetzen, werden frei von den Fesseln des Todes.«

Wir zitieren hier diese alte Weisheit, um Sie daran zu erinnern, daß das Problem der Konzentration ein sehr altes Problem ist, das die Menschen schon sehr lange beschäftigt. Es gibt verschiedene effektive mentale Übungen zum Erlernen einer schärferen Konzentration. Eine dieser Übungen möchten wir Ihnen im folgenden vorstellen.

Praktische Übung (7–38)
Mentale Konzentration

Nehmen Sie sich ungefähr 20 Minuten Zeit, Ihre Konzentrationsfähigkeit zu verbessern. Suchen Sie zu diesem Zwecke einen ruhigen Ort auf, und suchen Sie sich eine Blume oder eine brennende Kerze. Betrachten Sie dann das Objekt Ihrer Wahl (Kerze oder Blume). Um dies in möglichst konzentrierter Weise zu tun, geben Sie sich die Möglichkeit, sich einige Augenblicke zu entspannen, bevor Sie sich gänzlich in den Gegenstand Ihrer Konzentration vertiefen.

Nachdem als Reaktion auf Ihr langsames, natürliches Atmen Ruhe in Ihren Körper eingekehrt ist, Sie sich zudem allein an einem ruhigen Ort befinden und mit Sicherheit für mindestens 15 Minuten ungestört sein können, betrachten Sie die brennende Kerze oder die Blume. Nehmen Sie zunächst ihre ganze Präsenz in sich auf, ihre Existenz, mit all ihrer Schönheit und Rätselhaftigkeit. Lassen Sie sich Zeit, über das Wesen Ihres Beobachtungsgegenstands nachzusinnen. Achten Sie dann genauer auf die Details: Farbschattierungen, Umriß und Form, das Verhältnis zu den umgebenden Dingen und ähnliches mehr. Lassen Sie dann Ihre gesamte Aufmerksamkeit von diesem Ding absorbiert werden, während Sie weiter langsam und ruhig atmen. Verwirklichen Sie die alte buddhistische Idee des »Einswerdens mit dem Objekt«; dies ist ein Weg, eine Verbindung mit diesem Objekt herzustellen. Versuchen Sie nicht, diesen Prozeß intellektuell zu betrachten oder auch nur zu verstehen, sondern geben Sie sich die Möglichkeit, zu *erfahren*, was es für *Sie* heißt, gänzlich mit der Betrachtung des Objekts beschäftigt zu sein. Sie konzentrieren sich darauf, bis Sie seine Präsenz in sich spüren, als wären Sie ein Teil davon.

Führen Sie diese Übung mindestens dreimal durch, und Sie werden sehen, was es heißt, sich wirklich ganz auf etwas zu konzentrieren. Wenn Sie diese Veränderung Ihrer Wahrnehmung mit Hilfe einer Blume oder einer brennenden Kerze erfahren haben, können Sie diese Wahrnehmungsmöglichkeit auf andere Dinge in Ihrem Leben übertragen, und zwar im beruflichen und privaten Bereich, sei es das Lesen eines schwierigen Berichts oder der Liebesakt oder die Aufnahme von Informationen während einer wichtigen Besprechung.

An dieser mentalen Übung ist nichts Magisches. Sie dient dem erneuten Training Ihrer Wahrnehmungsfähigkeiten und hilft Ihnen, die Aufnahme der äußeren Realität zu vertiefen. In Anlehnung an alte Meditationstechniken haben wir Ihnen als Betrachtungsgegenstand eine Blume oder eine brennende Kerze empfohlen, da dies einfache Objekte sind, die in ihrer Komplexität und Reichhaltigkeit doch sehr rätselhaft sind. Viele Menschen, die ansonsten sehr gebildet und erfolgreich sind, halten an dem falschen Glaubenssatz fest, daß *mentale Konzentration für sie selbst unmöglich ist*. Der Power-Gedanke, den Sie anwenden könnten, lautet, *daß Sie mentale Konzentration anhand erprobter Techniken lernen können*. Die vorangegangene Übung ist eine sehr effektive Methode, wenn es um die Steigerung Ihrer mentalen Konzentration geht.

Wenn Sie die drei Haupthindernisse auf dem Weg zu höherer Produktivität – Streß, schlechtes Zeitmanagement und geringe

Konzentrationsfähigkeit – beseitigt haben, wird es Ihnen leichter fallen, Ihr Team in produktiverer Weise anzuleiten, so daß Ihre Mitarbeiter als Arbeitsgruppe besser arbeiten werden. Sie können nun wiederum Ihre Mitarbeiter lehren, wie diese Produktivitätshemmnisse beseitigt werden können. In Kombination mit den im folgenden Kapitel erläuterten Konzepten zur Kreativität können Sie ein Manager werden, der die eigene Arbeitsgruppe in hohem Maße fördert.

Denis war Gebietsleiter für eine große Kette von Maschinenherstellern in den nordöstlichen Bundesstaaten der USA und einigen Teilen von Kanada. Alle drei Monate leitete er ein großes Treffen seiner 23 Abteilungsleiter. Die Arbeitsenergie bei diesen Treffen war äußerst gering; die Abteilungsleiter schienen gelangweilt zu sein und äußerten sich niemals freiwillig zu irgendwelchen Themen. Anweisungen, auf die man sich während eines Treffens einigte, wurden bis zum nächsten Treffen nicht umgesetzt. Denis war über die Produktivität dieser Treffen sehr enttäuscht, zumal sie eine recht kostspielige Angelegenheit waren. Da er recht ratlos war, tadelte er seine Abteilungsleiter, schrie sie gar an, drohte ihnen oder appellierte an ihre Einsicht – ohne jedes Ergebnis. Als Denis mit dem Konzept der Produktivität vertraut gemacht wurde, wie es auf den vorangegangenen Seiten dargestellt ist, wurde er sich seines eigenen Beitrags zur mangelhaften Produktivität seiner Mitarbeiter bewußt. Er erkannte, daß er seinen eigenen Streß auf die Arbeitsgruppe übertrug, so daß seine Mitarbeiter angesichts dieser Besprechungen zunehmend angespannt und ängstlich wurden. Darüber hinaus mußte er zugeben, wieviel Zeit er verschwendet hatte, weil die Besprechungen schlecht vorbereitet waren und in sehr strenger Form durchgeführt wurden. Denis war inzwischen allein für die Vorbereitung der alle drei Monate stattfindenden Treffen verantwortlich, obwohl er diese Aufgabe teilweise an andere Mitglieder der Arbeitsgruppe hätte delegieren können. Zusammen mit den Protokollen der letzten Sitzung hätte er auch einen detaillierten Entwurf der Tagesordnung für die nächste Sitzung versenden und seine Mitarbeiter bitten können, diesen Vorschlag zu ergänzen und zu überarbeiten, damit allen Abteilungsleitern etwa zwei Wochen vor dem nächsten Treffen die endgültige Fassung der Tagesordnung hätte zugeschickt werden können. Schließlich erkannte Denis auch, daß seine eigene Konzentration keineswegs optimal war und er nur selten lange genug bei einem Thema blieb, um dieses vollständig abzuhandeln und zu beenden, und zwar sowohl im Hinblick auf sein eigenes Denken und Handeln wie in der Bearbeitung der Beiträge anderer Personen während des Treffens. Von nun an begann Denis diese Besprechungen mit einer kurzen Entspannungsübung (ähnlich den Übungen [7–34] und [7–35]) und lehrte seine Mitarbeiter auch die anderen Übungen dieses Kapitels. Den Mitarbeitern waren diese Übungen willkommen, und sie erkannten ihren Wert sehr rasch. Die Besprechungen, die zuvor eine Verschwendung von Zeit, Energie und Geld gewesen waren, wurden nun zu einem Ereignis, auf das jeder sich freute. Die Arbeitsgruppe wurde produktiver und besser koordiniert, weil jeder auf die Hilfe der anderen rechnen konnte.

Wir haben zu Beginn dieses Kapitels herausgestellt, daß Sie nicht produktiv sein können, wenn Sie nicht mit Ihrem Leben im allgemeinen zufrieden sind. Wegen dieser grundlegenden Prämisse haben wir Ihnen in Übung (7–34) empfohlen, die Streßbelastungen in Ihrem Leben zu identifizieren. Wir hoffen, daß Sie ernsthafte Maßnahmen in Betracht gezogen haben, diesen Streß in allen Lebensbereichen abzubauen. Wenn dem nicht so ist, sollten Sie noch einmal zu Kapitel 4 zurückgehen und die dort vorgestellten Konzepte zur Selbstachtung durcharbeiten. Stellen Sie die Beseitigung der Streßbelastungen in Ihrem Leben nicht länger zurück, insbesondere Ihren verborgenen Streß, von dem nur sehr wenige Menschen – wenn überhaupt – Kenntnis haben.

Um sofort etwas tun zu können, gehen Sie jetzt noch einmal Übung (7–33) durch. Stellen Sie fest, ob Sie jetzt noch einmal dieselben Antworten geben würden wie zu Beginn dieses Kapitels. Wenn Ihr Wert immer noch bei 4 Ja-Antworten oder weniger liegt, dann sollten Sie auch die Übungen aus Kapitel 4 noch einmal wiederholen. Wenn Ihr Wert immer noch derselbe wie zu Beginn des Kapitels ist, haben Sie Geduld mit sich selbst, und analysieren Sie Ihr Produktivitätspotential anhand der 10 Merkmale von

Korn und Pratt (zwei Autoren, die wir zu Beginn des Kapitels erwähnt haben).

In ihren Untersuchungen haben Korn und Pratt die folgenden Merkmale besonders leistungsfähiger Personen entdeckt:
1. Alle diese Personen zeigten eine außerordentliche Begeisterung für die eigene Arbeit.
2. Sie konzentrierten sich stark auf das Hier und Jetzt.
3. Sie hatten ein ausgeprägtes Gefühl für ihre persönliche Macht, Dinge vollbringen und Veränderungen herbeiführen zu können.
4. Sie besaßen viel Geduld, Ausdauer und Toleranz, auch im Fall von Rückschlägen und Enttäuschungen.
5. Sie waren hoch kreativ.
6. Sie zeigten eine große Anpassungsfähigkeit an Menschen, verschiedene Bedingungen und unerwartete Ereignisse.
7. Sie konnten auch mit Arbeitsmitteln und -umständen, die alles andere als vollkommen waren, große Erfolge erreichen.
8. Sie waren optimistisch.
9. Sie setzten sich realistische Ziele.
10. Sie wußten ihre Zeit wirtschaftlich zu nutzen.

Diese zehn Merkmale können sehr gut als Liste verwendet werden, die Sie gelegentlich durchgehen, wenn Sie die drei Haupthindernisse für Produktivität anhand der Übungen (7–34) bis (7–38) beseitigt haben. Wenn Sie Streß, schlechtes Zeitmanagement und schwache Konzentration in Energie, effektive Zeitnutzung und hohe Konzentrationsfähigkeit umgewandelt haben, können Sie an den Merkmalen arbeiten, die Sie für eine außerordentlich effektive und produktive Arbeit benötigen.

Die 10 Merkmale aus den Untersuchungen zu herausragenden Führungspersönlichkeiten von Korn und Pratt sind Gegenstand des gesamten Buches. Wir haben uns deshalb mit der sogenannten *Vision* in Kapitel 6 beschäftigt, als Sie Ihre persönliche *Vivencia* herausgearbeitet haben und Ihre Vision an Ihr Team weitergegeben haben (Übung [6–27] und [6–28]). Die in diesem Kapitel dargestellten Übungen zur Schärfung Ihrer Konzentrationsfähigkeit und Ihres Zeitmanagements sind essentiell zur Erlangung einer *Gegenwarts-*

bezogenheit und *zeitlichen Effizienz*, um die Begriffe von Korn und Pratt aufzugreifen. *Persönliche Macht* ist unabdingbar mit Selbstwert verknüpft, dem Kapitel 4 gewidmet war. *Ausdauer, Anpassungsfähigkeit* und *realistische Zielsetzungen* sind allesamt im Rahmen einer effektiven Teamarbeit von Bedeutung, die wir in Kapitel 6 besprochen haben, obwohl diese auch für viele Themen aus Kapitel 5 wichtig sind, in dem das Konzept der Kommunikation erläutert wurde. *Kreativität* sowie *effektiver Umgang mit Ressourcen* werden im nächsten Kapitel behandelt werden. *Optimismus* schließlich ist das Thema von Kapitel 2, während wir dieses Thema in Kapitel 1 durch die Diskussion von falschen Glaubenssätzen und Mißerfolgsgedanken vorbereitet haben.

Praktische Übung (7–39)
Hohe Produktivität verwirklichen

Füllen Sie zunächst die leeren Stellen in den folgenden Äußerungen aus. Diese Äußerungen korrespondieren mit den 10 Merkmalen besonders effektiver Führungspersönlichkeiten, die wir gerade beschrieben haben. Notieren Sie so schnell und spontan wie möglich, was Ihnen beim Lesen der jeweiligen Äußerung in den Sinn kommt.

1. Um mehr Leidenschaft in mein Leben zu bringen, brauche ich

___

2. Um meinen Job mehr zu genießen, kann ich

___

3. Meine persönliche Macht ist mir am meisten bewußt, wenn ich

___

4. Um meine Geduld und Ausdauer beim Erreichen meiner Ziele zu erhöhen, werde ich

5. Meine Selbstwahrnehmung als kreative Person kann ich verbessern, wenn ich

6. Ich kann anpassungsfähiger werden und mich geistig jung halten, wenn ich

7. Um einen größeren Teil meiner eigenen Ressourcen und der Ressourcen meiner Mitarbeiter zu entdecken, kann ich

8. Meine Power-Gedanken könnten meiner Motivation noch förderlicher sein. Ich sollte deshalb

9. Meine Ziele sollten »Vivencias« werden. Deshalb werde ich

10. Ich werde genug Zeit haben, alle für mich wichtigen Dinge zu erledigen, wenn ich

Wenn Sie diese 10 Äußerungen komplettiert haben, stellen Sie sich vor, wie Sie all das tun, was Sie notiert haben. Wenn Sie beispielsweise in Äußerung 1 geschrieben haben: »Ich möchte Musik wieder so genießen, wie ich es noch vor einigen Jahren tat« (so die Antwort eines unserer Seminarteilnehmer), dann stellen Sie sich bildhaft vor, wie Sie ein Konzert besuchen oder ein Musikinstrument spielen, wie Sie sich währenddessen entspannen und einen tiefen inneren Frieden und eine große Zufriedenheit erfahren. Seien Sie so in die Musik vertieft, daß Sie mit der Musik einswerden und diese in jedem Teil Ihres Körpers und Geistes Resonanz findet. Gehen Sie auf diese Weise jede einzelne Äußerung durch.

Die Durchführung der Übung mit allen 10 Äußerungen mag Sie einige Tage kosten, wenn Sie maximal zwei pro Sitzung bearbeiten. Suchen Sie nicht nach schnellen Lösungen für die verschiedenen Probleme bei der Änderung Ihrer Einstellungen und Ihres Verhaltens. Diese Übung beinhaltet zwei Aspekte: Sie sollen daran erinnert werden, experimentell zu denken und an die eigene Veränderbarkeit im Hinblick auf eine höhere Produktivität zu glauben. Weiterhin wollen wir daran appellieren, daß Sie selbst für diese Veränderung verantwortlich sind. In unseren eigenen Untersuchungen hat sich herausgestellt, daß unproduktive Manager dazu neigen, nach Entschuldigungen für das Verhalten zu suchen, das ihre mangelnde Produktivität bedingt. Der Fall von Gibson illustriert dies auf traurige Weise.

Jeder Vorschlag von uns wurde von Gibson mit Entgegnungen abgetan wie: »Das habe ich schon probiert; es funktioniert nicht«, oder: »Das kostet zuviel Zeit, das kann ich nicht machen«, oder einfach: »Das ist zu kompliziert und erscheint mir nicht sinnvoll.« Doch Gibson verschwendete viel Zeit mit unproduktiver Arbeit und übernahm auch solche Arbeiten, die eigentlich seine Mitarbeiter hätten erledigen können. Er komplizierte viele Dinge unnötig, indem er widersprüchliche Anweisungen und verschiedenen Personen abweichende Informationen gab.

Produktivität ist erlernbar wie jede andere Fähigkeit. Es gibt viele Menschen wie Gibson in der Geschäftswelt, und durch sie werden viele Talente verschwendet, zusammen mit den entsprechenden Möglichkeiten und dem Profit.

Kapitel 8
Kreativität

Kreativität ist das Hauptthema dieses Buches. Wir haben in der Einleitung angekündigt, daß Sie lernen sollen, Ihre kreative Imagination anzuwenden, um das eigene Denken produktiver und effektiver werden zu lassen. Das Problem besteht jedoch darin, daß viele Manager der Meinung sind, Kreativität sei nicht Bestandteil ihres Berufs. Dichter, Maler, Tänzer, Schriftsteller und andere Künstler – ja. Aber Manager? »Das ist nicht unsere Sache!« Dieser falsche Glaubenssatz ist ein echtes Problem.

Denn in Wahrheit ist die Kreativität eine Manifestation der spirituellen Seite des Menschen, wie in Übung (4–20) offenbar wurde. Wir alle sind kreativ, wenn wir – um ein Beispiel zu nennen – einen Satz formulieren. Die ganz eigene Sprache, die Sie sprechen, ist bereits eine kreative Leistung. Wenn Sie die Angst vor der Kreativität verlieren, werden Sie ihre Kraft freisetzen, denn das größte Hemmnis der Kreativität ist der falsche Glaubenssatz, daß Sie selbst nicht kreativ sein können. So, wie Ihre Sprache immer etwas Kreatives ist, so sind auch Ihre Art, sich zu kleiden, die Gestaltung Ihrer Büros oder Ihrer Wohnung Ausdruck von Kreativität.

Demzufolge beruht dieses Kapitel auf der Prämisse, daß Sie kreativ *sind*, und es zeigt Ihnen einige Wege auf, echte Neuerungen zu schaffen (eine andere Formulierung für Kreativität), indem Sie Ihr angeborenes Talent zutage fördern. Kreativität bedeutet, neue Bedeutungen, Beziehungen oder Möglichkeiten in bereits vertrauten Dingen zu entdecken; und es bedeutet auch, alte Ziele mit neuen Mitteln zu erreichen. Kreativität kann deshalb eine der erfreulichsten Komponenten des Managements sein: Sie sollte vor allem *Spaß* machen!

Fragen Sie sich deshalb jetzt: Wann war ich das letzte Mal wirklich kreativ? Vielleicht war dies vor einigen Stunden, vielleicht auch im letzten Jahr. Seien Sie ehrlich zu sich selbst, da diese Frage lediglich zu Ihrem eigenen Nutzen gestellt wird. Fragen Sie sich dann nochmals: Was war meine letzte kreative Handlung? Erinnern Sie sich genau daran, *was* es war und *warum* diese Sache kreativ war. Schließlich fragen Sie sich: Welches Ereignis, welche Person oder welche Umstände lösten diese Kreativität aus? Lassen Sie sich genügend Zeit für diese drei Fragen, und zwingen Sie sich, diese letzte Äußerung Ihrer Kreativität ausfindig zu machen. Es könnte sich um etwas Einfaches handeln, zum Beispiel die Art, wie Sie etwas besonders zwingend vorgebracht haben, so daß Sie sehr überzeugend auftraten. Es könnte sich auch um eine Methode handeln, die Sie an einen Mitarbeiter weitergegeben haben, damit dessen Arbeit erleichtert wird. Ihr letzter kreativer Akt muß nicht unbedingt etwas Weltbewegendes oder Herausragendes gewesen sein. Aber es sollte sich um etwas handeln, das Ihrem kreativen Geist entsprungen ist und für das Sie sich selbst loben würden. Dieser kreative Akt bildet die Grundlage für die nun folgende Übung.

Praktische Übung (8–40)
Ihr kreatives Selbst

Antworten Sie auf die folgenden Äußerungen mit Ja oder Nein, und zwar so ehrlich wie möglich:
1. Ich bin sehr an Themen interessiert, die nicht direkt mit meinem Beruf oder meiner Karriere zu tun haben.
2. Ich glaube, daß es immer mehr als nur einen richtigen Weg gibt, Dinge zu tun und Probleme zu lösen.
3. Ich nehme mir Zeit, die Schönheit und Würde der Natur zu genießen, ohne ständig an Dinge denken zu müssen, die ich erledigen muß und die auf mich warten.
4. Ich lese literarische Werke oder besuche gelegentlich zu meinem eigenen Vergnügen Literaturlesungen.
5. Ich genieße es, Musik zu hören, ohne dabei etwas zu tun.
6. Ich besuche Museen und Kunstausstellungen.

7. Ich halte stets nach den spielerischen oder humorvollen Aspekten einer Sache Ausschau.
8. Ich bin neugierig auf Menschen, die anders sind als ich; ich versuche, etwas von diesen Menschen und ihrer Lebensweise zu lernen.
9. Ich finde Vorschläge, Projekte und Theorien interessant, die nicht logisch erscheinen; ich möchte solche Sachen gern verstehen.
10. Ich liebe Vieldeutigkeit, ob in Rätselspielen oder im richtigen Leben, weil sie mein Denken stimuliert und neue Einsichten vermittelt.

Obwohl diese Äußerungen sehr generell gehalten sind, möchten wir Ihnen die Möglichkeit geben, unterschiedliche Aspekte Ihrer Kreativität in Augenschein zu nehmen. Wenn Sie beispielsweise bei einer der oben angegebenen Äußerungen ganz entschieden mit Nein geantwortet haben, dann probieren Sie – in Anlehnung an Übung (3–13) – aus, wie Sie sich fühlen würden, wenn Sie diese genannte Handlung ausführen oder die entsprechende Geisteshaltung einnehmen würden. Ambrose beispielsweise sagte uns, er habe keine Zeit für Literatur und Dichtung und halte insbesondere Dichtung für reine Zeitverschwendung. Wir erinnerten ihn daran, daß auch der Text der Nationalhymne eine Dichtung sei. Als sehr patriotischer Mensch und Manager eines Waffenherstellers, der viele nationale Aufträge hatte, erkannte Ambrose, daß es auch Formen der Poesie oder Dichtung geben könnte, die seiner Aufmerksamkeit wert waren. Wir wiesen ihn auch auf einige Passagen aus Werken klassischer Dichter hin, mit denen er üben konnte, sich vorzustellen, er würde literarische Werke lesen und dies auch gerne tun. In der nachfolgenden Woche erzählte er uns, daß er als Student sehr viel gelesen habe, später jedoch zu der Ansicht gelangt sei, dies sei eine »wenig männliche Tätigkeit«. Aufgrund der Übung, die wir ihm vorgeschlagen hatten, hatte er die Lektüre einiger seiner Lieblingswerke wiederaufgenommen und großen Gefallen daran gefunden.

Machen Sie, was Ambrose getan hat. Stellen Sie sich vor, Sie genießen die Lektüre eines literarischen Werkes, selbst wenn Ihre

Reaktion auf die entsprechende Äußerung in der obigen Liste (Nummer 4) sehr negativ war. Vielleicht hilft Ihnen der Gedanke, daß sehr viele Menschen auf der Welt dieses oder jenes Werk schon genossen haben und Sie es deshalb auch einmal damit versuchen könnten. Sehen Sie sich selbst, hören Sie sich selbst beim lauten Lesen, achten Sie darauf, welche Erfahrungen Sie machen und wie Sie sich dabei fühlen.

Dies ist der wichtigste Aspekt dieser Übung: die innere Vertrautheit mit Aktivitäten, die der Kreativität und neuen Ideen förderlich sind. Gehen Sie in dieser Weise alle oben genannten Äußerungen durch, auf die Sie ablehnend reagiert haben.

Praktische Übung (8–41)
Nichtkreativität

Erstellen Sie nun eine Liste der falschen Glaubenssätze, die Ihrer eigenen Kreativität im Wege stehen. Der erste und schädlichste dieser Glaubenssätze lautet, Sie seien nicht kreativ. Wie steht es mit den folgenden falschen Glaubenssätzen? Lesen Sie diese, und prüfen Sie Ihre Reaktion. Identifizieren Sie sich mit irgendeiner der folgenden Äußerungen? Denken Sie daran, daß jede dieser Äußerungen ein falscher Glaubenssatz ist, der Sie daran hindert, kreativ zu sein:

»So liegen die Dinge nun einmal.«
»Das weiß ich schon.«
»Es ist wichtig, objektiv zu sein.«
»Sei ernsthaft.«
»Alles soll beim alten bleiben.«

Dies sind nur einige Beispiele für Glaubenssätze, die Neuerungen, Kreativität und Verbesserungen verhindern. Indem Sie daran festhalten, daß »die Dinge nun einmal so liegen«, verbauen Sie sich die Möglichkeit, neue Wege einzuschlagen. Die Geschichte ist voller Beispiele hierfür: Als die Lokomotive erfunden wurde, wandten einige Zeitgenossen ein, Gott habe die Menschen dazu erschaffen, zu Fuß zu gehen. Mittel der Empfängnisverhütung wurden (und werden noch heute) als »unnatürlich« gebrandmarkt, weil sie den angeblich notwendigen Zusammenhang zwischen Sexualität und Schwangerschaft verhindern.

Der Satz »Das weiß ich schon« ist dem »So liegen die Dinge nun einmal« nahe verwandt. Indem Sie die Antwort auf ein Problem oder die Erklärung eines Phänomens schon zu kennen glauben, hören Sie auf, etwas darüber zu lernen, weiter darüber nachzudenken und Ihr Verhältnis zu dieser Sache vielleicht zu ändern.

»Objektiv sein« ist häufig eine Entschuldigung, wenn jemand eine neue Idee oder eine Möglichkeit nicht akzeptieren will. Viele soziale Ungerechtigkeiten auf dieser Welt werden aufrechterhalten, weil – »objektiv betrachtet« – manche Menschen anderen unterlegen sind und diesen deshalb weniger zusteht. Solange Sie diese Art von Objektivität wahren, können Sie viele Ungerechtigkeiten rechtfertigen.

Wenn die Mehrzahl der großen Erfinder, Entdecker und Künstler, die der Menschheit gedient haben, »ernsthaft« gewesen wäre, dann wären viele ihrer »verrückten« Ideen nie zu großen Leistungen geworden. Kolumbus war ein »Verrückter«, als er die Welt für eine Kugel hielt. Michelangelo war »verrückt«, als er Maschinen zeichnete, die wie große Vögel fliegen würden. Picasso war »verrückt«, aus einem alten, weggeworfenen Fahrrad die Skulptur eines Stieres zu fertigen.

»Alles soll beim alten bleiben« ist die Zusammenfassung aller falschen Glaubenssätze, die gegen Neuerungen gerichtet sind. Martin Luther King wurde zum Märtyrer der sozialen Neuerung und Änderungen. Die Gegner einer grundlegenden sozialen Veränderung in den USA waren der Auffassung, man habe bereits eine perfekte Gesellschaft, und wenn man »objektiv« sei, müsse man erkennen, daß nichts, was ihnen vertraut war, geändert werden müßte.

Nachdem Sie nun diese kreativitätsfeindlichen Ideen kurz überdacht haben, erstellen Sie eine eigene Liste von falschen Glaubenssätzen, die Sie daran hindern, kreativer zu werden. Denken Sie hierbei an bestimmte Situationen im Arbeitsleben, bei denen Sie sich als engstirnig erwiesen oder die freie Äußerung von Ideen nicht ermutigt haben, obwohl dies die Arbeit erleichtert hätte. Seien Sie ehrlich zu sich selbst, und notieren Sie einen oder mehrere dieser falschen Glaubenssätze; nehmen Sie hierbei Bezug auf die jeweils konkreten Umstände.

Wenn Sie mindestens eine solche nichtkreative Äußerung entdeckt haben, verbringen Sie einige Minuten damit, darüber nachzudenken, was passieren würde, wenn Sie eine andere Haltung einnehmen würden. Bemühen Sie sich, die jeweilige Situation vor Ihrem geistigen Auge entstehen zu lassen, und »sehen« Sie, wie Ihre Mitarbeiter auf diese Veränderung reagieren. Machen Sie sich nun, da Sie Ihren Standpunkt oder Ihre Einstellung geändert haben, Ihre Gefühle bewußt. Achten Sie darauf, wie jeder Ihrer Mitarbeiter auf Ihre Drehung um 180 Grad reagiert. Achten Sie auch auf Ihre emotionale Reaktion, wenn Sie sehen, wie die verschiedenen Personen Ihre Veränderung aufnehmen.

Wie in einigen der anderen Übungen besteht auch hier der wichtigste Aspekt in Ihrer inneren Erfahrung und nicht in dem intellektuellen Umgang mit neuen Ideen. Was Personen zu einer Änderung veranlaßt, ist nicht ein Argument oder eine Überlegung, sondern eine innere Erfahrung. Geben Sie sich deshalb die Gelegenheit, diese innere Erfahrung zu machen, und setzen Sie so die eigene Kreativität frei.

Wenn Sie in einem bestimmten Bereich Ihrer Arbeit die eigene Kreativität freisetzen (beispielsweise in der Arbeit mit Ihren Mitarbeitern), dann wird es Ihnen leichter fallen, ähnliches auch in anderen Bereichen zu tun. Sehen Sie sich noch einmal Übung (8–40) an, um sich das Wesen der Kreativität vor Augen zu führen. Wir sind der Ansicht, daß Kreativität etwas mit der *Änderung der eigenen Geisteshaltung* zu tun hat. Menschen, die die eigene Geisteshaltung niemals in Frage stellen, werden niemals neue Wege entdecken. Ein Beispiel: Die Hälfte von 8 ist 4, nicht wahr? Ohne Zweifel! Aber bevor Sie weiterlesen, überlegen Sie sich bitte mindestens zwei weitere richtige Antworten auf die Frage nach der Hälfte von 8.

Sie werden zustimmen, die Hälfte von 8 ist auch
0.5 × 8 oder ½ × 8.

»Acht«: »ac« und »ht« im Deutschen, »ot« und »to« im Italienischen,

»hu« und »it« im Französischen, »oc« und »ho« im Spanischen, 16 Viertel und so weiter.

Als Scherzfrage betrachtet, lautet die Antwort wiederum ganz anders: Die Hälfte von »8« ist 2 × 0 oder 2 × 3, je nachdem, ob die Ziffer horizontal oder vertikal der Hälfte nach geteilt wird (8 oder $). Es handelt sich hierbei um eine rein graphische Lösung des Problems.

Vielleicht finden Sie noch weitere richtige Antworten – und geben Sie nicht zu schnell auf.

Diese elementare Übung ist ein Beispiel dafür, wie viele Dinge Sie unternehmen können, um Ihre Geisteshaltung zu ändern. Rätsel, Puzzle und andere Probleme, die häufig in Zeitungen abgebildet sind, eignen sich ganz ausgezeichnet, Ihre gewohnte Geisteshaltung herauszufordern und Sie zu zwingen, neue – kreative – Wege zu entdecken, dieselben Dinge mit anderen Augen zu sehen. Es heißt nicht umsonst, daß ein Genie jemand sei, der eine Sache ansehe, aber etwas anderes darin entdecke als jeder andere. Diese Anstrengung, neue Verbindungen, Möglichkeiten und Bedeutungen zu entdecken, mag anfangs dumm und vergeblich anmuten. Doch neben dem großen Spaß entstehen so auch Ideen, die Ihnen zur Erreichung Ihrer Ziele sehr nützlich sein können, und es hilft Ihnen ganz allgemein, in einer offenen und wißbegierigen Weise zu denken.

Die Änderung Ihrer gewohnten Geisteshaltung durch die eigene kreative Imagination bereitet Sie darauf vor, daß das Unmögliche möglich ist und Lösungen auch für solche Probleme gefunden werden können, an denen Sie zuvor verzweifelt sind. Einstein sagte, daß Phantasie für ihn und seine Entdeckungen in der Physik wichtiger gewesen sei als sein Talent, sich neues Wissen anzueignen. Die folgende Übung soll Ihnen dabei helfen, eine Haltung einzunehmen, der die meisten wunderbaren Erfindungen, Entdeckungen und künstlerischen Werke entspringen.

Praktische Übung (8–42)
Kreatives Problemlösen

Wählen Sie ein bestimmtes Problem aus, das Sie in naher Zukunft lösen wollen. Definieren Sie dieses Problem möglichst klar, und finden Sie dann ein Symbol für dieses Problem: Ein Sturm, ein Feuer, ein tiefer See oder dichte Wälder sind mögliche Symbole. Um sich die Suche nach dem Symbol zu erleichtern, vervollständigen Sie den Satz: »Dieses Problem ist wie ...«

Wenn Ihr Symbol nun beispielsweise eine »große Wüste« ist, dann fügen Sie dem alle Gedanken hinzu, die Ihnen in den Sinn kommen. Ein Beispiel: »Dieses Problem ist wie eine große Wüste, und ich weiß nicht, wohin ich gehen soll. Mein Wasservorrat ist bald erschöpft, und ich fühle die Panik in mir aufsteigen. Zwar scheint alles ruhig, aber das ist eine tödliche Ruhe«, und so weiter.

Wenden Sie dann – für einige Minuten, während Sie vor Unterbrechungen sicher sind – Ihre Imagination an. Sie sind dort in dieser Wüste. Versuchen Sie zu erfahren, wie es dort ist: einsam, verloren, heiß, wenig Wasser, unheimliche Stille. Seien Sie in Ihrer Vorstellung dort. Doch begnügen Sie sich nicht damit. Gehen Sie einen Schritt weiter, und stellen Sie sich vor, wie möglicherweise die Rettung aussehen könnte: eine Karawane mit freundlichen Beduinen, ein herannahendes Flugzeug oder irgendeine andere Quelle der Hilfe, etwas Mögliches oder Unmögliches, wie ein vom Himmel gesandter Engel. Lassen Sie Ihrer Imagination freien Lauf, und verweilen Sie einige Augenblicke bei Ihrer mentalen Vorstellung.

Nur wenn dies geglückt ist, kehren Sie zu Ihrem logischen Denken zurück und fragen sich selbst, was dieses Symbol mit Ihrem Problem zu tun hat; wie diese Sichtweise des Problems Ihnen eine Lösung nahelegen könnte. Im Anschluß daran sollten Sie Ihr Problem nochmals analysieren und der Tatsache Aufmerksamkeit schenken, daß Ihre symbolische Sicht der Dinge Ihnen zu einer neuen Einsicht verholfen hat oder Ihnen ein kleines Detail aufgefallen ist, das Ihnen zuvor noch entgangen war. Notieren Sie alle Ideen hierzu, und legen Sie das gesamte Problem für einen Tag beiseite. Lenken Sie sich durch andere Dinge ab, die Sie vielleicht erledigen müssen. Besser noch ist es – falls Ihr Terminkalender es zuläßt –, wenn Sie sich durch eine Partie Golf oder ein Tennismatch ablenken, einen Ausflug machen oder sich einen Kinofilm ansehen, den Sie schon lange einmal sehen wollten.

Der letzte Schritt besteht darin, dieselbe mentale Aktivität zwei oder drei Tage später zu wiederholen. Zu diesem Zeitpunkt sollten Sie die Eindrücke der zweiten Sitzung mit denen der ersten vergleichen; hierbei sind die von Ihnen angefertigten Aufzeichnungen hilfreich.

Diese Methode des kreativen Problemlösens wird in Management-Seminaren zunehmend häufiger angewandt, und die Ergebnisse sind oft unerwartet. Es hat den Anschein, daß die sorgfältige Konzentration auf die rechte Gehirnhälfte zur Entdeckung von Ressourcen führt, die zuvor nicht genutzt wurden.

Die Führungskräfte, mit denen wir arbeiteten, waren begeistert von dieser Übung. Einer von ihnen meinte: »Zuerst hielt ich das alles für nutzlosen Kram. Aber seit wir es im Seminar geübt haben, habe ich versucht, mir diese Art des Denkens anzueignen. Ich war überrascht! Mir wurde klar, daß ich ein wichtiges Teil des Puzzles übersehen hatte: Mein Symbol war ein dunkler Tunnel, wie in einer Kohlengrube. Dann war ich irritiert: Ich merkte, daß ich die zur Verfügung stehenden Vermögenswerte nicht nutzte. Ich mußte jemanden konsultieren, der hierin Experte war, um neue Liquiditäten aus den Vermögenswerten der Firma zu schöpfen. Ich war so beschäftigt gewesen mit schlechten Verkaufszahlen, ökonomischen Risiken und hohen Kreditkosten, daß ich unsere großen Vermögenswerte völlig außer acht gelassen hatte. Das alles wirkte plötzlich, als habe man das Ende eines langen Tunnels erreicht.«

Dieser Kommentar ist typisch für Personen, die dank der Nutzung ihrer rechten Hemisphäre zu neuen Einsichten gelangen, die ihnen vorher durch das logische, rationale Denken der linken Hemisphäre nicht zur Verfügung standen.

Kreativsein ist eine Tätigkeit, die aus vielen verschiedenen mentalen Funktionen zusammengesetzt ist. Diese können in vier Begriffen zusammengefaßt werden, wie Roger von Oech dies getan hat, nämlich: Entdecker, Künstler, Richter und Kämpfer. Die Funktion des *Entdeckers* besteht darin, Daten und Informationen über eine Sache zu finden. Obwohl dies überwiegend eine Aktivität der linken Hemisphäre ist, kann Ihnen die rechte Hemisphäre dabei helfen, sich vorzustellen, welche weiteren Daten möglicherweise aufgespürt werden können, um das jeweilige Problem zu lösen.

Der *Künstler* kommt ins Spiel, wenn Sie all die Daten und Informationen, die vom Entdecker gesammelt wurden, in neue Ideen und Möglichkeiten ummünzen. Dies ist der Augenblick, in dem Sie träumen, was Sie erreichen wollen; wenn Sie eine *Vivencia* haben (siehe Übung [6–27]). Die Funktion des *Richters* bewertet dann Ihren Traum innerhalb der realistischen Möglichkeiten der Situation (wiederum eher die Arbeit der linken Hemisphäre), so daß der *Kämpfer* diese Ideen umsetzen kann.

Beachten Sie, daß auch die Art der Beschreibung der Kreativität anhand dieser vier Funktionen an sich etwas Kreatives ist. Dies führt uns dazu, daß man sich anstrengen muß, um kreativer zu werden. Immer wenn Sie eine Analogie gebrauchen oder einen Vergleich anstellen, können Sie sich zwingen, einen anderen Aspekt der Ähnlichkeit hervorzuheben. Wenn Sie beispielsweise denken: »Dieses Kind ist so schön wie ein Engel«, dann bemühen Sie sich um eine weitere Analogie. Sie können diese Art Schönheit mit einer Blume, einem Sonnenaufgang oder ... vergleichen (vervollständigen Sie selbst den Satz).

Sich um Kreativität zu bemühen und Anstrengung zu investieren, ist notwendig, weil Kreativität das Produkt harter Arbeit ist. Nur ein sehr kleiner Teil kreativen Denkens ist pure »Inspiration«, die scheinbar aus dem Nichts in Ihrem Kopf auftaucht. Diese Anstrengung sollte Ihrer *Überzeugung* entspringen, daß kreatives Denken Sie als Manager und insgesamt als Person weiterbringt. Denken Sie einmal darüber nach, wie viele Anwendungen Sie für irgendeinen alltäglichen Gebrauchsgegenstand finden können. Der Kamm, mit dem Sie sich vor einer wichtigen Besprechung noch einmal kämmen, kann auch zusammen mit einem Stück Papier als Musikinstrument gebraucht werden. Zusammen mit einem anderen Kamm der gleichen Größe können Sie einen Papierhalter basteln. Oder ...

(denken Sie wiederum über eine weitere Verwendungsmöglichkeit nach).

In ähnlicher Weise können Sie es auch mit dem folgenden Ansatzpunkt versuchen: Alles, was Sie mit Ihren Sinnen wahrnehmen können, kann Ihnen bei der Entwicklung Ihrer Kreativität behilflich sein. Um sich dies zu erleichtern, sagen Sie sich selbst: »Das erinnert mich an ...« oder: »Das ist wie ...« Sie hören vielleicht ein Geräusch, während Sie mit dem Wagen zur Arbeit fahren. Anstatt dieses Geräusch zu ignorieren, sagen Sie zu sich selbst: »Dieses Geräusch ist wie ein Siegesruf«, oder: »... wie ein Ausruf der Freude nach einem sportlichen Sieg.« Auch jetzt, während Sie dies lesen, überlegen Sie: Welcher Klang, welche Geräusche gehören zu einem Jubelschrei? Versuchen Sie, sich diesen Ausruf vorzustellen.

Ein anderer Weg zur Anregung Ihrer Kreativität mag sich sehr seltsam anhören, doch er hilft Ihnen, Ihre gewohnte Geisteshaltung zu durchbrechen und Ihre Imagination zu erweitern. Dieser Weg besteht darin, sich unmögliche Erfahrungen vorzustellen; beispielsweise: Wenn ich diese Möwe wäre, wie schnell würde ich dann fliegen, wie hoch? Was würde ich mir ansehen? Wohin würde ich als Nächstes fliegen? Sollte diese Art, Ihre Vorstellungskraft zu nutzen, Ihnen lächerlich vorkommen, dann versuchen Sie es als eine Übung oder eine Art Probe. Es kann Ihnen helfen, neue Ideen über Dinge zu bekommen, die Ihnen wichtig sind.

Diese Art und Weise, anders zu denken, als wir es gewohnt sind, kann mit einer sportlichen Übung verglichen werden, die Ihre Muskeln trainiert und Sie fit hält. Wir haben schon auf die Rätsel und Denkaufgaben in Zeitungen und Magazinen hingewiesen, die Ihnen auf Reisen oder bei der Lektüre zu Hause dabei helfen können, neue Denkweisen auszuprobieren.

Solange wir das Vertraute nicht als fremd ansehen können, als etwas, das voller Möglichkeiten steckt, solange wir uns nicht fragen, »was wäre, wenn ...«, werden wir das schon Bestehende klaglos akzeptieren und in Kauf nehmen, daß sich nichts ändern wird. H. C. Booth erschuf 1901 den Staubsauger. »Erschaffen« ist das richtige Wort, denn seine Erfindungen sind Kunstwerke. Für Jahrhunderte blies der Wind den Staub, Schmutz und Sand über unseren Planeten. Und Tausende hatten dies nicht nur bemerkt, sondern auch darunter gelitten. Sicherlich hatten andere ihre Boote mit Hilfe des Windes über die Meere segeln lassen, oder sie hatten Windmühlen mit dem Wind angetrieben. Booth aber sah das Vertraute in einer innovativen, herzerfrischenden Weise. Er dachte daran, den Wind umzukehren, und er ließ den Staubsauger kleine Stürme entfachen, die den Staub aufsaugen, statt ihn umherzuwirbeln. H. C. Booth sah in dem Alten etwas Neues und etwas Fremdes in dem Vertrauten.

Kreativität ist ein Prozeß, der aus verschiedenen Schritten besteht, die separat betrachtet werden können, obwohl sie in der Praxis Überschneidungen aufweisen. Normalerweise setzt sich ein kreativer Prozeß zusammen aus

Motivation,
Vorbereitung,
Organisation,
Inkubation,
Vorgefühl,
Erleuchtung,
Bestätigung.

Motivation, auch Neugier oder Antrieb, ist üblicherweise der innere Drang, ein Problem zu lösen, eine Methode oder Technik zu versuchen, etwas Neues herzustellen oder eine persönliche Vision künstlerisch auszudrücken. Motivation ist eine innere Erfahrung der Unruhe, die man nur schwer ignorieren kann. Die meisten Menschen haben ein hohes Maß an Motivation, vor allem in der Kindheit. Unglücklicherweise ignorieren Eltern, Lehrer und andere, die für die Kindererziehung verantwortlich sind, diese Neugier oder ersticken diese sogar gänzlich. Aufgrund solcher Kindheitserlebnisse nehmen viele Erwachsene die eigene Neugier nicht mehr ernst und verhindern so, daß ein kreativer Prozeß stattfinden kann.

Vielleicht erinnern Sie sich an Szenen der eigenen Kindheit, als Ihre Fragen und »Experimente« von der Erwachsenenwelt zurückgewiesen wurden. Um solchen frühen Erfahrungen zu begegnen, tun Sie folgendes: Immer wenn Sie neugierig auf etwas sind oder etwas anderes, Neuartiges ausprobieren wollen, dann ziehen Sie diese Möglichkeit in Betracht. Nehmen Sie Ihre Neugier im kleinen wie im großen ernst. Dies kann der Beginn einer hoffnungsvollen Kreativität sein.

Wer die eigene Motivation ernst nimmt, vollzieht auch den nächsten Schritt im kreativen Prozeß. *Vorbereitung* beinhaltet die ersten Schritte, die die eigene Neugier befriedigen – Sie sammeln Daten und Informationen über das, was Sie im Kopf haben. Sie stellen Fragen, ziehen Bücher und andere Quellen zu Rate, Sie stellen Dinge im Hinblick auf eine Fragestellung oder Idee zusammen. Dieser Schritt geht oft fließend in den nächsten über.

Organisation bezeichnet den Prozeß, in dem die Dinge in einen Zusammenhang gestellt werden. Sie prüfen, was wohin gehört, welche Beziehungen existieren und dergleichen mehr. Während Vorbereitung eher analytischer Natur ist, bezeichnet Organisation die Synthese. Ersteres macht das Fremde vertraut, während letzteres das Vertraute fremd erscheinen läßt.

Sobald die beiden Prozesse der Vorbereitung und Organisation, die beide der linken Hemisphäre zuzuordnen sind, abgeschlossen sind, beginnt der Prozeß der *Inkubation*. Wenn Sie sich ganz bewußt in einem Schaffensprozeß befinden, dann können Sie dieses Element durch ein »Time-Out« fördern. Während dieser Zeit führt die rechte Hemisphäre die beiden vorigen Schritte unbewußt fort. Obwohl das Projekt bewußt zur Seite gelegt wurde, arbeiten Sie doch weiter daran. Ihr Unbewußtes beschäftigt sich weiterhin mit dem Problem oder der zugrundeliegenden Fragestellung. Neue Verbindungen und Möglichkeiten werden in Betracht gezogen, neue Symbole entdeckt. Und all diese häufig fieberhaften mentalen Aktivitäten dauern auch dann an, wenn Sie auf der bewußten Seite mit anderen Problemen beschäftigt sind.

Und dann, wenn Sie gar nicht über die ursprüngliche Fragestellung nachdenken, bemerken Sie, daß eine Lösung bevorsteht. Manche Autoren haben dies mit der Dämmerung eines neuen Tages verglichen. Dieser ist noch nicht angebrochen, doch Sie fühlen mit Sicherheit, daß er bald kommen wird. Dieser Schritt ist das sogenannte *Vorgefühl*.

Kurz nach dieser »Warnung« Ihres inneren Unbewußten kommt es zu einer Art *Erleuchtung*. Die Lösung des Rätsels wird offenbar.

Diese frohe Erleichterung, ein Aha-Erlebnis, kommt einem sexuellen Orgasmus gleich. Sie ist verbunden mit einer Überzeugung, die keinen Raum für Zweifel läßt. Sie wissen, daß Sie erreicht haben, was Sie lange Zeit beschäftigt hat, und Sie sind sehr glücklich darüber. Diese Funktion ist beiden Hemisphären gleichermaßen zuzuordnen.

Schließlich kehren Sie zur linken Hemisphäre zurück, um diese »Entdeckung« zu bestätigen. Dieser Schritt kommt üblicherweise der Prüfung der Dinge gleich: Funktioniert es auch? Sie untersuchen, testen und verifizieren Ihre »Kreation«.

Um die genannten Schritte im Prozeß der Kreativität zusammenzufassen, schlug John W. Haefele die folgende Formel vor:

$$A + B \rightarrow C,$$

wobei A und B zwei zuvor unverbundene Ideen repräsentieren, die zusammengenommen ein neues Konzept, Produkt oder Ergebnis darstellen, »kreieren«.

Diese sieben Schritte des Kreativitätsprozesses erklären, was hierbei passiert, obwohl Kreativität in vielen Fällen das Ergebnis eines ausgesprochenen Glücksfalles, einer zufälligen Entdeckung oder Einsicht ist. Sie denken an nichts Bestimmtes, vielleicht sind Sie mit einer alltäglichen, automatischen Handlung beschäftigt wie beispielsweise Autofahren, wenn es plötzlich passiert: Sie erkennen etwas, das Ihnen zuvor entgangen war; Sie haben eine brillante Idee, um ein besonders schwieriges Problem zu lösen, das Ihnen seit Tagen Kopfzerbrechen bereitet hat. Die ersten 5 Schritte in diesem Prozeß waren unbemerkt und verborgen. Sie sind sich lediglich der plötzlichen Erleuchtung bewußt und validieren nun Ihre Einsicht.

Wo liegt die Beziehung des soeben Gesagten zum Management? Ist es wichtig, all diese generellen Konzepte über Kreativität mit Ihrer Arbeit als Führungspersönlichkeit in Verbindung zu bringen? Um die letzte Frage zuerst zu beantworten: Ja! Weil Sie mit Menschen umgehen, müssen Sie wissen und beachten, daß jeder dieser Menschen ein kreatives Potential hat. Diese Person, die so »normal« wirkt, die niemals etwas Bemerkenswertes sagt oder tut, hat die

Gabe, etwas zu kreieren. Sie als Manager, als Vorgesetzter, werden enorm davon profitieren, wenn Sie in dieser Person einen Zugang zu kreativem Schaffen fördern.

Nutzen Sie neben Ihrem eigenen Verstand auch deren Verstand, und fügen Sie so den eigenen Ideen weitere Ideen hinzu – Sie tragen so zur Produktion größerer materieller Werte bei, das ultimative Ziel eines jeden Managements.

Hier einige wenige Vorschläge:

1. Informieren Sie Ihre Mitarbeiter über diejenigen Probleme, bei denen sie Ihnen Ihrer Meinung nach helfen können. Fragen Sie die Mitarbeiter nach möglichen Vorschlägen, entweder in einer Brainstorming-Sitzung oder in schriftlicher Form. Diskutieren Sie die Vorschläge dann ohne Nennung des Urhebers in der ganzen Gruppe. Nehmen Sie jede vorgeschlagene Idee wirklich ernst.

2. Geben Sie Ihren Mitarbeitern von Zeit zu Zeit das eine oder andere Rätsel oder Denkproblem auf. Bitten Sie sie, Ihnen die Lösung am folgenden Tag vorzustellen und zugleich ein paar Gedanken zur möglichen Anwendung dieses Rätsels im Beruf zu äußern. Bei einer späteren Besprechung innerhalb des gesamten Teams können Sie die Mitarbeiter veranlassen, diese mögliche Anwendung zu diskutieren.

3. Bei einer anderen Gelegenheit lassen Sie Ihre Mitarbeiter wissen, daß Sie von ihnen erwarten, Ihnen bei der Verbesserung jedes nur denkbaren Anliegens, welches mit dem Geschäft zu tun hat, behilflich zu sein. Fragen Sie dann jeden einzelnen, welchen Film er zuletzt gesehen hat, und ermutigen Sie ihn, darüber nachzudenken, ob sich irgendein Aspekt dieses Films vorteilhaft auf seine Arbeit, seine Produktivität oder die Teamarbeit auswirken kann.

Diese Möglichkeiten einer Ermutigung zur Kreativität werden zu vielen interessanten und nützlichen Ideen führen. Den Prozeß, den Ihr Team bei der Entwicklung neuer Ideen durchläuft, können Sie anhand der oben beschriebenen 7 Schritte analysieren.

Für den an zweiter Stelle genannten Vorschlag können Sie ein Rätsel aus einer Zeitschrift oder einer beliebigen anderen Quelle auswählen. Lösen Sie dieses Problem unbedingt erst selbst, bevor Sie es an Ihre Mitarbeiter weitergeben. Dieses Problem kann rein visueller Natur sein (beispielsweise eine Aufgabe, bei der etwas gezeichnet werden muß) oder auch kognitiver Art wie die Denkaufgabe aus Übung (5–21). Ihrer Kreativität bei der Wahl dieser Aufgaben für Ihre Mitarbeiter sind keine Grenzen gesetzt.

Wir hoffen, daß Sie sich jetzt bereits ein wenig mit Ihrem kreativen Selbst wieder vertraut gemacht haben. Kein Geringerer als Sir Francis Galton verglich die eigene kreative Imagination mit einem Vorzimmer, in dem viele Menschen warten, um zu einer Audienz in das volle Bewußtsein vorgelassen zu werden, wo bereits zwei oder drei Ideen versammelt sind. Die Ideen aber, die mit den bereits im Bewußtsein befindlichen in Zusammenhang stehen, werden mit größerer Wahrscheinlichkeit aufgerufen, um gehört zu werden. Die folgende Übung basiert auf dieser Analogie.

Praktische Übung (8–43)
Kreative Imagination

Vergegenwärtigen Sie sich genau den Gedanken, der Ihnen gerade durch den Kopf geht, oder erinnern Sie sich an einen Gedanken, den Sie vielleicht vor wenigen Augenblicken noch hatten. Stellen Sie sich vor, Sie bleiben bei diesem Gedanken und lassen ihn nicht mehr los. Setzen Sie sich nun bequem hin, und atmen Sie so, wie es für Sie am angenehmsten ist. Wenn Sie sich besonders angespannt fühlen, können Sie es mit der Entspannungstechnik versuchen, die Sie bereits kennengelernt haben: Spannen Sie Ihre Muskeln so stark wie möglich an, und halten Sie diese Spannung einige Sekunden. Hören Sie dann mit dieser Anspannung auf, und spüren Sie die Entspannung, während Sie – vermutlich ganz automatisch – tief Atem holen. Wiederholen Sie diesen Vorgang; halten Sie die Anspannung so lange, bis Sie sich unbehaglich fühlen, und entspannen Sie sich dann wiederum.

Sie sind nun bereit für Ihre kreative Imagination. Denken Sie wieder an den Gedanken, mit dem wir diese Übung begonnen haben. Erinnern Sie sich, daß wir Sie baten, an diesem Gedanken festzuhalten? Gebrauchen Sie Ihre kreative Imagination, und prüfen Sie, wie Sie an diesem Gedanken festhalten. In welchem Teil Ihres Körpers? Was macht der Gedanke mit diesem Teil Ihres Körpers? Stellen Sie sich vor, wie dieser Gedanke Sie beeinflußt – ähnlich wie Licht und Dunkelheit, wie eine Farbe oder ein Gegenstand. Stellen Sie sich vor, wie Ihr Gedanke Gestalt annimmt. Ist er klein oder groß? Ist er schön oder häßlich? Ist er ein lebendes Wesen oder etwas Unbelebtes? Schenken Sie der Gestalt Ihres Gedankens genaue Aufmerksamkeit. Verweilen Sie bei dieser Tätigkeit, bis dieser Gedanke Ihnen freundlich und willkommen erscheint.

Der nächste Schritt besteht darin, daß Sie im Geiste alle nur denkbaren möglichen Assoziationen entstehen lassen, die in Zusammenhang mit diesem Gedanken stehen. Lassen Sie Verbindungen entstehen zwischen diesem Gedanken und den Personen in Ihrem Leben. Lassen Sie ebenso Verbindungen in Ihre Vergangenheit und in die Zukunft entstehen. Bleiben Sie dabei entspannt, und atmen Sie ganz natürlich, während Ihr Geist die Freiheit hat, mit diesem Gedanken anzustellen, was immer er will. Seien Sie neugierig darauf, wohin diese Aktivität Sie führen wird – und lassen Sie sich genügend Zeit hierfür.

Entspannen Sie sich dann wiederum, und kehren Sie zu der gewohnten Denkweise zurück. Untersuchen Sie in diesem kognitiven Zustand noch einmal Ihren Gedanken, und prüfen Sie, ob Ihr Gebrauch der kreativen Imagination ihn bereichert oder verändert hat, seinen Wert irgendwie geändert hat oder ob er sich auf andere Lebensbereiche übertragen hat.

Kehren Sie schließlich noch einmal zu einer für die rechte Gehirnhälfte charakteristischen Aktivität zurück, indem Sie sich vorstellen, wozu dieser Gedanke Sie veranlassen wird. Dies geschieht in einer Art mentalem Proben, wie Sie es bereits in Kapitel 3 (Übung [3–13]) kennengelernt haben.

Der Zweck dieser Übung besteht darin, die Verzweigungen zu entdecken, die jeder Gedanke zu jeder beliebigen Zeit sowohl zu Ihrem Berufs- als auch zu Ihrem Privatleben aufweist. Sobald Sie dies mit einem beliebigen Gedanken getan haben, der Ihnen zu einer bestimmten Zeit durch den Kopf ging, können Sie diese Technik auf jeden Gedanken Ihrer Wahl anwenden. Dann sind Sie schließlich in der Lage, dieselbe Methode an Ihre Mitarbeiter weiterzugeben, um deren Kreativität zu verbessern.

In diesem Zusammenhang ist es interessant, die Persönlichkeitsstruktur einer kreativen Person zu betrachten. Obwohl wir postulieren, daß jeder Mensch kreativ sein kann, weisen manche Menschen ein größeres Talent auf als andere, so wie dies bei jeder anderen personalen Eigenschaft auch der Fall ist. In seinen Untersuchungen fand John W. Haefele, den wir schon einmal erwähnt haben, daß Personen, die in hohem Maße kreativ sind, einige fest definierte Charakterzüge gemeinsam haben. In bezug auf die *eigene Person* neigen kreative Personen zur Introspektion, sind neuen Erfahrungen zugänglich und bauen keinen Schutzwall um sich auf; sie sind für die Emotionen anderer und die Umgebung allgemein empfänglich, emotional nicht allzu stabil und keineswegs zufrieden mit sich selbst. Sie haben große Charakterstärke und besitzen innere Reife.

In bezug auf *andere Personen* sind kreative Menschen unabhängig, dominant, bestimmt und mutig. Sie haben nur wenige enge Freunde und geringes Interesse an zwischenmenschlichen Beziehungen. Sie gehören nur ungern Gruppen, Vereinen oder anderen Vereinigungen an; dennoch plädieren sie für eine konventionelle Moral.

Ihre wesentlichen *Einstellungen zum Beruf* sind durch eine Bevorzugung von Ideen und »Dingen« (gegenüber Personen und menschlichen Anliegen) charakterisiert. Sie kümmern sich nicht sonderlich um berufliche Sicherheit, da sie unabhängig vom Urteil anderer sind und ihnen tägliche Routine und gewöhnliche Arbeitsanforderungen nicht liegen. Hochkreative Menschen sind darüber hinaus skeptisch, freundlich und ehrlich, sie respektieren empirische Beweise und intellektuelle Leistungen. Sie tolerieren Vieldeutigkeit und verfügen über eine natürliche Gabe zum Staunen und zur Überraschung. Im allgemeinen ziehen sie die Theorie der Praxis vor und überlassen die Ausführung anderen Personen.

Andere, *allgemeine Charakteristika* der kreativen Persönlichkeit sind Haefele zufolge eine höhere Ängstlichkeit als bei anderen

Personen sowie eine gewisse Zwanghaftigkeit und Dickköpfigkeit. Sie sind zudem sehr spontan, abenteuerlustig und begeisterungsfähig – wobei sie leicht zu irritieren und aufzuregen sind. Kurz gesagt, sie sind recht komplexe Persönlichkeiten, und es ist nicht immer leicht, mit ihnen gut auszukommen.

Dieses Persönlichkeitsprofil einer typischen kreativen Person in den Bereichen *Selbst, Andere* und *Arbeit* mag Ihnen dabei helfen, die Kreativeren unter Ihren Mitarbeitern zu erkennen, um von ihren Talenten zu profitieren. Mit der erforderlichen Freiheit, ihre Kreativität auszuleben, nutzen solche Menschen dem gesamten Arbeitsteam und geben aufgrund ihrer konventionellen Wertvorstellungen in der Regel keinen Anlaß zu Streitigkeiten, solange sie genügend Freiräume haben und man ihnen in bezug auf höhere Autoritäten den Rücken stärkt.

Denken Sie noch mal an den Kreis Ihrer Mitarbeiter: Diejenigen, die besonders hart arbeiten, keinen großen Wert auf sozialen Umgang legen, die häufig seltsame Ideen vorbringen und auch einmal eine Meinung vertreten, die derjenigen der Mehrheit entgegengesetzt ist – dies sind vermutlich die kreativsten und innovativsten Mitarbeiter in Ihrer Arbeitsgruppe. Dies sind Personen, die Sie – als Manager – in kritischen Augenblicken tunlichst unterstützen sollten: wenn die Arbeit bei einem Problem festgefahren ist und keinerlei Fortschritte mehr macht, wenn eine neue Sichtweise eines Problems oder einer Situation erforderlich ist, wenn niemand mehr Rat weiß und bei ähnlichen Problemen mehr. In solchen Situationen hat ein Team mit einem hochkreativen Mitarbeiter die besseren Karten, und in solchen Situationen zieht ein fähiger Manager aus diesem Vorteil seiner Arbeitsgruppe Nutzen und hilft so, die Situation zu meistern.

Eine andere wichtige Dimension der Kreativität ist das Wechselspiel zwischen der Person und ihrer Umgebung. Kreativität gedeiht niemals in einem Vakuum. Weil Kreativität ein Prozeß ist, kann man berechtigterweise von kreativen Gesellschaften und kreativen Unternehmen sprechen. Sie als Person in einer Führungsposition innerhalb eines Unternehmens sollten sich der Merkmale eines kreativen

Unternehmens bewußt sein, denn eine solche wird in der Geschäftswelt produktiver und erfolgreicher sein als ein nichtkreatives Unternehmen. Lassen Sie uns einige *Merkmale einer kreativen Gesellschaft* mit großen kreativen Leistungen durchgehen, wie sie von Soziologen, Anthropologen und Archäologen beschrieben wurden.

Das erste Merkmal ist die *Wertschätzung der kreativen Arbeit,* soziale und finanzielle Belohnungen eingeschlossen. Künstler, Erfinder und Wissenschaftler werden ermutigt und erhalten Unterstützung zur Anfertigung ihrer Arbeiten, da diesen ein hoher Wert beigemessen wird.

Zum zweiten, und dieser Punkt ist dem ersten verwandt, gibt es einen *materiellen Wohlstand,* der die kreative Person von der Sorge um das reine Überleben befreit.

Drittens ist eine *allgemeine Einstellung* vorherrschend, die *zur freien Arbeit und zur Diskussion neuer Ideen* ermutigt. Dies schließt eine Toleranz gegenüber Interessengruppen ein (Künstlervereinigungen, Denkfabriken, Berufsorganisationen), deren Beiträge zur gesamten Gesellschaft allgemein ernstgenommen werden.

Und schließlich gehören in diese Liste auch *Offenheit* und ein *freier Informationsfluß* innerhalb der gesamten Gesellschaft, so daß der Austausch von Ideen in der Öffentlichkeit zur Tagesordnung gehört. Geheimhaltung ist suspekt und wird vermieden.

Indem Sie diese Qualitäten in die Geschäftswelt übertragen, können Sie – als Vorgesetzter – einiges tun, um solche Merkmale auch in Ihrem Unternehmen zu fördern. Ihre Mitarbeiter sollten von Ihnen hören, daß Sie neue Ideen begrüßen und ernst nehmen werden. Sie werden glauben, daß dem wirklich so ist, wenn Ihr Unternehmen tatsächlich ein kreatives Arbeiten ermöglicht. Dies kann auf verschiedene Weise geschehen, zum Beispiel durch ruhige Orte zum Lernen, Forschen und Denken oder auch durch die Befreiung solcher Mitarbeiter, die mit kreativer Arbeit beschäftigt sind, von weniger wichtigen Pflichten oder Besprechungen und nicht zuletzt durch Belohnung kreativer Arbeit in Form von Ehrungen oder finanziellen Anreizen.

Kreativität bedeutet auch, daß man alte, vertraute Dinge plötzlich mit neuen Augen sieht, in einer informativen, innovativen Art und

Weise. Demzufolge sollte eine Zunahme an Kreativität eine Erhöhung der Effektivität bedingen, im Hinblick auf besseren Service, bessere Produkte und letztendlich in Form von höherem Profit und Gewinn. Columbus, Galileo, Einstein, Darwin, Benjamin Franklin und eine große Zahl weiterer Menschen haben unsere Wahrnehmung und unser Verständnis der Welt neu geformt. Aber sie sind auch die geistigen Väter vieler Industriezweige, die aus ihren Visionen und ihrer Kreativität ableitbar waren.

Kreativität entspringt immer dem Menschen. Die Welt ist einfach da; die Realität ist, was sie ist; doch der einzelne Mensch kann aufgrund seiner Kreativität etwas entdecken, was niemand zuvor gesehen hat. Erinnern Sie sich an Haefeles Formel, A + B → C, die wir zuvor erwähnt haben. Das Produkt C, eine Verbindung von Dingen, die ursprünglich keine natürliche Verbindung aufwiesen, stammt aus dem inneren Geist der kreativen Person. Auf der Grundlage der letzten Übung – Kreative Imagination (8–43) – bitten wir Sie jetzt, Ihre Imagination zu gebrauchen, um die eigene kreative Kraft zu vergrößern.

Praktische Übung (8–44)
Ihr inneres Genie

Beginnen Sie, indem Sie sich selbst daran erinnern, daß Ihr Gehirn eine schier unendliche Fülle von Daten und Informationen gespeichert hat. In diesen mentalen Speichern liegt alles bereit und kann von Ihnen genutzt werden.

Mit diesem Gedanken im Bewußtsein sollten Sie sich eine halbe Stunde Zeit nehmen, in der Sie sicher vor Unterbrechungen und Ablenkungen sind. Setzen Sie sich möglichst entspannt hin. Konzentrieren Sie sich zunächst auf Ihre Atmung, bis Sie sich zu entspannen beginnen. Gestatten Sie diesem entspannten Gefühl, auf Ihren ganzen Körper überzugehen, bis Sie sich auf angenehme Weise ruhig und entspannt fühlen. Sagen Sie dann zu sich selbst: »Ich werde jetzt einen von mir gesteuerten Tagtraum haben.« Wiederholen Sie diese Äußerung, bis dieser Tagtraum beginnt. Um sich diese Aufgabe zu erleichtern, können Sie sich vorstellen, daß Sie in Ihrem Bett liegen, sich sehr müde fühlen und bald schlafen werden, bis Sie schließlich die Traumwelt betreten. Es ist, als wäre eine Kinoleinwand vor Ihrem geistigen Auge, auf der Sie einen interessanten Traum sehen: eine Geschichte, eine Abfolge von Ereignissen oder Bilder, die Ihnen wichtig sind.

Sie wollen sich selbst durch diese Erfahrung bereichern, Freude daran haben, anstatt sie zu analysieren oder in ihr einen tieferen Sinn zu suchen. Das kommt später. Verweilen Sie für diesen Augenblick nur bei den Bildern, Erinnerungen, Empfindungen, neuen Assoziationen, Gefühlen und all dem, was Ihnen spontan zufliegt.

Wenn Sie dies zum ersten Mal versuchen und nichts geschieht, dann denken Sie nicht, Sie würden Ihre Zeit verschwenden. Konzentrieren Sie sich auf die Entspannung, und nehmen Sie sie als Geschenk, das Sie sich heute selbst machen. Sagen Sie sich auch, daß Sie heute Nacht von etwas träumen, das Ihnen persönlich sehr wichtig ist. Bevor die halbe Stunde, die Sie sich für diese Übung genommen haben, vorbei ist, versprechen Sie sich, daß Sie diese Übung mindestens noch zwei weitere Male versuchen werden, bevor Sie aufgeben. Kehren Sie dann zu Ihrem gewohnten Denken zurück.

Stellen Sie in jedem Falle sicher, daß Sie sich bei Ihrem nächsten Versuch genug Zeit zur Entspannung lassen. Nur dann sollten Sie sich vornehmen, einen Tagtraum in sich zu erzeugen. Seien Sie neugierig darauf, was geschehen wird. Erwarten Sie eine Überraschung. Sie tun dies, um Kontakt zu Ihrem inneren Selbst herzustellen, so daß Sie von der ganzen Bandbreite der Informationen und Erfahrungen profitieren, die Sie zeit Ihres Lebens angesammelt haben.

Nachdem Sie schließlich Erfolg mit dieser Übung hatten, notieren Sie, was Sie während dieser Aktivität über sich gelernt haben. Notieren Sie darüber hinaus, wie Sie reagiert haben, als Sie die Übung versuchten. Jetzt können Sie beginnen, Ihren Tagtraum zu analysieren.

Diese Übung ist häufig mit sehr vielen Fragen verbunden, auch mit der Befürchtung, es sei »unnormal«, so mit der eigenen mentalen Aktivität zu experimentieren. Betrachten wir deshalb drei Führungskräfte, mit denen wir gearbeitet haben. Der erste ist Domenico, ein Nachrichtenredakteur in einem der größten Pressedienste der Welt.

Domenico war 50 Jahre alt und befürchtete, mit zunehmendem Alter in allen Lebensbereichen weniger effektiv zu werden, vor allem im Hinblick auf seine Arbeit, durch die er sehr bekannt geworden war. Bei seinem ersten Versuch mit Übung (8–44) scheiterte er kläglich. Er dachte, daß dies seiner geistigen Gesundheit »gefährlich« werden könnte. Nachdem wir ihn davon überzeugt hatten, daß dies für Menschen, denen es im allgemeinen gutgehe, völlig harmlos sei, stimmte Domenico einem weiteren Versuch zu. Dieses Mal »träumte« er, daß er in einer Stadt den Bürgersteig entlangging, als er plötzlich den Papst dort liegen sah, ganz in Weiß gekleidet, sehr klein und allem Anschein nach eher eine Figur als ein richtiger Mensch. Der Papst war jedoch unzweifelhaft lebendig und fragte Domenico, ob er bereit sei, in die Kirche zurückzukehren, aus der Domenico vor vielen Jahren ausgetreten war. In seinem Traum dachte Domenico zunächst daran, irgendeine Entschuldigung vorzubringen, doch dann fühlte er sich zur Wahrheit verpflichtet und antwortete, er sei Buddhist geworden und brauche nicht länger Mitglied der Kirche zu sein. Er fühlte sich sehr gut hierdurch und kehrte in einer sehr positiven, hoffnungsvollen Stimmung in sein gewohntes Denken zurück.

An diesem Punkt erkannte Domenico, daß seine Ängste in bezug auf seine Leistungsfähigkeit in gewisser Weise mit seiner Fähigkeit verbunden waren, er selbst zu sein und nicht vorwiegend zum Wohlgefallen anderer zu handeln. Er erkannte, daß seine Entscheidung, Buddhist zu werden, sehr mutig gewesen war, zumal Freunde und Verwandte erwarteten, er würde seiner alten Religion treu bleiben. Auf dem Höhepunkt seiner beruflichen Karriere war er sich der Konkurrenz durch Jüngere bewußt und war mehr als früher versucht, Dinge der beruflichen Sicherheit wegen zu tun und weniger aus persönlicher Überzeugung.

Nach diesem gesteuerten Tagtraum war Domenico mehr denn je

überzeugt, daß sein Weg darin lag, ganz er selbst zu sein, selbst wenn dies den Erwartungen seiner Gesellschaft und denen der Öffentlichkeit zuwiderlief. Es stellte sich heraus, daß Domenico kurz nach dieser Übung eine der größten Anerkennungen zuteil wurde, die in diesem Beruf möglich ist.

Eine andere Führungspersönlichkeit, mit der wir arbeiteten, war Dee-Ann, die ebenfalls in der Medienwelt arbeitete. Sie war Moderatorin in einer sehr populären Tagessendung. Sie sagte, sie habe eine ausgezeichnete Imaginationsfähigkeit, und erzählte uns von ihren Erfahrungen mit Übung (8–44). Ihr gesteuerter Tagtraum handelte von einer riesigen Boa constrictor, die vor ihrem Gesicht auftauchte und sie zu umschlingen versuchte. Es gab jedoch ein seltsames Element in diesem »Traum«. Die Szene fand auf einer Bühne statt, die recht dunkel und altmodisch drapiert war; das Theater war leer und nur schwach erleuchtet. Trotz der offensichtlichen Gefahr war Dee-Ann nicht ängstlich, sondern fand plötzlich ein großes Schwert in ihrer rechten Hand, mit dem sie die Boa constrictor verjagen konnte. Sie kehrte in ihr alltägliches Denken zurück und war sehr erfreut über ihre Leistung, ihren Sieg. Sie war jedoch nicht in der Lage, diesen »Traum« zu deuten oder zu sagen, wie er auf sie anwendbar sei.

Beim nächsten Mal fragte sie die Schlange, wer sie sei, was sie wolle und warum sie sie angreife. In ihrem Tagtraum hörte sie dann die Stimme der Schlange, die wie die Stimme ihrer Mutter klang, sagen, sie würde sie nicht angreifen, sondern versuchen, sie – als ihre Mutter – zu schützen.

Der Traum erschien Dee-Ann nun plötzlich sinnvoll. Ihre Mutter hatte sie als Kind übermäßig beschützen wollen, so daß Dee-Ann an dieser Fürsorge zu ersticken glaubte. Nun aber, als Erwachsene, erkannte sie, daß der Schutz der Mutter nur zu ihrem eigenen Nutzen gewesen war, da sie in einer recht üblen Gegend wohnten, wo Drogenmißbrauch und die damit einhergehende Kriminalität an der Tagesordnung waren. Dieser »Traum« hatte die Gefühle Dee-Anns, die sie als Kind erlebt hatte, mit ihrem heutigen Verständnis der Situation kombiniert. Ihr wurde darüber hinaus klar, daß sie mit der Zurückweisung von Hilfe und Unterstützung, beispielsweise durch ihre Kollegen und Freunde, zu schnell bei der Hand war – sie reagierte zum Teil immer noch so, wie sie als kleines Kind auf die Gebote und Verbote der Mutter reagiert hatte.

Dank dieser Übung lockerte Dee-Ann den Schutzwall um sich herum und konnte Hilfe durch andere Personen besser akzeptieren. Sie sagte uns, sie kehre oft zu diesem Tagtraum zurück und sehe sich selbst mit der Boa tanzen und dabei das Gefühl genießen, sich durch die besondere Strenge der Mutter in ihrer Kindheit geschützt zu wissen.

Auch wenn die Erklärungen, die Sie sich für diese Erlebnisse geben, nicht immer gänzlich sinnvoll erscheinen, so sollten Sie sie als etwas akzeptieren, das für Sie eine besondere Bedeutung hat. Die innere Erfahrung des Tagtraums gab Dee-Ann eine neue Sichtweise, die es ihr ermöglichte, die Hilfe anderer besser annehmen zu können. Dies ist der wichtigste Punkt dieser Übung. Eine solche Übung versetzt Sie in die Lage, innere Ressourcen und Stärken zu mobilisieren, die andernfalls wahrscheinlich verschüttet geblieben wären.

Der interessanteste Fall ist der von Yolanda, die als Leiterin ihres eigenen Investment-Unternehmens eines unserer Seminare für Führungskräfte besuchte. In nur vier Jahren hatte der Gewinn dieses Unternehmens phantastische Ausmaße erreicht. Trotz dieses überwältigenden finanziellen Erfolgs erzählte uns Yolanda, die Anfang 40 war, daß ihr Privatleben eine einzige Enttäuschung sei. Sie war nicht verheiratet und befürchtete, niemals den richtigen Menschen zu finden, mit dem sie ihr Leben teilen könnte. Sie hatte verschiedene Beziehungen zu Männern gehabt, die zwischen sechs Monaten und vier Jahren andauerten; diese hatten jedoch immer mit bitteren Auseinandersetzungen geendet. In jedem dieser Fälle hatte der jeweilige Mann sie entweder in körperlicher oder sozialer Hinsicht mißbraucht und auch vor öffentlichen Demütigungen nicht zurückgeschreckt. Yolanda berichtete, dieses Problem sei ihr ständig gegenwärtig, so daß sie sich nur schwer konzentrieren könne und nicht effektiv arbeite, weil ihr viele Details entgingen. Zum ersten Mal waren die Profite ihres Unternehmens gesunken, und sie war deswegen sehr besorgt.

Als sie die Übung »Ihr inneres Genie« praktizierte, war sie sehr erschrocken, aber auch friedvoll, glücklich und »fertig«, wie sie es ausdrückte. Sie berichtete, es sei überall dunkel gewesen und sehr kalt. Nach kurzer Zeit habe sie eine Stimme gehört, die sie zunächst nicht verstanden habe. Dann aber hörte sie etwas wie »Gib auf! Du bist eine Schwindlerin. Versuch nicht zu sein, was du nicht bist. Sei, was du bist.«

Ihr Erschrecken war augenscheinlich durch die Dunkelheit und Kälte bedingt, die Worte jedoch führten zu jenem positiven Eindruck, den sie zuvor erwähnt hatte. Yolanda regte sich über diesen Tagtraum sehr auf und beschuldigte uns, »mit ihren Gedanken und Emotionen zu experimentieren«. Wir entgegneten, dieser Tagtraum komme aus ihrem inneren Selbst und repräsentiere eine positive und angenehme Seite ihrer Persönlichkeit. Wir konnten beim besten Willen nichts zu der Bedeutung dieses Traumes sagen, und wir versicherten ihr, sie brauche, wenn sie es nicht wolle, nicht weiter darüber zu sprechen. Wir empfahlen ihr jedoch, selbst herauszufinden, wer in ihrem Traum spreche und was diese Nachricht – sie sei eine Schwindlerin und solle sie selbst sein – zu bedeuten habe. Sie sagte, sie würde nach Abschluß des Seminars in diesen Traum zurückkehren, und wir erinnerten sie daran, daß sie jederzeit gerne mit uns Kontakt aufnehmen könne, wenn wir ihr behilflich sein könnten. Nach diesem Seminar hörten wir lange nichts mehr von Yolanda.

Fast ein Jahr später erhielten wir zusammen mit einer Weihnachtskarte und ihren guten Wünschen für das neue Jahr den folgenden Brief, der es wert ist, an dieser Stelle vollständig wiedergegeben zu werden.

»Sehr geehrte ...

Ich schulde Ihnen eine Entschuldigung. Es tut mir leid, daß ich so lange gebraucht habe, um Ihnen zu schreiben. Sie erinnern sich vielleicht an mich aus einem Ihrer interessanten Seminare. Es war im Januar dieses Jahres, und ich kann kaum glauben, wie schnell dieses Jahr vergangen ist. Vielleicht hängt das damit zusammen, daß ich so glücklich bin. Ich bin jetzt endlich ich selbst! Jener Tagtraum, der mich so erschreckt hatte und mich auf Sie ärgerlich werden ließ, war tatsächlich eine Offenbarung. Ich bin stolz darauf, ich selbst zu sein, und habe aufgehört, Energie darauf zu verschwenden, jemand anderer sein zu wollen. Sie haben mir geholfen, zu mir selbst zu finden, weil Sie mich gelehrt haben, mein ›inneres Genie‹ zu gebrauchen, wie Sie das nennen. Die Übung, die mich in Ihrem Seminar so sehr aufregte, wurde schließlich zu einer der größten Offenbarungen meines Lebens. Die andere große Offenbarung ist Tony. Haben Sie ganz herzlichen Dank.«

Obwohl dieser Brief uns immer noch recht rätselhaft anmutete, schlossen wir daraus, daß Yolanda schließlich eine gute Beziehung zu einem Mann gefunden hatte und glücklich war. Wir wußten zwar nicht, wie dies geschehen war, doch wir führten ihr Wohlbefinden auf die Anwendung der genannten Übung zurück. In den USA ist es eine große Erleichterung, einen solchen Brief und nicht den Brief eines Anwaltes zu erhalten, der die Klage eines Klienten über unsere Arbeit vorträgt.

Wir vergaßen Yolanda und kehrten zu unseren beruflichen Aktivitäten zurück, als – etwa Ende Januar – Yolanda am Telefon war und uns zu sehen verlangte. Wir verabredeten ein Treffen in unseren Büros, bei dem sie uns die große Offenbarung mitteilte, die ihr bei dieser Übung zuteil geworden war. Der Mut zum Handeln und zum »Sie selbst«-Sein betraf ihre sexuelle Orientierung. Seit Jahren hatte sie angenommen, daß sie mit Männern nicht glücklich sein könne, und trotzdem hatte sie den bloßen Gedanken, vielleicht lesbisch zu sein, bekämpft. Als sie die mysteriöse Stimme in ihrem Tagtraum hörte, wußte sie um die Bedeutung, war aber zu erschrocken, die Botschaft zu akzeptieren. Diese Stimme kam, wie sie uns sagte, aus ihrem wahren Selbst. Doch trotz dieses ersten Unbehagens war die Übung während unseres Seminars der Beginn eines neuen Lebens. Sie sagte, sie müsse uns dies einfach erzählen, weil sie sehr stolz auf sich war. Später am Abend gingen wir mit ihr und Tony gemeinsam essen, einer sehr erfolgreichen, gebildeten und charmanten Managerin, die eine Mode-Design-Firma gegründet hatte und diese auch leitete.

Diese dramatische Fallgeschichte war tatsächlich sehr außergewöhnlich und herausragend. Sie erinnert ein wenig an Ciceros Äußerung, daß »die Wahrheit stets Haß erzeugt«, sowie an das

Jesus-Wort, »die Wahrheit soll uns frei machen«. Der Wahrheit ins Gesicht zu sehen, vor allem in bezug auf uns selbst, scheint ein Prozeß zu sein, der zunächst Unbehagen verursacht, um dann zu innerem Frieden und Freiheit zu führen. Yolanda machte diesen schwierigen Prozeß durch. Was zu Beginn sehr erschreckend schien, erwies sich als Befreiung von dem Versuch, etwas anderes als sie selbst zu sein. Sie wurde durch ein neues Gefühl der Ehrlichkeit und des Stolzes belohnt, so daß sie sogar noch produktiver als zuvor sein konnte. Ihr Unternehmen wurde Teil eines internationalen Komplexes und stieg im Wert beträchtlich an.

Doch auch wenn Ihre innere Offenbarung weniger dramatisch sein sollte, wird sie Ihnen nutzen. Mittels dieser Technik, Ihre innere Welt zu erforschen, werden Sie Ihre kreative Kraft nutzen können, um innerlich zu wachsen, ein erfüllteres Leben zu führen, produktiver zu sein und größeren Einfluß auf Ihre Umwelt auszuüben.

Die Art von Kreativität, mit der wir uns hier beschäftigen, ist – wie bereits zu Anfang des Kapitels erwähnt – nicht auf die künstlerische Erschaffung von Kunstwerken beschränkt. Wir alle sind kreativ, weil wir jene geistige Natur aufweisen, von der wir in Kapitel 4 gesprochen haben. Und Sie können diese Kreativität in sich und Ihren Mitarbeitern zum eigenen Nutzen wecken.

Yolandas Klagen während unseres Management-Seminars erfordern einige kommentierende Bemerkungen. Was Sie im Laufe Ihrer persönlichen Geschichte angesammelt haben, kann Ihnen – in Abhängigkeit davon, wie Sie damit umgehen – nutzen oder schaden. Im allgemeinen, und dies zeigt auch die humanistische Psychologie, wird dieses Material (oft als »Unbewußtes« bezeichnet) zu einer positiven Kraft und Energiequelle, wenn die Menschen an ihrem persönlichen Wachstum interessiert sind. Yolanda ist ein gutes Beispiel für die positive Natur dieses Materials, das den Mitteln des Bewußtseins und der Logik und Rationalität der linken Gehirnhälfte nicht zugänglich ist.

Solange Sie wirklich daran interessiert sind, ganz ehrlich zu sich selbst zu sein, können Sie dem Unbewußten vertrauen. Dies ist auch die Empfehlung von Milton H. Erickson, einem amerikanischen

Psychiater, der viele Jahre lang an Methoden arbeitete, mit deren Hilfe die unbewußte Welt zu erreichen sei, die in uns allen verborgen ist.

Die Einstellung, die am besten geeignet ist, diese Übungen durchzuführen, ist gekennzeichnet durch eine Neugier für das eigene, wahre Selbst. Darüber hinaus sollten Sie Geduld genug haben, an Ihren Gefühlen, Erinnerungen und Vorstellungen zu arbeiten und diese Arbeit nicht zu schnell aufzugeben, wenn die ersten Ergebnisse im Umgang mit diesem Material unangenehm oder gar erschreckend sind.

Um zur Kreativität zurückzukehren und die Formel A + B → C im Kopf zu behalten, können Sie nun an Möglichkeiten arbeiten, neue Assoziationen zu entdecken, die zu einer neuen persönlichen Realität führen. Bevor Sie mit der nächsten Übung beginnen, denken Sie einen Augenblick an Menschen, die sie bewundern. Jeder Mensch hat solche »Helden«: Menschen, die man gekannt hat, Eltern oder Verwandte, ein Lehrer oder ein Freund; oder Figuren des öffentlichen Lebens, zum Beispiel soziale Kämpfer wie Mahatma Gandhi, Martin Luther King oder Albert Schweitzer, Wissenschaftler wie Einstein, Schauspieler oder Künstler, Politiker oder Industrielle. Ein solches Vorbild kann auch der Geschichte entnommen sein: Alexander der Große, Hannibal, Homer oder irgend jemand sonst. Denken Sie einfach an einen Helden in Ihrem Leben, und beginnen Sie, sobald Sie eine Wahl getroffen haben, mit der nächsten Übung.

Praktische Übung (8–45)
Ihr Held

Sie wissen inzwischen, wie die meisten praktischen Übungen beginnen, die Ihre Power-Gedanken verbessern sollen: Nehmen Sie sich genügend freie Zeit, machen Sie es sich bequem, und konzentrieren Sie sich auf Ihren Atem, entspannen Sie sich, und fühlen Sie sich gut.

Nun sind Sie bereit, sich Ihren »Helden« vorzustellen. Sehen Sie ihn möglichst lebendig vor Ihrem geistigen Auge, und beobachten Sie, wie er die Dinge tut, derentwegen Sie diese Person bewundern. Nehmen Sie sich genügend Zeit, so daß die Anwesenheit dieses Menschen so real wie möglich wird. Hören Sie seine Stimme, die die Rolle des Vorbildes widerspiegelt, die Sie dieser Person zugewiesen haben.

Gehen Sie einen Schritt weiter, und sehen Sie sich selbst mit diesem Menschen. Sagen Sie ihm, warum Sie ihn und seine Taten bewundern. Während Sie die Eigenschaften hervorheben, die diesen Menschen in Ihren Augen zu einem Vorbild werden lassen, sehen Sie sich selbst in seiner Nähe und prüfen Sie, in welcher Hinsicht Sie diesem Menschen ähnlich sind und inwieweit Sie sich gerne Qualitäten aneignen würden, die Sie diesem Vorbild zuschreiben.

Wie Sie aus früheren Übungen wissen, sollten Sie sich hiermit Zeit lassen. Selbst wenn Sie anfangs Schwierigkeiten haben sollten – geben Sie sich ruhig eine weitere Chance. Und stellen Sie unbedingt sicher, daß das Vorbild, das Sie ausgewählt haben, jemand ist, den Sie wirklich bewundern und respektieren und den Sie sich, innerhalb gewisser Grenzen, als Modell für Ihr eigenes Verhalten vorstellen können: Sie wollen so sein wie Ihr Vorbild. Denken Sie auch daran, daß Ihre Vorstellung von diesem Vorbild nicht unbedingt gänzlich tatsachengetreu sein muß – Sie müssen nicht wissen, wie diese Person sich kleidet, wie sie spricht und ähnliches mehr. Wichtig hingegen ist, daß diese Übung dazu beiträgt, Ihnen eine neue Identifikation mit einer Person zu vermitteln, die Sie bewundern. Versuchen Sie, Ähnlichkeiten zu entdecken und Aspekte zu ermitteln, bezüglich deren Sie diesem Vorbild noch ähnlicher werden wollen.

Was hat diese Übung mit Kreativität zu tun? Vielen Managern zufolge, mit denen wir diese Übung durchgeführt haben, ermöglicht diese Aktivität Ihnen einen Zugang zu Ihrem Vorbild und stellt eine Verbindung zwischen dessen Eigenschaften und Ihnen her. Sie können neue Aspekte der eigenen Person entdecken. Sie können auch Ihr Bedürfnis nach innerem Wachstum neu entfachen, indem

Sie sich vornehmen, Ihrem Vorbild ähnlicher zu werden. Diese Übung kann im eigentlichen Sinne des Wortes dazu dienen, sich selbst neu zu erschaffen.

Ein anderer Aspekt dieser Übung liegt darin, sich vorzustellen, daß Ihr Vorbild Ihnen etwas Wichtiges sagt. Sobald Sie eine klare mentale Vorstellung von Ihrem Helden haben, versuchen Sie darauf zu achten, was dieser Ihnen zu sagen hat. Stellen Sie durch dieses Vorbild eine Verbindung zu Aspekten oder Teilen der eigenen Person her, die Sie zuvor – vielleicht ohne dies zu wissen – vermieden haben.

Um dies zu tun, suchen Sie wiederum einen ruhigen Ort auf, an dem Sie mindestens eine halbe Stunde vor Störungen sicher sind. Wählen Sie ein Problem oder eine Frage aus, die Sie gerne lösen wollen. Während Sie diese im Kopf behalten, stellen Sie sich vor, wie zuvor auch, daß Ihr Held Sie besuchen kommt, sich zu Ihnen setzt und diesen Punkt mit Ihnen diskutiert. Je entspannter und ruhiger Sie sind – auch innerlich –, desto mehr wird Ihnen diese Übung nutzen. Wenn Sie sich also unruhig oder abgelenkt fühlen, kehren Sie noch einmal zu der anfänglichen Atemübung zurück, und entspannen Sie so lange, bis Sie Ihre Anspannung gänzlich abgeschüttelt haben. Verwenden Sie im Geiste eine 10- oder 12-Punkte-Skala: Die höchste Zahl entspricht der bestmöglichen Entspannung, die Sie erreichen können. Während Sie sich ganz langsam entspannen, stellen Sie sich diese Skala vor, und verweilen Sie so lange bei der Übung, bis Sie zumindest eine mittlere Zahl erreicht haben (5 im Falle einer 10-Punkte-Skala, 6 im Falle einer 12-Punkte-Skala).

Kehren Sie dann zu der eigentlichen Aktivität dieser Übung, einer Aktivität der rechten Hemisphäre, zurück. Stellen Sie ein scharfes Bild von Ihrem Helden her und hören Sie auf seinen Kommentar zu dem Anliegen, das Ihnen durch den Kopf geht.

Wie schon in einigen früheren Übungen sollten Sie das kritische Urteil Ihrer rational argumentierenden linken Hemisphäre zurückstellen und die kindliche Einstellung eines »Schülers« annehmen (wie die Buddhisten dies nennen), so daß Sie aus dieser Erfahrung lernen können.

Wir möchten Ihnen, um dieses Kapitel zusammenzufassen, ein Kreativitätsprogramm vorschlagen, das auf dem hier vorgestellten Material basiert.

1. Hüten Sie sich vor dem falschen Glaubenssatz, Sie seien nicht kreativ. Wann immer Sie sich dabei ertappen, dieses oder etwas Ähnliches zu sich selbst zu sagen, wenden Sie die entsprechende Übung aus Kapitel 2 an (siehe Übung 2–8).

2. Halten Sie bei jeder sich bietenden Gelegenheit Ausschau, neue Denkweisen aufzugreifen. Denkaufgaben und Rätsel sind ausgezeichnete Mittel, Ihr Gehirn zu »füttern« und sich zu neuen Sichtweisen zu zwingen.

3. Wiederholen Sie die 6 Übungen, die in diesem Kapitel vorgestellt wurden: die beiden ersten mindestens einmal (wir werden dies in der Schlußfolgerung dieses Buches erklären); die anderen 4 Übungen häufiger, und zwar eine Übung pro Woche. Tun Sie dies so lange, bis Sie merken, daß Ihre kreativen Möglichkeiten besser ausgeschöpft werden als zuvor.

Schließlich, seien Sie offen für Poesie, Literatur, Musik, Theater, Geschichten und vor allem für Humor. Sehen Sie es als eine Investition in Ihre Kreativität an, wenn Sie sich mit Dingen beschäftigen, die nicht direkt mit Ihrem Arbeitsfeld zu tun haben. Ersteigen Sie geistige Höhen, und genießen Sie die Aussicht, die Sie von dort oben haben.

Im letzten Kapitel werden Sie ein vollständiges Programm für Ihr persönliches Wachstum finden, das auf der Anwendung der kreativen Imagination beruht.

Kapitel 9
Energie und Gesundheit

Die grundlegende Prämisse dieses Buches lautet, daß unsere Gedanken einen Einfluß auf unser Leben haben und daß kreative Imagination für ein effektives Management unabdingbar ist. Falsche Glaubenssätze sind die Wurzel von großen Mengen verschwendeter Energie, weil sie, mit den entsprechenden Mißerfolgsgedanken, unserem Körper die Energie rauben, die er für ein optimales Funktionieren benötigt.

Mehr und mehr wissenschaftliche Befunde sprechen dafür, daß unsere mentale Aktivität die Biochemie unseres Körpers beeinflußt. Selbst konservativmedizinische Institutionen beschäftigen sich mit dieser Forschungsrichtung, die noch vor 10 oder 15 Jahren esoterisch anmutete und scheinbar jeder soliden wissenschaftlichen Basis entbehrte. Ernstzunehmende Bücher über den Einfluß des Denkens auf die Gesundheit haben eine weite Verbreitung gefunden, und dies trotz des beträchtlichen medizinischen Wissens, das dem Laien dort präsentiert wird. Die Psychoneuroimmunologie ist ein sehr junger wissenschaftlicher Zweig, der die Verbindung zwischen den körperlichen Heilungsprozessen und mentalen Aktivitäten zu analysieren versucht. Physische Krankheiten werden durch gedankliche und psychische Prozesse beeinflußt, und die Hoffnungen richten sich darauf, daß jeder bald lernen kann, diesen Zusammenhang zu steuern. Wir sehen solche *eniatrischen* (selbstheilenden) Prozesse (*en:* innerlich; *iatros:* Heiler) als die natürlichste, einfachste und wirkungsvollste Heilungsmethode überhaupt an, die allen Kindern und Erwachsenen zur Verfügung steht. Viele Menschen setzen die eigenen Gedanken, zumal im Krankheitsfall, *gegen* sich selbst ein. Anstatt sich mit den eigenen Heilungskräften zu verbünden, die immer gegenwärtig sind, verfallen sie in eine Form der negativen Selbsthypnose, betonen die Gegenwart der Krankheit und blockieren so die Aktivität des Immunsystems, welches durch positive Einstellungen und Emotionen gefördert wird.

Das mag alles gut und schön sein, aber was hat das mit Management zu tun? Es gibt mehrere Antworten auf diese Frage. Zunächst einmal ist das Management eine sehr beanspruchende, herausfordernde Tätigkeit, die viel körperliche und geistige Energie verbraucht. Sie können es sich nicht leisten, Energie zu verschwenden, indem Sie die eigenen Gedanken gegen sich richten und negativem, selbstzerstörerischem Denken Vorschub leisten. Weiterhin stehen Sie als Manager in ständiger Verbinduung mit der Energie und Schaffenskraft Ihrer Mitarbeiter, die Sie fördern und vergrößern oder aber durch falsches Verhalten unterminieren und einschränken können.

Es ist demzufolge ein Teil Ihres Berufs als Manager und Vorgesetzter, mit der Energie Ihrer Mitarbeiter umzugehen. Dieses Kapitel wird diesen Aspekt des Managements unter verschiedenen Aspekten aufgreifen, zumal dieses Thema in diesem Zusammenhang bis vor kurzem völlig ausgeklammert wurde. Wenn Sie gesund und vital sind und sich voller Energie fühlen, werden Ihre Mitarbeiter und Ihre Arbeit davon profitieren. Wenn sie sich um die Schaffenskraft Ihrer Mitarbeiter kümmern, werden diese mehr leisten können, und zwar zum Nutzen aller. Darüber hinaus werden Sie, wenn Sie sich gesund und ausgefüllt fühlen, jeden einzelnen Tag voll auskosten können, so daß die Arbeit Ihnen überwiegend Freude macht.

Um zu verstehen, wie diese positive Einstellung zu sich selbst der eigenen Physis zuträglich ist, sollten Sie sich daran erinnern, wie negative Gedanken die Gesundheit beeinträchtigen. Die Erfahrung und der gesunde Menschenverstand lehren, daß unglückliche und depressive Menschen – also solche, die in negativem Denken verfangen sind – weniger Energie als andere Menschen haben und krankheitsanfälliger als andere sind. Wissenschaftliche Untersuchungen haben diese Beobachtungen bestätigt. Von den vielen Untersuchungen auf diesem Gebiet wollen wir hier nur drei exemplarisch vorstellen. Zum einen gibt es ein umfangreiches Untersuchungsgebiet zum Thema Streß, ausgehend von den Pionierarbeiten von Seyle, wofür er den Nobelpreis erhielt. Der Streß, unter dem der Körper leidet, wird durch negative Gedanken, Vorstellungen, Erinnerungen und Gefühle, für die wir unter bestimmten Umständen wie Frustration, Enttäuschungen, Niederlagen und ähnlichem empfänglicher sind, verstärkt und aufrechterhalten. Die Studien von Lynch, 1977 publiziert, setzen sich mit dem Phänomen des »gebrochenen Herzens« auseinander. Lynch belegt, daß dieses Phänomen viel damit zu tun hat, wie jemand ein Ereignis, das eigentlich jedem Menschen einmal zustößt und so außergewöhnlich nicht ist, wahrnimmt und darauf reagiert. Wer an einem solchen »gebrochenen Herzen« leidet, verbunden mit Krankheitssymptomen und klinischer Depression, war zuvor in einen Zustand negativer Selbsthypnose geraten. Derselbe Mechanismus gilt für andere medizinische Phänomene, so beispielsweise verschiedene Hautkrankheiten, Scheinschwangerschaften, Änderungen im Brustumfang bei Frauen, allergische Reaktionen, hämatologische Beschwerden und sogar Krebserkrankungen. Ein wichtiger Autor auf diesem Gebiet war Norman Cousins. Eine seiner letzten Schriften trug den Titel »The Biology of Hope«, in der er darstellte, wie positive Gedanken sich auf das körperliche Wohlbefinden auswirken und wie entsprechend eine negative Selbsthypnose Schaden im Körper anzurichten vermag.

Ein bekannter amerikanischer Psychologe hat eine Literaturübersicht über alle in den 80er Jahren publizierten Beiträge herausgegeben, die belegt, daß Geist und Körper (was wir denken und wie unser Körper funktioniert) eng verwoben sind. Dr. T. X. Barber konzentrierte sich hierbei vor allem auf die Fähigkeit, den eigenen Blutdruck willentlich zu beeinflussen. Eine der Übungen dieses Kapitels wird sich mit diesem einfachen und doch faszinierenden Experiment beschäftigen.

Ein anderer Meilenstein in der »Psychobiologie des seelischen Heilens« ist eine Studie von Dr. Ernest L. Rossi. Er gab 1986 eine Liste mit 16 gut dokumentierten Heilungsprozessen heraus, die der gedanklichen Steuerung des Blutkreislaufs zuzuschreiben sind. In dieser Liste enthalten sind beispielsweise die Unterstützung der Blutgerinnung bei Blutern, die Verbesserung des Immunsystems, die Kontrolle des Blutflusses bei Verletzungen und ähnlich wichtige Dinge.

Aus alldem müssen wir schließen, und zwar ohne die beteiligten Prozesse schon vollständig zu verstehen, daß *semantische Signale* vom Gehirn in eine *somatische Rückmeldung* umgesetzt werden. Was wir uns selbst mitteilen, beeinflußt unsere körperlichen Funktionen. Eines der dramatischsten Beispiele ist das eines gewissen Mr. Wright, der 1957 durch den Arzt Dr. Bruno Klopfer bekannt wurde. Mr. Wright litt unter einem Lymphosarkom, also Krebs im lymphatischen System. Er hatte bereits apfelsinengroße, bösartige Tumoren im Nakken-, Brust- und Bauchbereich sowie in den Achseln und Leisten. Eine medizinische Behandlung schien unmöglich, da er eine zunehmende Unverträglichkeit gegen die bekannten Medikamente entwickelt hatte. Man nahm an, daß er sich im Endstadium der Krankheit befand, und die Ärzte hatten ihn aufgegeben.

Mr. Wright jedoch hatte die Hoffnung nicht aufgegeben, weil er von einer neuen Wunderdroge namens Krebiozen gehört hatte, die als effektives Gegenmittel gegen Krebs angepriesen wurde. Zudem wußte er, daß dieses Medikament in seinem Krankenhaus gerade getestet wurde, um mehr über dessen Wirkungsweise zu erfahren. Den Richtlinien zufolge war Mr. Wright jedoch für eine Behandlung mit diesem Medikament nicht zugelassen, da die Patienten, die damit behandelt wurden, mindestens eine Lebenserwartung von 3 bis 6 Monaten aufweisen sollten. Er aber bat so hartnäckig, in das Programm aufgenommen zu werden und von dieser »goldenen Möglichkeit« Gebrauch machen zu können, wie er es nannte, daß die Ärzte ihm schließlich nachgaben. Die Behandlung sah Krebiozen-Injektionen dreimal wöchentlich vor, und Wright erhielt die erste Injektion an einem Freitag. Sein Arzt war allerdings der Auffassung, daß er das Wochenende nicht überleben würde. Doch zum großen Erstaunen des Arztes fand er seinen Patienten am Montag sehr munter vor. Er spazierte umher, schwatzte mit den Krankenschwestern und anderen Patienten und war voller Enthusiasmus. Der Zustand der anderen Patienten hingegen, die dieselbe Behandlung erhielten, war nicht wesentlich verändert. Die Tumoren von Mr. Wright aber waren »geschmolzen wie Schneebälle in der Sonne«, wie es im schriftlichen Bericht des behandelnden Arztes festgehalten ist; zumindest hatte ihre Größe um die Hälfte abgenommen. Aufgrund dieses wundersamen Effektes der ersten Injektion entschieden sich die Ärzte für eine Fortsetzung der Behandlung. Innerhalb von 10 Tagen war Mr. Wright vollständig geheilt und wurde entlassen. Er nahm seine Arbeit als Pilot wieder auf, ohne an irgendwelchen Symptomen der alten Krankheit zu leiden.

Zwei Monate später jedoch wurde bekannt, daß in keiner der Kliniken, in denen dieses Medikament getestet worden war, irgendwelche positiven Ergebnisse nachgewiesen werden konnten, während der Hersteller des Medikaments nach wie vor darauf beharrte, es sei als Heilmittel gegen Krebs geeignet. Mr. Wright hörte diese widersprüchlichen Meldungen und war äußerst beunruhigt – so beunruhigt, daß seine Symptome innerhalb weniger Wochen wieder auftauchten, nachdem er zwei Monate lang gesund gewesen war. Nachdem er in die Klinik zurückgekehrt war, entschloß sein Arzt sich zu einem Experiment, das auf dem großen Optimismus von Mr. Wright basierte. Wir sollten hinzufügen, daß heute dieses Verhalten des Arztes als unethisch verurteilt werden würde, obwohl es dem Patienten auf keinen Fall schaden konnte. Der Arzt erklärte, die Meldungen über dieses Medikament seien falsch, das Medikament habe sich als außerordentlich wirksam erwiesen. Trotzdem wollte Mr. Wright natürlich wissen, wie es dann zu diesem unerwarteten Rückschlag gekommen sei. Der Arzt erklärte Mr. Wright, dies sei vor allem darauf zurückzuführen, daß die erste Sendung des Medikaments durch die lange Lagerung beeinträchtigt gewesen sei. Man habe nunmehr eine neue Sendung erhalten, das Medikament sei darüber hinaus verbessert worden und werde wiederum zu einer spontanen Heilung der Beschwerden von Mr. Wright führen. Wright schöpfte neuen Mut und kehrte zu seinem alten Optimismus zurück; er erklärte sich mit einer neuerlichen Krebiozen-Behandlung einverstanden. Der Arzt fand jedoch Vorwände, den Beginn dieser Behandlung hinauszuzögern, so daß die Hoffnungen, die Wright in das Medikament setzte, immer größer wurden. Während der Arzt die hervorragenden Eigenschaften des verbesserten Medikaments hervorhob, injizierte er schließlich statt des Krebiozens eine physiologische Kochsalzlösung. Die Gesundung des Patienten war dieses Mal spektakulär und noch beeindruckender als beim ersten Mal. Im offiziellen Bericht der Ärzte heißt es: »Die Tumoren verschwanden vollständig; desgleichen die Wassereinlagerungen im Brustbereich; der Patient verließ das Krankenhaus und kehrte auch in seinen alten Beruf zurück.« Der Patient schien völlig genesen. Wegen der dramatischen Entwicklung der Ereignisse wurden die Kochsalz-Injektionen während der nächsten zwei Monate fortgesetzt, wobei der Patient keinerlei Krankheitssymptome mehr aufwies.

Unglücklicherweise wurde zu diesem Zeitpunkt ein Bericht der American Medical Association publiziert, in der Krebiozen als völlig wertlos eingestuft wurde. Wenige Tage später wurde Mr. Wright wieder in die Klinik eingeliefert. Er war unheilbar krank und starb innerhalb von zwei Tagen an denselben Tumoren, von denen er zweimal auf so mysteriöse Weise genesen war.

Wir haben diesen extremen Fall hier vorgestellt, weil er den großen Einfluß des Denkens auf die menschliche Gesundheit illustriet. Mr. Wright glaubte, eine wertlose Substanz sei ein Wunderheilmittel, und dieser Glaube ließ das nutzlose Krebiozen tatsächlich zum Instrument einer wundersamen Heilung werden.

Es gibt sehr viele psychologische Fragen in diesem Fall, die offengeblieben sind. Doch ungeachtet dieser Fragen, die jenseits des Interessenbereiches dieses Buches liegen, sind die mentalen Kräfte, die hier am Werk sind, auf alle Menschen übertragbar: Unsere Glaubenssätze können tatsächlich unsere Gesundheit, die Funktionsweise unseres Körpers, unsere Lebenserwartung und unsere physische und mentale Energie beeinflussen.

Der Fall von Mr. Wright mag nicht allzu bekannt sein; eine andere eindrucksvolle Manifestation des Einflusses des Denkens auf die Gesundheit, die allgemeine Anerkennung gefunden hat, ist der Voodoo-Kult, bei dem wiederholt beobachtet wurde, daß eine Person aus Angst stirbt. Weil diese Person der festen Überzeugung ist, unter dem Einfluß eines Zaubers zu stehen, dem Macht über Leben und Tod zugeschrieben wird, reagiert diese Person im Einklang mit diesem Glauben.

In einer weniger spektakulären Weise sind auch sogenannte

»Plazebo-Effekte« in der Medizin untersucht worden. Die vorgetäuschte Verabreichung eines Medikaments (wie die Injektionen im Falle von Mr. Wright) fördert den Glauben an eine baldige Genesung, und die Person verhält sich diesen Erwartungen gemäß. Wir beginnen erst, die physischen Mechanismen, die hier stattfinden, zu verstehen. Viele Studien weisen auf die besondere Funktion des Hypothalamus hin, der eine Brücke zwischen Geist und Körper darzustellen scheint und der vielleicht sogar der Sitz des Bewußtseins ist. Um von der Möglichkeit dieser Verbindung zwischen Leib und Seele zu profitieren, bedarf es jedoch keines umfangreichen Wissens über die physischen Grundlagen – so wie Sie auch nicht viel über Elektrizität wissen müssen, um diese zu Ihrem Vorteil zu benutzen.

Die folgende Übung soll dabei helfen, Sie von dem Einfluß des Denkens (wie es sich durch Vorstellungen und Selbstsuggestion manifestiert) auf Ihren Körper und seine Reaktionen zu überzeugen. Es ist wichtig, daß Sie diese Übung ohne jeden Gedanken an magische oder esoterische Phänomene durchführen. Es geht hier um Dinge, mit denen Sie im Grunde längst vertraut sind. Sowohl sexuelle Erregung als auch das Erröten treten spontan durch physische Prozesse auf, die den Blutkreislauf beeinflussen und regeln. Dies schließt das autonome Nervensystem ein, das Adern erweitern oder verengen kann, sowie das Hormonsystem und auch die Kontrolle der Kapillaren und Arteriolen.

Praktische Übung (9–46)
Ihre Durchblutung

An einem Ort, an dem Sie für mindestens eine halbe Stunde vor Ablenkungen sicher sind und sich Ihrem persönlichen Wachstum widmen können, begeben Sie sich wiederum im Geiste an Ihren besonderen Ort (siehe Kapitel 3). Nehmen Sie sich Zeit, wirklich dort zu sein, erfahren Sie all die Empfindungen, die Sie von diesem Ort her kennen. Genießen Sie, was Sie sehen, und schenken Sie allen Details Aufmerksamkeit – die Geräusche von nah und fern, Ihr

Körpergefühl, die Sie umgebenden Düfte, die Schönheit dieses Ortes, die Sie gänzlich in sich aufnehmen.

Sie wollen lernen, wie Sie Ihren Geist nutzen können, um den eigenen Körper positiv zu beeinflussen, während Sie sich an Ihrem Ort glücklich, geborgen und behaglich fühlen. Denken Sie nun zunächst an Ihre Nase, und lassen Sie diese sehr sensibel werden (ohne sie zu berühren), besonders die Nasenspitze. Verweilen Sie bei dieser Bewußtheit der eigenen Nase, bis Sie sie zu fühlen beginnen: den Puls, die Temperatur der umgebenden Luft, die Luft, die durch Ihre Nasenlöcher zirkuliert, während Sie weiterhin langsam und gleichmäßig atmen.

Seien Sie stolz auf sich, wenn Sie diese neue Form der Kontrolle über den Körper erreicht haben: Weil Sie an Ihre Nase denken, wird diese sensibel und dringt deutlich in Ihr Bewußtsein. Tun Sie nun dasselbe mit der Zunge in Ihrem geschlossenen Mund. Lassen Sie sich ruhig Zeit, und seien Sie neugierig auf die vielen Empfindungen, die Ihnen in bezug auf Ihre Zunge bewußt werden. Und lächeln Sie ruhig, wenn Sie dies getan haben. Um sich von der Kontrolle Ihres Geistes und Ihrer Gedanken über den Körper zu überzeugen – der Kontrolle über die autonomen Funktionen Ihres physischen Selbst –, verstärken Sie nun die Durchblutung Ihrer Hände.

Stellen Sie sich vor, Ihr Herz pumpt das Blut – stark und gesund, sicher und gleichmäßig – in Ihre Hände. Stellen Sie sich die Farbe Ihres Blutes vor, die Stärke der Durchblutung, die Bewegung des Blutes von der Brust bis zu den Händen. Nehmen Sie sich hierfür viel Zeit, als ob dies in Zeitlupe stattfände, bis Sie einen spürbaren Unterschied hinsichtlich der Wärme Ihrer Hände bemerken. Geben Sie nicht auf, bis Sie diese interessante Erfahrung der Steuerung der eigenen Durchblutung gemacht haben.

Wenn Sie beim ersten Versuch keinen Erfolg haben sollten, lassen Sie sich nicht entmutigen. Versuchen Sie es noch einmal, entweder in der soeben beschriebenen Weise oder unter Hinzufügung weiterer Elemente. Stellen Sie sich Ihre Hände in der Nähe einer Wärmequelle vor (beispielsweise die helle Frühlingssonne oder ein Ofen oder warmes Wasser). Tun Sie dies, wie gesagt, langsam und ohne Eile, konzentrieren Sie sich sorgfältig auf Ihre mentalen Bilder, als seien Sie an Ihrem besonderen Ort, um die Macht Ihrer gedanklichen Fähigkeiten zu erkunden.

Halten Sie Ihre Eindrücke dann in Ihrem Notizbuch fest, und versprechen Sie sich, daß Sie diese Übung mindestens noch ein weiteres Mal innerhalb der nächsten Tage ausprobieren werden. Sie können auch, wenn Sie wollen, beim nächsten Mal versuchen, die Durchblutung Ihrer Füße oder eines Fußes oder einer Hand zu intensivieren.

Sie haben dieses interessante Phänomen nun einmal erfahren. Sie können selbst entscheiden, wie Sie diese Erfahrung zu nutzen gedenken. Und es wird Ihnen Spaß machen, diese Übung anzuwenden. Am Rande sei vermerkt, daß diese Methode für medizinische Anwendungen genutzt wird, um den Heilungsprozeß bei verschiedenen Beschwerden zu fördern. Sie wird auch angewandt, mit verschiedenen Modifikationen, um Menschen mit sexuellen Schwierigkeiten zu helfen.

Sie haben nun ein sehr vielseitiges Werkzeug an der Hand, und es hängt ganz von Ihnen ab, wie Sie diese Möglichkeit nutzen. Natürlich kann die Durchblutung auch eine entgegengesetzte Richtung annehmen, wenn Sie eine Empfindung der Kühle fördern wollen.

Die nächste Übung ist der vorangegangenen sehr verwandt und soll Ihnen helfen, Ihre Energien umzuleiten, vor allem, wenn Sie erschöpft oder müde sind. Unter der Voraussetzung, daß Sie bei guter Gesundheit sind und diese nicht durch übermäßigen Alkohol- oder Nikotingenuß, Übergewicht oder mangelnde sportliche Betätigung gefährdet haben, können Sie diese Übung gefahrlos ausführen. Wenn Sie aber Ihre Gesundheit vernachlässigt haben, dann sollten Sie sich zuvor einige Zeit nehmen, um dies abzustellen. Wie Sie dies tun können, wird im abschließenden Kapitel beschrieben werden.

Weil Energie ein vorrangiger Faktor im Leben von Vorgesetzten, Managern und Abteilungsleitern ist, sollten Sie die Fähigkeit erwerben, Ihren Energiehaushalt anzukurbeln, wenn hierzu Bedarf besteht.

Praktische Übung (9–47)
Ihr Energiehaushalt

Diese Übung besteht aus zwei Teilen. Der eine dient der Mobilisierung von Energien bei Zuständen der Erschöpfung, der andere soll Ihnen helfen, sich auf besonders anstrengende Situationen vorzubereiten.

Wenn Sie sich das nächste Mal erschöpft oder lustlos fühlen und eine Pause brauchen, nehmen Sie dies als eine Erinnerung an Ihre natürlichen Heilungskräfte. Legen Sie einige Minuten lang alles beiseite, was Sie gerade beschäftigt, und »hören Sie auf Ihren Körper«. Welcher Teil von Ihnen fühlt sich nach wie vor gut? Konzentrieren Sie sich auf diesen Teil des Körpers, seien es nun die Fingerspitzen, die Füße oder sonst irgendein Teil von Ihnen. Stellen Sie sich dann vor, wie dieses positive Gefühl auf benachbarte Körperregionen übergreift. Während Sie weiter langsam atmen, dehnen Sie dieses positive Gefühl mit jedem Atemzug weiter aus. Während Sie so die Ausbreitung dieser heilsamen Kräfte fördern, denken Sie daran, daß – allgemein gesprochen – Ihr Körper sich schon oft selbst geheilt hat; schon häufig hat Ihre eigene geistige Haltung zu der Auffrischung Ihrer Energien beigetragen, und demzufolge sollten Sie dieser Geisteshaltung auch jetzt vertrauen. Atmen Sie weiter ganz entspannt, und sagen Sie sich, daß diese heilsame Kraft in Ihnen dazu beitragen wird, Ihnen die für die Arbeit notwendige Energie zurückzugeben. Kehren Sie dann zu Ihren ursprünglichen Aktivitäten zurück, um diese erfrischt und neu gestärkt wiederaufzunehmen.

Der zweite Teil dieser Übung baut auf dem ersten Teil auf. Da Sie nun bereits um die heilsame Kraft Ihrer eigenen Geisteshaltung wissen, denken Sie an ein Ereignis oder eine Situation in der nahen Zukunft, der Sie entgegensehen und von der Sie wissen, wie schwierig diese sein wird. Statt sich mit der Vorstellung dieser Schwierigkeiten zu begnügen, konzentrieren Sie nun Ihre Aufmerksamkeit noch einmal auf die eigene mentale Kraft, Ihre Energien zu erneuern. Lassen Sie diese Energie vor Ihrem geistigen Auge als etwas Fließendes oder als ein Licht erscheinen, das von Ihrem Gehirn in jeden Körperteil gerichtet werden kann. Bleiben Sie so lange bei diesem mentalen Bild, bis Sie eine leichte physische Empfindung wahrnehmen, wie ein Kribbeln in Ihren Händen oder eine größere Empfindlichkeit Ihres Körpers, des Rückens, der Beine oder irgendeines anderen Teils. Sagen Sie dann zu sich selbst: »Ich weiß, daß ich für ... (die Streßsituation, die Sie sich soeben vorgestellt haben) genug Kraft habe. Ich vertraue der heilenden Kraft meines Körpers, so daß mir in jenem Moment die Energie und die Vitalität zur Verfügung stehen werden, die ich benötige.«

Diese beiden Übungen sollten wie viele der vorangegangenen Übungen auch von schriftlichen Aufzeichnungen darüber begleitet werden, was Sie während der Übung gelernt haben und wie Sie sich dabei gefühlt haben. Beschließen Sie, diese Übung zu wiederholen, bis Sie sie wirklich beherrschen. Schreiben Sie später auch auf, inwieweit diese Übung Ihnen geholfen hat.

Die Theorie, die hinter der letzten Übung steht, hat mit unserer *inneren psychobiologischen Uhr* oder dem *natürlichen Rhythmus* unseres Körpers zu tun. Es gibt neben dem Monatszyklus der Frauen einen Tagesrhythmus (24 Stunden), Zyklen von Wach- und Schlafphasen sowie die alle 90 Minuten wiederkehrenden REM-Phasen im Schlaf (Phasen mit »Rapid-Eye-Movements«, sogenannten schnellen Augenbewegungen). Dieser 90minütige Zyklus hält, wie kürzlich erst entdeckt wurde, auch während des Wachzustandes an; er zeigt einen Wechsel der Dominanz der rechten beziehungsweise linken Hemisphäre an und führt bei den meisten Menschen zu einem Wechsel des kognitiven Stils.

Dies bedeutet, daß der Körper im ständigen Wechsel zwischen Ruhe (parasympathischen Funktionen) und Aktivität (sympathischen Funktionen) begriffen ist, verbunden mit einem analogen Wechsel zwischen der Dominanz der rechten Gehirn-Hemisphäre (und somit der linken Körperhälfte) und der linken Gehirn-Hemisphäre (und somit der rechten Körperhälfte). Diese Entdeckung hat vielfältige Auswirkungen. Angesichts der großen Streßbelastung, wie sie aus einer Vielzahl von dringenden Terminen und unerwarteten Problemen resultiert, sind Sie oft auf Ihre bloße Willenskraft angewiesen und vernachlässigen so einen körperlichen Rhythmus, der auch einmal eine gelegentliche Pause vorschlagen würde, vielleicht auch eine Änderung im Tempo oder einfach die Zurückstellung einer bestimmten Tätigkeit. Obwohl die wissenschaftlichen Untersuchungen zu diesen Fragen nicht abgeschlossen sind, spricht viel dafür, daß die chronische Vernachlässigung dieser Lebenszyklen gesundheitliche Probleme verursacht, die bis zu einer Verkürzung der Lebenserwartung führen können.

Der gesunde Menschenverstand würde demzufolge vorschreiben, daß wir unsere Natur respektieren und dieses neue Wissen über uns zum Anlaß nehmen, effektiver und produktiver zu werden. Ähnlich dem sprichwörtlich gewordenen inkompetenten Chef, der seine Leute in einer Mitarbeiterbesprechung anschnauzt: »Verwirren Sie mich nicht mit Fakten!«, können auch Sie diese Tatsache zu Ihrem eigenen Nachteil ignorieren. Ein möglicher Weg, die Realität des eigenen Körperrhythmus nicht zu ignorieren, besteht in der Durchführung der zuletzt beschriebenen Übung »Ihr Energiehaushalt«.

Eine andere Möglichkeit, diesen eigenen Rhythmus anzuerkennen, besteht in der Einsicht, daß wir alle keine Roboter sind und auch einmal eine Pause brauchen. Der Körper bedarf anscheinend alle 90 Minuten einer Änderung im Tempo. Sie können diesem körperlichen Bedürfnis entgegenkommen, indem Sie den Tag ganz normal beginnen und den Moment zur Kenntnis nehmen, wenn Ihre Aufmerksamkeit abgelenkt wird, Sie sich unruhig zu fühlen beginnen, müde oder durstig werden. Machen Sie dann eine Pause! Nach dieser ersten morgendlichen Pause sollten Sie bereit sein, alle 90 Minuten wiederum eine Pause einzulegen.

Dr. Rossi, einer der namhaften Wissenschaftler auf diesem Gebiet, den wir zu Beginn dieses Kapitels bereits erwähnt haben, schildert den interessanten Fall einer Chefsekretärin in mittleren Jahren, die sehr einsam war und sich selbst in beinahe jedem Lebensbereich als unzulänglich erlebte. Sie opferte sich so für ihren Beruf, daß sie sich weigerte, während der Arbeitszeit etwas zu trinken, um keine Zeit damit zu verschwenden, zur Toilette gehen zu müssen. Sie klagte andererseits darüber, daß es ihr immer schwerer fiele, sich auf die Arbeit zu konzentrieren. Man wurde in ihrem

Betrieb aufmerksam auf sie, weil sie um medizinischen Rat fragte. Sie litt darunter, daß ihr Urin stark nach Ammoniak roch, woraufhin das oben beschriebene Arbeitsverhalten ans Licht kam. Mit dem Hinweis, daß sie ihre Arbeitsleistung verbessern solle, wurde ihr geraten, eine Flasche Wasser an ihrem Schreibtisch zu deponieren und mindestens einen Liter Wasser pro Tag zu trinken. Zudem wurde sie angehalten, alle 90 Minuten die Toilette aufzusuchen und auf die körperlichen Signale für eine Pause zu achten. Man versicherte ihr, dies würde ihr helfen, sich besser zu konzentrieren und leistungsfähiger zu werden.

Wenige Wochen später waren nicht nur ihre gesundheitlichen Probleme überwunden, sondern sie hatte auch wieder Freude an der Arbeit und konnte sich viel besser konzentrieren. Die Berücksichtigung des eigenen 90minütigen Körperrhythmus erwies sich demzufolge als hilfreich.

Ein anderer faszinierender Aspekt dieses Rhythmus ist der Umstand, daß wir durchaus in der Lage sind, unseren Zustand von der geistigen auf die körperliche Dominanz umzustellen, und umgekehrt. Obwohl der Hinduismus und die im Hinduismus entwickelten Yoga-Techniken seit Jahrhunderten lehren, daß bestimmte Atemtechniken ein geeignetes Mittel zur geistigen Entspannung und Erneuerung seien, hat die westliche Zivilisation diese Lehren ignoriert und sogar zum Teil lächerlich zu machen versucht. Mittels der Atmung können beim Yoga die Bewußtseinszustände reguliert werden, so daß bewußt gesteuerte Atmungsmuster zu einer wunderbaren Kontrolle des eigenen Körpers führen – einem Ausmaß an Kontrolle, dem der Westen mit Skepsis und Angst begegnet. Doch auch westliche Wissenschaftler beginnen mit der Untersuchung solcher Phänomene und haben herausgefunden, daß insbesondere die Nase ein zuverlässiger Indikator für mentale Aktivitäten ist. Das jeweils freie Nasenloch, durch das in bevorzugter Weise Luft geholt wird, zeigt die Aktivität der gegenüberliegenden Hirnhälfte an (gemessen anhand eines Elektro-Enzephalogramms; EEG). Das heißt praktisch gesehen: Wenn Ihre linke Nasenhälfte verschlossen ist, liegt momentan eine Dominanz der linken Hemisphäre vor, und umgekehrt. Dr. Rossi hat eine sehr einfach Übung vorgeschlagen.

Wenn Sie auf der Seite liegen, so daß Ihr freieres Nasenloch unten liegt, dann fördern Sie einen Wechsel zu der Hemisphäre, die nach unten zeigt (so daß Ihr oberes Nasenloch im Zuge dieses Wechsels langsam freier werden sollte). Dieser Wechsel vollzieht sich in der Regel innerhalb von ein bis drei Minuten und führt dazu, daß Sie in der folgenden halben Stunde einen Unterschied in Ihren Empfindungen, Emotionen, Wahrnehmungen und Gedanken erfahren. Probieren Sie es einfach einmal der Neugier halber aus. Wenn Sie merken, daß es funktioniert, können Sie vielleicht praktische Anwendungen für diese einfache Technik zum Wechseln der Hemisphärendominanz finden. Wenn Sie zum Beispiel müde sind, gibt der Körper Ihnen Signale, von einem Zustand der Aktivität in einen Zustand der Ruhe zu wechseln. Aktivität ist überwiegend eine Sache der linken Hemisphäre. Demzufolge sollten Sie diesen Augenblick nutzen, um auf eine Dominanz der rechten Hemisphäre umzuschalten und sich die Ruhephase zu erleichtern.

Wie vorhin bereits gesagt, besteht im westlichen Kulturkreis eine Neigung, sich mit Kranksein und Krankheit zu beschäftigen. Man konzentriert sich im Krankheitsfall auf die destruktive Kraft der Viren, Infektionen und Bazillen. Die gegenwärtige Gesundheits- und Fitneßwelle ist eine Flucht vor dem Tod, der eines der letzten Tabus unserer Kultur geblieben ist. Um dieser negativen Selbsthypnose über Krankheit, nachlassende Leistungsfähigkeit und Tod entgegenzuwirken, sollten Sie die Fähigkeit erwerben, sich auf jene heilsamen Kräfte zu konzentrieren, die in jedem Moment Ihres Lebens am Werke sind. Dazu empfehlen wir die nun folgende Übung.

Praktische Übung (9–48)
Ihre inneren Heilungskräfte

Kehren Sie auch in dieser Übung im Geiste an Ihren besonderen Ort zurück; lassen Sie sich viel Zeit, und gehen Sie ganz langsam vor. Denken Sie dann an Ihre inneren Heilungskräfte und Ihre Lebensenergie. Stellen Sie sich vor, diese Heilungskräfte seien lebendig: Sie zirkulieren in Ihrem Körper, ausgehend vom Gehirn bis hin zu jeder mikroskopisch kleinen Zelle im entferntesten Körperteil wie Zehen- oder Fingerspitzen. Werden Sie nun noch konkreter, und stellen Sie sich Wellen der Gesundheit vor, die mit jedem Atemzug durch Ihren Körper gehen. Sehen Sie irgendeine Farbe? Wenn Ihnen diese Farbe angenehm ist, dann verweilen Sie dabei; ansonsten lassen Sie sie vorüberziehen. Hören Sie irgendein Geräusch oder Musik oder eine Stimme? Wo in Ihrem Körper läßt sich dieser Klang erahnen? Manche Menschen berichten, Sie hörten ihn im Herzen oder in der Brust und nicht etwa im Kopf. Was auch immer in Ihnen vorgeht, während Sie eine Verbindung mit diesen heilenden Kräften aufnehmen, akzeptieren Sie es. Schenken Sie jeder Empfindung Aufmerksamkeit, die in Ihrem Körper in Zusammenhang mit der Konzentration auf die Realität dieser Kräfte auftaucht.

Stellen Sie sich dann diese heilsamen Kräfte vor, die Ihre eigenen Kräfte sind, wie sie aktiv am Werke sind und jeden Teil Ihres Körpers heilen. Fühlen Sie, wie diese Energien jedem einzelnen Organ nutzen, und achten Sie sorgfältig darauf, wie die Lebensenergie sich im Körper ausbreitet – vom Gehirn bis hin zum Herzen und zur Lunge, durch Leber, Nieren, Milz und andere Organe. Die heilende Kraft Ihres Körpers macht alles in Ihnen stark und gesund. Sie erneuert Ihre Zellen mit neuer Vitalität und Energie.

Entspannen Sie sich weiterhin, während Sie sich auf diese heilenden Kräfte konzentrieren. Verweilen Sie einige Augenblicke bei diesen Vorstellungen und Gedanken, bejahen Sie Ihre eigenen Selbstheilungskräfte, und kehren Sie dann langsam in Ihre gewohnte Denkweise zurück. Während Sie langsam zurückkehren, bemerken Sie, wie erfrischt, energiegeladen und gut Sie sich jetzt fühlen.

Wenn Sie sich mit dieser Übung vertraut gemacht haben, wird sie Ihnen als Quelle der Erneuerung bei unterschiedlichsten Erschöpfungszuständen dienen. Wenn Sie sich auf die Gefühle der Erschöpfung konzentrieren, dann vermitteln Sie sich selbst diesen Eindruck des Erschöpftseins. Wenn Sie aber die eigene Aufmerksamkeit auf diese andere Realität in sich lenken, dann reagiert Ihr Körper auf dieses Gewahrwerden der eigenen Vitalität mit einer Erneuerung seiner Kräfte. Die Konzentration auf die Erschöpfung im Falle des Erschöpftseins ist hingegen eine Form der negativen Selbsthypnose, der Sie mit der soeben dargestellten Übung entgegenwirken können. Um für diese innere Freisetzung von Energien im Bedarfsfall bereit zu sein, sollten Sie diese Übung eine Zeitlang regelmäßig durchführen. Die beste Zeit dafür ist die Zeit vor dem Einschlafen, wenn Sie bereits im Bett liegen. Machen Sie es sich zur Gewohnheit, sich einige Augenblicke lang auf Ihre Selbstheilungskräfte zu konzentrieren. Geben Sie sich selbst die Nachricht, daß diese Heilungskräfte während des Schlafs aktiv sein werden und jeden Körperteil revitalisieren, so daß Sie am nächsten Morgen vollständig erholt erwachen werden, mit großer Energie und bereit, sich den Anforderungen des folgenden Tages zu stellen.

Sie werden feststellen, daß diese Übung Ihnen auch im Krankheitsfalle große Dienste leistet. Wenn Sie die Gewohnheit annehmen, sich bei einer Erkrankung auf die positive Seite Ihrer Gesundheit zu konzentrieren, dann mobilisieren Sie diese selbstheilenden Kräfte in sich. Wenn Sie Zweifel an dieser Prognose haben sollten, dann bedenken Sie bitte die zahlreichen wissenschaftlichen Belege für eine solche Annahme (wenn eine Person beispielsweise nur daran denkt, einen Arm oder ein Bein zu bewegen, dann löst dieser bloße Gedanke bereits die erforderlichen neurophysiologischen Impulse aus). Die zunehmenden Befunde der letzten beiden Jahrzehnte zur Leib-Seele-Interaktion verweisen alle auf denselben Sachverhalt: Positiv über die inneren Heilungskräfte zu denken aktiviert das Immunsystem – während die Konzentration auf den destruktiven Einfluß der Krankheit das Immunsystem hemmt und unterdrückt.

Es mag auch nützlich sein, wenn Sie sich einen Satz einprägen, der die besondere Kraft Ihrer Heilungskräfte herausstellt, so daß Sie diesen während des Tages häufiger zu sich selbst sagen können. Sie sollten eine solche Äußerung oder Bekräftigung selber erfinden, deshalb hier nur einige wenige Beispiele:

»Meine Selbstheilungskräfte sind in mir.«
»In jedem Augenblick bin ich dabei, mich selbst zu heilen.«
»Mein Körper ist lebendig und heilt sich selbst.«
»Die Lebensenergie durchströmt meinen Körper.«

Diese oder ähnliche Äußerungen wird dazu führen, daß Sie im Laufe einiger Wochen zu einer veränderten Einstellung zu Ihrem Körper und Ihrer Gesundheit gelangen. Eine der Führungskräfte aus unseren Seminaren war ein sehr starker Raucher, der bereits Emphyseme entwickelt hatte und trotzdem nicht vom Rauchen abließ. Er sagte uns, daß er Hilfe brauche, um diese lebenslange Gewohnheit zu beenden, die dabei war, ihn buchstäblich umzubringen. Er hatte verschiedene Methoden ausprobiert, das Rauchen aufzugeben, unter anderem Akupunktur, traditionelle Formen der Hypnose, Medikamente und Schlaftherapie – ohne jeden Erfolg. Wir erinnerten ihn daran, daß die Hilfe, die er brauchte, in ihm selbst und in seinen Selbstheilungskräften lag, und machten ihn mit der eben dargestellten Übung vertraut. Er interessierte sich sehr für dieses Vorgehen und wandte es täglich gewissenhaft an, manchmal sogar häufiger. Er benutzte die Äußerung »Ich kann dafür sorgen, daß mein Körper gesund wird«, die er viele Male am Tag als Ermahnung gebrauchte, sich selbst von seiner selbstzerstörerischen Gewohnheit zu befreien. In weniger als zwei Monaten hatte er das Bedürfnis, zu rauchen, abgelegt. Er erzählte, daß er bereits wenige Tage nach Beginn der Übung den Geschmack am Zigarettenrauchen verloren habe. Dann bemerkte er, daß er für lange Zeitintervalle nicht ans Rauchen dachte. Eine andere Entwicklung, die ohne sein bewußtes Zutun stattfand, bestand darin, daß er sich eine Zigarette anzündete und diese bereits nach ein oder zwei Zügen nicht mehr zu Ende rauchen wollte. Er behielt seine bekräftigende Äußerung bei (»Ich kann dafür sorgen, daß mein Körper gesund wird«) und hatte diese auch in schriftlicher Form deutlich sichtbar auf dem Schreibtisch, im Badezimmer und auf dem Nachttisch deponiert. Allem Anschein nach kam diese Botschaft irgendwann auch in seinem Inneren an und begann Wirkung zu zeigen. Er mobilisierte seine inneren Ressourcen und brauchte schließlich keine äußerlichen Hinweise mehr, um das Rauchen zu unterlassen. Dieser neue Ansatz erwies sich als effektiver als das bloße Vertrauen auf die eigene Willenskraft oder irgendwelche von außen herangetragenen Lösungsversuche.

Dieser Fall illustriert, daß diese Übung in Verbindung mit geeigneten Power-Gedanken die negative Selbsthypnose zu lösen vermochte, ohne daß der Betroffene genau feststellen konnte, welche Fortschritte er zu welchem Zeitpunkt bereits gemacht hatte. Das Erlernen der Anwendung von Power-Gedanken, wie sie hier vorgestellt wird, eröffnet neue Wege zum Erreichen unserer Ziele, die über die Anstrengung unserer Willenskraft hinausgeht.

Wenn Sie in der Lage sind, im Falle von Müdigkeit oder Erschöpfung die eigenen Energien zu remobilisieren, dann ist das ein Aspekt der Selbstheilung, die in Ihrem Körper ständig stattfindet. Diese Fähigkeit – die Aktivierung der eigenen Heilungskräfte, um die eigene Erholung oder Gesundung im Krankheitsfall zu beschleunigen und zu erleichtern – ist keine wundersame Eigenschaft, sondern kann von Ihnen und jeder anderen Person erlernt werden. Und die zuletzt geschilderte Übung – »Ihre inneren Heilungskräfte« – ist ganz einfach eine Methode, diese Fähigkeit zu erlernen. Sie können diese Brücke zwischen Körper und Geist ignorieren oder sie nutzen. In den westlichen Kulturkreisen wurde diese Brücke, zumindest von den meisten Menschen, nicht genutzt. Nun, da sie auch hier entdeckt wurde, erweist sie sich als ebenso nützlich wie in der östlichen Tradition.

Ein anderer wichtiger Aspekt von Gesundheit und Vitalität ist der *Humor*. Wir erwähnen diesen hier besonders, weil auch viele wissenschaftliche Daten aus den letzten 20 Jahren für die These sprechen, daß Lachen dem Körper hilft, seine eigene Medikation zu erstellen. Ein Sprichwort lautet: »Lachen ist die beste Medizin«, und diese Redensart erweist sich nun als faktisch richtig. Doch überlieferte Weisheit scheint dies auch ohne wissenschaftliche Beweise gewußt zu haben. Friedrich Nietzsche beispielsweise dachte, daß der Mensch, als das leidenfähigste Lebewesen auf der Erde, über das Lachen verfüge, um den Schmerz überwinden zu können.

Es ist inzwischen allgemein bekannt, daß das menschliche Gehirn Substanzen produziert, die mit den Morphinen verwandt sind (sogenannte Endorphine und Enzephaline), und daß das Lachen eine wichtige Rolle bei der Aktivierung und Freisetzung dieser Substanzen spielt. Diese in der Hirnanhangdrüse produzierten Hormone sind an der Regulation von Streß, Schmerz und Vergnügen beteiligt und steuern Stimmungen, den Appetit und physische Bedürfnisse. Diese Hormone stehen uns zur Verfügung und werden durch Humor, Freude und Lachen hervorgerufen. So paradox es klingt: Wir sollten den Humor ernst nehmen. Trotz aller Anlässe zur Verzweiflung, mit denen wir uns täglich konfrontiert sehen (von Tod, Hunger, Rezession, Straßenkriminalität und Gewalt bis hin zu Rassismus, Intoleranz, Nationalismus und religiösem Fanatismus, Korruption und vielem mehr), wäre es wenig weise und geradezu sträflich, sich nicht um den Humor zu bemühen.

Humor hat, wir haben dies schon angesprochen, auch viel mit Kreativität zu tun, weil jeder Scherz die Dinge in einem anderen Licht erscheinen läßt und auf überraschende Weise auf Inkongruenzen aufmerksam macht. Wir lachen aufgrund dieser unerwarteten Inkongruenz, wenn wir von dem Optimisten hören, der aus dem 50. Stockwerk eines New Yorker Wolkenkratzers fiel und von dem als letzte Worte – irgendwo zwischen dem 10. und 20. Stockwerk – überliefert ist: »So weit, so gut.« Oder der Mann, der sehr deprimiert zum Büro des Psychiaters kommt und darüber klagt, er glaube, daß er ein Hund sei, obwohl er wisse, dies sei verrückt. Der Doktor entgegnet mit warmer Stimme: »Machen Sie sich keine Sorgen. Setzen Sie sich erst mal hin, und dann sehen wir weiter.« Woraufhin der Patient entgegnet: »Tut mir leid, Herr Doktor, aber ich darf nicht auf die Möbel.«

Natürlich kennt jeder von uns gute Scherze. Sie sind eine willkommene Abwechslung nach all den ernsten Denkprozessen, in die man als Manager täglich verwickelt ist. Sie sind auch ein nützliches Mittel bei Präsentationen oder Besprechungen. Vor allem jedoch sind sie ein Teil der mentalen und sogar der physischen Gesundheit, wenn sie dazu führen, daß wir lachen. Wenn Sie einmal darüber nachdenken, wird Ihnen klarwerden, daß das Lachen auch eine nützliche körperliche Betätigung ist, neben all den Aspekten, die wir bereits erwähnt haben.

Beim Lachen trainieren Sie Ihre Gesichts-, Nacken- und Bauchmuskulatur. Es beschleunigt die Atmung und erhöht die Sauerstoffaufnahme, erhöht die Herzschlagrate und führt zu höherem

Blutdruck. Eine Studie, die an der Stanford Medical School in Kalifornien durchgeführt wurde, belegt, daß ein 20 Sekunden währendes Lachen die Herzschlagrate für die Dauer von 5 Minuten verdoppeln kann, was im Vergleich zu anderen anstrengenden körperlichen Aktivitäten sehr viel ist.

Eine praktische Methode, den eigenen Humor zu fördern, besteht darin, stets auch die lustige oder amüsante Seite einer schwierigen oder sogar tragischen Situation zu beachten. Sie können sich zum Beispiel vorstellen, wie Sie dieselbe Sache wohl in zwei Jahren wahrnehmen werden (oder in fünf oder zehn Jahren). Eine andere Technik besteht darin, sich dieses ernste oder tragische Ereignis als Bestandteil eines Romans oder Theaterstücks vorzustellen. Was kommt wohl als Nächstes? Was hat der Autor mit dieser Szene bezweckt, und was präsentiert er nun im Anschluß daran?

Mit anderen Worten, wir sehen häufig die Komik einer Situation, wenn wir nicht gänzlich darin befangen sind und einige Distanz zwischen uns und dem in Frage stehenden Ereignis besteht. Demzufolge sollten Sie praktischerweise ein Warnsystem in sich installieren, damit Sie darauf aufmerksam werden, wenn Sie Ihren Humor einmal zu verlieren drohen. Dies kann in ganz simpler Weise geschehen: Bitten Sie Ihre Sekretärin, Sie darauf aufmerksam zu machen, wenn Sie zu ernst sind; oder schauen Sie aufmerksam in den Spiegel, wenn Sie die Toilette aufsuchen; oder schaffen Sie sich einen auf den Humor bezogenen Power-Gedanken, wie beispielsweise »Es lohnt sich zu lachen« oder »Wenn ich über mich selbst nicht mehr lachen kann, dann entgeht mir ein wichtiger Aspekt des Daseins«. Wie auch immer Ihr Power-Gedanke lautet, achten Sie darauf, daß Sie die lustigen und komischen Seiten des Lebens nicht übersehen. Und halten Sie es nicht für Zeitverschwendung, gute Scherze zu notieren, die Freunde gemacht haben oder die Sie gelesen oder im Fernsehen gesehen haben.

Aufgrund der großen Wichtigkeit des Humors und des Lachens für die Gesundheit halten viele Experten es für ratsam, einem Kranken ein lustiges Buch oder einen amüsanten Film zu schenken und nicht etwa Blumen. Es ist für die erkrankte Person hilfreicher, wenn jemand mit einer komischen Geschichte aufwartet als mit einer schlechten Nachricht, einer Klage über den Verkehr oder die schlechte Wirtschaftslage. Dieser Rat steht im Einklang mit unserem neugewonnenen Verständnis des Heilungsprozesses: Humor hilft, Traurigkeit hingegen nicht. Demzufolge hat alles, was unseren Sinn für Humor fördert, eine gute Chance, dem Wohl eines Patienten und seiner Genesung zu dienen.

Ein letzter Punkt, der in diesem Zusammenhang der Erwähnung bedarf, betrifft die *mentale Hygiene*. Viele Führungspersönlichkeiten, mit denen wir zusammengearbeitet haben, scheinen der Ansicht zu sein, daß sie gegen das Fernsehprogramm, das sie sich ansehen, immun sind. Nach einem Tag voller schwieriger Situationen und Probleme kommen sie nach Hause und sehen sich Tragödien, menschliches Elend und schmerzliche Probleme im Fernsehen an. Viele waren der Auffassung, diese Sendungen lenkten sie von ihren Sorgen am Arbeitsplatz ab. Andere gaben zu, daß sie sich danach unglücklich und eher deprimiert fühlen. Unsere Empfehlung geht dahin, hier »wissenschaftlich« vorzugehen und einmal über einen bestimmten Zeitraum hinweg (zwei bis drei Monate lang) zu prüfen, in welcher Weise diese trübsinnigen Programme tatsächlich Ihre Stimmung beeinflussen. Wenn Sie erkennen müssen, daß Sie danach in den meisten Fällen recht niedergeschlagen sind, dann sollten Sie diese Gewohnheit ablegen. Wenn Sie auf der anderen Seite keine solchen Einflüsse auf Ihre Stimmung feststellen können, dann werden Sie durch diese Angewohnheit nicht negativ beeinflußt.

Was immer Ihre »Untersuchungen« über den Einfluß des Fernsehens auf Ihre Stimmung ergeben sollten – Sie sollten diese wichtige Informations- und Einflußquelle nicht ignorieren. So wie eine körperliche Hygiene der eigenen Gesundheit dient, erweist sich auch eine mentale Hygiene als nützlich und sollte nicht als altmodisch und unnötig abgetan werden. Dies führt uns zu dem abschließenden Thema dieses Kapitels.

Im letzten Kapitel werden wir ein Programm zum kreativen Leben vorstellen, in dem auch eine *Pflege Ihres physischen Selbst* inbegriffen ist. An dieser Stelle sei nur darauf hingewiesen, daß es ein Widerspruch wäre, sich einerseits den Einfluß der Gedanken auf Gesundheit und Energie bewußtzumachen und andererseits die Achtung und den Schutz unseres Körpers zu vernachlässigen. Hierbei sind insbesondere alle Arten von Exzessen anzusprechen, seien es zu hoher Alkoholkonsum, zu viel Nikotin, schlechte Eßgewohnheiten (bei denen Sie zu häufig Mahlzeiten auslassen oder durch Junk food ersetzen), zu wenig körperliche Betätigung und schlechte Schlafgewohnheiten (zu lange aufbleiben, am Wochenende den ganzen Morgen schlafen) und so weiter.

Die folgende praktische Übung soll Sie daran erinnern, auf Ihren Körper zu achten und nichts zu tun, was ihm schadet oder seine Funktionen beeinträchtigt.

Praktische Übung (9–49)
Respekt für den eigenen Körper

Begeben Sie sich wiederum an Ihren besonderen Ort aus Übung (3–14), und versetzen Sie sich in die Lage, ganz dort zu sein. Machen Sie sich dann Ihren Körper bewußt – als einen lebendigen und auf wundersame Weise geschäftigen Ort, an dem eine Vielzahl von Vorgängen stattfindet, ohne daß Sie dies bewußt steuern müßten. Lassen Sie Ihrer Vorstellungskraft freien Lauf, und stellen Sie sich irgendeinen dieser Vorgänge in Ihren Organen, im Blut oder in Ihrem Nervensystem vor. Sehen Sie dieses in möglichst lebendigen Farben. Hören Sie auf die Geräusche, die diese Aktivitäten produzieren. Stellen Sie sich die Kommandos im Gehirn vor, in all ihrer Komplexität, die dann irgendeinen Teil des Körpers erreichen und dort ausgeführt werden. Verweilen Sie bei dieser Meditation über die spektakuläre Realität Ihres lebendigen Körpers. Gestatten Sie sich ein Gefühl der Bewunderung und des Respekts für dieses Mysterium. Und lieben Sie Ihren Körper. Sagen Sie sich selbst, daß Sie Ihren Körper lieben und ihn noch mehr lieben werden als zuvor. Beachten Sie noch einmal ohne Eile die eben genannten Bereiche: Eßgewohnheiten, körperliche Betätigung, Alkohol- und Nikotinkonsum, Schlafgewohnheiten. Versprechen Sie Ihrem Körper, daß Sie besser auf ihn achtgeben werden. Sagen Sie in klaren Worten, daß Sie nichts tun wollen, was Ihrem Körper schadet. Sie wollen in sich eine geistige Haltung schaffen oder erneuern, die für den Schutz Ihres Körpers sorgt und seine Funktionen fördert. Sie können Ihren Körper ganz bewußt zerstören, aber Sie können ihn auch fördern. Treffen Sie jetzt eine Entscheidung, und fühlen Sie sich gut damit. Sagen Sie sich: »Ich sage jetzt ja zum Leben und ja zu den Lebenskräften und der Gesundheit in meinem Körper.« Stellen Sie sich vor, daß Sie sich selbst etwas geloben. Dies ist ein Versprechen, das Sie für den Rest Ihres Lebens abgeben. Sie wollen jeden Tag das Leben, die Gesundheit und Energie Ihres Körpers fördern.

Und stellen Sie sich nun wiederum all die komplexen Aktivitäten in Ihrem Körper vor: all diese chemischen, neuronalen und physischen Veränderungen, Korrekturen und Anpassungen, viele davon mikroskopischer Natur. Stellen Sie sich die Farben und Geräusche vor. Horchen Sie in Ihren Körper hinein, während Sie diese Lebendigkeit in sich bejahen. Und finden Sie Zugang zu einer Haltung der Bewunderung und des Respekts für Ihren Körper und all seine Bestandteile.

Je langsamer Sie dies tun, desto effektiver wird diese Übung für Sie sein. Verweilen Sie bei diesen Gedanken, bis Ihnen die positiven Auswirkungen bewußt werden. Kehren Sie dann erst in Ihr gewohntes Denken zurück. Halten Sie einige Ihrer Erfahrungen in Zusammenhang mit dieser Übung in Ihrem Notizbuch fest und – sehr wichtig! – beschließen Sie jetzt, diese Übung innerhalb der nächsten Tage so oft zu wiederholen, bis Sie ein Gespür für das Wunderwerk Ihres Körpers bekommen.

Die letzten beiden Übungen – »Ihre inneren Heilungskräfte« und »Respekt für den eigenen Körper« bilden zwei solide Stützpfeiler in dem aktiven und praktischen Bemühen um die eigene Energie und Gesundheit. Wenn Ihnen diese Übungen vertraut geworden sind, werden Sie feststellen, daß das Ausmaß Ihrer Streßbelastung niemals einen Punkt erreicht, an dem Sie sich davon überwältigt fühlen. Dies ist jenes *eniatrische* Heilen, das wir zu Beginn des Kapitels erwähnt haben, durch das Sie Ihre Selbstheilungskräfte und Energiereserven mobilisieren, um Ihr Durchhaltevermögen zu vergrößern und sich zu regenerieren. Und wenn Sie diese Übungen regelmäßig anwenden, sind Sie in der Lage, sich selbst zu heilen, wenn Sie sich nicht gut oder gar krank fühlen. Eniatrisches Heilen stellt somit eine natürliche Methode dar, sich mit den eigenen Gesundungskräften zu verbünden.

In diesem Kapitel sind Energie und Durchhaltevermögen als wesentliche Komponenten der Arbeit als Manager beschrieben worden. Auf der anderen Seite sind wir alle uns der Probleme des Vorgesetzten bewußt, der durch den enormen Streß, dem er ausgesetzt ist, möglicherweise nervös und erschöpft, leicht ablenkbar und vielleicht sogar geistig ausgebrannt ist. Doch lassen Sie niemals außer acht, daß Streß nicht allein den äußeren Ereignissen um Sie herum entspringt, sondern aus der eigenen Einstellung zu diesen Ereignissen erwächst. Die oben genannten Übungen werden Ihnen helfen, sich auf die Seite der Gesundheit zu schlagen und die Revitalisierung Ihres Körpers den eigenen mentalen Kräften anzuvertrauen.

Trotz all Ihrer Bemühungen wird es jedoch immer wieder Situationen geben, in denen die fortwährende Anspannung, der Sie ausgesetzt sind, sich nachteilig auf Ihren Körper auswirkt. Krankheitssymptome sind häufig eine Warnung oder ein inneres Signal, damit Sie sich der Bedürfnisse Ihres Körpers bewußt werden. Versuchen Sie es mit der nächsten Übung – und zwar nicht jetzt, sondern in einem solchen Moment, wenn Sie ein körperliches Unbehagen spüren, seien es Kopfschmerzen, der Anfang einer Erkältung oder eine unerklärliche Muskelanspannung. Geben Sie Ihren Selbstheilungskräften eine Chance, bevor Sie irgendein Medikament nehmen. Es ist selbstverständlich, daß wir nicht im entferntesten daran denken, Ihnen dies im Falle einer Situation zu empfehlen, die eine medizinische Behandlung erfordert. Eniatrische Kräfte können eine medizinische Behandlung nicht ersetzen. Sie stellen jedoch ein wirksames Mittel zur Unterstützung medizinischer Interventionen dar.

Praktische Übung (9–50)
Symptome als Warnzeichen

Diese Übung ist eine Abwandlung einer von Dr. Rossi vorgeschlagenen Übung, die dieser in seinem Buch »The Psychobiology of Mind-Body Healing« vorstellt. Wir haben diese Übung häufig in unseren Seminaren mit Führungskräften angewandt, und zwar mit durchweg positiver Resonanz.

Wenn Sie ein Krankheitssymptom an sich wahrnehmen, dann begeben Sie sich an Ihren besonderen Ort, und entspannen Sie sich eine Weile mit Hilfe der schon dargestellten Atemtechnik, bis Sie einen Zustand innerer Ruhe erreicht haben. Konzentrieren Sie sich dann auf dieses Symptom, bis Sie das Unbehagen sehr genau ausmachen können. Stellen Sie sich eine 10-Punkte-Skala vor, bei der die 10 den schlechtesten Wert darstellt. Führen Sie sich diese Skala vor Augen, und bewerten Sie die Stärke Ihrer Symptome, indem Sie in Ihrem Inneren spontan eine Zahl zwischen 1 und 10 auftauchen lassen. Erinnern Sie sich daran, daß dieses Symptom eine mentale Nachricht darstellen kann; sagen Sie sich dann etwa folgendes: »Ich begrüße dieses Symptom, weil es ein Teil von mir ist und weil ich die Bedeutung entdecken will, die es für mich hat.« Fragen Sie sich, was dieses Symptom Ihnen »mitteilen« möchte, ohne diese Mitteilung jedoch buchstäblich verstehen zu wollen. Sagen Sie sich vielmehr: »Dieses Symptom ist eine mentale Nachricht an meine bewußte Wahrnehmung.« Sprechen Sie zu sich selbst, indem Sie beispielsweise sagen: »Ich bin an dieser Nachricht interessiert. Ich bin offen für diese Botschaft.«

Nehmen Sie sich hinreichend Zeit, um diesen empfangsbereiten Zustand in sich zu erzeugen, ohne das Wohlbefinden und die Entspannung, die Sie an Ihrem besonderen Ort genießen, aus den Augen zu verlieren. Manche Menschen finden es nützlich, sich dieses Symptom als Überbringer einer Nachricht vorzustellen, mit dem man sprechen kann. Wenn Sie also wollen, wenden Sie sich an Ihr Symptom, und fragen Sie: »Was versuchst du mir zu sagen? Kannst du mir die Nachricht verdeutlichen, die du mir ins Bewußtsein bringst?«, und dergleichen mehr.

Der letzte Schritt besteht darin, daß Sie sich daran erinnern, daß Sie dieses Symptom zu Ihrem Vorteil und persönlichen Wachstum einsetzen wollen. Sie sollten nun Ihrem Unbewußten, aus dem die symbolische Bedeutung dieses Symptoms kommt, sagen, daß Sie bereit sind, auf die Bedeutung des Symptoms zu achten, und zwar auch nach Ende dieser Übung, und daß Sie eine innere Aufklärung dieses Symptoms innerhalb der nächsten Tage begrüßen werden. Sie werden auch eine Aufklärung willkommen heißen, die Ihnen im Schlaf begegnet, wenn vielleicht ein Traum die Bedeutung des Symptoms offenbart. Während Sie so denken, überprüfen Sie nochmals die anfangs erwähnte 10-Punkte-Skala, und nehmen Sie, bevor Sie Ihr gewohntes Denken wiederaufnehmen, eine erneute Einschätzung vor. Fühlen Sie sich entspannt und behaglich, und nehmen Sie Ihre tägliche Arbeit wieder auf – wie eine Person, die weiß, daß jeden Moment eine wichtige und positive Nachricht überbracht werden wird. Versäumen Sie nicht, Ihre Erfahrungen mit dieser Übung zu notieren und sich vorzunehmen, die Übung während der nächsten Stunden zu wiederholen, bis Sie die Bedeutung der Nachricht erfahren haben.

Es ist zu beachten, daß diese Übung dann angewandt werden sollte, wenn Sie ein Symptom an sich bemerken. Wenn Sie jedoch bereits im voraus Erfahrungen mit dieser Übung sammeln wollen, damit Sie gegebenenfalls besser vorbereitet sind, dann können Sie sich einen bestimmten Körperteil besonders bewußtmachen, beispielsweise einen Fuß oder einen Arm, der vielleicht nach dem Sport ganz leicht schmerzt, im Grunde also etwas, was nicht ernsthaft als »Symptom« für etwas zu bezeichnen ist.

Ein anderer Zugang zu dieser Übung besteht schließlich darin, sich direkt um den Körperteil oder das Organ zu kümmern, welches den Schmerz verursacht. Befragen Sie diesen Körperteil, was das Problem ist und was er Ihnen zu sagen versucht.

In unserer Zusammenarbeit mit Führungskräften haben wir festgestellt, daß die effektivste Weise, diese Übung durchzuführen, darin besteht, mit der Konzentration auf die eigene Gedankenwelt zu beginnen und sich dann langsam dem betroffenen Körperteil oder Organ zu nähern. Wenn Sie mit dem ersten Versuch keinen

Zugang finden, dann ist die nachfolgende Konzentration auf einen spezifischen Teil des Körpers, von dem das Symptom ausgeht, oft hilfreich. Behalten Sie dies bitte im Auge, wenn Ihr erster Versuch keinen schnellen Erfolg bringt. In jedem Fall aber, wie wir schon mehrfach betont haben, ist keine dieser mentalen Übungen eine magische Formel. Nur durch eine mehrfache Wiederholung werden Sie diese Übung meistern können.

Zum Schluß dieses Kapitels noch ein Hinweis: Energie und Gesundheit sind nicht allein vom Glück abhängig, wie viele Menschen glauben. Sie selbst können viel dazu beitragen, sich Ihre Gesundheit zu erhalten und sogar zu verbessern, was viele Forschungsprojekte in der jüngeren Vergangenheit gezeigt haben. Die wissenschaftliche Fachwelt hat die mächtige Verbindung zwischen Körper und Geist nicht nur neu entdeckt, sondern auch viele mentale Techniken angewandt, die nachweisbar gesundheitliche Effekte bei allen möglichen Menschen bewirken.

Neben den Power-Gedanken, die Ihre kreative Imagination aktivieren, sollten Sie jedoch auch den Grundbedürfnissen Ihres Körpers wie Nahrung, Ruhe und Training Rechnung tragen; wir werden uns damit im kommenden Kapitel beschäftigen.

Eine letzte Übung, »Erfolgsdenken«, ist etwas, was innerhalb der traditionellen Hypnose seit Jahrhunderten praktiziert wird. Diese Übung hat nichts Mysteriöses oder Spektakuläres. Die Idee besteht darin, daß Sie ein wenig die Zeit zurückdrehen – in eine Zeit, als Sie sich stärker, jünger, energiegeladen und ganz allgemein besser fühlten. Eine Warnung ist jedoch an dieser Stelle angebracht: Wenn Sie glauben, irgendwelche medizinischen Probleme zu haben, dann konsultieren Sie einen Arzt Ihres Vertrauens, bevor Sie mit dieser Übung beginnen.

Praktische Übung (9–51)
Erfolgsdenken

Kehren Sie an Ihren besonderen Ort zurück, und geben Sie sich genügend Zeit, mit allen Sinnen dort zu sein und Ihre Umgebung zu genießen. Erinnern Sie sich dann möglichst lebendig an das letzte Mal in den letzten Wochen, als Sie sich besser fühlten und mehr Energie hatten. Erleben Sie diese Zeit noch einmal so konkret wie möglich, unter Berücksichtigung aller möglichen Umstände wie Ort, Zeit, Menschen, Ihre Gefühle und dergleichen. Sie sind an Ihrem besonderen Ort und erleben diese Zeit neu, die wenige Wochen zurückliegt, als es Ihnen viel besser ging als jetzt. Fühlen Sie die Energie und Gesundheit in Ihren Gedanken, Gliedmaßen, Muskeln und Nervenzellen. Stellen Sie sich diese Energie als eine Kraft oder Flüssigkeit vor, die jede Zelle Ihres Gewebes erfrischt. Stellen Sie sich eine Farbe oder einen Klang vor, und nehmen Sie diese mit inneren Augen und inneren Ohren wahr. Genießen Sie die Frische und Sättigung der Farben. Genießen Sie den Klang, seinen Rhythmus, den Takt und die Harmonien.

Während Sie diese Zeit der Energie und Gesundheit neu erleben, sagen Sie sich selbst: »Das ist meine Realität. Ich habe diese Kraft und Energie und Gesundheit. Ich will alle Hindernisse, die meiner Gesundheit im Weg stehen, ausräumen. Ich will, daß sie schmelzen und sich auflösen, so daß die Energie, über die ich jetzt nicht voll verfügen kann, wieder neu in mir freigesetzt wird.« Die Botschaft, die Sie brauchen, besagt, daß die Energie, die Ihnen kürzlich noch zur Verfügung stand, immer noch ein Teil von Ihnen ist und daß Sie diese Energie freisetzen und genießen wollen.

Diese einfache Übung stellt einfach eine Umkehrung von Übung (3–13) dar, mit der Sie erprobten, was Sie tun oder sein wollen. Sie hilft Ihnen, Ihre physische Energie zu reaktivieren und Ihren Körper auf Erfolgskurs zu bringen. Für Ihren Körper bedeutet Erfolg, daß er leicht funktioniert, und dies impliziert ein hohes Maß an Energie und Durchhaltevermögen.

Betrachtet man all dies noch einmal zusammengenommen, dann ist es Ihre Pflicht – als Manager oder Vorgesetzter; für sich selbst und Ihre Mitarbeiter –, Energie und Gesundheit als wesentliches Interessengebiet anzusehen und zu einem Anliegen werden zu lassen. Neben der Aufmerksamkeit für Ihre Funktionen und Rollen als Vorgesetzter sollten auch Energie und Gesundheit – wie auch das kommende Kapitel erläutern wird – zu Ihren Prioritäten gehören. Solange dies nicht der Fall ist, wird Ihre Arbeitsgruppe nicht das Höchstmaß an Effektivität und Produktivität erreichen. Der Fall von Wilfred ist an dieser Stelle von Interesse.

Als Präsident eines angesehenen Herstellers von Silber- und Eisenwaren führte er das Familienunternehmen in der vierten Generation. Das Unternehmen, in dem es keine Gewerkschaften gab, hatte dank harter Arbeit, präziser Herstellungskontrollen und klar definierter Unternehmensziele auf einem sehr hart umkämpften Markt überlebt. Weiterhin leisteten die Mitarbeiter sehr viele unbezahlte Überstunden, was im Falle von gewerkschaftlich organisierten Arbeitskräften undenkbar gewesen wäre. Wilfred folgte der Tradition seiner Vorfahren und weigerte sich, die Arbeitsbedingungen zu verbessern, beispielsweise durch bessere Klimatisierung der Produktionsanlagen, die zwar noch den Auflagen entsprachen, doch schwierige Arbeitsumstände für die Mitarbeiter bedeuteten. Ein Teil der Mitarbeiter forderte die Einrichtung einer Sportstätte, doch die Entscheidung hierüber wurde wieder und wieder vertagt und zog sich schon über drei Jahre hin. Wilfred erwartete von seinen Arbeitern sogar allen Ernstes, sie sollten auf die Hälfte ihrer Mittagspause verzichten, um die Produktion zu erhöhen. Dies wurde regelmäßig mit dem Hinweis darauf begründet, daß jeder Mitarbeiter des Unternehmens auch Aktien des Unternehmens hielt und somit eigentlich auch Mitbesitzer sei. Alle Abteilungen arbeiteten hart, aber die ständigen Bemühungen zur Steigerung der Produktion hatten auch Opfer gekostet. Die Zahl der Unfälle in den Produktionsanlagen war binnen Jahresfrist um 23 Prozent gestiegen. Die Rate des unentschuldigten Fernbleibens hatte sich verdoppelt, während die Verweigerung von Überstunden um 78 Prozent gestiegen war. Die Krankheitsfälle, vom Betriebsarzt festgestellt, waren um

61 Prozent gestiegen. Zu diesem Zeitpunkt sah Wilfred ein, daß der Gesundheitsfaktor im Unternehmensbereich nicht länger ignoriert werden konnte. Er ließ eine Sporthalle bauen, die mit allen technischen Möglichkeiten versehen war. Er vergrößerte die Pausenzeiten und führte eine Kaffeepause am Nachmittag ein – obwohl das Wort »Kaffeepause« im Unternehmen bis dato ein Fremdwort gewesen war. Darüber hinaus – und dies war die vermutlich wichtigste Maßnahme – bezahlte er die Überstunden, und zwar mit einem Stundenlohn, der 25 Prozent über dem normalen Stundenlohn lag.

Bereits drei Monate nach Umsetzung dieser Maßnahmen hatten sich die Statistiken grundlegend gewandelt: Die Unfallzahlen lagen unter denen von vor zwei Jahren; unentschuldigtes Fernbleiben kam praktisch nicht mehr vor; die Zahl der Überstunden lag mehr als doppelt so hoch wie vor zwei Jahren, und der Betriebsarzt bescheinigte, die Krankheitsrate liege unter der Rate, die man vor 3 Jahren gehabt habe. Nicht nur diesen Zahlen zufolge, sondern auch nach einhelliger Meinung aller Firmenangehörigen hatte eine drastische Verbesserung der Stimmung und Arbeitsmoral stattgefunden. Die Energie, die während der vergangenen Jahre mehr und mehr abhanden gekommen war, kehrte nun zurück.

Als wir Wilfred trafen, fragte er uns, ob er noch etwas tun könne, um seine Mitarbeiter weiterhin zu motivieren. Wir machten seine Mitarbeiter mit den fünf Übungen vertraut, die in diesem Kapitel vorgestellt wurden, zunächst die Manager und Ausbilder, dann auch alle anderen Mitarbeiter. Wir verteilten Antwortbögen, mit denen die Mitarbeiter uns Feedback geben sollten. Einige der Kommentare mögen auch Sie interessieren:

Ein Vorgesetzter: »Ich hätte nie gedacht, daß ich die Durchblutung meiner Hände regulieren könnte. Es ist unglaublich, aber es funktioniert. Ich habe es auch meinen Kindern gezeigt, und sie mögen das sehr.«

Ein Arbeiter: »Meine Mutter leidet sehr unter Arthritis. Ich zeigte ihr die Übung ›Ihre inneren Heilungskräfte‹. Sie ist sehr glücklich, daß sie ihre Schmerzen so reduzieren kann. Mir geht es ganz genauso; ich wende die Übung vor allem bei Kopfschmerzen an.«

Ein anderer Arbeiter: »Als ich zuerst hörte, man werde krank, weil man unglücklich sei, sagte ich mir, daß das Unsinn sei. Je mehr der Berater aber darüber sprach, desto plausibler wurde mir dieser Gedanke. Immer wenn meine Frau und ich ernsthaft streiten, läuft irgend etwas falsch bei mir: eine Sportverletzung, ein Schnupfen, Rückenschmerzen. Wenn ich eine der Übungen anwende, die wir gelernt haben, fühle ich mich besser.«

Ein Abteilungsleiter: »Meiner Meinung nach war vor allem die Übung über den Respekt für den eigenen Körper großartig. Ich habe mit dem Rauchen aufgehört, und wenn der Zwang zurückzukehren droht, lache ich und sage mir, daß dies ein Zeichen meiner Abhängigkeit ist. Da bin ich durch; ich bin jetzt frei. Ich halte durch, auch wenn ich diesen Zwang manchmal noch spüre. Selbst wenn ich diesen Zwang für den Rest meines Lebens nicht loswerden kann – ich respektiere meinen Körper.«

Wilfred selbst: »Ich danke Ihnen für Ihre Hilfe. Ich schulde Ihnen eine Menge, weil diese Übungen, die Sie uns gezeigt haben, den Streß in unserem Leben reduziert haben. Ich schaffe mehr, obwohl ich weniger arbeite. Ich mache mir weniger Sorgen, und unsere Mitarbeiter leisten mehr. Ich mag vor allem die Übung, mit deren Hilfe wir feststellen, was ein Symptom bedeutet: Ich habe bemerkt, daß ich oft nicht auf die Signale meines Körpers achte und dann krank werde. Das Geheimnis der Gesundheit besteht darin, auf den eigenen Körper zu hören. Und ich lerne gerade, wie man das macht.«

Diese Kommentare zeigen, wie ganz normale und einfache Menschen auf diese Übungen reagieren. Sie zeigen auch, wie einfach sie zu erlernen und durchzuführen sind; darüber hinaus können sie leicht an andere Menschen weitergegeben werden. Nach unserer Auffassung reagieren die meisten Menschen so enthusiastisch auf jede mentale Aktivität, die uns hilft, den Kontakt zu unserem Körper herzustellen, weil diese Verbindung zwischen Geist und Körper etwas *Natürliches* ist. Nur wenige Menschen in der westlichen Welt haben die Gelegenheit, die Vorteile der Nutzung dieser psychosomatischen Verbindung für die eigene Gesundheit systematisch zu erfahren.

Dieses Kapitel hat Ihnen ein sehr effektives Werkzeug an die Hand gegeben. Wenn Sie dieses Werkzeug sinnvoll einsetzen, wird es Ihr Leben bereichern. Es kann buchstäblich Ihr Leben retten. Im Gegensatz zu vielen Vorgesetzten und Managern werden Sie die Gesundheit und Energie Ihres Teams berücksichtigen.

Kapitel 10
Das Konzept der Führung

Wir beschäftigen uns nun zum Abschluß dieses Buches mit dem Konzept der Führung, weil dieses Konzept viele der Ideen beinhaltet, die wir in früheren Kapiteln vorgestellt haben. Wir nehmen an, daß die meisten von Ihnen zustimmen werden, wenn wir sagen, daß ein Manager eine Führungspersönlichkeit ist. Aus diesem Grunde mag es nützlich sein, mit einer Begriffsbestimmung zum Konzept der Führung – vor allem in der Geschäftswelt – zu beginnen.

Ein kurzer Überblick über die vorherrschenden Ansätze zum Konzept der Führung im Management bringt uns Klarheit. Peter Drucker, der sogenannte »Vater des Managements«, bezeichnete das Management als ein Organ, das aus Führung, Anleitung und Entscheidung besteht. Demzufolge sind Management und Führung nach Druckers Auffassung gleichzusetzen, und was wir über Management sagen können, gilt ebenso für das Konzept der Führung.

An einer anderen Stelle äußert sich Drucker noch deutlicher. Aufgrund seiner Beobachtung, daß ältere Formen der Führung verschwunden sind oder an Bedeutung verloren haben, sieht er das Management in der Nachfolge der sozialen Funktion der Führung. Demzufolge stellt das Management nach Drucker diejenige soziale Gruppe dar, die hauptsächlich Führungspositionen besetzt und für Führung verantwortlich ist. (Und das Erstaunliche ist, nebenbei gesagt, daß diese Ansicht bereits zwei Jahrzehnte vor der wirtschaftlichen Einheit Europas vertreten wurde, und zwar nicht von einem Politiker oder einer religiösen Führungspersönlichkeit, sondern (von einem Mann des Wirtschaftslebens.) Aufgrund dieser Anschauungen postuliert Drucker, daß Manager eine gesellschaftliche Verantwortung haben, die auch für das Wirtschaftsleben selbst unabdingbar ist. Drucker selbst formulierte dies sehr eingängig:

»Die Forderung lautet, daß die Lebensqualität zum Anliegen der Wirtschaft wird.«

Wesentlich für das Verständnis des Druckerschen Konzepts der Führung ist die Unterscheidung in Führungsperson und Gruppen mit Führungsanspruch. Seiner Auffassung nach gibt es am Ende des 20. Jahrhunderts, wie auch in allen früheren Generationen, nur sehr wenige echte Führungspersönlichkeiten. Es gibt jedoch, so Drucker, Gruppen mit einem Führungsanspruch: ein Kollektiv, das aus vielen einzelnen Managern besteht und in seiner Gesamtheit die Führung der modernen Gesellschaft verkörpert. Manager sind demzufolge nicht notwendigerweise Führungspersönlichkeiten, sie sind jedoch Mitglieder eines Berufstandes, der in seiner Gesamtheit die Führung der Gesellschaft übernimmt. Danach sieht er im Manager einen Berufsstand ähnlich Anwälten, Ingenieuren, Physikern oder Professoren.

Der verhaltenswissenschaftliche Ansatz zur Führung, wie er von Davis und Luthans in der Academy of Management Review (1979) dargestellt wird, ist – insbesondere im Vergleich zu früheren verhaltenswissenschaftlichen Ansätzen – weitaus vollständiger, da hier nicht nur der Einfluß der Führungsperson auf den Mitarbeiter, sondern auch wechselseitige Interaktionen zwischen Mitarbeitern und Vorgesetzten berücksichtigt werden.

Alle Autoritäten im Bereich des Managements beziehen sich auf das Konzept der Führung, zumindestens indirekt. Maslow beispielsweise betont das Bedürfnis des Managers, einen autoritären Charakter zu vermeiden, um auf der Basis der Motivation zu führen. McGregor, der die menschliche Seite von Unternehmen beschreibt, betont das Bedürfnis des Managers, den Erfolg des Unternehmens auf humane Weise sicherzustellen. Herzberg verweist in ganz ähnlicher Weise auf die entscheidende Rolle des Managers, wenn es um die Entwicklung und Anwendung von »Motivatoren« und »hygienischen Faktoren« geht. Argyris schreibt dem Management eine wichtige Rolle zu, wenn es um organisatorische Effektivität geht. Likert verlangt, daß der Manager offen sein soll für das Auffinden neuer Ideen und Management-Muster, deren Entwicklung notwendig und effektiv sei. Robert Blake, der Entwickler des sogenannten

Manager-Verhaltensgitters »Grid«, stellt fest, daß der Manager zur Wahrnehmung seiner Aufgaben besondere Qualitäten wie Führungskraft und Charisma aufweisen müsse.

Viele andere Autoren (Führungspersönlichkeiten?) könnten an dieser Stelle angeführt werden; die hier genannten verdeutlichen jedoch bereits den beträchtlichen Wissensfundus auf diesem Gebiet. All dies läßt sich in dem berühmten Ausspruch Vergils zusammenfassen, mit dem dieser eine versuchte Meuterei beschreibt, die dank der Intervention eines auf dem Schiff anwesenden Offiziers vermieden werden konnte. Auch wenn diese Zeile sich für heutige Ohren ein wenig chauvinistisch anhören mag: Sein Ausspruch »Si forte virum quem conspicere, silent« bezieht sich auf Qualitäten, die in jener Zeit ein Mann zu verkörpern hatte: Ein tapferer Mann (eine Führungspersönlichkeit) ist demzufolge jemand, der Verantwortung übernehmen und eine schwierige Situation meistern kann.

Dies führt uns zwangsläufig zu den Qualitäten, die eine Führungspersönlichkeit ausmachen. In dem obigen Zitat finden wir Mut, Entschiedenheit, Sicherheit und entschlossenes Engagement als Merkmale der Führungsperson. Und in Anlehnung an Peter Drucker, den wir sehr bewundern, muß hinzugefügt werden, daß jeder Manager die Qualitäten einer Führungspersönlichkeit aufweisen sollte, um potentiell eine Führungsrolle zu übernehmen. Andernfalls leiden seine Mitarbeiter darunter, und die Arbeit wird nicht so gut wie möglich ausgeführt werden. Die Qualitäten, die Vergil nennt, sollte jeder aufweisen, der die Bezeichnung Manager zu Recht tragen will. Es gibt jedoch viele andere Qualitäten, die wir ebenfalls betrachten sollten.

Die Funktionen der Führung sind unter anderem: Ziele setzen, planen, anleiten, helfen, korrigieren, schützen, entscheiden, die Vision des Ziels am Leben erhalten, zusammenarbeiten, Ressourcen bereitstellen und vieles mehr.

Eine kurze Diskussion dieser Funktionen erleichtert Ihnen Ihre Aufgabe im Hinblick auf die eigene Führungsfunktion. Denken Sie an die Menschen, von denen Sie heute glauben, daß es sich um echte Führungspersönlichkeiten handelt. Nutzen Sie hierzu Übung (8-45), die der Suche nach Ihrem persönlichen Vorbild gewidmet war. Verwenden Sie die Liste der im vorigen Abschnitt genannten Qualitäten, und fragen Sie sich, ob Ihr Vorbild irgendeine dieser Qualitäten aufweist. Denken Sie dann über sich selbst nach, und legen Sie sich die Frage vor, ob Sie – als Manager – sich diese Fähigkeiten oder Qualitäten generell zu eigen gemacht haben. Es ist hierbei ganz wesentlich, zu prüfen, ob diese Qualität ein vertrauter Bestandteil Ihrer Person und Ihres Verhaltens ist – ob Sie beispielsweise allen Mitarbeitern gegenüber hilfsbereit sind und nicht nur den freundlichen oder angenehmen unter Ihren Mitarbeitern, mit denen der Umgang Freude macht.

Die folgende Übung soll Ihnen dabei helfen, sich selbst in bezug auf die genannten Qualitäten so ehrlich wie möglich zu prüfen, um diejenigen zu erlangen, die Ihnen fehlen, oder diejenigen zu stärken, bei denen Sie schwach abschneiden. Die Übung besteht aus zwei Teilen: zunächst ein Vergleich Ihres Vorbildes mit der eigenen Person – und zwar in bezug auf die Qualitäten einer Führungspersönlichkeit – und daran anschließend die Anwendung Ihrer kreativen Imagination, womit Sie prüfen können, wie Sie Ihrer Vorstellung von Führungsstärke näherkommen können.

Praktische Übung (10–52)
Ihre Eigenschaften als Führungspersönlichkeit

Denken Sie erneut an das Vorbild, das Sie in Übung (8–45) ausgewählt haben. Wenn diese Person Ihren Vorstellungen von einer Führungspersönlichkeit nicht genügt, wählen Sie eine andere Person aus. Sobald Sie sich für eine Person entschieden haben, die Sie als wirkliche Führungspersönlichkeit ansehen, nehmen Sie mittels einer 10-Punkte-Skala (mit 10 als höchstem oder bestmöglichem Wert) eine Einschätzung dieser Person für jedes der nachfolgend genannten Merkmale vor.

Ihr Vorbild	Merkmal	Sie selbst
_____	1) Planen	_____
_____	2) Ziele setzen	_____
_____	3) Anleiten	_____
_____	4) Helfen	_____
_____	5) Korrigieren	_____
_____	6) das Team schützen	_____
_____	7) Entscheidungen treffen	_____
_____	8) die Vision erhalten	_____
_____	9) Zusammenarbeit fördern	_____
_____	10) Ressourcen nutzen	_____
...	...	...

Wenn Sie andere Merkmale einer Führungspersönlichkeit für wichtig halten, fügen Sie diese der Liste hinzu, und schätzen Sie zunächst Ihr Vorbild und dann sich selbst ein.

Wenn es bei einem Merkmal einen Unterschied von mindestens drei Punkten zugunsten Ihres Vorbildes gibt, dann sollten Sie sehr aufmerksam werden: Analysieren Sie die Unterschiede zwischen sich und Ihrem Vorbild, die verschiedenen historischen oder kulturellen Umstände, unterschiedliche ökonomische Verhältnisse und dergleichen mehr. Prüfen Sie dann, wie Sie dieses besondere Merkmal in der Arbeit mit Ihren Mitarbeitern fördern können.

Stellen Sie sich schließlich vor, daß Sie mehr für dieses Merkmal zu tun beginnen und sich hinsichtlich dieser Eigenschaft bewußt verbessern. Vergessen Sie nicht, sich mindestens eine halbe Stunde ungestört Zeit zu nehmen, wenn Sie die Übung effektiv durchführen wollen. Beginnen Sie langsam, achten Sie auf Ihre Atmung und darauf, wie allmählich Ruhe in Ihren Körper einkehrt. Beobachten Sie dann vor Ihrem geistigen Auge, wie Sie Ihre Schwäche als Führungspersönlichkeit beseitigen. Verweilen Sie einige Augenblicke bei dieser kreativen Imagination, bis diese Vorstellungen für Sie realer sind als der Ort, an dem Sie sich jetzt gerade befinden.

Wenn Sie diese Übung beenden, sollten Sie Ihre auf die Übung bezogenen Gedanken, Reaktionen oder Gefühle in Ihrem Notizbuch festhalten.

Diese Übung ist für die Entwicklung Ihrer Führungspersönlichkeit von großer Bedeutung. Entgegen einem weitverbreiteten Vorurteil sind Führungsfähigkeiten nicht angeboren, sondern das Ergebnis harter Arbeit. Sie können lernen, eine Führungspersönlichkeit zu sein. Manchmal heißt es auch, man wächst an der Aufgabe. Doch statt auf eine Aufgabe zu warten, die Sie zwingt, Führungsqualitäten an den Tag zu legen, können Sie durch die Übungen dieses Kapitels lernen, eine Führungspersönlichkeit zu werden. Zwei zusätzliche Methoden helfen Ihnen auf diesem Weg. Zum einen sollten Sie einen Kollegen Ihres Vertrauens bitten, Ihnen als informeller Ratgeber zur Seite zu stehen, so daß Sie mit ihm alle Aspekte Ihrer Führungsqualitäten besprechen können. Dies schließt auch eine Erörterung Ihrer Fehler, Schwächen und Irrtümer mit ein.

Zum anderen sollten Sie ein sehr praktisches Mittel zur Verbesserung Ihrer Fähigkeiten als Vorgesetzter nutzen: Bitten Sie Ihre Mitarbeiter um Feedback. Dies kann in Form regelmäßiger Besprechungen geschehen, während deren Sie auch die Leistungen des Teams bewerten.

Feedback kann auch schriftlich eingeholt werden, indem Sie jeden Mitarbeiter bitten, Kommentare und Vorschläge schriftlich und gegebenenfalls auch anonym bei Ihnen einzureichen – Sie lernen so mehr über die Meinungen Ihrer Mitarbeiter. Sie können auch entsprechende Formulare vorbereiten, die regelmäßig (einmal pro Monat oder pro Quartal) ausgefüllt werden.

Wie Sie aus Kapitel 6 wissen, besteht ein unabdingbarer Bestandteil Ihrer Führungsqualitäten darin, das erwünschte Feedback in jedem Falle ernst zu nehmen. Wenn Sie nicht wirklich der Überzeugung sind, daß Sie auf diese Weise etwas lernen und durch die Kritik bereichert werden können, dann können Sie auf jegliche Form des Feedbacks gleich ganz verzichten. Wenn Sie sicherstellen, daß Sie für das Feedback Ihrer Mitarbeiter empfänglich sind, dann ist dies die beste Voraussetzung, sich in die gewünschte Richtung zu ändern und die Führungspersönlichkeit zu werden, die Ihnen vorschwebt.

Sie sollten niemals eine Rückmeldung kritisieren, die Ihnen gegeben wird. Sie sollten, falls eine Klärung erforderlich ist, eine *sachliche*

Erklärung anstreben. Aber Sie sollten nicht in Verteidigungsstellung gehen. Wenn Sie sich nicht sicher sind, ob sie eine defensive Haltung einnehmen, bitten Sie um eine entsprechende Rückmeldung – dies ist der beste Weg, zu erfahren, wie Sie von anderen wahrgenommen werden. In den Worten des amerikanischen Dichters Ralph Waldo Emerson: »Andere Menschen sind die Linsen, durch die wir unsere eigenen Gedanken am besten lesen können.«

Wenn Sie der Meinung sind, mit verbalem Feedback – von Mensch zu Mensch – nicht gut umgehen zu können (und dies selbst nach den Übungen aus Kapitel 6, insbesondere Übung [6–29]), dann gibt Ihnen eine schriftliche Rückmeldung Zeit für eine konstruktivere und möglichst positive Reaktion. Sie können sogar Ihren »Ratgeber«, den wir oben erwähnt haben, darum bitten, sich eine bestimmte Rückmeldung Ihrer Mitarbeiter einmal anzusehen.

Eine Variante dieser Übung besteht darin, den letzten Übungsteil durch Materialien aus Kapitel 5 zu erweitern. Bevor Sie die nächste Übung beginnen, gehen Sie deshalb noch einmal die vier Typen des ineffektiven Managers durch, die dort beschrieben wurden. Fragen Sie sich jedoch dieses Mal, ob eines der Merkmale des Feiglings, des Super-Kontrolleurs, des Schnüfflers oder des Sklaventreibers auch in Ihrem Umgang mit Mitarbeitern eine Rolle spielt. Fahren Sie im Anschluß daran mit der nächsten Übung fort.

Praktische Übung (10–53)
Die Warnzeichen

In dieser Übung sollen Sie Ihre kreative Imagination in einer Weise gebrauchen, die einem Cartoon sehr ähnlich ist. Stellen Sie sich selbst als einen der soeben genannten Charaktere vor, und zwar jeden einzelnen für sich. Zunächst den Feigling – sehen Sie sich selbst, wie Sie Ihre Mitarbeiter so behandeln, wie der Feigling es tun würde. Hören Sie Ihre Stimme, achten Sie auf Ihre Gesten und Ihre Haltung, all Ihre verbalen und nonverbalen Interaktionsmuster, Ihren Umgang mit Kommentaren oder Fragen seitens der Mitarbeiter. Achten Sie auch darauf, wie Sie als Feigling gekleidet sind, vorausgesetzt natürlich, es besteht ein Unterschied zwischen dieser Kleidung und der Art, wie Sie sich tatsächlich zu kleiden pflegen. Gestatten Sie diesem Karikatur-Versuch auf möglichst lebendige Weise Gestalt anzunehmen, so daß Sie ein realistisches, detailgetreues und klares Bild vor Augen haben. Versetzen Sie sich dann in die Gefühle des Feiglings, und beschäftigen Sie sich eine Weile damit. Zum Abschluß weisen Sie diese Merkmale des Feiglings zurück und nehmen sich fest vor: »Ich werde niemals so ein Vorgesetzter sein!«

Gehen Sie in analoger Weise auch alle anderen Typen des ineffektiven Managements durch, indem Sie dieselbe Methode des Karikierens anwenden und zum Abschluß die jeweiligen Verhaltensmuster dieses Typus zurückweisen. Der Abschluß der Übung besteht darin, daß Sie sich in Ihrem Notizbuch die »Warnzeichen« notieren, die Sie in Ihrer Rolle als Vorgesetzter bemerkt haben. In jedem der vier Typen eines ineffektiven Managers haben Sie, wenn Sie ehrlich sind, einige Eigenschaften gefunden, die Sie sich – und seien die Anzeichen noch so schwach – in einem bestimmten Maße auch selber zuschreiben müssen. Dies sind die »Warnzeichen«, auf die Sie achten und die Sie auf jeden Fall vermeiden sollten.

Sie werden feststellen, daß Sie durch diese Übung lernen, wie Sie eine aufrichtige Führungspersönlichkeit werden und eine größere Übereinstimmung herstellen können zwischen dem von Ihnen gewählten Vorbild und sich selbst. Die Fähigkeiten einer Führungspersönlichkeit zu erlernen bedeutet, die eigenen inneren Ressourcen – das Potential – zur Führung zu entwickeln, das Sie selbst und die meisten Ihrer Mitarbeiter aufweisen. Wenn Drucker annimmt, daß Manager nicht (automatisch) Führungspersönlichkeiten sind, dann bezieht er sich vor allem auf die Bekanntheit und die Achtung, die Führungspersönlichkeiten in den Augen vieler Menschen erfahren sollten. Wir glauben jedoch nicht, daß es der Anerkennung als Führungspersönlichkeit bedarf, um wirklich eine solche zu sein. Die wenigen Führungspersönlichkeiten, die in der Geschichte auftauchen oder aufgetaucht sind, waren nicht notwendigerweise die einflußreichsten oder mächtigsten Personen.

Dies führt uns zu einer Präzisierung unseres Begriffes der Führung. Eine Führungspersönlichkeit ist immer eine Person, die die

Macht hat, den Lauf der Dinge und die Menschen zu beeinflussen. Das bezieht sich nicht nur auf Ereignisse in der Weltgeschichte oder auf universelle Veränderungen. Demzufolge sind Sie als Manager insoweit eine Führungspersönlichkeit, als Sie die Macht haben, innerhalb Ihres »kleinen Königreiches« die Dinge zu ändern, etwas zu bewirken. Sie haben die Macht, Ihre Mitarbeiter zu beeinflussen. Denken Sie also an Ihre Macht, ohne sie bei dieser Betrachtung in unrealistischer Weise zu vergrößern, aber auch nicht zu verkleinern, und beenden Sie diese Übung, indem Sie die Übung (3–13) auf das Konzept der Führung anwenden. Stellen Sie sich vor, Sie sind die Führungspersönlichkeit, die Sie sein können, Sie nutzen Ihre Macht in angemessener Weise, zum Nutzen der Arbeit und Ihrer Mitarbeiter und zur Erreichung der von Ihnen anvisierten Ziele. Indem Sie Ihre kreative Imagination aktivieren, nehmen Sie sich selbst als eine möglichst effektive Führungspersönlichkeit wahr. Und verweilen Sie bei diesem positiven Bild so lange, bis Sie diese Vorstellung voll und ganz akzeptieren können, so daß Sie wahrheitsgemäß sagen können: »Ja, das bin ich. Ja, ich bin eine Führungspersönlichkeit. Ja, ich habe die Macht, den Lauf der Dinge in positiver Weise zu ändern.« Entspannen Sie sich dann für einen Augenblick, und kehren Sie in Ihr gewohntes Denken zurück.

Diese Funktion der Führung – die Macht, die Sie haben, um Dinge zu beeinflussen – wollen wir etwas genauer betrachten. Die sehr allgemein gehaltene Formulierung – »Dinge zu beeinflussen« – vereinigt drei *Funktionen,* nämlich: *verhindern, diagnostizieren* und *abhelfen.* Obwohl der Begriff der Diagnose weitgehend auf die Medizin beschränkt ist, wird er hier im Einklang mit seiner etymologischen Wurzel gebraucht (Diagose heißt wörtlich etwa soviel wie »richtiges Wissen«).

Zuallererst müssen Sie als Führungspersönlichkeit jemand sein, der *Dinge verhindert oder bestimmten Dingen vorbeugt.* Aber was gilt es zu verhindern? Offensichtlich sind hier Schwierigkeiten und Probleme gemeint, die vermeidbar sind. Wenn Sie zu unserer grundlegenden Definition des Managements zurückgehen, die besagt, daß Sie »Dinge durch andere getan bekommen«, dann ist leicht zu erkennen, daß ein Manager zum Erreichen dieses Ziels ein Experte in bezug auf diese »anderen« sein muß. Alles in diesem Buch dreht sich um die psychologischen Faktoren, die Sie als Manager kennen sollten, von dem anfänglichen Konzept der falschen Glaubenssätze mit den damit einhergehenden Mißerfolgsgedanken bis hin zu vielen praktischen Anwendungen auf Gebieten wie Selbstachtung, Kommunikation, Teamgestaltung, Produktivität, Kreativität, Energie und Gesundheit.

Um Problemen vorzubeugen, die nicht länger kontrollierbar sind, erkennt die echte Führungspersönlichkeit den psychologischen »Vertrag«, der geschlossen wird, wenn eine Person für eine andere Person arbeitet. Dieses Verhältnis wird auch Reziprozität, Austauschverhältnis oder Interdependenz genannt. Es trägt der Tatsache Rechnung, daß sowohl ein Unternehmen als auch die in diesem Unternehmen arbeitende Person *Bedürfnisse* haben und jeder der beiden bestrebt ist, diese Bedürfnisse zu befriedigen. Es ist ganz offensichtlich ein Bedürfnis des Unternehmens, die geplanten Produkte oder Dienstleistungen zu produzieren oder bereitzustellen, um Einkünfte sicherzustellen und finanziellen Gewinn zu erwirtschaften. Die Beschäftigten des Unternehmens haben ein Bedürfnis nach Anerkennung für ihre Tätigkeit, einer angemessenen Bezahlung, einem angenehmen Umgang mit Vorgesetzten und Kollegen, Beachtung ihrer Bedürfnisse nach Weiterbildung und persönlichem Wachstum (eventuell auch auf Kosten von kurzfristigen Fehlern) und dergleichen mehr. Die Führungspersönlichkeit ist sich dieses psychologischen Vertrages stets bewußt und bemüht sich darum, daß das einzelne Individuum Wertschätzung, Respekt und Wohlwollen für seine Person erfährt. Viele der Fragen, die in Kapitel 6 zur Teamgestaltung erörtert wurden, sind für diese vorbeugende Funktion des Managers wichtig.

Viele Probleme der Angestellten, die ein schlechter Manager nicht in den Griff bekommt, drehen sich um diesen psychologischen Vertrag. Arbeiter beklagen sich im allgemeinen darüber, daß sie keinen Einfluß auf das Unternehmen haben, daß ihre Ideen niemals gefragt sind, daß sie mit ihren Vorschlägen auf taube Ohren stoßen, daß das Management mit Kritik und überhöhten Arbeitsanforderungen schnell bei der Hand ist, während Anerkennung und angemessene Belohnung guter Arbeit lange auf sich warten lassen. Alle diese mehr oder weniger universellen Klagen betreffen, wie leicht zu erkennen ist, diesen psychologischen Vertrag innerhalb des Unternehmens. Mangelnde Arbeitsmoral, ein in den USA weitverbreitetes Phänomen, ist ausschließlich auf diese Art von Vertragsbruch zurückzuführen.

Um folglich derartige Probleme zu verhindern, wird die gute Führungspersönlichkeit an den Bedürfnissen der eigenen Mitarbeiter interessiert sein und sie durch sein eigenes Vorbild dazu anregen, sich für die eigenen Mitarbeiter und Kollegen zu interessieren. Dieses menschliche Interesse enthält eine Vielzahl von Elementen, die in Kapitel 5 (Kommunikation) und Kapitel 6 (Teamgestaltung) erörtert wurden. Zu berücksichtigen sind jedoch auch die Konzepte der Produktivität, Kreativität, Energie und Gesundheit aus den Kapiteln 7 bis 9. Der »menschliche Faktor« beinhaltet ein fundiertes Verständnis für die Bedürfnisse der Mitarbeiter. Ein solches Verständnis muß bereits am Tage der Einstellung aufgebaut werden, indem ein neuer Angestellter einen geeigneten Platz zugewiesen bekommen sollte. Ein junger Mitarbeiter, der der Anleitung und Selbstdisziplin bedarf und der gleichzeitig lernbereit ist, arbeitet zum Beispiel am besten mit einem älteren, erfahrenen Ausbilder zusammen. Eine Frau, die nicht viele soziale Kontakte aufweist und diese auch augenscheinlich nicht auszuweiten gedenkt, arbeitet am besten in einer Arbeitsgruppe, in der informelle Interaktionen möglich sind, und nicht in einer vergleichsweise isolierten Position.

Als vorbeugende Führungspersönlichkeit bemüht sich der Vorgesetzte, die Bedürfnisse seiner Mitarbeiter zu kennen und ihnen so weit wie möglich Rechnung zu tragen. Sein Ziel ist es, dem psychologischen Vertrag, der jedem Arbeitsverhältnis zugrunde liegt, Rechnung zu tragen. Sicherlich kann es passieren, daß alle Bemühungen des Vorgesetzten vergeblich sind. Dies wird vor allem dann der Fall sein, wenn die Mitarbeiter an ihrer mentalen Gesundheit nicht interessiert sind – ein Problem, das wir später noch aufgreifen werden.

In einer großen Versicherungsgesellschaft, die gerade von einer internationalen Gesellschaft übernommen werden sollte, hatten 6 von 7 Abteilungen ernstzunehmende Probleme hinsichtlich ihrer Produktivität und vor allem auch erschreckende finanzielle Verluste zu verzeichnen. Nur die Marketingabteilung wies sehr gute Zuwächse auf und meldete keinerlei Probleme. Die Mitarbeiter dieser Abteilung waren sehr zuverlässig (während die anderen Abteilungen hohe Raten unentschuldigten Fernbleibens meldeten); sie gingen gemeinsam zum Essen, hatten bei weitem die angeregtesten Unterhaltungen bei Tisch und schienen offensichtlich viel Spaß zu haben (während die meisten Mitarbeiter anderer Abteilungen allein oder in sehr kleinen Gruppen aßen). Auch nach der Arbeit trafen sich viele Mitarbeiter der Marketingabteilung zu einem Drink, was in den anderen Abteilungen nicht der Fall war.

Der Leiter der Marketingabteilung war Tim, ein rundlicher, grauhaariger, väterlicher Marketing-Veteran, der auf seinem Feld schon viele Lorbeeren eingeheimst hatte, ohne sich selbst allzu ernst zu nehmen. Sein offenes Lachen und seine netten Umgangsformen waren aufrichtig und ehrlich. Seine Mitarbeiter vertrauten ihm. Sie wußten, daß er mit den eigenen Vorgesetzten einige harte Kämpfe ausgefochten hatte, um die Mitarbeiter seines Teams zu verteidigen und zu schützen. Er kannte jeden einzelnen seiner 21 Mitarbeiter als Individuum, bis hin zu Details des Familienlebens, gesundheitlichen Problemen oder der beruflichen Laufbahn. Er schätzte jede Person für ihre jeweiligen positiven Merkmale und Talente. Er ermutigte sie ständig. Er achtete auf Kommentare, Klagen, Ideen. Das Mittagessen war für ihn sehr wichtig, weil er diese Zeit nutzte, auf viele Details zu achten, auf die er seine Mitarbeiter so taktvoll wie möglich aufmerksam machte. Vor allen Dingen sprach Tim niemals zu irgendwelchen Personen über nicht anwesende Dritte. Sein Spitzname war »Tim-Tomb« (»Tim-Grab«), weil er jedes Geheimnis bewahrte. Er würde niemals das ihm entgegengebrachte Vertrauen mißbrauchen; nicht einmal andeutungsweise oder indirekt.

Während der Rest des Unternehmens eine sehr schwierige Zeit durchmachte, gab es in seiner Marketingabteilung nicht das leiseste Anzeichen einer außergewöhnlichen Belastung. Seine Führungspersönlichkeit hatte die Abteilung vor den Schwierigkeiten des übrigen Unternehmens bewahrt – er war wirklich ein vorbeugender Vorgesetzter.

Wenn mit *Diagnose* ein detailliertes und gründliches Verständnis oder Wissen von einer Sache gemeint ist, dann ist dieses Konzept im Management außerordentlich wichtig. Da es niemals eine perfekte Vorbeugung gibt, weder bei Maschinen noch bei Menschen, erfordert eine gute Führungspolitik auch die Fähigkeit zur schnellen und genauen Erfassung von aufkommenden Problemen. Demzufolge beinhaltet das Konzept der Diagnose zwei Fertigkeiten: zum einen die Fähigkeit, ein entstehendes Problem sofort zu erkennen, zum anderen eine angemessene Einschätzung dieses Problems.

Um ein Problem baldmöglichst erkennen zu können, und zwar auch, bevor dieses sich vollständig ausgebreitet hat, erkennt die Führungspersönlichkeit die Gefühle, die den Handlungen ihrer Mitarbeiter zugrunde liegen. Die vereinfachte Formel des menschlichen Verhaltens, die wir zu Beginn des Buches vorgeschlagen haben, besagt, daß *Handlungen* aus *Gefühlen* resultieren, die wiederum auf Glaubenssätzen oder *Gedanken* beruhen. Diese Sequenz läßt sich zusammenfassen in der Abkürzung *Denken–Fühlen–Handeln*. Dies bedeutet, daß Sie auf die Anwesenheit eines Problems bereits aufgrund bestimmter Verhaltensweisen schließen können, auch wenn Sie dieses Problem selbst noch gar nicht kennen. Die folgende Liste mag als diagnostischer Führer hilfreich sein.

Der gesunde Menschenverstand lehrt uns, daß *Ärger* Anzeichen eines inneren Konflikts ist. Angesichts eines solchen Warnzeichens spricht der Vorgesetzte den Mitarbeiter an und bietet seine Hilfe so sachlich wie möglich an. Sagen Sie beispielsweise: »Ich habe bemerkt, daß Sie mit Person X heute morgen sehr kurz angebunden waren. Kann ich irgend etwas tun?« Dieses Vorgehen vermeidet einen tadelnden Unterton und nimmt keine Bewertung vorweg; es bietet vielmehr die Möglichkeit, über etwas zu sprechen, was Schwierigkeiten bereitet, auch dann, wenn es vielleicht nichts mit der Arbeit zu tun hat. Als allgemeine Regel gilt: Je stärker die Anzeichen des Ärgers, desto ernster ist der zugrundeliegende Konflikt.

Ein anderes Verhaltensmerkmal, das auf ein persönliches Problem hinweist, ist *Hilflosigkeit* bei einer Person, die zuvor keine

Probleme mit ihrem Job hatte und Konflikte auf angemessene Weise lösen konnte. Ebenso wie beim Ärger gilt, daß ein größeres Ausmaß an Hilflosigkeit ein größeres verborgenes Problem anzeigt. Fragen Sie jedoch die betreffende Person *niemals, warum* sie sich so hilflos verhält, und stellen Sie auch niemals diese Hilflosigkeit in Frage, indem Sie darauf beharren, daß die Person doch bewerkstelligen könne, was sie nach eigenem Bekunden nicht tun kann. Und stellen Sie niemals die überflüssige Frage »Haben Sie ein Problem, Joe?«

Hilflosigkeit wird oft von einer sozialen Zurückgezogenheit begleitet; beides kann auf eine Form von Depression oder einen Mangel an Interesse und Enthusiasmus hindeuten. In allen diesen Fällen ist ein sachlicher, nichtwertender Ansatz am effektivsten.

Ein weiteres Anzeichen eines inneren Konfliktes ist die *Leugnung*, die gekennzeichnet ist durch eine Verzerrung der Wahrnehmung. Die Realität sieht nun, nachdem dieses Problem aufgetaucht ist, anders aus als zuvor. Dieses Warnzeichen mag subtiler sein als die zuvor genannten Anzeichen, wenn Sie ihre Mitarbeiter jedoch gut kennen, werden Sie es recht leicht erkennen können. Eine Form der Leugnung sind ungerechtfertigte Schuldzuweisungen (und seien es profane Dinge wie das schlechte Wetter), kleine Mißverständnisse, Vergeßlichkeit oder unnötige Verschwendung.

Ein sehr wichtiges Anzeichen eines inneren Konflikts ist schließlich auch jedwede *Veränderung im Verhalten* eines Individuums: die Art der Kleidung, der Sprache oder der äußeren Erscheinung (Haarschnitt, Bart oder Schnurrbart), das allgemeine Auftreten (leises Äußeres bei jemandem, der sonst eher jovial ist; lautstarkes Auftreten einer Person, die eigentlich als reserviert gilt) oder drastische Stimmungsschwankungen (an einem Tag sehr freundlich, dann wieder zurückgezogen; sehr hilfsbereit und dann wiederum plötzlich ohne ersichtlichen Grund »dringend beschäftigt«).

Veränderungen sind im Leben eines Menschen an der Tagesordnung und sollten nur ernstgenommen werden, wenn sie deutlich wahrnehmbar sind und mindestens einige Stunden anhalten.

Ärger, Hilflosigkeit, verzerrte Wahrnehmungen der Realität und drastische Veränderungen sind wichtige Hinweise für den Manager, der eine gute Führungspersönlichkeit sein will. Indem er die möglichen Indikatoren eines inneren Konfliktes erkennt, wird die präventive Funktion der Führung erweitert. Eine frühe und korrekte Diagnose macht – wie in der Medizin – Probleme häufig leichter handhabbar und vermeidet weitere Komplikationen. Die Führungsperson ist demzufolge in der Lage, sich um einen Konflikt zu kümmern, bevor es zu einer sich ausweitenden Krise kommt.

Obwohl eine Diagnose bereits eine Intervention ist – da sie an die Erfüllung des psychologischen Vertrages gemahnt und den Angestellten wissen läßt, daß man sich seiner menschlichen Bedürfnisse annimmt –, beinhaltet die Führungsfunktion auch direkt *helfende Funktionen*. Die erste Regel lautet: *Seien Sie nicht zu hilfsbereit!* Dies bedeutet vor allem, daß die Führungspersönlichkeit nicht alle Probleme selbst lösen kann, sondern andere ermutigen sollte, ihre eigenen Ressourcen zu nutzen und Entscheidungen zur Lösung eines Problems zu treffen.

Eine Ableitung der ersten Regel lautet deshalb: *Stärken Sie diejenigen, die besonderem Streß ausgesetzt sind.* Ermutigen Sie, garantieren Sie falls nötig Privilegien, weisen Sie gegebenenfalls Aufgaben neu zu, und achten Sie vor allem auf falsche Glaubenssätze und Mißerfolgsgedanken seitens des betreffenden Mitarbeiters. Wenn Sie falsche Glaubenssätze entdecken, machen Sie Ihren Mitarbeiter darauf aufmerksam. Diskutieren Sie jedoch nicht den Wahrheitsgehalt der negativen Aussage. Wenn beispielsweise ein Mitarbeiter unter Streß sagt, er sei ein Idiot, dann wird der »Abhilfe-Agent« etwa folgendermaßen antworten: »Haben Sie wirklich gedacht, Sie seien ein Idiot, als Sie . . . (irgend etwas Positives aus der jüngeren Vergangenheit)?« Oder würdigen Sie die momentanen Gefühle Ihres Mitarbeiters, indem Sie auf den Unterschied zwischen »sich wie ein Idiot fühlen« und »ein Idiot sein« aufmerksam machen.

Eine andere Intervention dieser Art besteht darin, dem Mitarbeiter zu helfen, *ein Problem als Herausforderung zu begreifen,* indem Sie auch auf Elemente hinweisen, die diesem Mitarbeiter möglicherweise entgehen. Unter großem Streß vergessen wir einfach gelegentlich, die Hilfe anderer wahrzunehmen; wir ignorieren die Tatsache, daß Kollegen vor kurzem erst vor einem ähnlichen Problem standen; oder wir übersehen Mittel, die den momentanen Streß reduzieren helfen.

Ein Beispiel: Ein privates Krankenhaus stand unter ungewöhnlichem Zeitdruck, weil ein Termin zum Abschluß eines wichtigen und profitablen Vertrages eingehalten werden mußte. Das Team, dem diese Aufgabe zugewiesen wurde, bestand aus einem Mann, der sehr viel Erfahrung auf diesem Gebiet hatte, sowie einer Frau, die sehr wenig Erfahrung auf diesem Gebiet aufwies, panikartig reagierte und ärgerlich war auf »die Idioten, die mit diesem Vertrag bis zur letzten Minute gewartet haben« (womit die Direktorin des Krankenhauses gemeint war). Aufgrund dieser negativen Einstellung weigerte sich ihr Mitarbeiter, mit ihr zusammenzuarbeiten, und machte sich daran, das Material für den Vertrag allein auszuarbeiten. An diesem Punkt schritt die Direktorin des Krankenhauses ein, um Abhilfe zu schaffen. Sie machte die beiden darauf aufmerksam, daß sie nicht so hart zu arbeiten brauchten, da es zwei Terminsetzungen gab, so daß man den zweiten anvisieren könne, wenn der erste zu knapp bemessen sei. Aus dem fruchtlosen Unterfangen der beiden Verantwortlichen wurde eine konstruktive Zusammenarbeit – dank der Tatsache, daß man sie auf den zweiten Termin aufmerksam gemacht hatte, der ihnen in ihrer Hektik und ihrem Ärger entgangen war.

Eine weitere wichtige Funktion dieser Art besteht schließlich darin, einen in einem Problem befangenen Mitarbeiter aufzufordern, *der Sache noch einmal auf den Grund zu gehen.* Dies beinhaltet eine Analyse dessen, wie alles angefangen hat, wann und warum die Sache falsch zu laufen begann – eine solche Analyse vermittelt der betreffenden Person ein Gefühl der Macht: Sie kann nun verstehen, was passiert ist, und ähnliche Mißgeschicke in Zukunft vermeiden.

Es ist leicht zu sehen, daß eine effektive Ausübung dieser Funktionen – Vorbeugung, Diagnose und Abhilfe – ein spezielles Training und Erfahrung erfordert. Sie können sich eine solche Erfahrung in vielen Seminaren aneignen, die speziell für Führungskräfte angeboten werden, die sich der Verantwortung für ihre Mitarbeiter bewußt sind und ihre Führungsqualitäten verbessern wollen. Große Unternehmen beschäftigen Experten, die sich auf diese Art der Intervention spezialisiert haben.

Doch unabhängig davon, wer diese drei Funktionen ausübt, sie können nicht ignoriert werden. Sie sind wesentlich für die *mentale Gesundheit* der Angestellten und damit für das Wachstum des Unternehmens und in vielen Fällen auch – zumindestens langfristig gesehen – für dessen weitere Existenz. Wir haben zuvor erwähnt, daß wir uns auf dieses wichtige Thema konzentrieren wollen, das für alle Bereiche dieses Buches grundlegend ist. Wenn das Funktionieren eines Unternehmens von seinen Mitarbeitern abhängt und die Aufgabe des Managements darin besteht, Dinge durch andere tun zu lassen, dann ist die mentale Gesundheit des einzelnen essentieller Bestandteil des Wirtschaftslebens. Demzufolge wäre es tödlich für das Geschäft, diesen Bereich der mentalen Gesundheit zu ignorieren. Und es ist unabdingbar für Führungspersönlichkeiten, das Konzept der mentalen Gesundheit und seine Bedeutung für die eigene Arbeit zu verstehen. Angenommen, alle Variablen würden konstant gehalten, dann hat das Unternehmen mit der größeren mentalen Gesundheit seiner Mitarbeiter die besseren Chancen, erfolgreich zu sein.

Das Konzept der mentalen Gesundheit sollte klar verständlich und im Hinblick auf die praktische Anwendung formuliert werden. Die Psychologie hat viel Zeit darauf verwandt, anormales Verhalten zu verstehen, während jedoch weitaus weniger Energie in die Analyse der gesunden Persönlichkeit investiert wurde. Dennoch gibt es eine Basis von Informationen, aufgrund deren eine Definition von mentaler Gesundheit formuliert werden kann. Die New York State Mental Health Counselors Association (deren Präsident der Autor 1991 wurde) hat sich mit diesem Thema befaßt und fünf grundlegende Elemente der mentalen Gesundheit postuliert. Diese fünf Elemente sollten in ausgewogenem Verhältnis zueinander stehen, so daß ein dauerhaftes Gleichgewicht entsteht.

Das Individuum, welches diese fünf Elemente aufweist, wird als mental gesund angesehen. Betrachten wir diese der Reihe nach. 1. Ein solcher Mensch ist produktiv; sein Leben spielt sich zu Hause, bei Freunden, in der Freizeit und bei der Arbeit ab. 2. Er weist vielfältige Quellen der Freude und Befriedigung auf:

Freunde, Interessen, Hobbies. 3. Er erkennt und akzeptiert seine eigenen Grenzen ohne Bedauern, sei es in bezug auf Intelligenz oder Fähigkeiten, seien sie alters- oder krankheitsbedingt. 4. Er erkennt andere Menschen als Individuen an, die in vielfacher Hinsicht verschieden von ihm selbst sind; er toleriert und respektiert diese Unterschiede. 5. Er ist mental flexibel und kreativ, in Übereinstimmung mit dem, was wir darüber in Kapitel 8 gesagt haben. Streßauslösende Situationen sind deshalb weniger belastend für diesen Menschen. Das wichtigste bei diesen fünf Punkten ist der Umstand, daß all diese Elemente gemeinsam vorhanden sein sollten. Diese *Balance* beinhaltet, daß keines der fünf Elemente ein anderes Element zurückdrängen darf. Dies wäre dann der Fall, wenn jemand so mit seinem Privatleben beschäftigt ist, daß er außerhalb des Kreises seiner Freunde und Verwandten niemanden wahrnimmt. Eine andere Person mag so viele Hobbies und Interessen haben, daß sie Familie oder Arbeitsplatz vernachlässigt. Nur wenn diese fünf Bedingungen in Balance vorhanden sind, sprechen wir von mentaler Gesundheit.

Eine grundlegende Bedingung für all dies ist, daß Sie sich selbst ganz allgemein akzeptieren können und über innere Zufriedenheit und Seelenfrieden verfügen.

Wie steht es jedoch mit der mentalen Gesundheit am Arbeitsplatz? Nehmen wir beispielsweise die zweite der eben genannten Bedingungen. Quellen der Befriedigung am Arbeitsplatz mögen in der Sicherheit des Arbeitsplatzes, der Anerkennung besonderer Anstrengungen, Freundschaft im Kollegenkreis und Kameradschaft, einer Atmosphäre der Herausforderung, einer produktiven Konkurrenz innerhalb der eigenen und mit anderen Abteilungen, Aufstiegsmöglichkeiten und Chancen zur Weiterbildung und vielem mehr bestehen.

Die Tatsache, daß Sie dieses Buch lesen, beweist bereits, daß Sie über eines der wichtigsten Merkmale eines guten Managers verfügen: Ein guter Manager hinterfragt sich fortwährend selbst, um auf diese Weise eine bessere und reifere Führungspersönlichkeit zu werden. Wir wollen im nachfolgenden Abschnitt viele der Ideen zum Konzept der Führung zusammenfassen und Übungen erläutern, mit denen Sie Ihre Talente als Führungsperson weiterentwickeln können.

Kehren wir noch einmal zum Thema der mentalen Gesundheit im Management zurück. Einen der wichtigsten Beiträge, die Sie zur mentalen Gesundheit Ihrer Mitarbeiter leisten können, besteht in der Anwendung *positiver Verstärkung* (abgekürzt +V). Verstärkung, ob positiv oder negativ, ist unverzichtbar in zwischenmenschlichen Interaktionen. Wir alle brauchen sie. Demzufolge können Sie als Vorgesetzter Ihren Job angenehmer und produktiver gestalten, wenn Sie die Kunst der positiven Verstärkung beherrschen. Jede Anerkennung der anderen Person, ein freundliches Wort oder ein Lächeln, ein nettes Kompliment oder ein herzliches Dankeschön, sind eine solche +V. Diese +V kann jedoch konditional oder unkonditional sein, und eine Verstärkung, die an bestimmte Bedingungen geknüpft und demzufolge »konditional« ist, ist im Management an der Tagesordnung. Als Vorgesetzter arbeiten Sie unter der Prämisse, daß Ihre Mitarbeiter Anerkennung erfahren, *wenn* sie ihre Arbeit tun, sich loyal verhalten, ehrlich sind und dergleichen mehr.

Häufig werden Sie eine +V planen, beispielsweise, um jemanden zu ermutigen oder um einen guten Mitarbeiter zu besonders guten Leistungen zu bewegen. Diese Art der +V mag manchen unehrlich erscheinen, als würde man andere Menschen zu seinen eigenen Zwecken manipulieren. Aber als Manager oder Führungskraft müssen Sie ja etwas in Gang bringen. Und anstatt dies durch die Kraft Ihrer Autorität zu erreichen, machen Sie in ganz legitimer Weise von einer Methode Gebrauch, die mit der Idee der mentalen Gesundheit in Einklang steht. Alle Menschen haben das Bedürfnis, Wertschätzung, Anerkennung und Respekt zu erfahren. Mit Hilfe einer geplanten +V erfüllen Sie dieses Bedürfnis und tragen dazu bei, daß die betreffende Person sich wohl fühlt – und Sie erreichen auch, was Sie erreichen wollten. Unehrlich wäre es, wenn Sie einen Mitarbeiter für etwas loben, was er nicht getan hat; doch das würde ohnehin nicht funktionieren, weil Ihr Mitarbeiter wüßte, daß Sie nicht aufrichtig sind.

Praktische Übung (10-54)
Positive Verstärkung (+V)

Distanzieren Sie sich, mental und physisch, von Ihrer täglichen Routine, konzentrieren Sie sich eine Weile auf Ihre Atmung, bis Sie jene Ruhe und Entspannung spüren, mit der Sie aus früheren Übungen vertraut sind. Lassen Sie dann die vergangenen drei Tage Revue passieren: Denken Sie an die Menschen, mit denen Sie zu tun hatten. Haben Sie von der Möglichkeit von +V Gebrauch gemacht? Durchleben Sie noch einmal eine der Situationen, so daß Sie sich vollständig ins Bewußtsein rufen können, wie Sie sich bei dieser Gelegenheit gefühlt haben, wie aufrichtig Sie waren, was Ihre Motivation war und ähnliches mehr. Nehmen Sie sich hierbei hinreichend Zeit, und gehen Sie zur nächsten Gelegenheit erst dann über, wenn Sie mit einer Situation fertig sind. Analysieren Sie Ihren Gebrauch von +V in zumindest zwei Fällen, besser noch in drei Fällen, die sämtlich innerhalb der letzten drei Tage stattgefunden haben sollten.

Ändern Sie dann die Richtung Ihrer Aufmerksamkeit, und analysieren Sie die +V, die Ihnen von anderen entgegengebracht wurde. Wenn Sie zwei oder drei Beispiele aus den letzten drei Tagen ausgemacht haben, verfahren Sie wie eben, und durchleben Sie die jeweiligen Umstände neu, so daß Sie sich Ihre emotionale Reaktion möglichst genau vor Augen führen können: Wie Sie sich gefühlt haben, als jemand Ihnen +V gab, die Gedanken, die Ihnen durch den Kopf gingen, Erinnerungen, die diese +V möglicherweise in Ihnen auslöste und ähnliches mehr. Beenden Sie die Übung, indem Sie über die Vorteile der +V nachdenken, und notieren Sie schließlich in Ihrem Notizbuch Ihre Gedanken zu diesem Thema.

Lidia war Leiterin eines Unternehmens geworden, für das sie seit 19 Jahren arbeitete und deren stellvertretende Leiterin sie während der letzten sechs Jahre gewesen war. In der Rede anläßlich ihrer Amtseinsetzung gedachte sie jenes Vorgesetzten, der sie in ihrem Leben am meisten beeinflußt und vielleicht entscheidend geprägt hatte. Sie erinnerte sich an seine +V: Als erste Frau unterhalb des oberen Managements war sie mit großer Feindseligkeit seitens der anderen Mitarbeiter konfrontiert. Einige ignorierten sie völlig, wenn sie den Raum betrat, andere behandelten sie – insbesondere vor anderen – herablassend, wieder andere machten sich einen Spaß daraus, sie ein wenig zu ärgern (indem sie beispielsweise ihr Telefon abklemmten oder ihre Post umleiteten). Der Mensch, dessen Andenken Lidia hochhielt – Mr. Fröhlich –, war zu jener Zeit der einzige, von dem sie +V erfuhr. Er stellte stets das Positive heraus, das er an ihr entdecken konnte: ihre Kleidung, ihre Redeweise, ihr Auftreten. Er erinnerte sie daran, daß die anderen Mitarbeiter sich wie kleine Kinder aufführten und daß sie am besten auch entsprechend auf sie reagieren solle. Sie führte ihre mentale Gesundheit sowie ihren Erfolg und ihre Karriere auf diesen einen Menschen zurück, Mr. Fröhlich, der sich so sehr um sie gekümmert hatte.

Jede Person, die einige Jahre im Management gearbeitet hat, hat solche Mr. Fröhlichs kennengelernt, die – möglicherweise auf sich allein gestellt – gegen den Negativismus gegenüber einzelnen Personen angekämpft haben.

Wir erwähnten eben auch die unreifen »Späße« der anderen Vorgesetzten, die Lidia als Bedrohung ihrer Sicherheit wahrnahmen. Als Vorgesetzter, der eine wirkliche Führungspersönlichkeit ist, sollten Sie um solche Spielchen wissen. Sie sind alltägliche Interaktionen zwischen Menschen, die korrekt und harmlos wirken mögen, in denen jedoch verborgene Motivationen schlummern. Der Vorgesetzte, der eine mittelmäßige Sekretärin lobt, mag damit sexuelle Absichten verbinden. Solche Manöver lernt man während des Erwachsenwerdens von den Eltern. In diesem Beispiel mag der Vorgesetzte jemand sein, der schon als kleines Kind gelernt hat, daß man durch die richtigen Worte, auch wenn man sie nicht aufrichtig meint, das bekommt, was man haben will.

Um solche »Spiele« zu verstehen und die unproduktiven unter ihnen zu vermeiden, denken Sie an *eine sich ständig wiederholende Sache*, beispielsweise an einen Vorgesetzten, der jede Woche neue Regeln und Absprachen vorbringt, die häufig sogar denen der letzten Woche zuwiderlaufen. Fragen Sie sich dann: *Wie hat das alles angefangen?* In diesem Falle beginnt es bei diesem Vorgesetzten, der sein Vorgehen ständig ändert. Versuchen Sie zu erkennen, *was als Nächstes geschehen wird* und *wohin das führt*. Nachdem der Vorgesetzte mit diesem Spiel begann, reagierten seine Mitarbeiter ängstlich und versuchten, sich an die neue Regel zu halten, um innerhalb der nächsten paar Tage nur aufs neue enttäuscht zu werden, wenn wiederum eine andere Regelung ins Leben gerufen wurde. Schließlich sollten Sie herausfinden, *wie jeder einzelne sich fühlen wird, wenn dieses Spiel beendet wird*. Dieses Gefühl wird Ihnen in aller Regel helfen zu erkennen, daß es sich bei dieser Form der Interaktion um ein bloßes Spiel handelt.

Der Abteilungsleiter, der seinem Vorgesetzten einen Bericht abliefert, ohne mit den näheren Einzelheiten des Problems vertraut zu sein, zieht Kritik und negative Konsequenzen auf sich. Der Vorgesetzte schreit und verliert die Geduld, weil sein Abteilungsleiter »nicht weiß, wovon er redet«. Der Abteilungsleiter hat den Eindruck, daß er unfair behandelt wird (der Chef hat ihn schließlich angeschrien). Der Vorgesetzte fühlt sich schlecht bei dem Gedanken, daß er gegenüber einem eigentlich »guten Mann«, der vielleicht nur einen schlechten Tag hatte, die Geduld verloren hat. Welchen Namen Sie diesem Spiel geben, ist weniger wichtig als das Bewußtsein, daß hier ein Spiel stattfindet. Immer dann, wenn es Schwierigkeiten in der Interaktion mit Ihren Mitarbeitern gibt, schauen Sie zurück, und analysieren Sie, was zuvor geschah und ob möglicherweise ein Spiel gespielt wurde.

In dem gerade genannten Beispiel erkennen Sie einen anderen Aspekt dieser Spiele: Die Spieler nehmen, ohne dies zu wissen, eine von drei Rollen an und schlüpfen dann von einer Rolle in die andere: Der Abteilungsleiter beginnt als *Opfer*, das einen schlechten Bericht abliefert. Dies verführt den Vorgesetzten, in die Rolle des *Strafenden* zu schlüpfen. Der Vorgesetzte hätte auch die dritte Rolle wählen können, nämlich die des *Retters*, indem er fürsorglich und gelehrsam aufgetreten wäre und den Abteilungsleiter darüber aufgeklärt hätte, wie man solche Berichte besser präsentiert; er könnte auch hübsche Anekdoten erzählen, wie es ihm vor Jahren erging, als er in der Position des Abteilungsleiters war.

Das Faszinierende an diesen Spielen ist, daß Sie unweigerlich in eine dieser drei Rollen schlüpfen werden, wenn Sie sich der Situation nicht bewußt sind.

Sie müssen sich jedoch nicht unweigerlich in ein solches Spiel verstricken lassen, und deshalb lenken wir Ihre Aufmerksamkeit auf diese Spiele. Sie können sich ganz zu Anfang des Spiels weigern, es mitzuspielen. In dem gerade genannten Beispiel begann das Spiel mit dem unvollständigen und schlecht recherchierten Bericht. Der Vorgesetzte hat zu diesem Zeitpunkt die Möglichkeit, den Bericht zurückzuweisen und um eine bessere Ausarbeitung für den nächsten Tag zu bitten. Durch eine solche reife Reaktion vermeidet es der Vorgesetzte, das Spiel weiterzuspielen, das der Abteilungsleiter – unfreiwillig – begonnen hat.

Hier finden Sie eine weitere entscheidende Qualität der Führungspersönlichkeit: *Rationalität*. Bei Thomas von Aquin heißt es: »Intellectus est gobernare«, weil die Hauptfunktion des Intellekts darin besteht, Entscheidungen zu treffen und demzufolge zu führen und zu regieren. Rationalität ist das Ergebnis eines gesunden Glaubenssystems, positiver Selbstwertschätzung und des Respekts für andere Menschen, wie in den Kapiteln 1 bis 6 erörtert wurde. Es ist interessant, daß mentale Gesundheit, die wir zu Beginn dieses Kapitels behandelt haben, eine Balance zwischen Rationalität und Gefühl erfordert, zwischen Logik und Leidenschaft, zwischen den links- und rechtshemisphärischen Gehirnfunktionen.

Durch den Gebrauch des Intellekts kann die Führungspersönlichkeit die Spiele seiner Mitarbeiter, Kunden, Vorgesetzten und sogar seiner Familienangehörigen vermeiden. Spiele sind unvermeidbar, es sei denn, Sie erkennen, daß es sich um ein solches handelt. Und das beste Gegenmittel gegen Spiele sind die Fakten der Realität. Wenn der Vorgesetzte tatsächlich erkannt hätte, daß sein Mitarbeiter noch nicht soweit war, den fraglichen Bericht kompetent vorzulegen, dann hätte er ihm mitgeteilt, er solle ihn für den nächsten Tag vorbereiten; er wäre so den komplementären Rollen von Strafendem versus Retter entgangen.

Die tatsächliche Realität hilft der Führungspersönlichkeit, sich über solche Spiele zu erheben. Doch diese Realität schließt die gesamte Natur des Menschen ein, wie wir in Kapitel 4 gesehen haben, und sie schließt Sensibilität, Mitgefühl und Verständnis nicht aus.

Bis jetzt haben wir uns mit Möglichkeiten beschäftigt, wie die Führungspersönlichkeit die Teilnahme an den Spielen anderer Personen vermeiden kann. Wie steht es jedoch mit der Möglichkeit, die eigene Initiierung solcher Spiele zu vermeiden? Auch hierfür ist dieselbe Qualität der Rationalität erforderlich. Betrachten wir noch einmal die in Kapitel 5 beschriebenen ineffektiven Manager. Wie würde sich ihr persönlicher Stil auf ihre Führungsqualitäten auswirken, wenn sie sich ihrer Spiele bewußt wären und somit auf sie verzichten könnten und würden?

Beginnen wir mit dem *Feigling*. Seine Spiele resultieren aus Angst und Unsicherheit, seinem Bedürfnis nach Sicherheit und Bestätigung, seiner Sehnsucht nach Ordnung, Kontinuität und Vorhersagbarkeit. Indem er diese Aspekte seines persönlichen Stils respektiert, kann er für seine Mitarbeiter zu einer Quelle der Ermutigung und Inspiration werden, so daß alle ihr Potential entwickeln und selbstbestimmt an ihren eigenen Projekten arbeiten. Er kann auch ein wirkungsvoller Verhandlungspartner werden, weil er eine beruhigende, verständnisvolle Persönlichkeit aufweist und eine Atmosphäre schafft, die der Arbeit und Produktivität zuträglich ist.

Der *Super-Kontrolleur* spielt ebenfalls Spiele, die seiner Unsicherheit und einem Mangel an Vertrauen entspringen und häufig mit einem paranoiden Unterton verbunden sind. Er fühlt sich außer Kontrolle geraten, wenn er andere nicht kontrolliert, und schafft so häufig Situationen, die scheinbar seiner Kontrolle bedürfen. Er kann jedoch eine außerordentlich nützliche Person werden, wenn ein kompliziertes Projekt eine ständige Kontrolle oder Überwachung braucht. Er ist in der Lage, eine Arbeit objektiv zu beurteilen und sicherzustellen, daß sie schließlich perfekt ausgeführt wird, denn Perfektion ist sein Ziel – und er wird nicht ruhen, bis dieses Ziel erreicht ist.

Da der *Schnüffler* seine Machtbasis erhalten will, richten seine Spiele sich auf die Erhaltung seiner Herrschaft. Doch ohne seine Spiele wird der Schnüffler zum Hüter des Gesetzes, zum verdienstvollen Diener des Unternehmens. Er identifiziert sich so eng mit dem Unternehmen, daß er hierfür alle nur denkbaren Opfer bringt – was wiederum zur Grundlage seiner Macht wird.

Der *Sklaventreiber* schließlich, der lernt, auf seine vernichtenden Spiele zu verzichten und seine exzessiven Ansprüche zurückzuschrauben, wird zum Vorbild. Er bleibt so lange bei einer Sache, bis diese auch tatsächlich getan ist. Er läßt das Mittagessen und seine sonstigen Pausen aus, um sicherzustellen, daß alles richtig läuft.

In jedem dieser ineffektiven Vorgesetzten ruht also eine effektive Führungspersönlichkeit. Doch wie kann man diese zum Leben erwecken? Die Antwort lautet: durch ein ständiges Bewußtsein für die eigene Tendenz, Spiele zu spielen, sowie durch das Bemühen um ein höheres Maß an Rationalität. Die beiden folgenden Übungen werden Ihnen in dieser Hinsicht helfen.

Praktische Übung (10–55)
Die Spiele, die Sie spielen

Nehmen Sie sich ungefähr eine halbe Stunde Zeit, Ihren Geist zu prüfen. Nehmen Sie Ihr Notizbuch zur Hand, doch bevor Sie etwas notieren, denken Sie zunächst einen Augenblick an die Spiele, die Sie als Manager oder Vorgesetzter spielen.

Erinnern Sie sich? Diese Spiele sind Interaktionen, die scheinbar korrekt wirken, denen jedoch verborgene Motivationen zugrunde liegen – Motivationen, die selbst Ihnen möglicherweise verborgen bleiben. Seien Sie ehrlich mit sich selbst, und gehen Sie diejenigen Personen durch, mit denen Sie in Ihrem Beruf am meisten zu tun haben. Prüfen Sie so ehrlich wie möglich, welche Spiele Sie mit diesen Menschen spielen.

Betrachten Sie dieses Bild nun aus einer anderen Perspektive: Gibt es Dinge in Ihrem Arbeitsleben, die Ihnen *immer wieder passieren*? Menschen, die Anweisungen mißverstehen; Besprechungen, die sich als Zeitverschwendung erweisen; Ausschüsse, die keine Ergebnisse erzielen; Ressourcen, die verschwendet werden; Termine, die nicht eingehalten werden. Identifizieren Sie die wichtigsten dieser Dinge, die Ihnen immer wieder zu Ihrem Bedauern oder zum eigenen Nachteil zustoßen.

Gehen Sie jetzt Schritt für Schritt vor, und notieren Sie diese Analyse in Ihrem Notizbuch: Zuerst passiert x und y, dann folgt als Reaktion z. Verfolgen Sie diesen Ablauf, bis Sie die Situation gänzlich erfaßt haben.

Prüfen Sie dann, wie Sie sich fühlen, wenn die Situation vorbei ist (und notieren Sie auch dies); klären Sie zudem, was Sie dann gewöhnlich tun.

Fragen Sie sich selbst, ob Sie sich im Laufe der Ereignisse in eine der genannten Rollen (Opfer, Strafender, Retter) begeben. Schreiben Sie nieder, wie es kommen konnte, daß Sie diese Rolle(n) annahmen.

Abschließend sollten Sie sich die Frage vorlegen, *ob Sie irgend etwas anders machen konnten.* Wenn Sie an etwas Bestimmtes denken, dann verbringen Sie einige Minuten damit, diese mögliche Lösung näher zu betrachten, als handele es sich um einen lebhaften Tagtraum.

Diese Übung wird Sie für die Spiele sensibilisieren, die Sie als Person in einer leitenden Position spielen; sie wird Ihnen auch helfen, zukünftig in Situationen, die Sie in der Übung analysiert haben, rationaler zu handeln.

Nach Abschluß dieser Übung erkannte ein Rechtsanwalt einer großen New Yorker Anwaltskanzlei, daß in seinem Bemühen um Höflichkeit und Freundlichkeit ein Mangel an Selbstsicherheit offenbar wurde. Er kam zu dem Schluß, daß er zu eifrig darauf bedacht war, von allen anderen Mitarbeitern akzeptiert und gemocht zu werden. Diese Bemühungen, nett zu jedermann zu sein, hinterließen bei ihm oft Gefühle der Frustration; er hatte den Eindruck, sich selbst gegenüber nicht ehrlich zu sein. Er erkannte, daß es keine leichte Aufgabe für ihn war, sicher aufzutreten und sich in klarer und entschiedener Weise zu verhalten, und seine Versuche in dieser Richtung stießen bei den Kollegen auf große Überraschung und Ablehnung. Dennoch erhielt er nach wenigen Monaten gerade von den Menschen, die er am meisten respektierte, die Rückmeldung, daß sein »neuer Stil« viel besser war und auf positive Resonanz stieß.

Die wichtigste Änderung bestand in der Abschaffung gewisser Spiele, die seinem Bedürfnis entsprungen waren, jedem zu gefallen. Früher hatte er eine sehr vage und unentschlossene Redeweise an den Tag gelegt. Wenn er jemandem einen Auftrag erteilte, sagte er zum Beispiel: »Wenn es Ihnen möglich ist . . .« Nun sagte er: »Ich brauche das am Dienstag. Machen Sie es bitte bis Montag abend fertig.«

Eine Führungspersönlichkeit wird an ihren Ergebnissen gemessen: Ein Team schafft etwas aufgrund der Führungspersönlichkeit des Vorgesetzten. Eine leichte Änderung im Sprachstil wie im gerade beschriebenen Fall hatte große positive Wirkungen und schaffte bei jedem einzelnen Mitarbeiter größere Gewißheit über Aufgabenverteilung, Zeitplanungen und Prioritäten.

Die nächste Übung basiert auf den vier unangemessenen Führungsstilen aus Kapitel 5, wie wir sie gerade noch einmal aufgegriffen haben. Glauben Sie daran, daß Sie ein besserer Vorgesetzter sein können. Erkennen Sie an, daß auch der beste Vorgesetzte sich weiter verbessern kann. Sagen Sie sich selbst, daß Sie auch nach vielen Jahren Berufserfahrung etwas Neues lernen können und auch wollen. Eine »Das kenne ich schon«-Einstellung ist gefährlich für den, der sie vertritt, aber auch für seine Mitarbeiter. Sich die Haltung eines Schülers zu eigen zu machen, wie der Buddhismus es lehrt, wird auch Ihnen als Führungspersönlichkeit helfen und somit allen Personen in Ihrem Arbeitsumfeld.

Praktische Übung (10–56)
Führungspersönlichkeit bestimmen

Die meisten Vorgesetzten finden sich in den eben genannten Führungsstilen wieder. Dies ist eine Gelegenheit, sich selbst zu betrachten – zunächst von Ihrem eigenen Standpunkt aus, dann aus dem Blickwinkel Ihrer Mitarbeiter und schließlich aus der Perspektive Ihrer Vorgesetzten. Geben Sie deshalb drei Einschätzungen auf den unten angegebenen Skalen ab.

Passiv				
Feigling	−100 %	0	+100 %	Förderer
Väterlich				
Super-Kontrolleur	−100 %	0	+100 %	Leiter
Einschränkend				
Schnüffler	−100 %	0	+100 %	Gesetzeshüter
Aktiv				
Sklaventreiber	−100 %	0	+100 %	Vorbild

Betrachten Sie nun Ihre Bewertung des eigenen Führungsstils. Fragen Sie einen Freund, dem Sie vertrauen, ob er Ihre Einschätzung bestätigen kann. Achten Sie darauf, bei welchen Skalen Sie einen weiter rechts liegenden Wert anstreben wollen. Treffen Sie dann eine Entscheidung. Stellen Sie sich selbst als die Führungspersönlichkeit vor, die Sie sein können. Nehmen Sie sich Zeit, und nutzen Sie Ihre kreative Imagination, sich selbst vor Ihrem geistigen Auge als der bessere und effektivere Vorgesetzte zu»sehen«, der Sie gerne sein möchten. Spüren Sie die positiven Emotionen, die Sie während dieser Vorstellung erfahren. Verweilen Sie einige Augenblicke in dieser Übung, so daß dieser neue Führungsstil Ihnen vertraut wird und Sie sich damit identifizieren können. Notieren Sie, was Sie ändern und verbessern wollen. Handeln Sie während der nächsten Woche mehr auf der Grundlage der rechten Skalenseite: Versuchen Sie ganz bewußt, in höherem Maße Förderer, Leiter, Gesetzeshüter und Vorbild zu sein. Lassen Sie diesen Vorsatz in allem, was Sie tun, spürbar werden, in Ihren Telefongesprächen, Notizen und Bewertungen. Schätzen Sie nach Ablauf der Woche Ihren Fortschritt ein.

Die einzige Rechtfertigung für die Existenz von Vorgesetzten besteht darin, dafür zu sorgen, daß die richtigen Dinge zur rechten Zeit getan werden. Mit »richtigen Dingen« meinen wir hier ein Produkt oder eine Dienstleistung, die gebraucht wird und einen Platz auf dem Markt erobern kann. Hieraus folgt, daß die wahre Führungspersönlichkeit hinreichend flexibel ist, den eigenen Führungsstil zu modifizieren, um je nach den Qualitäten seiner Mitarbeiter, den verschiedenen Umständen und Ressourcen und ähnlichem mehr ein anderes Führungsverhalten an den Tag zu legen.

Führungsqualitäten sind natürlicher Bestandteil des menschlichen Lebens. Unsere ersten Führungspersönlichkeiten im Leben sind normalerweise die eigenen Eltern. Im Laufe unseres Lebens begegnen wir vielen Führungspersönlichkeiten. Sie haben nun viele Variablen kennengelernt, die für eine Führungspersönlichkeit wichtig sind. Und Sie haben sich dieses Wissen angeeignet, um eine bessere Führungspersönlichkeit zu werden.

Praktische Übung (10–57)
Die ideale Führungspersönlichkeit

Bevor Sie mit dem nächsten Kapitel beginnen, betrachten Sie noch einmal die Übungen dieses Kapitels und Ihre Anmerkungen zu diesen Übungen. Auf der Grundlage dieser Informationen formulieren Sie 10 Sätze, die mit den Worten »Die ideale Führungspersönlichkeit muß/sollte . . .« beginnen.

Lesen Sie diese Sätze, die Sie niedergeschrieben haben. Lassen Sie mentale Vorstellungen, Erinnerungen, Bilder und Erfahrungen kommen und gehen, wie es Ihnen gefällt. Entspannen Sie sich eine Weile, und stellen Sie sich vor, Sie seien der Vorgesetzte, den Sie im ersten dieser Sätze beschrieben haben. Nehmen Sie sich hinreichend Zeit hierfür, so daß Sie die Merkmale und Qualitäten, die Sie beschrieben haben, aufnehmen können, um sich gut damit zu fühlen.

Tun Sie dies mit allen 10 Merkmalen oder Qualitäten, die Sie in Ihren Äußerungen genannt haben.

Vergessen Sie nicht, Ihre Gedanken bezüglich dieser Übung in Ihrem Notizbuch niederzuschreiben.

Wenn Sie dies getan haben, können Sie mit dem abschließenden Kapitel dieses Buches fortfahren.

Schlußfolgerungen
Kreative Imagination für Ihr Leben

Es ist leicht, nachdem wir nun diese Bereiche des Managements betrachtet haben, auf die alten, ausgetretenen Pfade zurückzukehren. Deshalb ist es sinnvoll, noch einmal detailliert die Möglichkeiten zur Anwendung der Power-Gedanken in Ihrem zukünftigen Leben zu betrachten.

Unsere Arbeit mit Vorgesetzten hat gezeigt, daß Sie in Ihren alten Führungsstil schnell zurückkehren werden, wenn Sie sich nicht einmal im Monat einige Stunden Zeit nehmen, um die in diesem Buch vorgestellten Gedanken und Ideen noch einmal durchzugehen. Die Konzepte, die Sie kennengelernt haben, werden sonst in Vergessenheit geraten, ebenso die Übungen, die Sie durchgeführt haben.

»Kreative Imagination für Ihr Leben« bedeutet, daß Sie sich einen neuen Lebensstil aneignen. Sie beginnen, Ihre Imagination in höherem Maße als zuvor zu gebrauchen – und zwar ganz bewußt und für spezifische Ziele –, und Sie nehmen die Umprogrammierung Ihres Geistes, von der wir in den Kapiteln 1 und 2 sprachen, ernst. Bevor dieses Programm für Ihr tägliches Leben vorgestellt wird, sollten Sie nochmals bedenken, daß *Ihre Gefühle davon abhängen, wie Sie denken,* und daß Ihre Gedanken wiederum stets Ihrer eigenen Kontrolle unterliegen. *Sie können selbst bestimmen, was Sie denken.* Diese einfache Regel ist eine grundlegende Wahrheit, die imstande ist, Ihr Leben zu ändern. In diesem abschließenden Kapitel haben Sie die Gelegenheit, Ihre Fähigkeiten zur Änderung und Selektion derjenigen Gedanken, von denen Sie sich leiten lassen wollen, zu vervollkommnen. Sie brauchen hierzu ein Tonbandgerät, denn eine der Übungen, die wir Ihnen hier empfehlen, sieht vor, daß Sie eine Botschaft für sich auf Band sprechen, die Sie immer dann gebrauchen, wenn Sie sich in bestimmter Weise verbessern, besondere

Schwierigkeiten meistern oder Ihren Horizont erweitern wollen; wenn Sie etwas Neues lernen oder Ihre Selbstheilungskräfte aktivieren wollen oder wenn Sie einfach alle Ihre Aktivitäten – egal ob soziale, gesellschaftliche oder freiwillige Verpflichtungen – mehr genießen wollen.

Hier ein Überblick über das Programm zu Ihrer eigenen Selbststeigerung:

Jeden Tag
1. Verwenden Sie einen der *Power-Gedanken* aus Ihrer in Übung (2–6) erstellten Liste. Bereiten Sie diese tägliche Übung vor, indem Sie Ihre Power-Gedanken auf besonderen Karteikarten notieren und jeden Tag eine andere Karte an einer auffälligen Stelle deponieren. Vergegenwärtigen Sie sich den jeweiligen Power-Gedanken mehrmals täglich.
2. Bestimmen Sie die *Orte*, die Ihnen als »Stationen« zur Erinnerung an Ihre Power-Gedanken dienen sollen: Ihr Auto, während sie zur Arbeit oder nach Hause fahren; das Badezimmer, der Fahrstuhl Ihres Bürohauses oder irgendein anderer Ort, der Ihnen geeignet erscheint.
3. Nehmen Sie sich bestimmte *Tageszeiten* vor, zu denen Sie neue Ideen in sich bestärken. So wie Moslems mehrmals täglich beten, auch wenn sie sehr beschäftigt sind, können Sie es sich zur Gewohnheit machen, sich mehrmals täglich zu entspannen und sich neue Energie zuzuführen. Dies kann dann der Fall sein, wenn Sie morgens Ihren ersten Kaffee trinken, wenn Sie das Haus verlassen, um zur Arbeit zu gehen, wenn Sie am Arbeitsplatz ankommen; Mahlzeiten einnehmen und dergleichen mehr.
4. Der vielleicht wichtigste Aspekt dieses Selbststeigerungsprogramms besteht darin, den *letzten bewußten Moment des Tages* möglichst klug zu *nutzen*. Wenn Sie sich bereits hingelegt haben und bereit sind, einzuschlafen, nach all den vorbereitenden Details und Ritualen, wenn das Licht schon gelöscht ist und Sie Ihre bevorzugte Schlafhaltung eingenommen haben, konzentrieren Sie sich auf Ihren besonderen Ort und auf den Power-Gedanken,

den Sie sich zu eigen machen wollen. Wenn Sie diese Technik einmal beherrschen, dann wird dies nur wenige Sekunden in Anspruch nehmen. Doch trotz der Kürze dieser Aktivität vermitteln Sie Ihrem Inneren eine bestimmte Aufmerksamkeitsrichtung, die während der Schlafphase anhält und Sie (und Ihre Träume) in positiver Weise beeinflußt.

Jede Woche
1. Wählen Sie einen Ihrer Power-Gedanken aus, auf den Sie sich in dieser Woche besonders konzentrieren wollen. Diese Wahl sollte ganz bewußt getroffen werden. Aus diesem Grunde sollten Sie diesen Gedanken auswählen, wenn Sie darangehen, die vor Ihnen liegende Woche zu planen.

Jeden Monat
1. Im Rahmen der Übungen von Kapitel 4 haben Sie Ihren Selbstwert gesteigert; und im Einklang mit diesen Übungen sollten Sie einmal im Monat *eine Stunde sich selbst widmen*. Als Manager widmen Sie einen großen Teil Ihrer Zeit anderen Personen, und zwar auf Kosten Ihrer eigenen Pläne, Ihrer Freizeit und Erholung. Da Sie nun wissen, wie wichtig es ist, sich um sich selbst zu kümmern, sollten Sie genau planen, unter welchen Umständen Sie diese eine monatliche Stunde verbringen, die Ihrem persönlichen Wachstum und Ihrer inneren Entwicklung gewidmet ist.

Was werden Sie während dieser Zeit tun? Hier ein Vorschlag zu einem Plan für die ersten zehn Monate:

1. Monat:
Gehen Sie die Aufzeichnungen, die Sie während der Lektüre dieses Buches angefertigt haben, noch einmal durch. Wählen Sie eine Übung aus, die Sie während dieser Stunde durchführen werden.
Entscheiden Sie sich für einen bestimmten Bereich oder einen Punkt, auf den Sie sich während dieses Monats konzentrieren werden.

2. Monat:
Gehen Sie noch einmal Kapitel 1 und 2 sowie Ihre Aufzeichnungen hierzu durch. Wählen Sie nur eine Übung aus, die Sie während dieser Stunde durchführen. Überlegen Sie sich die Bereiche, die Sie in diesem Monat besonders bearbeiten wollen.

3. Monat:
Gehen Sie Kapitel 3 sowie die entsprechenden Aufzeichnungen durch. Wählen Sie eine Übung zur Bearbeitung aus. Bestimmen Sie wiederum einen Bereich, den Sie während des Monats bevorzugt bearbeiten werden.

4. Monat:
Tun Sie dasselbe für Kapitel 4.

5.–10. Monat:
Tun Sie dasselbe für jedes weitere Kapitel des Buches, so daß Sie nach Ablauf des 10. Monats das gesamte Buch noch einmal bearbeitet haben werden.

Diese Übersicht ist lediglich ein Vorschlag. Vielleicht möchten Sie neue Materialien benutzen, auch wenn diese mit den Konzepten, die wir hier vorgestellt haben, eng verwandt sind. Anstelle der Übungen, die Sie beim ersten Lesen des Buches durchgeführt haben, können Sie beispielsweise die folgende ausprobieren. Aufgrund des offenen Endes ist diese Übung, die eine Übung in der Technik der Selbsthypnose darstellt, leicht dem jeweiligen Aspekt Ihrer Selbstentwicklung anzupassen, den Sie bearbeiten wollen.

Übung (58)
Werden Sie, was Sie denken

Das ist die Übung, für die Sie ein Tonband oder einen Kassettenrekorder mit Mikrofon brauchen. Lesen Sie zunächst das folgende Skript, um sich damit vertraut zu machen. Suchen Sie sich einen Ort, an dem Sie vor Ablenkungen und Störungen sicher sind. Nehmen Sie auf Band auf, wie Sie das gesamte Skript mit normaler Stimme, ohne Eile oder Nervosität laut lesen. An den mit [...] markierten Stellen sollten Sie sich auf die von Ihnen ausgewählten Themen oder Probleme konzentrieren.

Skript
»Während ich in einer bequemen Position sitze, konzentriere ich mich auf meine Atmung. Ich werde eins mit meiner Atmung: All meine Konzentration richtet sich auf das Einatmen... und auf das Ausatmen..., während ich mich wohl fühle. Jeder Atemzug vergrößert mein Wohlbefinden, das sich über den ganzen Körper ausbreitet. Ich atme die Ruhe ein und die Anspannung aus. Ich atme langsam Frieden und Stille ein, ich atme Sorgen und Nervosität aus. Mein Atmen erhält mich am Leben. Es erinnert mich an meine Lebensenergie, die in diesem Moment in mir ist. Ich atme Leben ein und alles Negative aus. Langsam und ruhig atme ich das Leben ein und werfe alles Unlebendige über Bord.

Für die nächsten Augenblicke wird mein Körper diese gesunde Art des Atmens beibehalten, bis er seinen eigenen Rhythmus gefunden hat. Ich kann dies mit jedem Atemzug mehr und mehr genießen. Ich genieße mein Atmen, erfülle mich selbst mit angenehmen Gefühlen und Seelenfrieden. Ich bemerke genau, wie mein Körper sich mehr und mehr entspannt und schon jetzt viel entspannter ist als zu Beginn der Übung. Mein Geist beeinflußt meinen Körper, und mein Körper antwortet auf meinen Geist. Meine Atmung ermöglicht es mir, die Verbindung zwischen Körper und Geist zu genießen.

Meine Entspannung ist ein Anzeichen für die größere mentale Kontrolle über meinen Körper, die ich ausüben kann, wann immer ich will oder ihrer bedarf. Selbst meine Muskeln sind entspannter als zuvor: Mein Rücken... meine Beine... meine Schultern und mein Nacken... meine Arme, mein Rumpf, meine Brust, der Unterleib, mein ganzer Körper... er erfährt die wohltuenden Auswirkungen meines gesunden Atmens. Indem ich mich auf meine Atmung konzentriere, wird mein ganzer Körper entspannter, und ich fühle mich wohl in ihm. Ich atme Positives ein und negative Dinge aus meinem Geist hinaus.

In diesem Moment betrachte ich eine 10-Punkte-Skala, um zu prüfen, wie wohl ich mich fühle. Die 10 steht für das größtmögliche Ausmaß an Entspannung, das ich erreichen kann. Ich sehe diese Skala ganz klar vor Augen: ihre Farbe und Form, die Zahlen und deren Größe. Während ich die Skala betrachte, ragt eine der Zahlen hervor. Dies ist das Ausmaß an Entspannung, das ich bis jetzt erreicht habe.

Bevor ich fortfahre, kann ich länger bei dieser Entspannungstechnik verweilen und mich auf meine Atmung konzentrieren, bis ich – falls nötig – noch entspannter bin.

Während diese Entspannung sich weiter ausbreitet, begebe ich mich an meinen besonderen Ort. Hier fühle ich mich sicher und glücklich und rundum wohl; hier bin ich ganz ich selbst. Während ich mich an diesem Ort umsehe, genieße ich alle Dinge, die ich sehe. Ich schenke den Details der Dinge Aufmerksamkeit. Das Wetter und das Licht lassen alles wunderschön erscheinen. Ich achte auf die Düfte und Gerüche, die mir begegnen. Ich spüre die Schönheit dieses Ortes, und ich fühle mich gut mit mir selbst.

Nun richte ich meine Aufmerksamkeit – ganz langsam – dem Anliegen oder Problem zu, das ich betrachten oder lösen will [...]. Während ich dies tue, spüre ich nach wie vor die Entspannung meines Körpers und bin im Einklang mit mir selbst und der Welt. Es gibt keinen Grund zur Eile. Ich werde mich jetzt durch nichts drängen lassen. Für mein Anliegen [...] gibt es eine Lösung, und ich verfüge über die Ressourcen, mit diesem Problem umzugehen und es auch tatsächlich zu lösen. Ich vertraue meinen inneren Kräften und konzentriere mich völlig auf dieses Problem. Dies ist eine neue Herausforderung für meine inneren Kräfte. Ich bin geduldig und kann darauf warten, daß mein Inneres mir bei dieser Sache hilft. Ich genieße nach wie vor ganz bewußt die Entspannung an meinem besonderen Ort und vertraue darauf, daß ich in meinem Inneren einen Zugang zu diesem Problem finden werde: entweder jetzt oder später, zu einem Zeitpunkt, zu dem ich es am wenigsten erwarten würde. Ich werde mich überraschen lassen und kann warten.

[An dieser Stelle wiederholen Sie einen Power-Gedanken, mit dessen Hilfe Sie Ihr Denken umstrukturieren möchten.] Dieser Power-Gedanke wird nun ein Teil meines Denkens und meines Glaubenssystems. Ich mache mir diesen Power-Gedanken zu eigen. Mit jedem Atemzug wird er ein Teil von mir, ganz tief und sicher. Mein Power-Gedanke ist ein Teil von mir. Mein Power-Gedanke beeinflußt mein ganzes Sein, mein Leben und Handeln. [Wiederholen Sie noch mal diesen Gedanken. Hören Sie ihn in Ihrem Inneren, laut oder leise. Fühlen Sie, wie dieser Power-Gedanke jeden Teil von Ihnen erreicht: Körper ... Verstand ... Geist.]

Bevor ich zu meinem gewohnten Denken zurückkehre, betrachte ich noch einmal die 10-Punkte-Skala, die ich vorhin bereits verwendet habe, um zu prüfen, wie ich mich jetzt fühle. Wenn ich denselben Wert wie zuvor oder einen höheren Wert erhalte, kann ich stolz auf mich und den erreichten Fortschritt sein.

Ich schenke nun meiner nichtdominanten Hand Aufmerksamkeit. Ich lasse sie in der Position, in der sie sich gerade befindet, ich achte auf ihre Haltung und alle möglichen Empfindungen, die sie im Moment an mich weitergibt. Meine Hand wird nun zu einem Zeichen, das ich für meine zukünftige Arbeit an meiner persönlichen Entwicklung benutzen will. Ich werde meine Hand in genau die Position bringen, in der sie sich jetzt befindet. Dies wird für mein Inneres das Zeichen sein, an meinem Anliegen oder Problem weiterzuarbeiten.

Ich bin jetzt bereit, meine geistige Bahn wieder zu wechseln und zum gewohnten Denken zurückzukehren. Wenn ich diese Übung beende, fühle ich mich im Einklang mit mir, sowohl körperlich als auch geistig und spirituell.«

Dieses Skript ist für Ihren persönlichen Gebrauch bestimmt. Haben Sie deshalb keine Hemmungen, es nach Ihren Bedürfnissen zu ändern. Wenn Sie dies tun wollen, halten Sie das Skript auf jeden Fall in der Gegenwartsform, als ob das, was Sie sagen, jetzt passiert; betonen Sie das Positive; erwähnen Sie, was Sie erreichen wollen, und nicht das, was Sie loswerden möchten. Wenn Sie sich beispielsweise vornehmen wollen, morgens zeitig aufzustehen, dann sagen

Sie zu sich selbst: »Ich werde es wunderbar finden, wenn ich erst einmal aufgestanden bin und die Dinge tue, die ich tun will. Selbst wenn es schwierig ist, aufzustehen, weiß ich doch, daß ich mich *nachher* großartig fühlen werde.« Die Betonung liegt hier auf dem Ergebnis, das Sie erreichen wollen, und nicht auf den Schwierigkeiten, die Sie vor dem Erreichen dieses Ziels überwinden müssen.

Manchmal kommt es vor, daß wir uns mit einem Problem konfrontiert sehen, das uns als zu groß erscheint, um damit umgehen zu können. Diese Formulierung bringt bereits zum Ausdruck, wie sich durch die eigene mentale Einstellung unsere innere Realität ändert und wie unsere Wahrnehmung determiniert wird. Jedes Problem wird zu groß, um damit umzugehen, wenn wir es uns gestatten, die Schwierigkeiten zu betonen statt der Vorteile, die wir von der Lösung des Problems haben werden.

Mit der eben dargestellten Übung geben wir Ihnen einen Rahmen vor, in dem Sie jede mögliche Schwierigkeit unterbringen können.»Werden Sie, was Sie denken« soll Ihnen helfen, das Negative in Positives zu verwandeln, so daß Sie Dinge vermeiden, die Sie davon abhalten, Ihr Leben gänzlich zu genießen. Diese Übung ist keine künstliche Methode zur Lösungsfindung, sondern soll Ihrem Inneren die Möglichkeit geben, die eigenen Ressourcen zu mobilisieren, die oftmals brachliegen. Sie verhindern durch diese Übung auch, Ihre Energie unnötig auf das Problem zu konzentrieren.

Wenn Sie glauben, auf den vorigen Seiten auch Vertrautem wiederbegegnet zu sein, dann trügt dieser Eindruck nicht. In Kapitel 7, das dem Thema Produktivität gewidmet war, haben wir uns mit Streß und seinen schädlichen Auswirkungen beschäftigt, die insbesondere dann überhand nehmen, wenn dieser Streß nicht in positive Energie umgewandelt wird. Übung (7–26) vermittelte Ihnen Vorschläge zur Reduzierung der negativen Einflüsse von Streß, so daß Ereignisse, die vormals starke Streßauslöser waren, nun zu Startsignalen zur Mobilisierung innerer Energien – »Innergien« – werden. In Kapitel 7 lag der Schwerpunkt auf dem Umgang mit Streß, damit Sie nicht gezwungen sind, den Streß zu beseitigen, sondern diesen positiv ummünzen können, um ihn nicht länger als solchen zu erleben.

In diesem Kapitel schlagen wir jedoch ein allgemeines Programm vor, das den Gebrauch der kreativen Imagination in Ihrem Leben vergrößern soll. Obgleich viele Punkte in beiden Teilen des Buches sehr verwandt sind, ist der Anwendungsbereich hier viel weiter und allgemeiner gefaßt als in Kapitel 7.

Bevor Sie mit dem Lesen fortfahren, verweilen Sie bitte noch einmal, und gehen Sie zurück zu dem Skript der letzten Übung. Um diese Übung gänzlich zu beherrschen, ist ein Verständnis der zugrundeliegenden Idee sehr nützlich. Zu Beginn des Kapitels haben wir die Übung als eine Übung in Selbsthypnose bezeichnet. Der Grund hierfür war, daß diese Übung die Funktionen Ihrer rechten Gehirn-Hemisphäre aktivieren soll, um gleichzeitig die kritischen Denkfunktionen, die Fragen und Zweifel aufkommen lassen könnten, beiseite zu lassen. Die beiden ersten Schritte der Übung, die Atmung und die Entspannung, ermöglichen den Übergang von der linken Hemisphäre des Gehirns, mit der wir die meiste Zeit arbeiten, zur rechten. Wenn Sie tatsächlich so atmen wie im Skript angegeben, wird es ganz unvermeidlich dazu kommen, daß Sie sich mehr entspannen als zuvor. Wenn Ihr ganzes Körpersystem sich verlangsamt und die Anspannungen von Ihnen abfallen, dann sind Sie in der Lage, die Funktionen der linken Hemisphäre auszuklammern, indem Sie Ihre kreative Imagination aktivieren. Man kann diesen Prozeß mit einem kleinen Segelboot vergleichen, das im Hafen angelegt hat. Um den Hafen zu verlassen, braucht das Segelboot die Kraft eines Motors; es ist nicht in der Lage, aus dem Hafen zu segeln. Doch sobald es die offene See erreicht hat, hat es die Freiheit, die Segel zu setzen und sich allein durch die Kraft des Windes fortzubewegen.

Demzufolge erreichen Sie mit dem dritten Schritt die »offene See« Ihres besonderen Ortes. Dieser Ort wird dann das mentale Bild, das die Aktivität Ihrer rechten Hemisphäre weiter aufrechterhält. An diesem besonderen Ort nehmen Sie die Realität Ihres Lebens auf besondere Weise wahr, mit allen positiven und negativen Details. Die Folge ist, daß Sie dort mentale Ressourcen mobilisieren können, die Sie während der Aktivität Ihrer linken Hemisphäre vernachlässigen würden – wie ein Segelboot, das immer nur durch den Motor bewegt wird und niemals die Chance hat, zu segeln.

Sie führen diese Übung durch, um etwas in Ihrem Leben zu ändern – ob es sich nun um ein Problem handelt, das Sie stört, oder eine Sichtweise, ein physisches Symptom oder eine Fähigkeit, die Sie sich aneignen wollen. Deshalb sollten Sie sich, sobald Sie an Ihrem besonderen Ort sind, auf die Sache konzentrieren, die Sie zu ändern wünschen. Indem Sie Ihre Imagination gebrauchen, können Sie sich selbst bereits mit der erwünschten Veränderung sehen, oder Sie können proben, was Sie tun wollen, oder Sie können sich die Zukunft so vorstellen, wie Sie sie gerne hätten.

In Kapitel 4 haben wir die drei Aspekte der menschlichen Existenz diskutiert; die physische Realität des Körpers, den Verstand und den Geist. Wenn Sie auf der Grundlage der in diesem Buch erläuterten Prinzipien ein neues Leben beginnen wollen, müssen Sie auf alle drei Aspekte achten. Der verstandesmäßigen Seite haben wir in diesem Buch genug Aufmerksamkeit geschenkt. Das Bemühen um den Körper wird von leitenden Angestellten jedoch häufig vernachlässigt. Dennoch wird die Vernachlässigung einer dieser Komponenten dem Ganzen schaden. Auch wenn bereits viel darüber gesagt und geschrieben wurde, wie wichtig es ist, sich um seinen Körper zu kümmern, und wie man das am besten macht, gehören Sie vielleicht immer noch zu den Menschen, die diesen Aspekt – insbesondere in der Arbeit als Manager – vernachlässigen. Ihre körperliche Gesundheit ist aber ein Aspekt Ihres Arbeitslebens, weil Ihre Produktivität und Effektivität beeinträchtigt werden, wenn Sie auf Ihr wichtigstes Arbeitsmittel, nämlich Sie selbst, nicht genügend Rücksicht nehmen.

Überlegen Sie deshalb noch einmal, wie Sie besser auf Ihren Körper achten können. Denken Sie an Lebensmittel, Alkohol, Tabak, Kaffee, Zucker, Fett und andere Stoffe, die bei übermäßigem Konsum schädlich sind und deren Gebrauch ganz eindeutig Ihrer Kontrolle unterliegt. Kontrollieren Sie den Umgang mit diesen Lebens- und Genußmitteln?

Wie steht es mit der Balance zwischen Arbeit, Ruhe und Vergnügen in Ihrem Leben? Besteht hier überhaupt eine Balance? Mit Vergnügen ist hier jede physische Aktivität gemeint, die Freude macht und entspannend ist, vom Wandern und Schwimmen bis hin zu Ihrem Sexualleben; von regelmäßigem Sport bis hin zum Treppensteigen, das Sie dem Fahrstuhlfahren bewußt vorziehen. Dies läßt natürlich an körperliches Training im allgemeinen denken. Viele leitende Angestellte haben ein schlechtes Gewissen, weil sie diesen Bereich jahrelang vernachlässigt haben, und verfallen dann ins andere Extrem, indem sie fanatisch und exzessiv Sport treiben. Der alte Ratschlag »nichts übertreiben« (»Ne quid nimis«) ist jedoch heute ebenso gültig wie zur Zeit seiner Entstehung.

In Kapitel 9 über Energie und Gesundheit wurden verschiedene Aspekte der Pflege des eigenen Körpers vorgestellt, das Beachten der körperlichen Signale und das Genießen der körperlichen Seite des Menschseins eingeschlossen. Ein Top-Manager eines Flugzeugherstellers hat ein Schild in seinem Büro, auf dem steht: »Bleib in guter Form«. Daraufhin angesprochen, erklärt er dem Fragenden, daß die erste Maschine, die er gut in Form halten wolle, der eigene Körper sei.

Der dritte Aspekt des menschlichen Lebens, den wir in Kapitel 4 angesprochen haben, ist der geistige oder spirituelle Teil. Dies ist ein spezifisch menschliches Merkmal, das wir mit keinem anderen Lebewesen auf diesem Planeten teilen, wie die einzigartige künstlerische Betätigung des Menschen zeigt. Das Kapitel zur Kreativität hat diesen Aspekt ebenfalls behandelt und daran erinnert, welche Vorzüge darin liegen, auch einmal Zeit zu »verschwenden«, nichts zu tun, sich zu sammeln, die Natur zu genießen, Gedichte zu lesen oder Musik zu hören, um nur einige »nichtprofitable« Aktivitäten zu nennen, die dem Geist guttun. Diese »nichtaktiven« Aktivitäten erlauben Ihnen eine größere Nähe zu Ihrem wahren Selbst und helfen Ihnen, sich von dem täglichen Hin und Her des Arbeitslebens zu befreien. Ein Mensch, der zu »beschäftigt« ist, das Dolcefarniente zu genießen, automatisiert sich selbst und ist eher ein Roboter als ein Mensch. Warum? Weil er den Sinn für Schönheit, Freude und Einfachheit verloren hat, die man vorwiegend im Kontakt mit der Natur findet. Die geistige Seite des Menschen kann nur zum eigenen Nachteil oder Schaden vernachlässigt werden. Und im Falle des Managers weitet sich dieser Schaden auf die Menschen aus, mit denen er in gleicher oder übergeordneter Stellung zusammenarbeitet.

Der Fall von Mr. Kuntz ist ein gutes Beispiel dafür, wie kreative Imagination im Management sich zum Nutzen des Individuums, des Unternehmens und der ganzen Gesellschaft auswirkt. Mr. Kuntz war ein sehr kultivierter Mensch, der mit 21 Jahren nach Amerika gekommen war und über eine breitgefächerte klassische Bildung und eine exzellente technische Ausbildung verfügte. Aufgrund seiner großen Hingabe und harter Arbeit bestieg er die Karriereleiter eines großen Stahlherstellers. Angesichts seiner hohen Intelligenz entschied er sich für eine Vertiefung seiner technischen Ausbildung und erwarb einen Doktortitel in Physik, mit einer Spezialisierung auf Metallverarbeitung, so daß er zu dem herausragenden Wissenschaftler seines Unternehmens wurde. Zu dieser Zeit war er 37 Jahre alt. Er war sehr umgänglich, konnte gut mit Menschen umgehen und wurde ein Jahr später in einer Doppelfunktion beschäftigt, zum einen als wissenschaftlicher Leiter im Unternehmen, zum anderen als Manager der Forschungsabteilung mit annähernd 20 Mitarbeitern. Er war morgens als erster auf dem Firmengelände und blieb abends am längsten. Selbst am Wochenende verbrachte er einige Stunden im Büro, um irgendein Projekt zu beenden oder die kommende Woche vorzubereiten. Als ein Mensch, der außerhalb der Arbeit keine Freunde hatte, unverheiratet war und niemals Urlaub nahm (er begründete dies mit seinen häufigen Reisen zu Kongressen und Fachtagungen, die er leitete oder auf denen er zumindest Vorträge hielt), hatte er vergessen, die einfachen Freuden des Lebens zu genießen. Sein Kopf war voll von wissenschaftlichen Fragen, und sein Leben spielte sich in den eng vorgezogenen Bahnen des Arbeitslebens ab.

Doch eines Tages, mit 42 Jahren, hatte er einen schweren Herzinfarkt. Er brauchte drei Monate für seine Erholung, nachdem er bereits einen ganzen Monat im Krankenhaus gelegen hatte. Der Unternehmensleiter verordnete ihm einen weiteren zweiwöchigen Urlaub, bevor er die Arbeit wiederaufnehmen sollte. Während dieser Zeit besuchte Mr. Kuntz eines unserer Seminare. Er erkannte, daß seine exzessive Beschäftigung mit der Arbeit zum Teil auch als

Entschuldigung herhalten mußte, die Risiken eines normalen Lebens nicht auf sich nehmen zu müssen und sich sicher und geschützt fühlen zu können, und er entschied sich, sein Leben zu ändern.

Seine starke Persönlichkeit richtete sich nun darauf, ein vollständigeres und erfüllenderes Leben zu führen. Er entdeckte seine Leidenschaft für die klassische Musik wieder und nahm auch das Klavierspielen, das er vor Jahren aufgegeben hatte, wieder auf. Er entstaubte seine alten literarischen Schätze und machte sich einen Plan, um jeden Tag ein wenig zu lesen. Er begann, regelmäßig ein von ihm ausgewähltes Lokal aufzusuchen, wo er andere Menschen kennenlernte, Spaß hatte und neue Freunde gewann. Er hörte auf, ständig bis tief in die Nacht zu arbeiten, obwohl er nach wie vor in aller Regel morgens der erste war.

Er erklärte dies vor allem mit einer Änderung seiner Glaubenssätze. Er gab den falschen Gedanken auf, daß nur wissenschaftliche Arbeit und Leistungen ihm Akzeptanz und Respekt verschafften, und eignete sich die folgenden Power-Gedanken an: Auch Vergnügen ist wichtig; Wissenschaft ist nur ein Teil meines Lebens; ich will auch die menschliche Seite des Lebens genießen; Leute kennenlernen, lachen und Freude haben sind ein wichtiger Teil meines Lebens.

Als wir ihn wiedersahen – ungefähr ein Jahr später –, sah Mr. Kuntz viel entspannter aus, er lachte viel, war nicht in Eile, machte Witze und hörte gerne zu, zog sich ein wenig lässig an und schien im allgemeinen sehr zufrieden mit sich und seinem Leben. Die Intensität und Ernsthaftigkeit seines Lebens, die viele Jahre sein Wesen bestimmt hatten, waren nun von ihm gewichen. Das Interessante ist, daß sein wissenschaftliches Ansehen gestiegen war und jeder Mensch in seiner Umgebung ihn noch mehr schätzte als früher, als er so offensichtlich engagiert und ernst gewesen war.

Auch auf seinen Erfolg als Manager wirkte sich seine Veränderung positiv aus. Seine Mitarbeiter gingen engagierter ans Werk und arbeiteten effektiver als je zuvor, gleichzeitig fühlten sie sich entspannter und zeigten mehr Interesse an der Entwicklung des Unternehmens. All dies war Ausdruck der verbesserten Beziehung, die Mr. Kuntz zu seinen Mitarbeitern hergestellt hatte. Vor seinem

Herzinfarkt war er sehr anspruchsvoll gewesen, bei Fehlern schnell ärgerlich geworden, oft brüsk im Umgang mit seinen Mitarbeitern, auch mit einem Unterton der Herablassung, der leicht beleidigend wirken konnte, und zwar sowohl im sprachlichen Verhalten als auch in der Gestik. Nun war er niemals besonders in Eile, hörte sorgfältig zu, was man ihm zu sagen hatte oder was er gefragt wurde; er antwortete auf respektvolle Weise, der man entnehmen konnte, daß ihm seine Antwort ein wirkliches Anliegen war. Er zeigte nie Unhöflichkeit und nahm sich Zeit, sich nach persönlichen Angelegenheiten oder den Angehörigen zu erkundigen; er nahm an Geburtstagsfeiern oder anderen festlichen Anlässen gerne teil. Mr. Kuntz war nun zuerst ein Gentleman und dann – in zweiter Linie – der Wissenschaftler. Und er liebte diese Veränderung. Und jeder, der ihn kannte, wußte diese Änderung gleichfalls sehr zu schätzen.

Von besonderer Wichtigkeit in diesem Fall ist, daß er sich zunächst gegen die Einsicht sperrte, irgendetwas in seinem Leben, seiner Einstellung zum Leben und seinen Einstellungen allgemein könnte falsch sein. Der Herzinfarkt erschütterte jedoch die Grundmauern seiner Existenz, und in den kritischen Wochen danach erkannte er, daß sein Lebensstil sich ändern mußte. Als er schließlich unser Seminar besuchte und die Selbsthypnosetechnik kennenlernte (anhand der in diesem Kapitel vorgestellten Übung), wurde er sich seines immensen Potentials bewußt.

Sein besonderer Ort war ein sehr großer, gepflegter Garten, von hohen Mauern umschlossen. Der Garten bestand aus einigen wenigen alten Bäumen und vielen Blumenbeeten, schönen, exotischen Büschen, komplizierten Wasserspielen und einer Vielzahl bunter Vögel, die in großen Käfigen wohnten, worin sie sich völlig frei fühlen konnten. Er sah sich selbst auf einer mit Ornamenten versehenen Bank, die – überraschend genug – sehr bequem war; er bewunderte die Schönheit dieses Gartens, roch den Duft der vielen Blumen und genoß einen wunderbaren Frühlingstag.

Mr. Kuntz hatte diesen Ort genutzt, um seinen neuen Lebensstil zu planen, und kehrte täglich dorthin zurück, um seine Erholung zu beschleunigen und seine Selbstheilungskräfte zu aktivieren, die ihn wieder ganz gesund machen würden.

An seinem besonderen Ort hatte er auch erstmals versucht, seinen neuen Umgang mit den Mitarbeitern zu proben, und fand große Freude daran, diese mit Respekt und Zuneigung zu behandeln. Dieses mentale Proben hatte ihn schon ungeduldig werden lassen, an die Arbeit zurückzukehren und sein Interesse an anderen endlich tatsächlich zu zeigen.

Aus jemandem, der seine physische und spirituelle Natur ignoriert und sogar geleugnet hatte, indem er gelebt hatte, als könnte er sich auf seinen Verstand reduzieren, war ein Mensch geworden, der sein ganzes Wesen wiederentdeckte und glücklicher und gesünder wurde.

Andere Menschen, denen Sie in Ihrem Leben begegnet sein mögen, profitieren nicht von so herausragenden Lebensereignissen wie einem Herzinfarkt. Statt dessen unterdrücken sie ihr Erschrekken und finden sich anschließend in noch größeren Schwierigkeiten und einer drastischeren Selbstzentrierung wieder. Die Botschaft, die wir hier betonen wollen, besteht darin, daß selbst eine so ausgesprochen negative Erfahrung wie ein Herzinfarkt eine Gelegenheit bieten kann, zu wachsen und sich persönlich weiterzuentwikkeln.

Ein Manager, der von seiner kreativen Imagination profitieren will, versucht immer, den positiven Aspekt in einem negativen oder betrüblichen Ereignis zu finden. Wie wir schon in Kapitel 7 in Zusammenhang mit Streß als Phänomen subjektiver Wahrnehmung erörtert haben, haben die meisten Menschen gelernt, auf negative Ereignisse mit einem ganzen Bündel an negativen Gefühlen zu reagieren. Diese negativen Gefühle sind Bitterkeit, Ärger, Rachsucht sowie Ängstlichkeit, Nervosität und – neben vielen anderen – Ungeduld. Diese Gefühle beeinflussen wiederum das Handeln, in Übereinstimmung mit der Formel »Denken – Fühlen – Handeln«, die viele Aspekte des menschlichen Verhaltens zu erklären vermag.

Indem Sie die praktischen Übungen dieses Buches anwenden, befreien Sie sich von den negativen Reaktionen auf kritische Ereignisse oder schwierige Menschen, mit denen Sie zwangsläufig auch immer zu tun haben werden. Statt zu re-agieren, haben Sie nun das

Mittel, *Ihre kreative Imagination zu re-aktivieren*, wann immer etwas Unangenehmes in Ihrem Leben geschieht. Was Sie in Übung (7–35) getan haben, um den Streß in Energie umzuwandeln, gilt für alle Situationen, Personen und Ereignisse, die *potentiell* streßauslösend sind. Ihre kreative Imagination ist die entscheidende, befreiende Kraft, die Sie von dem gewohnten Reaktionsmuster in Zusammenhang mit schwierigen Ereignissen abbringt. Wie wir in Kapitel 7 jedoch auch gesehen haben, können Sie diese neue Reaktionsweise nicht improvisieren, sondern müssen sich diese gezielt aneignen, *bevor* Sie sie tatsächlich brauchen.

Unsere Abschiedsworte an dieser Stelle sind dieselben wie die zum Abschluß unserer Management-Seminare:

Sie können sich körperlich fit halten.

Sie können auch Ihren Verstand fit halten.

Ebenso die spirituelle Seite Ihrer Person.

Sie haben die mentalen Mittel, dies zu tun.

Werden Sie es tun?

Die Antwort auf diese Frage bestimmt *Ihr ganzes weiteres Leben*.

Natürlich sind wir der Meinung, daß Sie, wenn Sie diese Frage uneingeschränkt mit Ja beantworten, einer leichteren oder besseren Zukunft entgegensehen werden: Sie werden produktiver und sehr kreativ sein, Sie werden glücklicher und voller Lebensfreude sein. Selbst die negativen Ereignisse in Ihrem Leben werden Sie bereichern und zu Ihrem persönlichen Wachstum beitragen.

Sie haben dieses Buch bis hierher gelesen, ja durchgearbeitet, und diese Tatsache allein gibt uns die Hoffnung, daß die kreative Imagination die Qualität Ihres Lebens sowohl im beruflichen als auch im privaten Bereich verbessern wird.

Viel Erfolg!

Zusammenfassung der praktischen Übungen
(Kurzformen)

(1–1) Negative Selbstgespräche unterbinden
1. Achten Sie auf negative Selbstgespräche.
2. Analysieren Sie die negative Äußerung.
3. Können Sie irgend etwas tun, um die Quelle dieses negativen Selbstgesprächs zu beseitigen?
4. Wenn dieser Negativismus nicht gerechtfertigt ist, sollten Sie nach einer konstruktiven Äußerung zu dieser Situation suchen.
5. Sagen Sie diese konstruktive Äußerung langsam zu sich selbst, möglichst mehrfach.
6. Achten Sie darauf, wie Sie sich angesichts des Wechsels von negativen zu konstruktiven Äußerungen fühlen.

(1–2) Selbstlob (an mehreren Tagen durchführen)
1. Achten Sie auf »kleine Dinge«, die Ihnen gelingen.
2. Loben Sie sich selbst hierfür.
3. Achten Sie darauf, wie oft dies geschieht.

(1–3) Ihr glücklichster Tag (15 bis 25 Minuten)
1. Wählen Sie einen der glücklichsten Tage Ihres Lebens aus.
2. Ziehen Sie sich an einen ruhigen Ort zurück, um vor Ablenkungen und Unterbrechungen sicher zu sein.
3. Schließen Sie Ihre Augen.
4. Atmen Sie einen Teil Ihrer momentanen Anspannung einfach aus.
5. Fühlen Sie, wie Sie sich langsam entspannen.
6. Begeben Sie sich – im Geiste – zurück zu Ihrem glücklichsten Tag, und *seien Sie dort* wie in einem lebendigen Tagtraum.
7. Lassen Sie sich Zeit.
8. Fühlen Sie sich gut, während Sie diesen Tag neu erleben.

(1–4) Gewahrwerden von Mißerfolgsgedanken (MG)
(Auf der Basis der von Ihnen erstellten Liste von MG)
1. Wählen Sie einen MG aus Ihrer Liste aus.
2. Achten Sie auf alles, was Ihnen bei der Lektüre dieses MG einfällt: mentale Vorstellungen und Bilder, Erinnerungen, Gefühle und dergleichen mehr.
3. Erkennen Sie, wie gefährlich diese MG für Sie sind.

(1–5) Falschen Glaubenssätzen (FG) entgegenwirken
1. Wählen Sie – wie schon bei Übung (1–4) – einen MG aus Ihrer Liste aus.
2. Notieren Sie eine exakt gegenteilige Äußerung.
3. Sprechen Sie sich diese Äußerung langsam selbst vor.
4. Nehmen Sie an, daß diese Äußerung wahr ist.
5. Fühlen Sie sich gut mit dieser Äußerung.
6. Aktivieren Sie ihre kreative Imagination, um sich selbst in Übereinstimmung mit dieser Äußerung (handeln) zu sehen.

(2–6) Sich einen Power-Gedanken zu eigen machen
(ca. 20 Minuten)
1. Wählen Sie einen der von Ihnen notierten Power-Gedanken aus.
2. Setzen Sie sich bequem hin, atmen Sie langsam.
3. Tun Sie dies, bis Sie bemerken, daß Sie sich etwas entspannter als zuvor fühlen.
4. Stellen Sie sich *Ihren besonderen Ort* vor, und *seien Sie dort!*
5. Sprechen Sie sich den ausgewählten Power-Gedanken langsam selbst vor.
6. Fahren Sie hiermit fort, während Ihr Unterbewußtes Ihnen neue Assoziationen liefert oder diesen Power-Gedanken in ganz unerwarteter Weise mit anderen Aspekten Ihres Lebens in Verbindung bringt.
7. Notieren Sie Ihre Erfahrungen und Gefühle.

(2–7) Ungeprüfte Glaubenssätze hinterfragen
1. Wählen Sie einen der in Kapitel 2 genannten Glaubenssätze aus, der zwar allgemein akzeptiert wird, der für Sie jedoch umstritten ist.

2. Hinterfragen Sie die Begriffe, mit denen dieser Glaubenssatz formuliert wird: Ist er auf alle Personen oder Dinge dieser Kategorie anwendbar? Stützt er sich auf irgendwelche Beweise? (Und so weiter.)
3. Inwieweit beeinflußt dieser Glaubenssatz unser privates oder politisches Handeln? Hat dieser Glaubenssatz positive oder negative Auswirkungen für irgendwelche Personen?
4. Formulieren Sie das Gegenteil dieses Glaubenssatzes (beispielweise »Nicht-normal-Sein ist schön« statt »Nicht-normal-Sein ist schlecht«).
5. Stellen Sie sich vor, wie anders die Welt wäre, wenn diese gegenteilige Äußerung wahr wäre.
6. Finden Sie heraus, wie Sie sich fühlen würden, wenn diese gegenteilige Äußerung allgemein akzeptiert würde.
7. Akzeptieren Sie diese emotionale Reaktion als einen Teil von sich selbst.
8. Entscheiden Sie sich – und zwar emotional und auch ideologisch gesehen – für einen Standpunkt in bezug auf diesen Glaubenssatz.

(2-8) WAPA

1. Nehmen Sie Ihre Mißerfolgsgedanken oder Ihr negatives Denken wahr *(wahrnehmen)*.
2. Eignen Sie sich einen geeigneten Power-Gedanken an *(aneignen)*.
3. Führen Sie ein *positives Selbstgespräch* mit sich (an Ihrem besonderen Ort), und wiederholen Sie Ihren Power-Gedanken, bis Sie ihn sich gänzlich zu eigen gemacht haben.
4. Leiten Sie aus dieser Übung einen prägnanten Satz ab, den Sie sich während der folgenden Stunden wiederholt ins Gedächtnis rufen werden *(Fazit ableiten)*.

(2-9) Im Einklang mit der Natur
(Nehmen Sie sich für diese Übung einen freien Tag)
1. Verbringen Sie den Tag an einem schönen, ruhigen Ort, wo Sie Kontakt zur Natur haben.
2. Entspannen Sie sich dort, genießen Sie den Ort, reflektieren Sie sich selbst. Es gibt keine Arbeit zu erledigen, keine Verpflichtun-

gen, keine Anrufe, keine familiären Probleme. *Seien Sie einfach dort!*
3. »Ich bin Teil einer schönen Welt. Ich gehöre zu dieser Welt, so wie die Berge, die Bäume, der Fluß und das Meer.«
4. Fühlen Sie sich eins mit der Natur; schaffen Sie einen Einklang mit der Natur.
5. Notieren Sie Ihre Eindrücke, Reaktionen und Gefühle.

(2–10) Ihr Gefühl von Ehrfurcht
(Während mehrerer Tage wiederholt durchführen.)
1. Wann immer Ihnen die Natur bewußt wird (Wetter, Landschaft, Tageszeit, etc.), achten Sie auf deren Wunder, Schönheit, Würde.
2. Spüren Sie die eigene Ehrfurcht vor der Natur. Bewundern und bestaunen Sie die Natur.
3. »Was lehrt die Natur mich jetzt?«

(3–11) Das Positive finden (ca. 20 bis 30 Minuten)
1. Wählen Sie aus den vergangenen Monaten oder Jahren ein negatives Ereignis aus.
2. Verlangsamen Sie Ihre Atmung, bis Ihr Körper seinen natürlichen Rhythmus gefunden hat.
3. Spüren Sie Entspannung, Behaglichkeit und inneren Frieden.
4. Konzentrieren Sie sich ganz allgemein auf dieses schmerzliche und negative Ereignis, ohne auf Details einzugehen.
5. Achten Sie darauf, wie Ihr Körper auf diese Vorstellung von diesem negativen Ereignis aus Ihrer Vergangenheit reagiert.
6. Wenn Sie irgendeine körperliche Anspannung wahrnehmen, kehren Sie zu Punkt 2 und 3 zurück.
7. Richten Sie Ihre Aufmerksamkeit dann wiederum auf das negative Ereignis.
8. Wiederholen Sie Punkt 5, 6 und 7 so oft wie nötig. Das Ziel: Sie konzentrieren sich geistig auf das negative Ereignis, während Sie sich weiterhin entspannt und behaglich fühlen.
9. Notieren Sie, wie dieses schmerzliche, negative Ereignis Ihre persönliche Entwicklung gefördert hat und welche Lehren Sie daraus ziehen.

Anmerkung: Wenn dies mit dem zunächst gewählten Ereignis nicht funktioniert, dann versuchen Sie es mit einem anderen Ereignis aus Ihrer Lebensgeschichte.

(3–12) Die Vergangenheit verbessern
(ca. 20 bis 30 Minuten)
1. Wählen Sie ein schmerzliches Erlebnis aus Ihrer Kindheit aus.
2. Verlangsamen Sie Ihre Atmung, bis Ihr Körper seinen natürlichen Rhythmus gefunden hat.
3. Spüren Sie die Entspannung, Behaglichkeit und inneren Frieden.
4. Begeben Sie sich in die Zeit Ihrer Kindheit, und erleben Sie im Detail dieses negative Ereignis neu. Seien Sie noch einmal das erschrockene Kind, das Sie damals waren. (Brechen Sie die Erinnerung nicht ab, auch wenn sich der Schmerz dieser Erfahrung wiederholt.)
5. Stellen Sie sich vor, wie Ihr gegenwärtiges Selbst »die Bühne betritt«. Sie sind nun Kind und Erwachsener zugleich.
6. Lassen Sie Ihr Erwachsenen-Ich für Ihr Kind-Ich handeln.
7. *Fühlen* Sie die Hilfe des Erwachsenen-Ichs.
8. Von jetzt an werden Sie sich immer dann, wenn Ihnen diese Szene aus der Kindheit einfällt, auch an Ihr Erwachsenen-Ich erinnern, das Ihnen hilft. Notieren Sie sich dies in Ihrem Notizbuch.
9. Versprechen Sie sich, diese Übung so lange zu wiederholen, bis Ihnen die Vorstellung eines helfenden Erwachsenen-Ichs ganz natürlich erscheint und bei entsprechender Gelegenheit mühelos einfällt.

(3–13) Mentales Proben (ca. 30 Minuten)
1. Wählen Sie ein Ziel aus, daß Sie erreichen wollen; etwas, auf das Sie stolz wären oder das Ihnen Vergnügen machen würde.
2. Langsames, ruhiges Atmen.
3. Spürbares Zur-Ruhe-Kommen und Entspannung.
4. Tun Sie so, als wäre dieses Ziel bereits erreicht. »Sehen« Sie sich selbst vor Ihrem geistigen Auge, und zwar so detailliert wie möglich und geradezu in Zeitlupe.

5. Fühlen Sie die Freude und den Stolz, den das Erreichen des Ziels in Ihnen auslöst. Nehmen Sie sich genug Zeit, dieses Gefühl tief in sich eindringen zu lassen.
6. Sagen Sie zu sich selbst (als wäre das Ziel bereits Wirklichkeit): »Ich freue mich über mich selbst. Und ich bin stolz auf mich.«
7. Notieren Sie Kommentare und ähnliches hierzu in Ihrem Notizbuch.

(3–14) Ihr Ort für das mentale Proben (ca. 30 Minuten)
1. Wählen Sie sich etwas aus, das Sie an sich verbessern wollen.
2. Schließen Sie Ihre Augen, und denken Sie an Ihren besonderen Ort, während Sie sich auf Ihre natürliche Atmung konzentrieren.
3. Betrachten Sie alle Details, die Sie *sehen*: Schönheit, Farben, Formen, Bewegungen etc.
Prüfen Sie alles, was Sie *hören*; nehmen Sie sich Zeit hierfür.
Machen Sie sich alle *Gerüche* bewußt, die Sie wahrnehmen; nehmen Sie sich wiederum Zeit.
Spüren Sie, und zwar förmlich in Zeitlupe, wie gut Ihr Körper sich an diesem Ort *fühlt*.
4. Stellen Sie eine Verbindung her zu Ihrem inneren Ruhegefühl; verweilen Sie bei diesem Gefühl, und genießen Sie es.
5. Denken Sie an Ihren besonderen Ort, als sei dies ein mentales Laboratorium, in dem Sie Ihren Geist für persönliche Verbesserungen und Wachstum nutzen.
6. Konzentrieren Sie sich auf das Thema aus Punkt 1 der Übung.
7. Stellen Sie sich vor, Sie hätten sich bereits geändert (analog zur vorigen Übung).
8. Spüren Sie die Freude, den Stolz, die Erleichterung und das Glück, das diese Veränderung Ihnen vermittelt.
9. »Mein Ziel ist erreichbar. Ich kann dies schaffen. Ich werde die notwendigen Schritte unternehmen, die zur Erreichung dieses Ziels notwendig sind.«
10. Notieren Sie in Ihren Unterlagen, was Sie bei dieser Übung gelernt haben, und versprechen Sie, diese Übung zu wiederholen, bis Sie sich ganz wohl damit fühlen und von Ihrem Wert überzeugt sind.

(4–15) Positive Selbstachtung (ca. 30 Minuten)
1. Notieren Sie fünf persönliche Qualitäten in Form von Sätzen, die mit »Ich bin stolz auf mich, weil . . .« oder in ähnlicher Weise beginnen.
2. Tun Sie dasselbe mit fünf Leistungen, die Sie erbracht haben.
3. Erinnern Sie sich so lebendig wie möglich (als würden Sie es erneut erleben), wie Sie sich fühlten, als Sie die Leistungen unter Punkt 2 erreicht hatten. Bearbeiten Sie immer nur ein Ereignis.
4. Nehmen Sie – an Ihrem besonderen Ort – noch einmal die beiden Listen in Augenschein, und fühlen Sie sich gut bei der Lektüre dieser Dinge.
5. Schreiben Sie nieder, was Sie während dieser Übung über sich gelernt haben.

(4–16) Bewußtmachen des eigenen Wertes
(ca. 30 Minuten)
1. Fragen Sie sich: »Warum habe ich ein positives Selbstwertgefühl?« Wiederholen Sie diese Frage mehrere Male.
2. Schenken Sie den Antworten Aufmerksamkeit, die Ihnen einfallen, und erkennen Sie gegebenenfalls, wenn Sie sich selbst keinen hohen Selbstwert zuschreiben.
3. Begeben Sie sich an Ihren besonderen Ort. Nehmen Sie sich Zeit, in Ihrer Imagination wirklich dort zu sein.
4. Beantworten Sie nun – an Ihrem besonderen Ort – die Frage aus Punkt 1, indem Sie fünf Äußerungen mit »Weil ich . . .« komplettieren. (Sie müssen diese fünf Äußerungen nicht notieren.)
5. Erinnern Sie sich an *eine* der Leistungen, die Sie in der vorigen Übung genannt haben.
6. Während Sie noch an Ihrem besonderen Ort sind, konzentrieren Sie sich auf diese eine Leistung und Ihren Anteil daran. Sie verdienen Lob und Anerkennung hierfür: »Ich bin wertvoll, weil ich das geschafft habe.«
7. Verweilen Sie hierbei, bis Sie sich gut fühlen und stolz auf diese Leistung sind.
8. Wiederholen Sie: »Auch diese Leistung vermittelt mir einen positiven Selbstwert.«

9. Versprechen Sie sich, diese Übung innerhalb der nächsten Tage auch für die anderen Leistungen aus Ihrer Liste durchzuführen. Halten Sie Ihre Gedanken zur Übung schriftlich fest.

(4–17) Selbstversöhnlichkeit (ca. 30 Minuten)

1. Begeben Sie sich an Ihren Ort, um zu entspannen und Ruhe einkehren zu lassen.
2. Konzentrieren Sie sich auf ein vergangenes Ereignis, das Sie bedauern und dessentwegen Sie sich schuldig fühlen.
3. Lassen Sie das Ereignis und Ihre Rolle dabei vor Ihrem geistigen Auge ablaufen, bis es in Ihrer Vorstellung möglichst lebendig Gestalt annimmt.
4. Stellen Sie sich vor, wie Sie aus dem Ereignis »aussteigen«: Sie kehren der Situation den Rücken zu und gehen davon, langsam, aber sicher.
5. »Sehen« Sie das negative Ereignis, während Sie es immer weiter hinter sich lassen, nun aus weiter Ferne.
6. Spüren Sie, wie weit Sie sich nun von diesem negativen Ereignis entfernt haben.
7. Bedauern Sie es nun: Sie bedauern Ihren Beitrag zu dieser Situation, seien es Ihre Motive, Ihre Fehler oder Versäumnisse.
8. »Ich will dies auf keinen Fall wiederholen.« »Ich sorge dafür, daß dies niemals wieder geschehen kann.«
9. *Spüren* Sie nun, daß die Vergangenheit hinter Ihnen liegt: Sie ist nicht länger ein Teil von Ihnen.
10. »Mein zukünftiges Leben wird diese früheren Fehler wiedergutmachen.«
11. Denken Sie konkret an Dinge, die Sie gern tun würden und die sich von Ihren früheren Fehlern deutlich abheben.
12. Notieren Sie ihre Eindrücke und Entscheidungen.

(4–18) Selbstanerkennung (ca. 15 Minuten)

1. Wählen Sie eine der Leistungen aus, die Sie in der Liste aus Übung (4–15) genannt haben.
2. Nehmen Sie die Anerkennung wahr, die Ihnen hierfür durch andere zuteil wurde oder noch zuteil wird.

3. Nur Sie können jedoch wissen, was *Sie* getan haben, um Ihr Ziel zu erreichen: Ihre Gefühle, Anstrengungen, Verdienste. Es hat Sie Zeit »gekostet«, Sorgen, Geld und andere Opfer!
4. Loben Sie sich selbst für das Erreichte. Fühlen Sie sich gut dabei.
5. Verlangsamen Sie Ihr Denken, um bei all Ihren Mühen für diese Sache zu verweilen; achten Sie auf Details.
6. Fühlen Sie sich gut bei dem Gedanken an diese Leistung.
7. Schreiben sie nieder, inwieweit Ihnen diese Übung helfen konnte, sich selbst Anerkennung zu verschaffen (durch Sie selbst und nicht durch andere).

(4-19) Selbstwachstum (ca. 30 Minuten)
1. Betrachten Sie noch einmal die Charakteristika der Selbstaktualisierung in Anhang A.
2. Nehmen Sie eine Selbsteinschätzung für jedes der 15 Maslow-Charakteristika vor.
3. Bei den Eigenschaften, bei denen Sie sich ein Minus (–) gegeben haben, sollten Sie eine praktische Konsequenz für Ihr Leben in Betracht ziehen.
4. Stellen Sie sich vor, wie Sie sich in der gewünschten selbstaktualisierenden Weise verhalten. Tun Sie dies langsam und detailliert.
5. Verweilen Sie bei dieser Vorstellung, bis Sie sich wohl damit fühlen.
6. Notieren Sie Ihre Eindrücke.

(4-20) Akzeptieren der eigenen Natur
(Jeden einzelnen Teil an verschiedenen Tagen ausführen.)
A. 1. Legen Sie sich – an einem ungestörten Ort – nackt hin.
2. Entspannen Sie sich mit der bekannten Atemtechnik.
3. Denken Sie »aus historischer Sicht« an Ihren Körper:
    o Als Sie ein kleines Baby waren – mit winzigen Füßen und Händchen und Stupsnase etc. Stellen Sie sich vor, Sie wären nun ein Baby. Verweilen Sie bei diesem Gefühl.
    o Als Sie 5 oder 6 Jahre alt waren – wie sahen Sie aus, wie groß waren Sie, wie waren Ihre Haare, Ihre Stimme etc.?

Erleben Sie dieses Alter noch einmal, und achten Sie auf die Gefühle, die so entstehen.
- ○ Zu Beginn Ihrer Pubertät – das Wachstum Ihres Körpers, Ihrer Sexualorgane, das Wachstum der Körperbehaarung etc. Vollziehen Sie die eigenen Gefühle als Heranwachsender noch einmal nach.
4. Gehen Sie ohne jegliche Eile vor, erkunden Sie Ihre Gefühle, während Sie entspannt und nackt daliegen und sich Ihres Körpers bewußt sind.
5. Notieren Sie Ihre Eindrücke von dieser Übung.

B. 1. Begeben Sie sich an einen Ort, an dem Sie für eine halbe Stunde allein und vor Ablenkungen sicher sind.
2. Legen Sie sich hin, entspannen Sie sich, atmen Sie in der bekannten Weise.
3. Denken Sie »aus historischer Sicht« an Ihren Geist:
   - ○ Wie die Welt für Sie aussah, als Sie ein kleines Kind waren: Ihre Ängste, Hoffnungen, Meinungen etc. Vollziehen Sie die eigenen Gefühle als kleines Kind noch einmal nach.
   - ○ Ihr Denken als junger Erwachsener: die Veränderung Ihrer Ansichten, Ihrer Werte, Anliegen, Glaubenssätze und so weiter. Konzentrieren Sie sich auf die Gefühle, während das Gedächtnis Ihnen Ereignisse, Gesichter, Lebensumstände wiederbringt. Stellen Sie sich vor, wie Sie mit Freunden über Anliegen, Werte, Meinungen und Ideale sprechen.
   - ○ Begeben Sie sich in die Gegenwart: Denken Sie an Ihre gegenwärtige Denkweise, erkenne Sie die ganze Weite Ihres Wissens und Ihrer Lebenserfahrung. Verweilen Sie einen Augenblick bei diesen Gefühlen.
4. Notieren Sie Ihre Eindrücke von dieser Übung.

C. 1. Befreien Sie sich für eine halbe Stunde von Ihren gegenwärtigen Anliegen und Beschäftigungen. Legen Sie sich hin: Atmen sie langsam, entspannen Sie sich im ganzen Körper.
2. *Seien Sie* an Ihrem besonderen Ort.
3. Wiederholen Sie langsam: »Ich bin mehr als das, was mir vertraut ist, sowohl körperlich als auch geistig. Ich will mein spirituelles Selbst (wieder-)entdecken. Ich möchte mich mit

meiner spirituellen Natur wohl fühlen.« (Ändern Sie diese Worte bitte nach Ihren eigenen Wünschen; Ihre eigenen Worte sind gewöhnlich effektiver, den Zugang zu ihrem spirituellen Selbst zu finden.)
4. Achten Sie darauf, was Ihnen während Punkt 3 in den Sinn kommt: Gefühle, Empfindungen, Erinnerungen etc.
5. Notieren Sie abschließend Ihre Eindrücke.

(5–21)   Zwei Hemisphären (ca. 15. Minuten)
1. Lesen Sie das Problem auf Seite 120 in Kapitel 5 oder ein ähnliches Problem aus einer anderen Quelle (Zen-Rätsel sind hier besonders geeignet).
2. Achten Sie auf Ihr inneres Unbehagen oder jede andere Reaktion auf diesen intellektuellen Widerspruch innerhalb der Geschichte.
3. Erkennen Sie, wie beide Hemisphären die gleichen Informationen ganz unterschiedlich verarbeiten.
4. »Ich verarbeite eine Information zu gleicher Zeit auf zwei verschiedenen Kanälen.«
5. Notieren Sie Ihre Eindrücke von dieser Übung.

(5–22)   Logosomatik (ca. 30 Minuten)
1. *Seien Sie* an Ihrem besonderen Ort.
2. Sprechen Sie laut darüber, wie Sie sich dort fühlen: was Sie sehen, fühlen, schmecken, riechen und welche Gefühle dies in Ihnen auslöst.
3. Hören Sie sich selbst beim Sprechen zu, bis Sie sich selbst dabei wohl fühlen, ohne sich unnatürlich oder selbstaufmerksam fühlen.
4. Entspannen Sie sich für eine Weile.
5. Analysieren Sie diese Aktivität: Wie wahrheitsgemäß waren Ihre Worte hinsichtlich Ihrer Wahrnehmungen, Gefühle etc.? Gebrauchten Sie konkrete, einfach und direkte Worte?
6. Notieren Sie Ihre Eindrücke, und nehmen Sie sich vor, diese Übung an einem der nächsten Tage zu wiederholen.

(5–23) Die Menschen und Sie (ca. 30 Minuten)
1. *Seien Sie* an Ihrem besonderen Ort, bis Sie sich sehr entspannt fühlen.
2. Denken Sie an drei Menschen an Ihrem Arbeitsplatz *und* aus Ihrem Privatleben, die momentan – auf negative oder positive Weise – wichtig für Sie sind.
3. Denken Sie einzeln an jede dieser Personen, und stellen Sie sich die erste möglichst lebendig vor, als wäre auch diese Person an Ihrem besonderen Ort.
4. Gestatten Sie allen Gefühlen, die Sie dieser Person entgegenbringen (ob positiv oder negativ), zu Tage zu treten.
5. Sprechen Sie laut aus, was Sie dieser Person gegenüber emfpfinden.
6. Hören Sie sich selbst zu, während Sie dies aussprechen.
7. Wiederholen Sie die Punkte 3 bis 6, bis Ihre Worte das ausdrücken, was Sie empfinden.
8. Wiederholen Sie die Punkte 3 bis 7 auch mit den anderen beiden Personen.
9. Notieren Sie Ihre Eindrücke von dieser Übung.

(5–24) Nichtverbale Zeichen
(15 Minuten für jeden der beiden Übungsteile)
A. 1. Schalten Sie den Fernseher ein – am besten ist eine Talk-Show –, ohne jedoch den Ton anzustellen.
2. Achten Sie auf Körperhaltung, Gesten, Gesichtsausdruck und Augenbewegungen der Sprechenden.
3. Wie interpretieren Sie dieses nichtverbale Verhalten?
4. Wiederholen Sie diese Übung drei Mal, bevor Sie mit Teil B beginnen.
5. Falls nötig, machen Sie sich Notizen zu dieser Übung.
B. 1. Stellen Sie sich alleine vor einen Spiegel.
2. Sprechen Sie laut Ihre Pläne für den heutigen Tag aus.
3. Achten Sie auf Ihr nichtverbales Verhalten: Ist Ihre Ausdrucksweise mit Ihren Intentionen, Gefühlen und Meinungen kongruent?
4. Wiederholen Sie Punkt 1 und 3 in Teil B so oft wie Ihrer

Meinung nach notwendig, bis eine Kongruenz zwischen Äußerung und Ausdrucksweise erreicht ist.
5. Notieren Sie Ihre Eindrücke.

(6–25) Das Vertrauen des Teams einschätzen
(ca. 60 Minuten)
1. Schreiben Sie die Namen Ihrer Mitarbeiter auf.
2. Schätzen Sie jeden Mitarbeiter auf den folgenden Skalen ein (die die vier Elemente des Vertrauens beinhalten); bewerten Sie schließlich auch sich selbst.

		Integrität	
I	Ehrlichkeit		(−) 1 2 3 4 5 (+)
II	Zuverlässigkeit		(−) 1 2 3 4 5 (+)
III	Streben nach hervorragenden Leistungen		(−) 1 2 3 4 5 (+)
IV	Teamarbeit		(−) 1 2 3 4 5 (+)
V	Moral und Charakter		(−) 1 2 3 4 5 (+)
		Loyalität	
VI	Sich gegenseitig unterstützen		(−) 1 2 3 4 5 (+)
VII	Sich aufeinander verlassen		(−) 1 2 3 4 5 (+)
VIII	Sich konsistent verhalten		(−) 1 2 3 4 5 (+)
IX	Loyalität gegenüber den Teamaufgaben		(−) 1 2 3 4 5 (+)
X	Gegenseitiger Respekt		(−) 1 2 3 4 5 (+)
		Kommunikation	
XI	Die Freiheit, Ideen zu äußern		(−) 1 2 3 4 5 (+)
XII	Toleranz gegenüber den Ideen anderer		(−) 1 2 3 4 5 (+)
XIII	Feedback geben		(−) 1 2 3 4 5 (+)
XIV	Feedback erhalten und anwenden		(−) 1 2 3 4 5 (+)
XV	Netzwerke aktivieren		(−) 1 2 3 4 5 (+)
		Gemeinsame Visionen	
XVI	Streben nach den Zielen des Teams		(−) 1 2 3 4 5 (+)
XVII	Stolz auf die Teamarbeit sein		(−) 1 2 3 4 5 (+)
XVIII	Dem Teamerfolg verpflichtet sein		(−) 1 2 3 4 5 (+)
XIX	Visionen bereichern		(−) 1 2 3 4 5 (+)
XX	Verantwortung für Ziele des Teams		(−) 1 2 3 4 5 (+)

3. Betrachten Sie Ihre Einschätzungen, und analysieren Sie unter diesem Eindruck Ihre Gefühle gegenüber jedem Mitarbeiter. Gehen Sie hierbei langsam vor.
4. Seien Sie ehrlich mit sich selbst: »Kann ich etwas tun, um das Vertrauen innerhalb meines Teams zu vergrößern?« Denken Sie an ganz konkrete Dinge, die Sie tun können und auch tun werden.
5. Schreiben Sie Ihre Entscheidungen in Ihr Notizbuch.

(6–26) Vertrauen erfahren
(ca. 10 Minuten pro Mitarbeitern)

Anmerkung: Ziehen Sie pro Sitzung nur zwei bis drei Mitarbeiter in Betracht. Wiederholen Sie die Übung so lange, bis Sie alle Ihre Mitarbeiter eingeschätzt haben.

1. Nehmen Sie noch einmal die Liste Ihrer Mitarbeiter aus der vorigen Übung sowie die dort erstellten Einschätzungen zur Hand.
2. Stellen Sie sich jeweils eine Person vor.
3. »Welche Gefühle hege ich wirklich für diese Person?«
4. Wiederholen Sie Punkt 3, bis Sie sich hierüber völlig im klaren und Ihre Gefühle real sind.
5. Entspannen Sie sich, während Sie sich diese Person weiterhin vorstellen.
6. »Vertraue ich dieser Person wirklich?« »In welcher Beziehung?«
7. Wiederholen Sie Punkt 6, bis Sie sich Ihrer Reaktion gänzlich sicher sind.
8. Notieren Sie Ihre Eindrücke.

(6–27) Ihre Vivencia (ca. 30 Minuten)

1. Denken Sie möglichst konkret an eines der Ziele Ihres Teams.
2. Entspannen Sie sich mit der bekannten Atemtechnik.
3. Stellen Sie sich möglichst lebhaft vor, *wie Sie und Ihre Mitarbeiter dieses Ziel bereits erreicht haben.*
4. Betrachten Sie Ihre Bemühungen für diesen Erfolg möglichst detailliert, *als wären diese Bemühungen Wirklichkeit.*
5. Erfahren Sie wirklich die damit verbundenen Gefühle.

6. Beobachten Sie Ihre physische Reaktion auf diesen Erfolg.
7. Hören Sie sich selbst sagen: »Ich habe dieses Ziel erreicht und fühle mich großartig. Mein Team hat dieses Ziel erreicht, und ich freue mich sehr.«
8. Bewahren Sie sich diese Erfahrung – Ihre *Vivencia*!
9. Nach dieser Übung sollten Sie dieses Ziel noch einmal rational bewerten. Achten Sie auf die Unterschiede zwischen Ihren Anschauungen vor und nach der Übung.
10. Formulieren Sie Ihre Eindrücke auch schriftlich.

(6–28) Eine gemeinsame Vision

Diese Übung stellt eine Anwendung der vorigen Übung auf Ihr Team dar. Führen Sie Ihr Team durch die einzelnen Schritte dieser Übung. Entnehmen Sie dem Text Seite 158 die näheren Einzelheiten.

(6–29) Feedback und Offenheit
(während einer ca. einstündigen Mitarbeiterbesprechung)

1. Kündigen Sie Ihren Mitarbeitern eine besondere Besprechung an, z. B. »um unsere Zusammenarbeit zu verbessern«.
2. Erklären Sie *kurz* die Konzepte des Feedbacks und der Offenheit (siehe Text, Seite 161).
3. Bitten Sie jeden Mitarbeiter, eine Eigenschaft eines anderen Mitarbeiters zu benennen, die diesem vermutlich nicht bewußt sein dürfte.
4. Bitten Sie diese »Zielperson«, darauf einzugehen.
5. Tun Sie dies, bis jeder Mitarbeiter einmal Feedback erhalten hat.
6. Wiederholen Sie die Punkte 3 bis 5 ein zweites Mal, damit sich jeder bei diesem Austauschprozeß wohl fühlt.
7. Bitten Sie um allgemeine Reaktionen auf diese Übung.

(6–29/B) *Eine alternative Vorgehensweise zu Feedback und Offenheit*

1. Versammeln Sie Ihre Mitarbeiter.
2. Bitten Sie jeden einzeln, die Äußerung »Ich respektiere Dich/Sie, weil . . .« für ein Teammitglied seiner Wahl zu vervollständigen.

3. Bitten Sie die »Zielpersonen«, auf dieses Feedback zu reagieren.
4. Stellen Sie sicher, daß jeder Mitarbeiter einmal ein Feedback erhält.
5. Bitten Sie Ihr Team um eine Diskussion zu dieser Übung.

(6–30) In die Zukunft
(Vor allem dann geeignet, wenn in naher Zukunft Veränderungen anstehen.)
1. Versammeln Sie Ihre Mitarbeiter.
2. Erläutern Sie die anstehenden Veränderungen.
3. Geben Sie jedem Mitarbeiter Gelegenheit, darauf zu reagieren und Fragen zu stellen.
4. Leiten Sie Ihre Mitarbeiter durch die Entspannungsübung: atmen, um sich zu entspannen; Anspannungen loslassen und ausatmen.
5. Bitten Sie Ihre Mitarbeiter, ihre kreative Imagination zu gebrauchen und sich selbst in die Zukunft zu projizieren: um dort zu sein und die Auswirkungen dieser Veränderungen zu erfahren, um zu sehen, wie man sich diesen Änderungen anpassen kann, und um sich die möglichen Vorteile klarzumachen. (Siehe Skript in Kapitel 6, Seite 164 f.).
6. Diskutieren Sie erneut diese Veränderungen.
7. Achten Sie auf Veränderungen in den Reaktionen, die sich zwischen Punkt 3 und der jetzigen Situation ergeben haben.

(6–31) Mentales Lernen
1. An Ihrem besonderen Ort: Sie entspannen sich und kommen zur Ruhe.
2. Konzentrieren Sie sich auf eine besonders lästige oder schwierige Person in Ihrem Umfeld.
3. Konzentrieren Sie sich darauf, wie diese Person sich verhält, wenn Sie es besonders ärgerlich finden. Lassen Sie sich Zeit!
4. Erkennen und erfahren Sie Ihre negativen Reaktionen und Gefühle: Nehmen Sie sich Zeit, diesen Negativismus zu *fühlen*.
5. Achten Sie darauf, wie Sie gerne auf diesen Menschen reagieren *würden*.

6. Verwerfen Sie Punkt 5, und stellen Sie sich möglichst lebendig vor, wie Sie eine freundliche, kontrollierte Konfrontation mit dieser Person suchen: »Ich finde nicht gut, was Sie taten/ sagten/nicht getan haben.«
7. Stellen Sie sich vor, wie Sie die Ruhe bewahren, auch wenn Ihr Gegenüber ärgerlich wird oder sich auf unakzeptable Weise verhält.
8. Seien Sie zufrieden mit Ihrer *neuen* Reaktion auf diesen Menschen, *der nicht länger die Macht hat, Ihr Wohlbefinden zu beeinträchtigen.*
9. Erkennen Sie Ihre Macht, solche neuen Verhaltensweisen zu erlernen.
10. Notieren Sie Ihre Erfahrungen mit dieser Übung.

(6–32) Ihre Führungsrolle

1. Wählen Sie sich einen Power-Gedanken aus (siehe Kapitel 6).
2. *Seien Sie* an Ihrem besonderen Ort!
3. Wiederholen Sie dort *langsam* Ihren Power-Gedanken.
4. Während Sie dies tun, lassen Sie alle möglichen Assoziationen, Bilder, Gedanken, Ängste und Hoffnungen in Ihr Bewußtsein treten.
5. Konzentrieren Sie sich nun auf die Mitarbeiter in Ihrem Team, während Sie Ihren Power-Gedanken weiterhin »im Kopf behalten«.
6. Fahren Sie hiermit fort, bis Sie den Eindruck haben, eine positive Erfahrung zu machen.
7. Machen Sie sich einige schriftliche Notizen zu dieser Übung.

(7–33) Das Ausmaß Ihrer Produktivität

1. Verwenden Sie den Fragebogen auf Seite 182 f. in Kapitel 7, und nehmen Sie eine Selbsteinschätzung vor.
2. Reflektieren Sie die Lehren dieses Fragebogens:
Balance der Bedürfnisse
Verschiedene Rollen in Ihrem Leben
Sie sind *nicht* machtlos
Sie sind auf andere Menschen angewiesen

Ihre Werte: Was ist wichtig in Ihrem Leben?
Das Abenteuer des Lebens
Wechselseitige Abhängigkeit
Mentale Stärke, um die Realität zu »transformieren«
3. Notieren Sie Ihre Schlußfolgerungen.

(7–34) Streßpunkte

1. Verwenden Sie den Fragebogen auf Seite 185 in Kapitel 7.
2. Bilden Sie eine Rangfolge für die Streßauslöser in Ihrem Leben (von den schlimmsten bis zu den leichten Streßauslösern).
3. Betrachten Sie eine der schlimmsten Streßsituationen, um diese zu analysieren: Was sagen Sie sich selbst bezüglich solcher Situationen, so daß Sie diese vielleicht noch verschlimmern?
4. Ihre Selbstgespräche in bezug auf diesen Streßauslöser und die damit einhergehenden Gefühle sind eine negative Selbsthypnose.
5. »Ich kann meine Selbstgespräche ändern!«
6. Führen Sie sich noch einmal die Situation aus Punkt 3 vor Augen, um daran etwas Konstruktives oder zumindest etwas weniger Negatives zu entdecken.
7. Finden Sie daraufhin eine Möglichkeit, etwas anderes zu sich selbst zu sagen und so Ihr Selbstgespräch zu ändern.
8. Proben Sie – vor Ihrem geistigen Auge – die *neue* Reaktion auf diese Situation.
9. Generalisieren Sie: Was Sie im obigen Fall getan haben, können Sie auch in (fast) allen anderen Streßsituationen tun.
10. Halten Sie Ihre Gedanken zu dieser Übung schriftlich fest.

(7–35) Streß in Energie

1. Identifizieren Sie eine Streßsituation.
2. Zwingen Sie sich zu lächeln, bis Sie sich mit diesem Lächeln wohl fühlen.
3. Senden Sie eine positive Nachricht an sich selbst.
4. Gebrauchen Sie nun Ihre kreative Imagination, um dieser Streßsituation zu entfliehen.

5. Achten Sie darauf, wie Ihr Körper hierauf reagiert. Nehmen Sie eventuell einen tiefen Atemzug.
6. Stellen Sie sich vor, wie das streßauslösende Ereignis sich in weiter Ferne verliert und von Ihnen abfällt.
7. Kehren Sie zu ihrer gegenwärtigen Aktivität zurück.

(7–36)　»Innergie«-Programm

A. *Täglich*
1. Nutzen Sie sogenannte »verlorene Augenblicke«, um »Streß in Energie« anzuwenden.
2. Nutzen Sie Ihren »letzten Gedanken« vor dem Einschlafen, indem Sie ihn bewußt in eine positive, aufbauende Richtung lenken.
3. Denken Sie in Ihren »kostbaren Augenblicken« daran, daß Sie auch »mentalen Müll« bewußt loswerden können.
4. Nutzen Sie Ihre täglichen Fahrten zum Arbeitsplatz und nach Hause, indem Sie sich die Möglichkeiten der »Streß in Energie«-Übung bewußt machen.

B. *Wöchentlich*
Nehmen Sie sich mindestens einmal pro Woche eine Stunde Zeit, sich auf sich selbst zu konzentrieren und innere Ruhe zu suchen.

C. *Monatlich*
Nehmen Sie sich einmal im Monat Zeit, Ihre Notizen, die Sie sich im Laufe der Übungen gemacht haben, durchzugehen.

(7–37)　Zeitrahmen
1. Begeben Sie sich an Ihren besonderen Ort.
2. Schauen Sie auf die Uhr, wie spät es ist.
3. »Was habe ich gestern um diese Zeit getan?«
»Was habe ich vor einer Woche (einem Jahr, fünf Jahren, etc.) getan?«
4. Lassen Sie zu, daß Ihr Gedächtnis Ihnen Bruchstücke der Vergangenheit wiederbringt.
5. Denken Sie darüber nach, wie Sie in der Vergangenheit mit der Zeit umgegangen sind.

6. Versuchen Sie herauszufinden, welche Auffassung von Zeit Sie früher hatten.
7. Denken Sie über Ihr jetziges Alter nach: Wie haben Sie vor 10 oder 20 Jahren über dieses Alter gedacht?
8. Versuchen Sie sich zu erinnern, welche Erwartungen Sie an sich hatten und was Sie zu erreichen hofften, als Sie ein junger Mensch waren.
9. Betrachten Sie nun die Zukunft: »Wo werde ich nächstes Jahr um diese Zeit vermutlich sein (oder in 5 Jahren; in 10 Jahren)?«
10. Entspannen Sie sich, während Ihr Inneres die Frage in Punkt 9 langsam Gestalt annehmen läßt.
11. Ergründen Sie Ihre Gefühle in bezug auf die Zeit und Ihre persönliche Zeiterfahrung. Gehen Sie hierbei langsam vor.
12. »Wie kann ich jede Minute meines Lebens mehr genießen?«
13. Verweilen Sie einige Augenblicke bei Punkt 12, bis Sie mit dem Ergebnis zufrieden sind.
14. Machen Sie sich einige persönliche Notizen zu dieser Übung.

(7–38) Mentale Konzentration (mindestens 30 Minuten)

1. Finden Sie ein natürliches Objekt (ein schöner Stein oder eine schöne Muschel, eine Blume, eine brennende Kerze).
2. Ziehen Sie sich mit diesem Gegenstand an einen stillen Ort zurück.
3. Entspannen Sie sich, nutzen Sie Ihre Atmung hierzu, wie Sie es schon getan haben.
4. Betrachten Sie das Objekt, das Sie ausgewählt haben.
5. Versuchen Sie, die Schönheit dieses Objektes in seiner Ganzheit zu erfassen.
6. Betrachten Sie es, und genießen Sie den Anblick.
7. Konzentrieren Sie sich nun auf Details, die Ihnen vielleicht auffallen.
8. Bewundern Sie deren Schönheit und Rätselhaftigkeit.
9. Lassen Sie Ihre gesamte Aufmerksamkeit von diesem Objekt absorbieren, als wären Sie eins mit dem Objekt.
10. Denken Sie nicht länger rational über dieses Objekt nach,

sondern seien Sie einfach da, eins mit dem Objekt, gänzlich absorbiert.
11. Fühlen Sie seine Gegenwärtigkeit in sich: Seien Sie eins mit ihm.
12. Machen Sie Notizen zu dieser Übung.
13. Wiederholen Sie diese Übung während der nächsten Tage noch mindestens zwei Mal.

(7–39)   Hohe Produktivität verwirklichen
(Innerhalb von 7 bis 10 Tagen durchzuführen)
1. Vervollständigen Sie die Äußerungen in Kapitel 7, Seite 203 f.
2. Stellen Sie sich möglichst lebhaft und detailliert vor, wie Sie die dort beschriebenen Aktivitäten ausführen. Nehmen Sie sich hierfür wirklich hinreichend Zeit.
3. Schreiben Sie genau auf, was Sie tun wollen, um gänzlich produktiv zu werden. Vermeiden Sie Gemeinplätze, sondern versuchen Sie, möglichst konkrete Handlungen und Ziele zu formulieren.

(8–40)   Ihr kreatives Selbst
1. Beantworten Sie die 10 Äußerungen in Kapitel 8, Seite 208 f.
2. Betrachten Sie – jeweils einzeln – jede Ihrer Nein-Antworten, und proben Sie mit Hilfe Ihrer Imaginationsfähigkeit jene Aktivitäten, die Sie bislang nicht hinreichend beherrschen.
3. Verweilen Sie bei dieser mentalen Probe, bis Sie sich gut dabei fühlen, das zu tun, was Sie in Punkt 1 der Übung verneint haben.
4. Legen Sie genau fest, wann Sie das tun werden, was Sie jetzt geprobt haben.
5. Halten Sie diesen Termin in Ihrem Notizbuch fest.

(8–41)   Nichtkreativität
1. Notieren Sie einige der falschen Glaubenssätze, die Ihrer Kreativität im Wege stehen.
2. Betrachten Sie einen dieser falschen Glaubenssätze, und stellen Sie sich möglichst lebhaft vor, einmal das Gegenteil zu glauben.
3. Stellen Sie sich selbst vor, wie Sie in Übereinstimmung mit

diesem »neuen« Glaubenssatz handeln, der in Widerspruch zu Ihrem falschen Glaubenssatz steht.
4. Stellen Sie sich so klar wie möglich vor, wie Ihre Mitarbeiter und Kollegen auf diese neue Anschauung und das entsprechende Verhalten reagieren werden.
5. »Erfahren« Sie Ihre eigenen Gefühle in bezug auf diese Reaktionen der Personen aus Ihrem Arbeitsumfeld.
6. Entscheiden Sie sich, ob Sie Ihrem alten Glaubenssatz treu bleiben oder diesen neuen akzeptieren wollen.
7. Tun Sie dasselbe für jeden Ihrer falschen Glaubenssätze, der Ihre Kreativität bremst.

(8–42) Kreatives Problemlösen
1. Wählen Sie ein Problem aus, das Sie in der näheren Zukunft lösen müssen.
2. Definieren Sie dieses Problem in möglichst klarer Weise schriftlich.
3. Finden Sie ein Symbol für dieses Problem: »Es ist wie ...« Wiederholen Sie diesen Satzanfang so lange, bis Sie ein Ihnen geeignet erscheinendes Symbol gefunden haben.
4. Bringen Sie sich auch in diesem Symbol unter (z. B. »Dieses Problem ist wie ein tiefer Wald, in dem ich mich verirrt habe«).
5. Benutzen Sie Ihre Imagination, um sich diese Szene so detailliert wie möglich vorzustellen (z. B. »Ich habe mich verirrt, es ist heiß, mich plagen Insekten; ich habe Angst vor Schlangen und giftigen Pflanzen« usw.).
6. Achten Sie auf Ihre Gefühle.
7. Stellen Sie sich vor, wie Sie Hilfe bekommen (seien Sie kreativ!).
8. Verweilen Sie innerhalb der Szene aus Punkt 4 und 6, und achten Sie auf die Details dieser »Hilfe«, die das Blatt zum Guten wendet.
9. Kehren Sie zum logischen Denken zurück: Wie hängen Symbol und Problem zusammen? Wie verhält sich diese Hilfe innerhalb des symbolischen Problems zu einer möglichen Hilfe in meinem wirklichen Problem? Welche Einsichten über mein Pro-

blem und dessen mögliche Lösung vermittelt mir mein Symbol?
10. Notieren Sie alle neuen Ideen zu diesem Problem.

(8–43) Kreative Imagination

1. Halten Sie den Gedanken fest, der Ihnen gerade (genau in diesem Augenblick) durch den Kopf geht, oder erinnern Sie sich an den letzten Gedanken, der Ihnen vor kurzem durch den Kopf ging.
2. Stellen Sie sich vor, wie Sie diesen Gedanken beibehalten und nicht mehr loslassen.
3. Entspannen Sie sich in der bekannten Weise.
4. Langsam: In welchem Teil meines Körpers fühle ich diesen Gedanken? In welcher Weise berührt mich dieser Gedanke? (Verbinden Sie den Gedanken mit einer Farbe, mit Licht oder Dunkelheit, einem Klang, einer Empfindung): Ist mein Gedanke wie ein unbelebtes Objekt oder wie etwas Lebendiges? Bezieht er sich auf die Zukunft oder auf Vergangenes? (Und so weiter.)
5. Während Sie weiter entspannt sind, konzentrieren Sie sich nun auf diesen Gedanken, nicht in einer intellektuellen, sondern in der experimentellen Art wie unter Punkt 4.
6. Verweilen Sie bei dieser mentalen Aktivität, bis Sie sich wohl damit fühlen.
7. Analysieren Sie nun Ihren Gedanken, und prüfen Sie, ob diese Übung ihn in irgendeiner Weise verändert hat.
8. Stellen Sie sich mit Hilfe des mentalen Probens vor, wozu dieser Gedanke Sie veranlassen wird.
9. Halten Sie Ihre Reaktion schriftlich fest.

(8–44) Ihr inneres Genie (ca. 30 Minuten)

1. Erinnern Sie sich daran, daß Ihr Gehirn alles verarbeitet und speichert, was Sie je erfahren haben, ob bewußt oder unbewußt, und zwar schon seit vor Ihrer Geburt.
2. Atmen Sie ruhig, bis Sie sich am ganzen Körper entspannt fühlen.

3. »Ich werde einen selbstinduzierten Tagtraum genießen.«
4. Stellen Sie sich eine mentale Kinoleinwand vor, und seien Sie bereit für eine Geschichte, eine Folge von Ereignissen, Erinnerungen oder Vorstellungen, die Ihnen wichtig sind.
5. Betrachten Sie vor Ihrem geistigen Auge diese Kinoleinwand, ohne Eile, und warten Sie auf den »Film«.
6. Wenn dieser »Film« nicht gleich beginnt, konzentrieren Sie sich noch einmal auf die Entspannung.
7. Schauen Sie sich die Bilder vor Ihrem geistigen Auge an. Analysieren Sie diese Bilder nicht, versuchen Sie noch keine Interpretation.
8. Warten Sie, bis diese Bilder vorübergezogen sind, während Sie sich weiter entspannt fühlen.
9. Notieren Sie, was Sie erfahren und gelernt haben. Jetzt können Sie beginnen, diesen induzierten Tagtraum zu analysieren.

(8–45) Ihr Held

1. Wählen Sie einen »Helden« – jemanden, den Sie bewundern und als Vorbild und Ideal für sich selbst annehmen können.
2. Entspannen Sie sich langsam, fühlen Sie sich gut.
3. Stellen Sie sich Ihr Vorbild lebendig in einer realen Situation vor, in der Sie diesem Menschen begegnen.
4. Hören Sie Ihr Vorbild sagen, daß es die Rolle annimmt, die Sie ihm zuweisen: Diese Person akzeptiert, Ihr Held zu sein.
5. Stellen Sie sich vor, wie Sie mit Ihrem Vorbild sprechen und erläutern, warum Sie es bewundern, warum Sie diesem Vorbild gerne gleichen würden.
6. Prüfen Sie, in welcher Beziehung Sie diesem Vorbild ähnlich sind und welche Merkmale Sie sich gerne aneignen würden.
7. Notieren Sie Ihre Eindrücke.

Anmerkung:

I. Ihr besonderer Ort ist möglicherweise ein geeigneter Ort, dieses Treffen stattfinden zu lassen.
II. Diese Übung ist auch umkehrbar: Ihr Vorbild gibt Ihnen Ratschläge und sagt Ihnen etwas Wichtiges; Sie wiederum können Fragen stellen, Probleme aufwerfen und die Antworten abwarten.

(9–46) Ihre Durchblutung (beim ersten Mal ca. 60 Minuten)
1. An Ihrem besonderen Ort: Sie entspannen sich und kommen zur Ruhe; Sie achten auf alle angenehmen Details.
2. Denken Sie an Ihre Nase. Berühren Sie sie nicht. Bemerken Sie, wie sensibel sie wird, vor allem an der Spitze. Fühlen Sie die Luft – um Ihre Nase herum sowie die hinein- und herausströmende Luft.
3. Fühlen Sie sich wohl, und seien Sie stolz auf sich: Sie haben sich unter Kontrolle. Kraft Ihrer Gedanken wird Ihre Nase sensibel, Sie kontrollieren Ihre Durchblutung.
4. Konzentrieren Sie sich nun auf Ihre Zunge, und gehen Sie vor wie unter Punkt 2 und 3.
5. Fördern Sie schließlich die Durchblutung Ihrer Hände: Ihr Herz pumpt das Blut in Ihre Hände – das Blut bewegt sich vom Herzen zu den Händen und gibt Ihnen Leben und Energie.
6. Beginnen Sie, die Wärme Ihrer Hände zu spüren.
7. Fühlen Sie sich glücklich und zufrieden, daß Sie Ihren Körper durch Ihre Gedanken beeinflussen können, während Ihre Hände weiterhin wärmer werden.
8. Wiederholen Sie diese Übung während der nächsten Tage.
9. Formulieren Sie schriftlich einige Ihrer Eindrücke von dieser Übung.

Anmerkung: Unter Punkt 5 können Sie folgendes hinzufügen: Stellen Sie sich Ihre Hände an einer Feuerstelle oder einer anderen Wärmequelle vor. Fühlen Sie, wie gut Ihnen die Wärme tut.

(9–47) Ihr Energiehaushalt
A. Wenn Sie sich erschöpft fühlen, ohne krank zu sein.
1. Erklären Sie Ihre Erschöpfung als ein Zeichen Ihrer Heilungskräfte: Ihr Körper beginnt den natürlichen Erholungsprozeß.
2. »Welcher Teil meines Körpers fühlt sich nach wie vor wohl und nicht erschöpft?«
3. Konzentrieren Sie sich auf diesen Teil Ihres Körpers, und stellen Sie sich vor, wie das Wohlbehagen dieser Körperregion sich langsam und mit jedem Atemzug ausbreitet.

4. »Ich habe schon oft spüren können, wie die Energie in meinen Körper zurückkehrt. Mein Körper kann sich selbst wieder heilen.«
5. Verweilen Sie einige Augenblicke bei Punkt 3 und 4, bis Sie sich in körperlicher und geistiger Hinsicht besser fühlen.
6. Kehren Sie zu Ihren ursprünglichen Aktivitäten zurück, erfrischt und mit neuer Kraft.

B. Wenn Sie ein Ereignis oder eine Interaktion mit einer Person erwarten, die viel Energie erfordern.
1. Konzentrieren Sie sich auf Ihre natürlichen Selbstheilungskräfte.
2. »Sehen« Sie diese Kräfte als eine brillante Energie, beruhigend und kraftvoll. »Hören« Sie einen entsprechenden Klang, »riechen« Sie entsprechende Düfte.
3. Fühlen Sie die heilsamen Kräfte in Ihrem Körper: Wo lassen diese sich lokalisieren?
4. »Ich weiß, daß ich all die Energie bekommen kann, die ich brauche« (in schwierigen Situationen oder in schwierigen Angelegenheiten). »Ich glaube an die Heilungskräfte meines Körpers – sie werden mir im entscheidenen Moment die nötige Energie geben.«
5. Begeben Sie sich – ausgestattet mit diesem Glaubenssatz – in diese schwierige Situation.
6. Schreiben Sie später auf, inwieweit diese Übung Ihnen geholfen hat.

(9–48) Ihre inneren Heilungskräfte
1. An Ihrem besonderen Ort: Sie entspannen sich und kommen zur Ruhe; Sie achten auf alle angenehmen Details.
2. Erinnern Sie sich daran, daß Ihre Heilungskräfte in diesem Augenblick in Ihrem Körper am Werke sind.
3. Stellen Sie sich diese Kräfte vor; »hören« Sie diese Energie, »riechen« Sie ihre Anwesenheit.
4. Fühlen Sie diese heilsamen Kräfte in unterschiedlichen Körperregionen, von den Fingerspitzen bis in die Zehen.
5. Denken Sie mit jedem Atemzug an Wellen heilender Energie:

Empfinden Sie diese Wellen als heilsam, »hören« Sie ihren Klang, »sehen« Sie ihre Bewegung, ihre Farbe usw.
6. Seien Sie für jegliche Empfindungen offen, während Sie an die machtvolle Energie in Ihrem Leben denken.
7. Ihre Selbstheilungskräfte heilen jedes Organ, das Gewebe und die Zellen, die diese Energie benötigen. Sie ermöglichen jedem Organ und jeder Zelle ein optimales Funktionieren.
8. Betrachten Sie in Gedanken Ihre inneren Organe (Herz, Lunge, Gehirn, Leber usw.), und stellen Sie sich Ihre Selbstheilungskräfte vor, wie diese hier am Werke sind.
9. Entspannen Sie sich wenn möglich noch mehr, während Sie an diese Selbstheilungskräfte denken.
10. Wiederholen Sie langsam, bis Sie die Realität dieser Aussagen spüren: »Ja zum Leben! Ja zu meinen eigenen Selbstheilungskräften.«
11. Schreiben Sie Ihre Eindrücke auf.

(9–49) Respekt für den eigenen Körper
1. Seien Sie an Ihrem besonderen Ort, stellen Sie sich diesen Ort so lebendig wie möglich vor.
2. Konzentrieren Sie sich auf Ihren lebendigen Körper: alle Prozesse und Vorgänge, die dort in jedem einzelnen Organ stattfinden und in den unzähligen Zellen: »Das Leben ist in mir am Werke.«
3. Konzentrieren Sie sich nun auf eine einzelne Aktivität in Ihrem Körper (die Lunge, das Herz oder was auch immer): Beobachten Sie diese Aktivität in lebendigen Farben, mit entsprechenden Empfindungen und Geräuschen.
4. Konzentrieren Sie sich auf Ihr Gehirn, aus dem all die Kommandos kommen, die dies geschehen lassen: Bewundern Sie, was da geschieht, diese rätselhaften Prozesse des Lebens.
5. Lieben Sie Ihren Körper: »Ich liebe meinen Körper. Ich möchte, daß er bleibt. Ich möchte die Gesetze respektieren, denen mein Körper unterliegt. Ich möchte gut auf ihn achtgeben und mich um sein Wohl kümmern.«
6. Betrachten Sie nun die Bereiche in Ihrem Leben, die Sie zum

Wohl Ihres Körpers verbessern können: essen, schlafen, trainieren, rauchen, Alkohol trinken usw.
7. Wiederholen Sie das Versprechen aus der vorigen Übung: »Ja zu dem Leben in mir. Ja zu meinen Selbstheilungskräften.«
8. Notieren Sie einige der Dinge, die Sie in dieser Übung gelernt haben.

(9–50) Symptome als Warnzeichen
1. Achten Sie auf ein bestimmtes Symptom: normale Kopfschmerzen, ein Muskelschmerz, die frühen Stadien einer Erkältung usw.
2. Entspannen Sie sich, indem Sie sich – an Ihrem besonderen Ort – auf Ihre Atmung konzentrieren.
3. Konzentrieren Sie sich auf Ihr Symptom, und spüren Sie das entsprechende Unbehagen.
4. Stellen Sie sich eine 10-Punkte-Skala vor (mit 10 als größtmöglichem Unbehagen), und achten Sie darauf, welche Zahl Ihnen das Ausmaß Ihres Unbehagens in diesem Augenblick am ehesten wiederzugeben scheint.
5. »Ich freue mich über dieses Zeichen meines Körpers. Es ist ein Teil von mir. Ich möchte gerne wissen, ob diesem Symptom eine Bedeutung zukommt.«
6. »Was sagt dieses Symptom mir?« »Ist dieses Symptom eine Nachricht aus meinem Unbewußten?«
7. Seien Sie für jede mögliche Antwort offen.
8. »Ich will dieses Symptom nutzen, um etwas zu lernen.«
9. Wenn Sie keine Antwort finden, sagen Sie: »Ich freue mich auf eine Antwort (zu Punkt 6), und zwar zu jeder Zeit, ob tagsüber oder im Schlaf.«
10. Prüfen Sie noch einmal die 10-Punkte-Skala aus Punkt 4.
11. Machen Sie sich einige schriftliche Notizen.

(9–51) Erfolgsdenken
1. An Ihrem besonderen Ort: Sie entspannen sich und kommen zur Ruhe; Sie achten auf alle angenehmen Details.
2. Erinnern Sie sich nun an das letzte Mal in den vergangenen

Wochen, wann Sie sich sehr schwungvoll und energiegeladen gefühlt haben.
3. Erleben Sie diese Zeit ganz konkret noch einmal, ziehen Sie alle Umstände in Betracht (Ort, Mitmenschen, Tageszeit, Umstände etc.).
4. Erleben Sie diese Lebensenergie als einen Fluß oder eine Kraft, die jede Zelle in Ihnen neu belebt.
5. Lassen Sie diese Energie kraft Ihrer Imagination Farbe und Gestalt annehmen.
6. »Dies ist meine Realität. Ich habe diese Kraft und Energie. Ich will, daß sich alle Widerstände in mir nun auflösen, so daß meine Lebensenergie frei fließen kann.«
7. Fühlen Sie, wie alle Widerstände sich auflösen und dahinschmelzen.
8. »Erfolg bedeutet für meinen Körper Energie und Vitalität.« Wiederholen Sie diesen Satz langsam für sich selbst.
9. Halten Sie die Bereiche, in denen Sie Ihre Gesundheit besser fördern können, schriftlich fest: Eine gute Balance zwischen Arbeit und Ruhe und Vergnügen ist für die eigene Gesundheit essentiell.

(10–52) Ihre Eigenschaften als Führungspersönlichkeit (ca. 45 Minuten)

1. Denken Sie an jemanden, den Sie für eine echte Führungspersönlichkeit halten.
2. Schätzen Sie diese Führungspersönlichkeit auf einer 10-Punkte-Skala hinsichtlich der in Kapitel 10 Seite 275 genannten Merkmale ein.
3. Schätzen Sie auch sich selbst auf dieser Skala ein.
4. Achten Sie auf die Merkmale, bei denen mindestens ein 3-Punkte-Unterschied zwischen Ihnen und Ihrer idealen Führungspersönlichkeit besteht.
5. Überlegen Sie, wie Sie sich hinsichtlich dieser Merkmale verbessern könnten.
6. Stellen Sie sich vor, wie Sie diese Merkmale in Verhalten umsetzen. Lassen Sie sich Zeit, um vor Ihrem geistigen Auge

jedes Detail zu erkennen, das Ihnen hilft, die gewünschten Eigenschaften Ihres Vorbildes zu entwickeln.
7. Verweilen Sie einen Augenblick bei dieser kreativen Imagination, als wäre dies im Moment die einzig wahre Realität für Sie.
8. Zeichnen Sie Ihre Gefühle, Eindrücke und Reaktionen auf.

(10–53)   Die Warnzeichen

1. Entspannen Sie sich für eine Weile an Ihrem besonderen Ort.
2. Stellen Sie sich einen Cartoon vor, in dem Sie sich zu Ihren Mitarbeitern wie der *Feigling* verhalten: Hören Sie Ihre Stimme, achten Sie auf Ihre Haltung, Ihre Gestik, Ihre Antworten auf Kommentare und so weiter.
3. Stellen Sie fest, welche Eigenschaften des *Feiglings* Sie an sich identifizieren können. Vergegenwärtigen Sie sich, wie Sie sich als *Feigling* fühlen.
4. Weisen Sie diesen Führungsstil zurück: »Ich werde niemals ein solcher Vorgesetzter sein.«
5. Tun Sie dasselbe mit dem *Super-Kontrolleur*.
6. Tun Sie dasselbe mit dem *Schnüffler*.
7. Tun Sie dasselbe mit dem *Sklaventreiber*.
8. Notieren Sie die Warnzeichen, die Sie während dieser Imagination an sich entdeckt haben.
9. Machen Sie sich genau bewußt, welche Verhaltensweisen Sie im Umgang mit Mitarbeitern vermeiden sollten, um sich Ihrem Führungsideal anzunähern.

(10–54)   Positive Verstärkung (+V)

1. An Ihrem besonderen Ort: Sie entspannen sich und kommen zur Ruhe.
2. Betrachten Sie noch einmal die drei letzten Tage: Mit welchen Menschen hatten Sie zu tun?
3. Wählen Sie aus diesen Personen drei Menschen aus.
4. Analysieren Sie, wie Sie in einer konkreten Situation +V eingesetzt haben. Wie ernst war es Ihnen damit? Welche Motive hatten Sie?
5. Untersuchen Sie sorgfältig jeden Fall.

6. Schreiben Sie auf, was Sie hierbei über Ihre Anwendung von +V gelernt haben.
7. Analysieren Sie nun die +V, die Sie in den vergangenen Tagen oder Wochen erhalten haben.
8. Erleben Sie – wie in Zeitlupe – noch einmal diese Situationen, und vergegenwärtigen Sie sich Ihre Gefühle hierbei: Wie haben Sie reagiert? Was haben Sie gedacht? Welche Erinnerungen hatten Sie?
9. Überdenken Sie die Vorteile von +V.
10. Halten Sie Ihre Eindrücke schriftlich fest.

(10–55) Die Spiele, die Sie spielen (mindestens 1 Stunde)

1. Lassen Sie sich einige Augenblicke Zeit, um zur Ruhe zu kommen und sich physisch zu entspannen. Tun Sie dies, wenn Sie wollen, auch an Ihrem besonderen Ort. Verlassen Sie die tägliche Routine, um sich auf Ihr persönliches Wachstum zu konzentrieren.
2. Denken Sie an die Menschen, mit denen Sie an Ihrem Arbeitsplatz am meisten zu tun haben. Stellen Sie sich diese vor, als seien sie anwesend.
3. Erinnern Sie sich an ein oder zwei Dinge in Zusammenhang mit den Interaktionen mit Ihren Mitarbeitern, *die zu Ihrem Bedauern immer wieder passieren*: Mißverständnisse, Fehler, Energieverschwendung, Zeitverschwendung etc.
4. Wählen Sie eines dieser wiederkehrenden Verhaltensmuster aus, und analysieren Sie die einzelnen Schritte auf dem Weg dorthin. Lassen Sie sich Zeit, und achten Sie auf alle nur denkbaren Details bei diesen Ereignissen.
5. Notieren Sie, was Sie gelernt haben.
6. Fragen Sie sich, *wie Sie sich fühlen*, wenn diese Ereignissequenz wieder in die frustrierende Situation geführt hat.
7. Analysieren Sie, inwieweit Sie möglicherweise eine der drei klassischen Spiele-Rollen übernehmen (*Opfer, Strafender, Retter*).
8. Notieren Sie, was Sie hierbei feststellen.
9. »Könnte ich in irgendeiner Weise anders handeln und somit

dieses Spiel vermeiden?« »Was würde passieren, wenn ich statt X einmal Y oder Z versuchen würde?«
10. Stellen Sie sich vor, wie Sie in Einklang mit dem unter Punkt 9 Gesagten anders handeln könnten. Führen Sie diese Vorstellung in Zeitlupe durch.
11. Schreiben Sie auf, wie Sie sich in Zukunft verhalten möchten.

(10–56) Führungspersönlichkeit bestimmen
(3 Teile von etwa 45 Minuten Dauer)
1. Nehmen Sie anhand der folgenden Skala – aus Ihrer eigenen Perspektive – eine Selbsteinschätzung vor.
2. Versuchen Sie nun, sich aus der Sicht Ihrer Mitarbeiter einzuschätzen.
3. Versuchen Sie schließlich, sich aus der Sicht Ihrer Vorgesetzten einzuschätzen.

Passiv
   Feigling   –100 %   0   +100 %   Förderer

Väterlich
   Super-Kontrolleur –100 %   0   +100 %   Leiter

Einschränkend
   Schnüffler   –100 %   0   +100 %   Gesetzeshüter

Aktiv
   Sklaventreiber   –100 %   0   +100 %   Vorbild

4. Nachdem Sie diese Einschätzungen vorgenommen haben, fragen Sie einen Freund, dem Sie vertrauen, nach seiner Reaktion auf Ihre Einschätzung.
5. Finden Sie heraus, bei welchen Eigenschaften Sie sich in Richtung der positiven Skalenseite verbessern sollten. Denken Sie dabei ganz konkret an die Mitarbeiter, mit denen Sie täglich zu tun haben.
6. Entscheiden Sie sich, in der nächsten Woche im Einklang mit Punkt 5 zu handeln und nach Ablauf dieser Zeit Ihren Fortschritt einzuschätzen.
7. Stellen Sie sich ganz lebendig vor, daß Sie die Führungspersönlichkeit sind, die Sie sein können. Seien Sie hierbei möglichst

konkret, doch nehmen Sie sich Zeit, Ihren »besseren Stil« mental zu erproben.
8. Notieren Sie, was Sie ändern und verbessern wollen.

(10–57) Die ideale Führungspersönlichkeit
(2–3 Sitzungen à 20 Minuten)
1. Schreiben Sie 10 Sätze in Ihr Notizbuch, die so beginnen: »Die ideale Führungspersönlichkeit sollte...«
2. Entspannen Sie sich eine Weile, wie Sie es während der anderen Übungen schon oft getan haben.
3. Lesen Sie den ersten Satz aus Punkt 1, und lassen Sie Assoziationen, Erinnerungen, Gefühle usw. aus Ihrem Unbewußten aufsteigen. Nehmen Sie sich hierzu Zeit; konzentrieren Sie sich.
4. Entspannen Sie sich eine Weile, wenn Sie den ersten Satz, wie unter Punkt 3 erklärt, innerlich durchlebt haben.
5. Stellen Sie sich vor, Sie wären die Führungspersönlichkeit, die Sie beschrieben haben. Genießen Sie diese Vorstellung.
6. Tun Sie dasselbe für mindestens 4 der übrigen 9 Sätze.
7. Machen Sie sich Notizen zu dieser Übung.

(58) Werden Sie, was Sie denken
1. Lesen Sie das Skript auf Seite 305 ff. im Kapitel »Schlußfolgerungen«, um sich damit vertraut zu machen.
2. Lesen Sie dieses Skript dann laut, und nehmen Sie Ihre Stimme auf Tonband auf.
3. Stellen Sie – in jeder Hinsicht – eine gute Qualität dieser Aufnahme sicher.
4. Halten Sie dieses Band bereit, um es *jederzeit* verfügbar zu haben, wenn Sie sich einen Power-Gedanken zu eigen machen oder bestärken wollen.

Anhang A:
Selbstwachstum

(Ein Überblick über die 15 von Maslow vorgeschlagenen Dimensionen der Selbstaktualisierung; anzuwenden bei Übung 4–19, Kapitel 4.)

Anweisung zur Selbsteinschätzung:
−2 praktisch niemals (oder weniger als 25 Prozent der Zeit)
−1 gelegentlich (zwischen 25 und 50 Prozent der Zeit)
 0 häufiger (mindestens 50 Prozent der Zeit)
+1 meistens (mindestens 75 Prozent der Zeit)
+2 fast immer (mindestens 90 Prozent der Zeit)

Zutreffende Wahrnehmung der Realität
Ich bin in der Lage, eine angemessene Unterscheidung zwischen der Realität und möglichen Täuschungen zu treffen und Fakten von Meinungen zu trennen. Ich bin darauf bedacht, aus neuen, unbekannten oder zunächst seltsamen Ereignissen zu lernen. Ich bin nicht in meinem Denken festgefahren oder von einer Idee besessen.
                                    −2 −1 0 +1 +2

Akzeptieren der eigenen Person und Akzeptieren anderer Personen
Ich akzeptiere meinen Körper und seine Funktionen; ich respektiere meine körperlichen Bedürfnisse und kümmere mich um sie. Ich schätze meine persönlichen Stärken. Ich toleriere andererseits auch Schwächen – bei mir selbst und bei anderen. Ich neige nicht dazu, alles sofort zu beurteilen. Ich verfüge über das, was man Seelenfrieden nennt. Ich weiß, daß ich für mein Handeln verantwortlich bin.
                                    −2 −1 0 +1 +2

Natürlichkeit
Ich handle überwiegend aus eigenem Antrieb und nicht aufgrund irgendeines äußeren Zwangs. Ich bin mir meiner Gefühle bewußt

und kann diese mit anderen Personen teilen, die mir wichtig sind.
Ich bin an meinem persönlichen Wachstum und an der Weiterentwicklung meiner Person interessiert. Ich bin fähig, die einfachen Freuden des Lebens zu genießen. −2 −1 0 +1 +2

Zielorientierung
Ich bin in der Lage, mich auch auf Probleme außerhalb der eigenen Person einzulassen. Ich bin aufgaben- und zielorientiert. Ich bin in der Lage, auch die Bedürfnisse anderer Menschen zu beachten und zu respektieren. Ich gehe meinen Weg, ohne allzusehr darauf zu achten, was andere Menschen nun darüber denken. Ich bin an wichtigen philosophischen Fragen interessiert. Ich bin nicht nur mit mir selbst beschäftigt. −2 −1 0 +1 +2

Privatheit
Ich genieße es mehr als andere Menschen, allein zu sein. Ich vertraue dem eigenen Urteil. Ich motiviere mich selbst. Ich denke gerne. Ich behandle andere Menschen mit dem nötigen Respekt.
−2 −1 0 +1 +2

Autonomie
Ich brauche keine soziale Bestätigung für meine Präferenzen und Entscheidungen. Ich bin kein Sklave von materiellen Annehmlichkeiten und Belohnungen. Ich bewahre meinen Seelenfrieden auch in schlechten Zeiten. −2 −1 0 +1 +2

Erstaunen
Ich entdecke auch in altgewohnten, vertrauten Dingen etwas Neues. Ich verfüge über die Fähigkeit, zu staunen. Ich langweile mich nicht. Ich bin in der Lage, in den meisten Dingen etwas Schönes zu entdecken. Ich freue mich an meinem eigenen Selbst und konzentriere mich insbesondere auf das Positive.
−2 −1 0 +1 +2

Grenzerfahrungen
Ich bin offen für intensive innere Erfahrungen, die das, was mir vertraut ist, und meine gewöhnliche Wahrnehmung von Zeit und Raum transzendieren. Auf diese Weise wird meine Person – das eigene Denken, Fühlen und Handeln – bereichert.

−2 −1 0 +1 +2

Gemeinschaftsgefühl
Ich habe ein Empfinden für die Tatsache, daß die gesamte Menschheit »eine Familie« ist. Ich kann die Unterschiede, die zwischen den Menschen bestehen, tolerieren und verstehen und gegebenenfalls sogar vergeben. Ich weiß und spüre, daß ich Teil dieser menschlichen Familie bin.

−2 −1 0 +1 +2

Intimität
Es gibt einige wenige Menschen, denen ich vertraue und denen ich mich nahe fühle; ich vertraue der Freundschaft und Liebe dieser Menschen.

−2 −1 0 +1 +2

Demokratischer Charakter
Ich glaube an die Würde anderer Menschen, und zwar unabhängig von den Unterschieden zwischen den Menschen und eher auf der Grundlage der inneren – charakterlichen – Werte eines Menschen als auf der Basis von bloßen Äußerlichkeiten. Ich glaube an die Rechte des anderen als Menschen.

−2 −1 0 +1 +2

Ethik
Auf der Grundlage eines eindeutigen moralischen Standards habe ich einen genauen Begriff davon, was richtig und was falsch ist, und ich versuche ganz bewußt, danach zu handeln.

−2 −1 0 +1 +2

Humor
Ich nehme mich selbst nicht zu ernst und kann auch über mich selbst lachen. Ich mache keine Scherze auf Kosten von anderen Personen. Ein gewisses spielerisches Element ist Teil meines Lebens.

−2 −1 0 +1 +2

Kreativität
Ich genieße es, neue Dinge auszuprobieren und nach neuen Möglichkeiten Ausschau zu halten. Ich verfüge über einen wachen Verstand und kann auch in alltäglichen Situationen die Welt wie ein staunendes Kind betrachten, ohne mich dabei allzusehr um die Reaktionen anderer Menschen zu kümmern.

−2   −1   0   +1   +2

Individualität
Ich bin unabhängig von sinnlosen kulturellen Beschränkungen und Vorurteilen. Ich vermeide einengende nationale oder ethnische Vorurteile.

−2   −1   0   +1   +2

Anhang B
Eine historische Anmerkung

Die kreative Imagination stellt eine praktische Anwendung der »neuen Hypnose« dar. Wir haben diese neue Hypnose kurz erwähnt, als von dem Unterschied zwischen traditioneller Hypnose einerseits und ihrer modernen Variante andererseits gesprochen wurde. Durch die langjährige Arbeit zweier Amerikaner, die auf verschiedenen Wegen schließlich zu denselben Schlußfolgerungen gelangten, wissen wir, daß viele Elemente und Techniken der traditionellen Hypnose überflüssig sind. Der andersartige Bewußtseinszustand, der als »Hypnose« bezeichnet wird, läßt sich auch auf sehr einfache und natürliche Weise erreichen. Diese beiden Wissenschaftler sind Prof. Milton H. Erickson, der Anfang der 80er Jahre starb, und Prof. T. X. Barber, der noch immer aktiv an der Erforschung und Anwendung der Hypnose arbeitet.

Prof. Erickson arbeitete überwiegend als Psychiater und beschäftigte sich anwendungsorientiert mit einer Vielzahl von medizinischen und psychologischen Problemen, während Prof. Barber sich ursprünglich mit der experimentellen Analyse des Phänomens der Hypnose beschäftigte (und zwar im Versuchslabor), um erst nach einigen Jahren der Forschung eine Reihe von sogenannten »hypnosuggestiven Verfahren« vorzuschlagen, die die alten und überkommenen Hypnose-Rituale auf die Anwendung der grundlegenden Prinzipien der Hynose reduzieren sollten.

Der Begriff »kreative Imagination« ist nur ein anderer Name für die Anwendung der neuen Hypnose im Bereich des Managements. Die Idee für eine solche spezifische Anwendung liegt mehr als hundert Jahre zurück – sie kam beim Ersten Internationalen Kongreß der Hypnose in Paris im Jahre 1889 auf. In den vorauslaufenden Jahren hatte sich die sogenannte Pariser Schule (am Hospital Salpetriére) gegen die Annahmen einer anderen französischen Schule verwahrt (deren Vertreter überwiegend in Nancy arbeiteten), denen zufolge die Hypnose ein sehr natürlicher mentaler Zustand war, der mit den Begriffen Suggestion und Selbstsuggestion angemessener beschrieben sei als mit der üblichen klinischen Begrifflichkeit.

Jahrelang war die Pariser Schule dominierend gewesen, und auch die medizinische und psychologische Forschung hatte sich an deren Lehren orientiert. In den fünfziger Jahren dieses Jahrhunderts begann jedoch Prof. Sarbin, diese Lehrmeinungen über die Natur der Hypnose mehr und mehr in Frage zu stellen. Prof. Barber, der ein Schüler Sarbins war, versammelte in Amerika eine Reihe von Wissenschaftlern um sich, die das Werk von Sarbin fortsetzten.

Etwa zur gleichen Zeit arbeitete auch der Psychiater Erickson – ein extrem kreativer Mensch – an verschiedenen Anwendungen der Hypnose, die von dem traditionellen Vorgehen abwichen. Er entwickelte eine Vielzahl effektiver Methoden, um Menschen mit ganz unterschiedlichen psychologischen Problemen zu helfen.

Sowohl Erickson als auch Barber publizierten zahlreiche Beiträge in Fachzeitschriften. Diese Arbeiten wurden Mitte der 80er Jahre von Araoz gebündelt und in einem Band zusammengefaßt: »The New Hypnosis« (dt.: »Die neue Hypnose«, Paderborn 1990).

Was die Anhänger der Schule von Nancy bereits Ende des letzten Jahrhunderts gelehrt hatten, erwies sich als der Wahrheit sehr nahe – sehr viel näher an der Wahrheit als die Anschauungen der traditionellen Hypnose-Lehre der Pariser Schule. Als die Anhänger der Schule von Nancy sich endgültig von den Lehrmeinungen der traditionellen Hypnose verabschiedeten und den Kampf mit diesen ihrer Meinung nach abwegigen Vorstellungen aufnahmen, nannten sie sich – unter der Führung des Arztes und Psychiaters Baudouin – »Die Neue Schule von Nancy«. Ihnen zu Ehren wurde die Bezeichnung »neue Hypnose« gewählt.

Die Herausforderung, der sich Erickson und Barber stellten, bestand darin, die Prinzipien der Hypnose auf viele Situationen des Lebens zu übertragen und verschiedene hypnotische Techniken zu entwickeln. In ganz ähnlicher Weise und in der Absicht, eine generelle Idee auf ein bestimmtes Feld zu übertragen, entstand auch das Konzept der Power-Gedanken und der kreativen Imagination. Wir (Dr. Sutton und Dr. Araoz) haben seit Jahren mit Führungskräften zusammengearbeitet und in diesem Kontext die verschiedenen hypnotischen Methoden, die in diesem Buch vorgestellt werden, angewandt. Als die ECON-Verlagsgruppe anregte, diese Erfahrungen in dem hier vorliegenden Buch niederzuschreiben, haben wir dies zum Anlaß genommen, unsere Ansichten über die neue Hypnose neu zu ordnen und zusammenzufassen, um so die praktischen Anwendungen, die wir im Bereich der Managemententwicklung und in bezug auf die Arbeit von Führungspersönlichkeiten sehen, weiterzugeben.

Wir haben uns wiederholt von der Effektivität dieses Ansatzes überzeugen können, und wir glauben, daß unsere Fähigkeit, experimentell zu denken, ein wichtiger Faktor im Arbeitsleben und in der Führung von Mitarbeitern ist. Zur sorgfältigen Betrachtung und Verbesserung der Bereiche Selbstachtung, Kommunikation, Teamgestaltung, Produktivität, Kreativität, Energie und Gesundheit, die in diesem Buch behandelt werden, sollten Sie lernen, die Funktionen der rechten Gehirnhemisphäre zu nutzen, ein experimentelles Denken zu entwickeln – so daß Sie schließlich so vertraut mit diesem neuen Denken werden, daß Sie diese Fähigkeit auch an die Menschen weitergeben können, die für Sie arbeiten.

Empfohlene Literatur

Araoz, Daniel L.: Die neue Hypnose. Paderborn 1990
Cousins, Norman: Der Arzt in uns selbst. Reinbek 1984
Drucker, Peter: Die Chance des Unternehmers. Düsseldorf 1987 – Innovations-Management für Wirtschaft und Politik. Düsseldorf 1985 – Neue Realitäten. Weltwandel für Politik, Wirtschaft und Gesellschaft. Düsseldorf 1989 – Neue Wirtschaftswende; Tendenzen für die Zukunft. Düsseldorf 1984
Ellis, Albert: Die rational-emotive Therapie. Pfeiffer 1982 – Training der Gefühle. München 1990
Erickson, Milton H.: Hypnose: Induktion – psychotherapeutische Anwendung – Beispiele. München 1991
Erickson/Dr. Rossi, Ernest: Der Februar-Mann. Paderborn 1991 – Hypnotherapie. Aufbau – Beispiele – Forschung. München 1989
Haefele, Walter: Systemische Organisationsentwicklung. Frankfurt–Bern–New York 1990
Watzlawick, Paul: Anleitung zum Unglücklichsein. München–Zürich 1990 – Die Möglichkeit zum Anderssein. Bern–Stuttgart–Toronto 1991 – Münchhausens Zopf oder die Psychotherapie und Wirklichkeit. Bern–Stuttgart–Toronto 1988 – Vom Schlechten des Guten oder Hekates Lösungen. München–Zürich 1990 – Wie wirklich ist die Wirklichkeit? München–Zürich 1990
Watzlawick/Beavin, John H./Jackson, D. D.: Menschliche Kommunikation. Formen, Störungen, Paradoxien. Bern–Stuttgart–Toronto 1991
Watzlawick/Kreuzer, Franz: Die Unsicherheit unserer Wirklichkeit. Ein Gespräch über den Konstruktivismus. München–Zürich 1991
Watzlawick/Weakland, John H./Fisch, Richard: Lösungen. Zur Theorie und Praxis des menschlichen Seins. Bern–Stuttgart–Toronto 1991

Personen- und Sachregister

Abia, Jorge 117
Agoraphobie 88
Aha-Erlebnis 220
Aktivität, mentale 219, 239, 251, 269
–, nicht aktive 311
–, physische 310
–, kleine 26
–, kognitive 16
–, psychologische 16
Akupunktur 255
Akzeptieren 103
– der eigenen Natur 107–114
– von Ideen 15
Alexander der Große 235
Alles-oder-Nichts-Schema 31
Änderung der Geisteshaltung 212 f.
– der Vergangenheit 77 ff.
Anpassungsfähigkeit 203
Anspannung 164 f.
Aquin, Thomas von 293
Arbeit, mentale 84
Arbeitsatmosphäre 177
Arbeitsmoral 154, 268
–, geringe 13
–, mangelnde 281
Arroganz 62
Assoziation 223, 235
Atheismus 60
Atmung 81

Atmungsmuster, gesteuerte 251
Aufmerksamkeit 142
Aufrichtigkeit 128 f., 178
Ausdauer 203
Austauschverhältnis 280
Ausmaß der Produktivität 182 ff.
Autonomie 103, 106

Barber, Dr. T. X. 241
Bedürfnis, spirituelles 110 f.
Befriedigung am Arbeitsplatz 288
Belange, körperliche 108
Beschäftigung, exzessive 312
Bewegung, ökologische 69
Bewußtmachen des eigenen Wertes 95 f.
Blake, Robert 272
Blickkontakt 141
Blutdruck 241, 258
-kreislauf 246
Bohr, Nils 67
Booth, H. C. 217
Brainstorming 221
Buddha 85
Buddhismus 68, 124, 297

Campoamor, Ramon de 17
Casanova 44
Charakter 151

–, demokratischer   104
Charakterfestigkeit   178
Charakteristika der Selbst-
  aktualisierung   103 f.
–, sexuelle   108
Cicero   233
Coaching   174, 176
Columbus, Christoph   211,
  227
Corpus callosum   117
Cousins, Dr. Normann   43,
  241

Darwin, Charles   227
»Das kenne ich schon«-Ein-
  stellung   297
Definition des Managements
  279 f.
Denken, experimentelles   60
–, kreatives   57, 216
–, negatives   240
–, ungeprüftes   64
Denken – Fühlen – Handeln
  283, 315
Depression   241, 284
Descartes   17
Don Juan   44 f.
Druckersches Konzept der
  Führung   272
Drucker, Peter   180, 271, 273
Durchblutung   245 ff., 268
Durchhaltevermögen   151, 262,
  266

Effektivität   41, 159, 161, 175,
  178, 181 f., 227, 267, 310
Effizienz, zeitliche   203
Egozentrismus   67
Ehrlichkeit   128 f., 151

Eigenschaften als Führungs-
  persönlichkeit   274 f.
Eingebungen, spontane   113
Einstein, Albert   42 f., 67, 227,
  235
Einstellung, mentale   308
Elemente des Vertrauens
  150–153, 159
Emerson, Ralph Waldo   277
Empfängnisverhütung   210
Energie   9, 12, 14, 158, 239 f.,
  247–250, 253, 260, 262,
  265 ff., 270, 280 f., 311
-haushalt   247 f., 250
Engstirnigkeit   57
Enthusiasmus   144
Entspannung   75 ff., 164 f., 263,
  309
Erfahrung, negative   74 f., 80
Erfolgsdenken   265 f.
Erikson, Milton H.   234
Erleuchtung   219 f.
Erschöpfung   248, 253, 256
Erstaunen   103
Ethik   104
Exzesse   108, 260

Fähigkeit zu Grenzerfahrungen
  103
Faktor, menschlicher   281
Familienleben   11
Feedback   56, 160 ff., 179 f., 268,
  276 f.
Fernsehen   259
Flucht-Bild   189
Ford, Henry   34
Franklin, Benjamin   227
Frustration   241, 296
Führungsanspruch   272

-fähigkeit 276
-persönlichkeit 38, 53, 220,
 271–276, 278–283, 285,
 287 ff., 291, 293 ff., 297 ff.
-politik 283
-qualität 276, 286, 294, 299
-rolle 179
-stärke 274
-stil 297
–, effektiver 179
Funktionen der Führung 273,
 279

Galilei, Galileo 227
Galton, Sir Francis 222
Gandhi, Mahatma 235
Gedankenexperiment 37, 58
Gefühl der Ehrfurcht 71
Gefühle, negative 315
–, subjektive 10
Gegenwartsbezogenheit 202 f.
Gehirn 9 f., 15 f., 22 f.,
 116–119, 188, 227, 238, 248 f.,
 253, 256
Geist, unbewußter 16, 23
Geisteshaltung, neue 55
–, offene 56
Gemeinschaftsgefühl 104
Generalisierung 123
Genie, inneres 227, 231
Gesundheit 9, 12, 14, 18 f., 41,
 239 f., 244, 256–260, 265 ff.,
 269 f., 280 f., 310 f.
–, mentale 93, 287 ff.
Gesundheits- und Fitneßwelle
 252
Gier 67
GIGO-Abfolge (Garbage In,
 Garbage Out) 65

Glaubenssätze 35, 58 ff.
–, falsche 31–46, 49 f., 53–56,
 85, 111 f., 203, 210, 212, 280
–, neue 53
Glaubenssystem 43
Goethe, Johann Wolfgang von 17
Grabenkämpfe 133
Großhirnhemisphären 116–121,
 124, 157, 215 f., 219 f., 223,
 237, 249, 251 f., 309
Gruppeninteraktion 168–171,
 174
-übung 158
-dynamik 149, 167

Haefele, John W. 224, 227
Halo-Effekt 44
Hannibal 235
Heilen, eniatrisches 261 f.
Heilungskräfte, innere 248,
 252 f., 256, 261, 268
Heisenbergsche Unschärfe-
 Relation 66 f.
Heisenberg, Werner 42, 66 f.
Helden 235 ff.
Hemisphärendominanz 249,
 252
Herzinfarkt 312, 314 f.
Hilflosigkeit 283 f.
Hinduismus 9, 251
Hirnanhangdrüse 256
Homer 235
Hormone 256 f.
Hormonsystem 245
Humor 30, 104, 187, 238,
 256–259
Hygiene, mentale 65, 259
Hyper-performance 181
Hypnose 27–30, 39

–, neue 27 ff.
–, traditionelle 27 f., 255, 265
Hypnotisierbarkeit 28
Hypothalamus 245

Ideen, kreativitätsfeindliche 211
Im-Einklang-mit-der-Natur-
   Sein 68–71
Imagination 10 ff., 15 ff., 19,
   27 ff., 37, 58, 78, 80, 82, 109,
   163, 214, 217, 310
–, kreative 11 f., 19, 39, 79,
   105 f., 189, 213, 223, 227,
   238 f., 265, 275, 277, 279, 298,
   301, 309, 312, 315 f.
Immunsystem 19, 240, 254
Implikationen, praktische 50
Individualität 104
Informationsverarbeitung 120
Inkompetenz 46
Inkongruenz 257
Inkubation 219
Innergie-Programm 190, 192,
   308
Input, kognitiver 61 f.
Inspiration 216
Integrität 150 f., 153, 159, 178
Intelligenz 10 ff., 15, 17, 29
Interaktionen 295
Interpendenz 280
Interventionen 285 f.
Intimität 104

Ja-aber-Denken 80
Jesus 234
Joi de vivre (Lebensfreude) 87

King, Martin Luther 211, 235
Klopfer, Dr. Bruno 242

Kommunikation 9–15, 50, 70,
   115 f., 119, 121–124, 137–147,
   150, 152 f., 159, 178, 280 f.
–, effektive 137 ff., 144, 146
–, gute 128, 138, 145, 147
–, ineffektive 172
–, interpersonelle 124, 137 ff.,
   140, 142
–, nichtkongruente 135 f.
–, schlechte 129
–, verbale 115
Kommunikationsfilter 122 ff.
Konflikt, innerer 284 f.
Konfrontation, direkte 171, 173
–, freundliche 168
Kongruenz 125–128, 135, 137
Konversation 115
Konzentration 75, 80 f.,
   198–202
Konzentrationsfähigkeit 198,
   200, 202
-mangel 197
Konzept der Führung 271,
   288
Kräfte, mentale 244
–, psychologische 73
Krankheit 18 f., 252
Krankheitssymptome 262–265
Kreatives Selbst 208 f., 222
Kreativität 9 f., 12–15, 104, 106,
   187, 207–217, 220–227,
   234 ff., 238, 257, 280 ff., 311
Kreativitätsprogramm 238
Krebs 43, 242 f.
Kritik 179
Kushel, Dr. 11, 182

Lachen 256 ff.
Lao Tsu 67

Lebensenergie 252 f.
-erwartung 250
Leib-Seele-Interaktion 255
Logik 10 f.
Logosomatik 125 f.
Loyalität 150–153, 159, 178

Macht, persönliche 203
Management 9, 11, 13 f., 22, 27, 44, 56, 59, 67, 129, 137, 207, 220 f., 239 f., 271 ff., 278 ff., 283, 287, 289, 294, 301, 312
-Effektivität 181 f.
Manager-Verhaltensgitter »Grid« 273
Managertypen, ineffektive 129–136, 277 f., 294 f., 298
Marketing 21, 282
Maslowsches Konzept 103
Maslow, A. H. 103, 272
Mechanismen, physiologische 245
Menschenverstand, gesunder 250, 283
Mentale Konzentration 198 ff.
Mentales Lernen 172 f.
– Proben 80–83, 85 f., 88 f., 105, 166, 172, 223, 315
Merkmale einer kreativen Gesellschaft 226
Michelangelo 211
Milton, John 17
Mißerfolgsgedanken 25, 31–36, 39 ff., 85, 94, 111, 184, 203, 239, 280
Monroe, Marilyn 45
Moral 151
Motivation 218 f., 272

–, verborgene 291, 295
Mundgeruchsphäre 160

Natürlichkeit 103
Negativismus 24 f., 39, 291
Nervensystem, autonomes 245
Nichtkreativität 210 ff.
Nonkonformisten 59

Objektivität 124, 211
Ödipus 42
-Komplex 45
-Syndrom 32, 45
Oech, Roger von 215
Offenheit 160 ff.
Optimismus 203
Ordnung, innere 191
Organisation 219
Orgasmus 220
Orientierung, sexuelle 233
Output 61 f.

Persönlichkeit, kreative 224 f.
Phänomene, medizinische 241
Philosophie 30
Physik, moderne 67 f.
Picasso, Pablo 211
PIPO-Abfolge (Positive In, Positive Out) 65
Plazebo-Effekt 245
Poesie 30
Power-Gedanken 19, 37 f., 40 f., 49–55, 57, 62–68, 159, 174 ff., 178 f., 180 f., 196, 199, 235, 256, 258, 265, 301, 313
Privatheit 103
Privatleben 11 f., 15
Problemlösen, kreatives 214 f.
Produktionsplanung 21

Produktivität 9, 12 ff., 18, 129, 165, 175, 181–184, 200–205, 267, 280 f., 294, 308, 310
Produktivität verwirklichen, Volle 203 ff.
Programm zur Selbststeigerung 302 ff.
Programmieren, neurolinguistisches 122
Prophezeiungen 42–45
Prozesse, eniatrische 239
–, physiologische 245
Prozeß, kreativer 218–221
Psychoanalyse 45 f.
Psychobiologie des seelischen Heilens 241
Psychologie 287
–, humanistische 234
Psychoneuro-Immunologie 239
Psychotiker 45
Pubertät 108
Pünktlichkeit 142

Rationalität 293 ff.
Reaktion, emotionale 18
Realität, innere 308
Realitäten, neue 16 f.
Religion 55 f., 60 f.
REM-Phasen 249
Respekt für den eigenen Körper 260 f.
Ressourcen, innere 74
Reziprozität 280
Rhythmus, körperlicher 249 ff.
Rollenspiele 292 f.
Rossi, Dr. Ernest L. 241, 250 f., 263
Rückmeldung, somatische 242

Sarkasmus 105
Schaffenskraft 14
Schaffung einer Zielsetzung 159
Scheidung 91
Schönheit 30
Schuldzuweisung 284
Schwangerschaft 211
Schweitzer, Albert 235
Schwierigkeiten, sexuelle 247
Science Fiction 9
Selbstachtung 14, 92–95, 102, 280
–, positive 93 ff.
-aktualisierung 102 f., 105, 107
-anerkennung 99–102
-befreiung 76
-betrug, kreativer 79
-bild, negatives 93
-disziplin 105
-einschätzung 104, 107, 152 f.
-entwicklung 105, 304
–, kontinuierliche 102
-gespräch, inneres 21 f.
–, negatives 25, 91 f.
–, positives 65 f.
-gespräche 39
-heilungskräfte 253, 255 f., 261 f., 302, 314
-hypnose, negative 22 f., 25 ff., 29 f., 39, 88, 91, 101, 186 f., 239, 241, 252, 254, 256
-liebe 92, 187
-lob 26
-mitleid 100
-offenbarung 128, 179
-sicherheit 296
-suggestion 245
-täuschung 69
-versöhnlichkeit 96 ff., 100

-verteidigung, psychologische 132, 141
-wachstum 102 ff., 107
-wert 10, 13, 19, 44, 50, 111, 113 f.
-zentrierung 315
-zuschreibung 44
Selektion 122 f.
Sexualität 41, 211
Sexualleben 311
Shakespeare, William 17
Signale, semantische 242
Sorge um die Belegschaft 15
Sozialisation 24
Stern, Laurence 151
Steuerung des Blutkreislaufs, gedankliche 241, 246 f.
Streß 164 f., 184–193, 199–202, 240 f., 257, 285 f., 308, 315 f.
Streß in Energie 186–193, 316
Streßbelastung 249, 261
-empfinden 186
-punkte 185
Stroebel, C. 188

Tagtraum 228–232
–, gesteuerter 229 f.
–, lebendiger 78
Taoismus 67 f.
TEAM (Vertrauen, Erwartung, Einstellung, Motivation) (engl. trust, attitude) 138
Teamarbeit 137, 149 ff., 161, 165, 167, 173, 178, 180, 203, 221
-gestaltung 9 f., 12, 14 f., 149 f., 155, 173, 280 f.

Technik der Selbsthypnose 304, 314
Time-Out 219
Tradition, buddhistische 113
transzendieren 110
Traurigkeit 259

Umgang mit Ressourcen, effektiver 203
Umprogrammierung des Geistes 54 f., 61–64, 66, 97 f., 301
Unbewußtes 234
Unreife, emotionale 128
Unsterblichkeit 113
Unternehmensvitalität 21
Unvollkommenheit, eigene 112
Unzufriedenheit, chronische 113

Veränderung im Verhalten 284
Verstärkung, positive (+V) 289 ff.
Vertrag, psychologischer 280, 285
Vertrauen 149–155, 158, 161 f., 166
-bildung 159, 166 f.
Verzerrung 123
– der Wahrnehmung 284
Vergil 273
Visionen, gemeinsame 150, 152, 155, 158 f., 178
Vitalität 249, 253, 256
Vivencia 155–158, 202, 216
Voodoo-Kult 244
Vorbereitung 219
Vorbild 236 f., 273 ff.
Vorgefühl 219
Vorstellungskraft 30
Vorurteile, ethnische 17

Wahrnehmung der Realität, zutreffende 103
WAPA 65
Watzlawick, Paul 42 f., 45
Werden Sie, was Sie denken 304–307
Werkzeuge, mentale 88
Wertschätzung, positive 96

Yoga 251

Zeichen, nichtverbale 140–143
Zeitdruck 25, 87, 286
-empfinden 84
-einteilung, schlechte 193
-linien 73 f., 80, 86, 88

-management 73, 195, 199, 202
-rahmen 193–197
-verschwendung 69 f., 158, 195, 201, 209, 295
Zen-Buddhismus 9, 68
Zielorientierung 103, 106
-vision 158
Zielsetzung, klare 180
–, realistische 203
Zuhören, aktives 139
Zurückgezogenheit, soziale 284
Zuverlässigkeit 151
Zweiteilung des Gehirns 116–119
Zynismus 70